王济干　毛　健　顾　平　等

镇江
人才发展研究

2016—2017

ZHENJIANG RENCAI FAZHAN YANJIU

江苏大学出版社
JIANGSU UNIVERSITY PRESS

镇江

图书在版编目(CIP)数据

镇江人才发展研究. 2016—2017/王济干等著. ——
镇江:江苏大学出版社,2017.11
ISBN 978-7-5684-0706-9

Ⅰ. ①镇… Ⅱ. ①王… Ⅲ. ①人才培养—研究—镇江
—2016—2017 Ⅳ. ①C964.2

中国版本图书馆 CIP 数据核字(2017)第 302791 号

镇江人才发展研究(2016—2017)

著　者/王济干　毛　健　顾　平　等
责任编辑/李菊萍　吕亚楠
出版发行/江苏大学出版社
地　　址/江苏省镇江市梦溪园巷 30 号(邮编:212003)
电　　话/0511-84446464(传真)
网　　址/http://press.ujs.edu.cn
排　　版/镇江文苑制版印刷有限责任公司
印　　刷/句容市排印厂
开　　本/718 mm×1 000 mm　1/16
印　　张/27.5
字　　数/539 千字
版　　次/2017 年 11 月第 1 版　2017 年 11 月第 1 次印刷
书　　号/ISBN 978-7-5684-0706-9
定　　价/65.00 元

如有印装质量问题请与本社营销部联系(电话:0511-84440882)

研究镇江问题

提出镇江观点

构建镇江模式

作者委员会

主　任：王济干　毛　健

副主任：顾　平　孙丽君　杨　猛

编　委：梅　强　黄　进　丁　钢

　　　　艾晓晖　潘法强　李国昊

　　　　田　剑

目 录
CONTENTS

综 合 篇

研 讨 篇

专 题 篇

政 策 篇

综合篇

新时代背景下镇江人才工作理论探索与实践选择

1 研究问题的提出

1.1 提出背景

1.1.1 政策背景

"致天下之治者在人才"，习近平总书记指出"当前我国比历史上任何一个时期都更接近实现中华民族伟大复兴的宏伟目标，也比历史上任何时期都更加渴求人才"。十八大以来，习近平总书记高度重视人才和人才工作，就如何识才、爱才、育才、用才、敬才，以及人才体制机制改革等话题，提出了系列新思想、新观点、新论断、新要求。这些思想在党的十九大报告中得以集中体现。十九大报告提出"人才是实现民族振兴、赢得国际竞争主动的战略资源"，提出"一个加快""三个更加"的人才工作指导思想，即"坚持党管人才原则，聚天下英才而用之，加快建设人才强国"和"更加积极、更加开放、更加有效的人才政策"。

十八大以来，党中央、国务院先后出台《关于深化人才发展体制机制改革的意见》《关于大力推进大众创业万众创新若干政策措施的意见》《深化科技体制改革实施方案》《关于实行以增加知识价值为导向分配政策的若干意见》等文件，推动我国人才工作蓬勃发展。习近平总书记的人才思想和党的人才政策为镇江人才问题的提出提供了标杆和依据。

1）更加强调人才管理体制创新

体制机制顺，则人才聚、事业兴。中央《关于深化人才发展体制机制改革的意见》提出，要"构建科学规范、开放包容、运行高效的人才发展治理体系"，人才工作也将由"人才管理时代"走向"人才治理时代"。"治理"和"管理"的本质区别在于转变政府职能，充分发挥相关多元主体的积极作用，在遵守市场经济规律和人才成长规律的基础上发挥各类人才、用人单位和相关组织在人才发展治理中的应有作用；应不断推动人才管理部门简政放权，消除对用人主体的过度干预，充分发挥用人主体在人才培养、吸引和使用中的主导作用。

2）更加强调人才与经济的深度融合

由于人才与经济分属不同部门管理，长期存在科技人才同经济脱节，人才创新成果同产业脱节,人才创新项目同现实生产力脱节,人才价格与价值脱节等问题,人才与产业"两张皮"现象突出。为促进人才发展与经济社会发展深度融合,必须坚持人才发展与实施重大国家战略、调整产业布局同步谋划、同步推进,实现科技人才同经济的对接、人才创新成果同产业对接、创新项目同现实生产力对接。

3)更加强调人才管理的精准化

《关于深化人才发展体制机制改革的意见》提出,根据不同领域、行业特点,坚持从实际出发,具体问题具体分析,增强改革针对性、精准性。要实现人才管理的精准化,在人才投入上需要从"放水漫灌"向"精准滴灌"转变;在人才服务上,需要根据各类人才需求进行个性化服务和支持;在人才评价上,需要有针对性地设计评价方法,不能简单套用。

1.1.2 现实背景

当前,镇江正处于全面建成小康社会的关键时期,要实现"两聚一高"和建设"强富美高"新镇江的战略目标,需要以更积极、更开放、更有效的方法将镇江打造成人才集聚的强磁场,"聚天下英才而用之",让更多的人才投入到"强富美高"新镇江伟大事业的洪流之中。

镇江市委、市政府高度重视人才工作,对人才工作提出了许多新要求、新思路,为人才工作指明了方向和目标。

1)人才是实现创新驱动战略的关键要素

惠建林书记指出,当前经济已进入新常态,从高速增长转向高质量发展,无论是区域竞争还是企业发展,都需要通过创新来提升要素整合能力,依靠创新来打造核心竞争力。正如总书记所说,人才资源是第一资源,也是创新活动中最为活跃、最为积极的因素,创新的事业呼唤创新的人才。镇江市下一步转型升级的动力转换,主要依托人才,因此要激发创新主体的创造力、要提升创新平台的承载力、要发挥创新政策的导向力,为培育创新生态系统提供人才和制度供给。

2)注重招商引资,同样注重招才引智

既要招金引银,也要招才引智,继续实施好"金山英才"计划、驻镇高校毕业生留镇计划等人才工程,加快完善激励创新创业的政策体系,打造新型"双创"平台载体,不断增强创新创业的便利性、宽松性和包容性。与此同时,还要充分发挥企业推动创新的主体作用、国家级高新区的创新龙头作用、驻镇高校的创新源头作用,深化协同创新、集成创新。学习借鉴江苏发展大会的成功经验,以乡情为纽带,建立起与高层次人才常态化沟通联系的机制,齐心协力构建创新"强磁场"。

3）人才工作重点是扩大人才基数

镇江发展需要的不仅仅是少数的高层次人才，而是一支规模宏大、结构优化的人才队伍。人才引进培养，既有质的要求，也要有量的目标。惠建林书记指出，当前人才工作重点是扩大人才基数，金山英才计划是人才工作的有力抓手，要坚定不移地推进下去。各辖市区都要有各自的人才计划，市级机关各部门也应该实施各自条线的人才计划，大力引进人才项目团队，从而进一步扩大全市人才基数。除高端人才外，对乡土人才、回乡人才、农民工返乡创业等，也要给予关注和支持，充分发挥他们的积极性。

1.2 镇江人才问题分析

镇江市委、市政府高度重视人才工作，党管人才责任进一步强化，各部门通力合作机制比较健全，多层次、全方位的人才政策已经形成，人才引进培育的力度不断加强，市场主体地位得以确立，人才红利逐渐得以体现。镇江人才工作在校地合作、社会化引才、人才绩效回头看等方面积极探索，形成了具有镇江特色的人才工作模式和方法，并成为其他地区人才工作学习的典范。

镇江人才工作虽然取得了一定的成绩，但与中央人才工作高水平的要求相比，与镇江经济社会快速发展的人才需求相比，仍有许多不足。

1.2.1 在人才引进方面：规模较小，人才集聚效应难以形成

镇江地域面积较小，人口较少，人口资源、生产力分布较为平均，对周边区域的吸引力和影响力有限，城市的内聚力和外引力不够强，人才吸引的磁场效应难以形成，人才吸引力位于苏南五个城市的末位[1]。人才群体产生的"放大效应""辐射效应""马太效应"有限，这会严重影响镇江的人才吸引力，也给人才引进工作带来更大的困难。

1.2.2 在人才载体方面：企业的能力与动力不足，政策依赖严重

从企业单位构成来看，镇江制造型企业比重较大，而研究院所、高新技术企业等知识密集型企业数量较少，2016年镇江累计高科技企业619家，数量仅为苏州的14.98%[2]。从企业规模来看，镇江中小企业较多，大型知名企业数量较少，境内外上市企业17家[3]，远低于苏州的100家。企业性质和规模严重影响企业高层次人才引进与培养的能力。另外，人才优先发展理念尚未得到用人单位普遍认可。调查显示，近半数的高层次人才是政府组织引进，企业积极性不高，对政府政策的依赖性较强，从企业发展需求出发，依据人才供求关系和市场规律，主动引才的机制尚未形成。

---

① 数据来自《镇江市人才吸引力研究》研究报告.

② 苏州日报，2016 – 12 – 14.

③ 金山网，2016 – 10 – 22.

1.2.3　在人才使用方面:高校资源较为丰富,但利用率不高

镇江高校资源密度较大,在校生人数高达 91 486 人[①],在校生占常住人口的比例为 2.88% ,而全国平均水平是 2.04%[②]。但高校大学生资源利用率不高,大学毕业生留镇率仅为 13.1%[③]。镇江各个高校科技成果丰富,共有有效发明专利 4 261 项[④],年度"四技"(技术开发、技术转让、技术咨询、技术服务)合同总额 5 亿余元,但与镇江的科技合作比例较低,仅为 10% 左右。

1.2.4　在人才流动方面:虹吸效应的存在,人才流失风险较大

虽然,从全国来看镇江综合竞争力具有一定的优势,但由于位于中国经济发展水平最高、综合经济实力最强的长三角地区,周边城市较强的经济实力使其处于苏南板块的"经济洼地"。由于人才流动的交通障碍和体制障碍的逐渐消失,周边城市利用经济优势不断吸取镇江人才资源,人才流失风险将会逐步加大,这对镇江人才工作构成较大威胁。

1.2.5　在人才环境方面:创新创业氛围不强,人才发展活力不够

受全国性的经济下行压力较大及"小富即安"等思想的影响,"鼓励创新、宽容失败"的氛围还不够浓,"风险共担、利益共享"的机制还不完善,创新创业的内生动力还不够强。2016 年镇江新开业各类市场主体 4.6 万户,是苏州 19.2 万户的 24% 。创新创业氛围不够浓,影响人才发展的激情与活力,会对人才吸引和人才作用发挥造成不利影响。

2　研究过程与结论

2.1　研究内容

一年来,镇江创新人才研究院围绕镇江人才问题积极开展基础研究和应用研究。在基础研究方面,主要包括人才学理论进展梳理,各地人才实践经验总结;在应用研究方面,主要包括以镇江市社科联人才专项课题为主体的纵向课题和京口区政府等单位的委托横向课题两部分(见表 1)。

表 1　相关课题信息

课题类型	课题名称	负责人	工作单位
重点课题	供给侧结构改革基础上的高端人才引进路径研究	王济干	江苏科技大学

---

① 根据各学校网站统计所得.

② 数据来自《中国统计年鉴(2016)》,在校生人数为 28 164 174 人,其中,博硕士研究生 1 911 406 人,本专科生 26 252 968 人,中国人口人数为 13 亿 8 271 万人.

③ 镇江毕业和就业数据来自于"惠建林书记在镇江市经济发展大会上的讲话(2017.5.25)".

④ 根据国家专利网和江苏大学、江苏科技大学科技处提供的数学汇总.

课题类型	课题名称	负责人	工作单位
一般课题	镇江市人才投入产出效率评价及提升对策研究	张书凤	江苏大学
一般课题	创建人才大数据　全面提升镇江聚才引智工作信息化水平	李英姿	江苏科技大学
一般课题	镇江市大学生创业意愿影响因素实证研究	李　锋	江苏科技大学
一般课题	"科技镇长团"实施绩效评估研究	崔祥民	江苏科技大学
一般课题	提升青年文化人才文化自信的机制研究	戴楚怡	江苏科技大学
一般课题	地方经济社会发展急需的"能胜岗＋能转岗"技术技能人才培养机制研究	王桂龙	镇江高专
一般课题	镇江农村基层党建人才队伍建设研究	何　斌	镇江高专
一般课题	"中国制造2025镇江行动"推进中镇江地区技能型人才培养体系构建研究	夏川生	镇江高专
一般课题	基于校协合作的镇江跨境电商人才培养模式的构建	孙艳平	镇江高专
一般课题	镇江通用航空业人才需求预测与开发研究	陈国泉	江苏航空职业技术学院
一般课题	"同城化"框架下宁镇扬技能型人才协同培养与研究	彭智勇	市委党校
一般课题	宁镇扬地区大学生就业地选择意愿与影响因素调查	于　江	市委党校
一般课题	对宁镇扬一体化红色旅游人才培养的思考	周秋琴	市委党校
一般课题	生态位理念下镇江高层次人才集聚与优化机制研究	孙文平	市委党校
一般课题	符合新经济特点的人才金融体系构建研究	赵　军	市委研究室
一般课题	镇江市战略性新兴产业人才需求预测与开发研究	徐志刚	市经信委
一般课题	普通中学残健融合教育专业人才的开发研究	张全宝	江南学校
一般课题	以华电产业园和研究中心落地扬中高新区为例探索县域高新区聚力创新的可行路径	朱　阳	扬中高新区

续表

课题类型	课题名称	负责人	工作单位
一般课题	大学生创新创业人才培养机制研究	李滋阳	江苏大学
一般课题	本科生科研参与度与创新人才培养的实证研究	周志辉	江苏科技大学
一般课题	拔尖创新型本科人才培养模式的探索与思考——以江苏科技大学"深蓝学子"为例	魏晓卓	江苏科技大学
一般课题	"一带一路"战略背景下镇江市复合型外语外贸人才培养现状与对策研究	王　栋	江苏科技大学
一般课题	工科大学生创新能力培养模式的实践与探索	李强天	江苏科技大学
一般课题	文化自信背景下青年文化人才培养问题研究	钱　亮	镇江高专
一般课题	国外创业教育对我国高校人才培养机制启示之研究	刘洪玲	镇江高专
一般课题	工匠精神价值意蕴下的镇江地方高校人才培养方略	江志堃	镇江高专
一般课题	基于镇江市新能源汽车产业发展的人才培养问题研究	金立江	镇江高专
一般课题	基于"中国制造2025镇江行动"的模具专业高技能人才培养研究	戴月红	镇江高专
一般课题	监狱矫正专业人才队伍开发研究	王传敏	省司法警官高等职业学校
一般课题	区域人才的协同发展——基于宁镇扬一体化视角	张　雯	市委党校
一般课题	新经济背景下金融专业人才培养策略	蒋厚宽	市农村金融学会
一般课题	打造人才创新生态系统的路径研究	王国华	丹阳市委组织部
一般课题	国家级开发区引才用才实践与思考——以镇江新区为例	王丽娜	镇江新区组织统战部
委托课题	镇江市京口区人才发展第十三个五年规划研究	崔祥民	江苏科技大学

2.2　研究过程

镇江创新人才发展研究院各个课题组紧紧围绕课题研究任务，扎实推进研究工作。

一是收集整理课题所需资料。根据课题需求，各有关部门加强沟通对接，从市委组织部、发改委、科技局等部门获得相关文件和材料近百份，各个部门对课题组研究工作给予了积极配合与协作。

二是精心组织安排调研座谈等活动。各个课题组召开全市人才工作负责人座谈会、相关职能部门负责人座谈会、街道人才负责人座谈会、人才企业座谈会、创新创业人才座谈会、社区负责人座谈会二十余场,全面收集各个政府部门对人才工作的建议与意见。

三是企业与人才调研。深入到京口大禹山创意园、镇江大学生创业园、镇江大学科技园、五洲创客、"中企信星"孵化器等人才平台调研。到佰润医药、威凡智能电气、海龙核电等三十余家企业开展参观与访谈活动,深入了解企业与人才需求。

2.3 基础研究成果

2.3.1 理论研究现状梳理

经过 30 余年的努力,人才学理论基础研究逐渐系统化,人才学理论体系要素逐渐深化。近年来,人才工作者从社会主义现代化建设的实际出发,着眼于研究人才实践工作的新矛盾、新问题,提出了许多新的理论观点。

1) 人才研究更加强调生态思维

黄梅教授出版的《人才生态的理论探讨与管理创新》(2014)、雷志平出版的《圈层式人才进化》(2016)都提出了人才生态的概念。人才生态系统指在特定的时间和区域内,各类人才与其生存环境所形成的有机复合体,人才生态系统由人才、自然环境和社会环境三大要素构成。从生态学的视角研究人才和人才生命运动与环境生态系统交互作用的规律及其机理是人才学研究的新趋势,对解决现代社会人才成长和流动问题具有重要的理论意义。

2) 人才研究更加强调大数据化的工具

人才研究者认为,人才学研究要以所处的时代为背景,互联网、大数据引起了人才研究者的高度关注。王通讯出版的《大数据人力资源管理》(2016)、桂昭明出版的《大数据时代人才发展量化研究与管理》(2017)认为应利用大数据的搜索与评价功能、积累和聚焦功能、行为动力学研究功能可改变人才引进、人才管理与人才评价的方式,实现人才管理从"经验加感觉型"向"数据加事实型"转变。

3) 人才研究内容更加强调人才活力

破除体制机制障碍,解放人才、释放人才发展活力成为研究的热点问题。人才学者以人才活力为主题共发表论文 283 篇。吴江发表的《用新体制新机制释放人才活力》(2017)、何宪发表的《人才发展体制机制改革理论与实践研究》(2016)都提出了"破除体制机制障碍,建立聚天下英才而用之的新体制新机制,让体制适应人才发展,从人才管理转向人才治理,让市场决定人才发展,简政放权方能释放活力"的观点。

2.3.2　各地人才工作经验总结

近年来,全国各地各部门认真学习习总书记的人才思想,认真贯彻和落实党中央人才工作文件精神,坚持和落实科学发展观和人才观,积极改革创新,扎实推进人才工作和人才队伍建设,取得了明显成效,积累了很多经验。当前,各地的人才工作实践经验主要有:

1)用人方式更加灵活

上海、北京等地区创新公务员用人方式,面向海内外公开招聘。例如,2016年浦东新区决定面向海内外公开招聘11名聘任制公务员,与传统的公务员用人方式相比,公务员聘任制通过较为灵活的选人用人机制、突出绩效的考核机制和相对自由的退出机制,拓宽了政府选人用人渠道,进一步健全了用人机制。2017年11月9日,北京17个厅局岗位面向全球招聘,承担北京市或各地区的重大项目及重点工作,特聘岗位入选者直接纳入"海聚工程",享受相应的生活待遇及事业支持。北京市将提供与国际接轨的薪酬标准,使特聘岗位入选者在国内的收入不低于海外。

深圳、武汉和上海等地按照"不求所在,不求所有,但求所用"的原则,建立离岸创新创业基地,探索建立与世界接轨的柔性人才引进机制,为海外人才提供区内注册、海内外经营的载体。

2)人才管理改革力度更大

北京、上海为引进国际化高层次人才对外籍人才管理制度进行了创新,在中关村人才管理改革试验区开展外籍人才出入境管理改革试点;在中国(上海)自由贸易试验区、张江国家自主创新示范区(简称"双自"地区)工作并符合一定条件的外籍高层次人才,经"双自"地区推荐,可申请在华永久居留。

而成都、武汉、南京为引进大学生等人才资源纷纷出台多项政策。2017年成都发布了《成都实施人才优先发展战略行动计划》,提出具有普通全日制大学本科及以上学历的青年人才,凭毕业证来蓉即可申请办理落户手续。为吸引优秀人才,南京江北新区在2017年推出了1 500套产业人才共有产权房项目,人才安居房产权40%归政府,60%归人才,3年后人才就可以对外售卖。武汉在2017年连续出台了《关于加强大学毕业生安居保障的实施意见》《关于进一步放宽留汉大学毕业生落户试行政策》《武汉市大学毕业生在汉工作指导性最低年薪标准》三个文件,可以凭毕业证落户、可以个人名义缴存公积金、购房租房可打八折。

3)人才发展区域协同更加积极

2017年7月,京津冀三地人才工作领导小组联合发布了《京津冀人才一体化发展规划(2017—2030年)》,北京将联合津冀"健全完善京津冀人才工作部门联席议事机制","建立规范、统一、灵活的京津冀人力资源市场,搭建人力资源信息共享和服务平台",以实现区域人才结构更加合理,人才资源市场统一规范,公共服务高效均衡的目标。

2.3.3　镇江人才工作经验总结

镇江人才工作者在市委、市政府领导下,积极探索、通力合作,形成了很多亮点,这些亮点构成了人才工作的"镇江经验"。

1)注重健全党管人才的领导体制

镇江市成立了人才工作领导小组,由市委、市政府分管领导担任组长、副组长,32个职能部门主要领导作为成员,制定下发《领导小组议事规则》《人才"四张清单"制度》等文件,明确单位责任,定期召开领导小组会,不定期召开领导小组办公会,审议研究重大事项,统筹协调全市人才工作,形成了市和辖市区书记、市长及组织部长"三个一把手"齐抓第一资源,组织、科技、人社部门"三驾马车"合力推动,财政、经信、发改、农委、商务、教育、卫生、侨办、外办等部门协同推进的党管人才工作格局。

2)注重突出市场主体地位

制定出台《社会引才奖补办法》,大力激发企业和社会力量的引才动力。强化以才引才,出台"聚力创新"六条政策措施,对知名科学家、海外高层次人才创新创业团队在镇江发起设立的专业性、公益性、开放性研发机构,最高给予5 000万元的后补资助支持。充分调动园区、中介机构和个人等社会力量引进高层次人才的积极性,对园区、中介或个人引进院士,全职落户或在我市建立省级以上院士工作站的,给予最高20万元奖励,引进并入选国家"千人计划"、省"双创团队"、省"双创人才"的,给予最高10万元奖励。鼓励企业和社会力量举办各类高层次的人才对接活动、学术交流、高峰论坛等,经审核认定给予承办单位最高10万元补助。

3)注重加强人才工作队伍建设

镇江全面实行了人才工作队伍"备案制"管理,市、县(区)两级成立人才办(人才引进服务中心),核定2~8名不等的专门编制,配备专门人员,实现了从市到镇的人才工作队伍专职化。从2016年起探索在市发改委、经信委、农委等产业部门设立人才引选平台,把人才队伍建设列入三定方案,建立人才工作机构(增设或增挂人才工作处,增加编制、增设岗位),切实提高产业部门抓人才工作的力量。在2017年出台的"园区人才8条"中,明确要求将人才队伍建设纳入园区工作规划,配备专兼职工作人员,其中省级以上开发区须配备专职人才工作队伍,保证了人才工作队伍多元化、专业化、全覆盖。

4)注重改革创新工作方法

组织开展了领军人才回头看活动,对近十年来引进培育、获得市级以上资助的1 400多名各类领军人才进行全覆盖"大走访"。深入了解人才作用,研究制定《加强人才项目绩效管理暂行办法》，加大对创业人才持续支持力度，对区域贡献明显的创业类人才企业，探索以授予"优秀人才企业"、产业资金倾斜扶持、人才金融低息（贴息）贷款等形式给予二次奖励或补助。

5）注重资源整合利用

一是发挥驻镇高校智库参谋作用，在全省设区市率先成立镇江创新人才发展研究院，以人才制度创新、人才队伍建设等为主要研究内容，推动人才理论研究，指导人才工作实践。二是调研出台《与在镇高校合作引进培育高层次人才暂行办法》，设立联合引才基金，对合作引进人才探索实施"创新在高校、创业在地方"的双落户模式，进一步打通地方与驻镇高校协同创新通道，共同推动驻镇高校一流学科建设和地方发展双赢。

2.4 应用研究成果

研究院成立以来，镇江创新人才发展研究院承担了《供给侧结构改革基础上的高端人才引进路径研究》《京口区人才发展第十三个五年规划研究》等课题，对镇江人才问题进行了深入的调研，提出了一系列具有针对性的对策措施。

2.4.1 镇江人才工作战略层面对策体系

1）形成人才生态圈，实现良性循环

加大经营管理人才队伍建设力度，优化人才结构，实现人才类型平衡；加大人才培养与激励力度，平衡人才发展环节，实现人才成长过程的良性循环；推拉结合，限期实行人才优化，实现人才与企业的良性循环；营造创新创业氛围，改造人才发展环境，实现人才与城市氛围的良性循环。

2）形成专门型特色人才区，实现人才集聚

从特色优势产业和丰富的高校科教资源出发，采取差异化的人才集聚战略，通过分层分类的政策体系、系统的人才服务体系、人才品牌化等策略打造眼镜、工程电器、医疗器械等若干专门型特色人才区，取得某个领域的人才竞争优势，进而由点及面，点面结合，实现人才的不断集聚。

3）依托大学资源成立创新特区，营造创新氛围

依托大学的学科资源、专业资源、研发设备及人才资源等，充分利用置换出来的土地资源建立创新特区。鼓励企业在创新特区建立实验室或成立研究中心，鼓励外地企业在镇设立研究院，鼓励大学教授进入创新特区，实现人才、知识、技术、实验室等创新要素与企业的零距离接触，实现创新人才和资源的不断聚集，逐渐形成"近者悦而尽才，远者望风而慕"的创新文化氛围。

4）建立"协同合作"的人才工作协调机制，实现资源共享

通过"加强区域协同的组织领导、搭建资源共享平台、改革人才工作考核方式"等措施，打破区域藩篱，形成合力，实现区域人才工作协同、区域人才资

源共享。

2.4.2 镇江人才工作操作层面对策体系

1）"评定与认定"相结合的人才引进资助机制,创新人才资助方式

为降低门槛,提高人才基数,降低单纯依靠事前专家评审的风险,在继续坚持评定机制的基础上,降低人才标准,在完成创业企业注册或企业研发合作合同后对人才进行备案,根据企业经营状况或项目的进展,以"过程资助和后期资助"的方式进行认定式资助。

2）"资助与规制并重"的人才引进监管机制,提高人才项目效能

为确保人才项目的真实性,预防弄虚作假、骗取扶持资金现象的发生,通过"优先资助获得风投的项目、优先资助前期投入多的项目"的方式引入市场评判机制,构建诚信承诺、社会公开、失信惩罚等制度,追究滥用资助资金的法律责任,提高人才项目效能。

3）招商与引才联动,提升引才实效

从单纯引才、单纯招商,向"人、财、项目"打包引进的模式转变,形成"团队 + 技术 + 资本"的招商新模式,在引进资金、项目的同时,引进人才、技术、品牌,实现人才和项目的最佳组合,达到引资与引智的"双赢"。编制"招商 + 招才"政策汇编,集成现有人才政策和招商政策,实现人才政策和招商政策共同推介,在重大招商项目上可按照一事一议的原则进行定制化人才政策设计。在管理上,实行任务同步分解,活动同步参与,考核同步实施,服务同步推进、资源信息同步分享的策略。

4）实施人才积分制管理,对人才进行长效激励

政府、企业共同设置人才发展基金,政府对基金投入额度按照财政额进行浮动。从人才层次、人才贡献、人才服务年限三个维度构建人才评价体系,对所有"高、精、尖"人才进行梳理归类,人才发展基金依据人才层次发放人才奖金,切实做到人才与区域的协同发展。建立永久性人才激励阵地,依托现有公园和道路打造人才主题公园和人才星光大道,对其事迹进行广泛宣传,开设人才事迹网络展示馆,编撰优秀人才名录,增强优秀人才荣誉感和归宿感。

5）开展优秀人才企业评选活动,营造尊才爱才良好氛围

及时收集企业人才管理信息,完善企业人才管理信息库,从高层次人才引进和培养、人才激励、人才载体建设等方面构建企业人才管理评价指标体系,对企业人才管理状况进行综合评价,每年评出若干综合奖和单项奖,进行奖励和表彰,并在社会开展广泛宣传,引导企业重视人才工作,加强人才管理。

6）实施"啄木鸟"行动计划,激发企业用才动力

通过实施"科技企业家培育计划、管理专家进企业公益巡诊活动、构建人

才服务为主要内容的人才考核指标体系"等措施,激发企业用人动力。

7)实施"引凤回巢"行动计划,吸引镇江籍高端人才

通过"加强家乡观念宣传与教育、建立镇江籍高端人才信息库、与镇江籍高端人才保持密切联系、加大回巢人才及其家属福利待遇"等措施,吸引在镇江生活、工作过的高端人才。

8)树立互联网思维,提升人才服务的精准性

应在互联网思维的指导下,在对人才进行分层分类的基础上,从人才需求出发,以提升人才的体验为主要目标,换位思考,提供精准化和个性化的人才服务;加大宣传力度,为高端人才培养更多的粉丝,使其在人们心中具有较高的声望,从而提升其社会认可度,满足其心理需求;采用互联网技术调查人才满意度,对各区县人才服务进行考核,确保人才服务质量,提升人才服务的效果。

3 研究展望

研究院成立两年来,针对镇江人才问题开展了大量调查研究,取得了较为丰硕的研究成果。但与十九大报告的新要求,与镇江市委、市政府对人才工作的期望还有一定的差距,未来应在以下五个方面予以加强和提高。

3.1 应提高研究系统性

人才研究具有系统性特征,既有"选、用、育、留"的过程性,也有"体制、机制、政策、措施、环境"的层次性。人才研究应坚持系统性思维,从发现镇江人才问题出发,结合理论思考和镇江实践,提出适合镇江实情的"镇江观点",构建能够解决镇江人才问题的"镇江模式"(见图1)。

3.2 应提高研究的创新性

十九大报告明确提出,要加快建设人才强国,要实行更积极、更开放、更有效的人才政策,一"加快"、三"更加"的提出既是党和国家对人才工作的重要部署,也是对人才研究工作提出的殷切希望。人才研究工作应根据十九大的新要求,增强创新思维,提升研究的创新性,要坚持"大胆设想,小心求证"的研究思路,充分发挥理论研究的前沿性优势,为镇江人才工作走在全国前列做好参谋。

3.3 应有更高的战略定位

当前,镇江面临长江经济带、扬子江城市群、宁镇扬一体化、苏南创新示范区、苏南现代化建设示范区等战略叠加发展机遇期,人才研究要抓住战略机遇的历史使命,紧紧围绕镇江"生态领先、特色发展"的战略定位,提出并回答好镇江人才工作的五问,即"要什么?""靠什么?""缺什么?""向谁要?""如何要?"科学谋划镇江人才工作路径,以鲜明的人才工作指向赢得人才发展先机,使镇江走上"人才引领、创新驱动"之路。

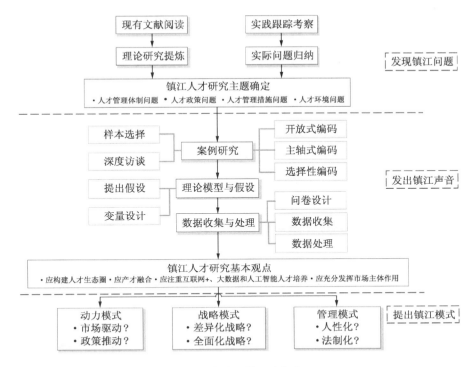

图1　人才系统研究框架

3.4　应开展更深入的调查研究

近年来,研究院围绕镇江市级层面的人才问题开展了大量的调查研究,在区县层面、企业层面、人才层面的研究较少。未来研究应以更微观的视角开展调查研究,只有掌握更多的样本、更翔实的数据,才能使研究问题更接地气,研究基础更扎实,研究结论更具有针对性和有效性。

3.5　应以大数据为基础开展研究

研究过程中应广泛采用查验工商、社保、销售、税收、专利等第三方"大数据"的方式对人才问题进行全面客观评估。应研究大数据在人才评价、人才招引、人才培养、人才激励等领域的应用,以帮助人才工作者提高工作的效能。

3.6　应多开展协同合作研究

不同研究者具有不同的学术背景,具有不同的优势,应充分发挥研究院的协调功能,多开展不同研究中心之间、研究院与地方人才工作者之间的协同研究,以充分发挥研究院各个研究中心的优势,充分发挥理论研究者与人才工作者各自优势,提高研究的成效。

课题组单位:江苏科技大学

课题组成员:王济干　崔祥民

把人才研究的论文书写在镇江大地上

各位来宾,同志们:

大家下午好! 今天,镇江创新人才发展研究院正式成立了,这一定是一个值得纪念的日子。因为,这是镇江历史上第一个关于人才发展的研究机构,也是为数不多的地级市设立的专门人才研究机构。这反映了镇江市委、市政府主政理念和对人才工作极端重要性的超凡认识。正因为此,镇江创新人才发展研究院的诞生注定有它重要的职能和任务,作为研究院的成员已经倍感责任的重大。

1 把人才资源研究的最新成果书写在古老的镇江大地

管理学研究有三大基本问题:资源与资源配置、管理中的人性假定、环境变动和管理模式选择。显然,关于人的研究是管理学中最为重要和基本的问题。人是一个多属性易变的综合体。在科学技术如此发展的今天,人才自然成为管理研究的重要对象。自古以来,对人才的论述研究就遍及书林。早在2500年前的《诗经》中就出现了"人才"的概念,《诗》之序中有"君子能长育人才,则天下喜乐之矣"的名言。北宋著名理学家胡瑗提出了"致天下之治者在人才,成天下之才者在教化",将人才的重要性提高到国家治理的高度。执教于丹阳云阳书院的龚自珍更是发出"我劝天公重抖擞,不拘一格降人才"的呼吁。

管理阐述了人的重要性,而在组织学中,是从人对实现组织目标的角度体现其重要性的。在整个历史发展过程中所有组织的共同元素主要有:第一,必须存在一个目标,或者需要完成某件事情。第二,人们必须受该目标和共同意愿吸引,愿意参与进来。第三,组织成员需要使用某些东西来进行工作或战斗。第四,组织成员的各种活动必须是有组织的,他们相互作用、协调一致以实现共同的目标。第五,有一个专门负责人带领整个群体朝向既定目标前进。这里说的无论是被吸引者、参与者、战斗者和领导者都应属于人才之列。

人才对一个城市、一个区域有着特殊的意义。人才是新知识、新技术的载体,是探索未知、创造发明的先锋,是投身实践、奉献自我的勇士,是照亮城市、创造魂魄的精灵。

人才工作有三个层面的问题：一是人才的吸引与配置，是指在统一的理念和设计下制定计划、构建政策和采取措施。人类的思想和努力是可贵的资源，人才工作者的工作意义就在于在"人才是第一资源"思想意识下辛勤的努力。二是人才的激励与成长，是指通过考核、保障、鼓励使之胜任岗位、创造业绩。三是人才的本源性发现与引导，这是一个十分重要和极为复杂的问题，我们说的用事业、待遇、感情、服务留人，这只是供给侧的一厢情愿，人才工作的最高追求就在于深刻全面地了解人才的基本需求后，夯实较为统一的价值认同，谋求供需双方的基本一致，作为组织还有一极为重要的工作，就是要特别关注释放人才的善意，引导人才在认同组织目标下以极大的善意投入工作和创新创造。

东方系统方法论认为，处理复杂的系统问题，可从物理、事理和人理三方面解决：物理是反映物质世界的客观规律，事理是基于物理之上、揭示事物发展规律和做事的程式；人理是基于物理、事理之上主观的、综合的研究人、适应人、引领人的科学艺术。人才工作可依据这一方法论以寻求许多问题的解决。也只有依据科学系统的方法，才能从真正意义上做好人才工作。人才工程的意义不仅仅在于吸引了多少人才，更在于"成活"多少；不在于有多少大树，而在于孕育成大片森林的土壤和环境。

2 研究镇江问题、提出镇江观点、构建镇江模式

镇江，是人才荟萃之地、是人才成长之地、是创意萌发人文情愫之地。今天，管理者们提出了要把镇江建成全国重要的高端装备制造、新材料产业基地和区域物流基地、技术研发基地、创意生活休闲中心，要使镇江成为令人向往的现代山水花园城市和旅游文化名城。这一宏伟构想，已使我们感受到"东风渐暖满城春"。

伟大的理想、伟大的目标，必须有坚实的资源保障，特别是人才资源。当伟大的目标与伟大的实践激荡时，一定要有坚实的研究设计和新思想支撑。从历史和长远发展的高度，正视镇江的问题，是行稳致远的第一步，长久存在的"小码头"意识、"温吞水"现象、"守摊子"行为与发展愿景不相适应，拥有的资源与确立的宏伟战略的实现不相适应，干部能力和发展动力与加快发展的要求不相适应。

在系统梳理问题，研究促进镇江发展的过程中已形成一系列镇江观点：必须紧紧抓住发展第一要务毫不动摇，向改革要活力，向创新要出路，向开放要空间；尤其需要强化战略定力、持续发力，更高水平地推动生态领先特色发展；提高决策干事的能力和水准，靠智慧、创造力、服务效能和法治环境推动发展；建设"强富美高"新镇江，关键在人，最根本的是要建设一支忠诚、干净、

有担当的干部队伍,善谋大事要事,多干打基础、利长远、惠民生的实事,既善于发现问题,更善于解决问题。

在镇江的发展中,我们期待的不仅仅是发展成果,还期待更加具有深远意义的镇江模式,要倾心描绘镇江战略地图,清晰展现镇江发展的愿景、实现路径和发展战略;阐述各策略之间的逻辑关系;精准定位人才对战略实现的重要性;研究镇江创新人才的特质;研究人才工作中的内卷化问题,进一步呈现人才工作的本源性问题;要结构化、整体性地描述镇江人才工作。

3 眺望世界展示未来的平台

开放的时代,昭示宽阔的胸怀与广阔的视野,让各创新的思想竞相迸发,让古今观点相互碰撞。学习、研究、传播,战略、路径、策略,问题、分析、方案,规划、计划、安排,政策、执行、绩效,理论、指导、实践,交流、交锋、交融,咨询、对策、建议,这些都将是研究院的任务、方法、路径和成果。

研究院的使命不仅在于解决问题,更不在于做问题的追随者,而是要更多地关注长远、关注全局,眺望遥远的未来,揭示深刻的机理。要让专家们在镇江大地上奔走,让学者们有一席自由交流思想的逍遥之地。

面对纷扰的问题和现实,让头脑风暴去雾里看花;面对急迫的战略问题,让系统思想指点迷津。编写参阅报告、写好人才工作白皮书、对领导新理念的诠释、对人才政策的论证,这些都会是研究院的使命和任务。

感谢市委、市政府的信任,感谢在座的各位领导,研究院期盼你们的指导、支持,犹如培育的一棵大树,需要的不仅是阳光,更需要源源不断的营养和风雨的历练。

谢谢大家!

江苏科技大学党委书记、镇江创新人才发展研究院院长

王济干

研 讨 篇

供给侧结构改革基础上的
高端人才引进路径研究

目前,镇江经济已处于由要素驱动、投资驱动向创新驱动转变的关键时刻,为推动经济的转型升级,镇江提出了"1+5X"计12个文件,共20项具体供给侧改革政策措施,这些政策措施对完成"三去一降一补"五大任务,促进企业向中高端转型,产业向中高端迈进具有重要意义。供给侧改革政策能否落地,经济能否转型升级的关键是是否拥有高端人才,高端人才成为影响镇江经济社会发展的瓶颈。因此,需要研究镇江供给侧改革高端人才需求,需要找出高端人才引进规律,发现镇江高端人才引进问题,提出符合镇江实际的高端人才引进对策及建议。

以支撑镇江供给侧改革顺利推进为目标,以国内外人才学理论和经验为基础,分析镇江高端人才引进的优势与劣势、机会与威胁,从理念、制度和行动三个层面构建镇江高端人才引进的策略体系,达到使镇江的高端人才引进工作更具操作性、更具实效性的目的,从而为镇江实现"中高端"发展,构建特色化现代产业体系,推动经济发展迈上新台阶提供智力支持。

1 供给侧结构改革下的镇江高端人才任务要求

1.1 供给侧结构改革的镇江高端人才数量要求

1.1.1 供给侧改革内涵

1)狭义内涵

供给侧结构性改革旨在调整经济结构,使要素实现最优配置,提升经济增长的质量和数量。需求侧有投资、消费、出口"三驾马车",供给侧则有劳动力、土地、资本、创新四大要素。供给侧结构性改革,就是从提高供给质量出发,用改革的办法推进结构调整,矫正要素配置扭曲,扩大有效供给,提高供给结构对需求变化的适应性和灵活性,提高全要素生产率,更好地满足广大人民群众的需要,促进经济社会持续、健康发展。

2)广义内涵

中共中央总书记、国家主席、中央军委主席、中央财经领导小组组长习近平在2016年1月26日下午主持召开的中央财经领导小组第十二次会议上强调,供给侧结构性改革的根本目的是提高社会生产力水平,落实好以人民为中心的发展思想。要在适度扩大总需求的同时,去产能、去库存、去杠杆、降成本、补短板，从生产领域加强优质供给，减少无效供给，扩大有效供给，提高供给结构适应性和灵活性，提高全要素生产率，使供给体系更好地适应需求结构变化。

广义供给侧结构性改革，就是用增量改革促存量调整，在增加投资过程中优化投资结构、产业结构，开源疏流，在经济可持续高速增长的基础上实现经济可持续发展与人民生活水平的不断提高；就是优化产权结构，国进民进，政府宏观调控与民间活力相互促进；就是优化投融资结构，促进资源整合，实现资源优化配置与优化再生；就是优化产业结构、提高产业质量，优化产品结构、提升产品质量；就是优化分配结构，实现公平分配，使消费成为生产力；就是优化流通结构，节省交易成本，提高有效经济总量；就是优化消费结构，实现消费品不断升级，不断提高人民生活品质，实现"创新·协调·绿色·开放·共享"的发展。

1.1.2 镇江市供给侧结构改革

1）国际环境

2008年国际金融危机爆发以后，美国、欧盟、日本等主要经济体都采取了史无前例的量化宽松政策，通过直接购买资产和债券、降低利率甚至实行零利率或负利率等方式，大规模增加市场流动性，以提振市场信心。但从实际效果来看，全球经济复苏迟缓，市场需求持续低迷，大宗商品价格大幅回落，主要经济体全要素生产率增速放缓。可见，单一的需求刺激并没有取得预期效果，需求管理的短期政策虽在抵御危机冲击上发挥了一定作用，但中长期结构性问题并没有得到根本解决，增强经济增长动力还需要推进结构性改革。

2）镇江经济发展现状

近年来，镇江整体经济结构不断优化，经济发展正加快向第三产业主导的形态转变。然而，在产业结构表现出显著改善的同时，结构性矛盾依然突出。一方面，第三产业的提升潜力仍然十分大。与欧美等发达国家70%以上的第三产业比重相比，镇江第三产业在经济总量中的份额仍然较低，还不到50%，即使与苏南其他城市相比也有一定的差距。另一方面，镇江工业体系中传统工业较多，新兴产业的增长难以弥补传统工业的萎靡，内部结构矛盾十分明显。可见，镇江产业发展的结构性矛盾依然突出，过剩产能亟待化解，新产业、新业态、新模式的培育相对滞后，新旧增长动能接续不畅，供给侧结构性改革有待深化。镇江应加强供给侧结构性改革，着力提高供给体系质量和效率，增强经济持续增长动力。供给侧改革政策能否落地，经济能否转型升级的关键是是否拥有高端人才。而镇江城市规模较小，人才吸纳力较弱，高端人才引进困难较大，高端人才成为影响镇江经济社会发展的瓶颈。

3）镇江市供给侧结构改革现状

镇江经济已处于由要素驱动、投资驱动向创新驱动转变的关键时刻,为推动经济的转型升级,认真落实"四个全面"战略布局和"五大发展理念",主动适应和引领经济发展新常态,在扩大有效需求的同时,提出了"1+5X"计12个文件,共20项具体供给侧改革政策措施,这些政策对完成"三去一降一补"五大任务,促进企业向中高端转型、产业向中高端迈进,提高供给体系质量、积极培育新的发展动能,加快产业转型升级、推动全市经济社会发展进入质量和效益"双提升"的轨道具有重要意义。

1.1.3 "十三五"镇江高端人才引进的需求量

1）镇江高端人才供给情况

2015年江苏省省辖市人才竞争力报告显示:2014年江苏省13省辖市人才综合竞争力排名依次为南京、苏州、无锡、常州、南通、镇江、徐州、扬州、泰州、盐城、连云港、淮安、宿迁,镇江处于第六位,位居B类。而从人才数量单项指标看,2014年江苏省南京居人才数量竞争力之首,苏州仅次于南京,其后的无锡、南通和徐州与之相比有一定差距,镇江处于第9位,人才数量竞争力仅为南京的1/3,排名相对靠后。总体上看,镇江人才引进的数量亟待提高,以为镇江供给侧改革奠定基础。

按照产业发展规划,镇江市高端人才主要服务于高端装备制造、新能源、新材料、电子信息技术、航空制造、生物医药六大战略性新兴产业。目前,实施了两轮"331计划",统一创新创业领军人才扶持标准,增强政策吸引力(2008年9月出台文件,2009年开始实施,当初"331计划"提出的引才目标是"3年内引进培育30个领军人才团队和100名创新创业领军人才"。到2010年底,这一目标已全面完成。2011年上半年,在总结过去三年工作经验的基础上,赋予"331计划"新含义,即在"十二五"期间,力争引进培育30名国家层面的创新创业领军人才、300个创新创业领军人才团队和1000名海外创新创业领军人才)。围绕产业需求,共分八批引进556个创新创业领军人才团队,带动引进高层次人才2460名,70%以上拥有海外学习工作经历。市县两级财政兑现项目资助5亿多元,撬动省级以上资助资金30多亿元。市"331计划"资助的人才中,创办企业265家,销售收入达"千万级"的有14家,被认定为国家高新技术企业的有127家,成为推动创新型经济发展的重要力量,见表1。

表1 "331计划"八批引进情况 　　　　　　　　　　人

批次	丹阳	句容	扬中	丹徒	京口	润州	新区	合计	增长率/%
第一批	6	2	5	2	3	3	11	32	
第二批	8	2	2	3	6	2	15	38	0.19
第三批	7	2	7	5	3	2	21	47	0.24
第四批	10	3	4	3	11	8	26	65	0.38
第五批	8	5	6	6	4	2	35	66	0.02
第六批	9	10	14	15	19	6	33	106	0.61
第七批	29	11	27	15	17	11	35	145	0.37
第八批	12	4	9	5	8	8	11	57	−0.61
合计	89	39	74	54	71	42	187	556	0.17
平均占比	0.16	0.07	0.13	0.10	0.13	0.08	0.34	1	
"十三五"预测	194	85	157	121	157	97	399	1 210	

　　"十二五"以来,镇江市战略性新兴产业呈现出稳步增长态势。2015年,全市六大新兴产业共有规模以上工业企业500余家,在岗职工14.5万人,实现销售收入3 927.2亿元,同比增长10.4%,占规模以上工业比重46.2%,比上年提高1个百分点。六大战略性新兴产业中新材料、新能源、生物技术与新医药、新一代信息技术等产业的年均增速均超过20%,见表2至表4。

表2 2011—2015年镇江市战略性新兴产业销售收入构成

产业类别	2011年/亿元	2012年/亿元	同比增长/%	2013年/亿元	同比增长/%	2014年/亿元	同比增长/%	2015年/亿元	同比增长/%
高端装备制造	560.63	727.7	29.8	985.1	35.4	1 063.1	8.2	1 185.9	11.6
新材料	499.64	602.07	20.5	816.6	35.6	1 002.3	22	1 100.4	9.8
新能源	224.67	306	36.2	394.1	28.8	485.8	24.2	562.3	15.8
航空航天	168.02	178.94	6.5	249.1	39.2	265.6	7.9	248.3	−6.5
生物技术与新医药	140.03	180.5	28.9	226.5	25.5	289.8	28.1	308.05	6.3
新一代信息技术	214.72	256.8	19.6	330.6	28.7	450.3	34.9	522.3	16
合计	1 807.71	2 252.01	23.5	3 002.0	33.3	3 556.9	18.5	3 927.24	10.4

表3 2012—2015年镇江市战略性新兴产业销售收入占比

产业类别	2012年/亿元	所占比重	2013年/亿元	所占比重	2014年/亿元	所占比重	2015年/亿元	所占比重	平均比重
高端装备制造	727.7	0.32	985.1	0.33	1 063.1	0.30	1 185.9	0.30	0.31
新材料	602.07	0.27	816.6	0.27	1 002.3	0.28	1 100.4	0.28	0.28
新能源	306	0.14	394.1	0.13	485.8	0.14	562.3	0.14	0.14
航空航天	178.94	0.08	249.1	0.08	265.6	0.07	248.1	0.06	0.08
生物技术与新医药	180.5	0.08	226.5	0.08	289.8	0.08	308.05	0.08	0.08
新一代信息技术	256.8	0.11	330.6	0.11	450.3	0.13	522.3	0.13	0.12
合计	2 252.01	1	3 002.0	1	3 556.9	1	3 927.24	1	1

表4 2016—2020年镇江市战略性新兴产业销售收入构成(预测)

战略性新兴产业	2016年/亿元	同比增长/%	2017年/亿元	同比增长/%	2018年/亿元	同比增长/%	2019年/亿元	同比增长/%	2020年/亿元	同比增长/%
合计	4 241	8	4 580	8	4 946	8	5 342	8	5 770	8

2)"十三五"镇江高端人才需求量预测

由于高端人才主要支持战略性新型产业发展,结合数据的可获得性,本报告重点以"十二五"331人才引进为基础,考察其与镇江战略性新兴产业销售收入(见表1,表2)的比例关系,以此为依据,推测"十三五"高端人才的需求数量与结构。到2020年,镇江战略性新兴产业占制造业比重预计达到50%以上,成为驱动工业经济增长的主导力量,力争形成年销售200亿元以上企业1家,100亿以上企业8家,50亿元以上企业20家。基于2011—2015年数据,结合新常态经济发展速度,设定"十三五"镇江战略性新兴产业发展速度为8%,具体预测结果见表4。本项目将在综合趋势类推法与线性回归法的基础上,得到镇江高端人才的需求总量与结构。

(1)趋势类推法

依据"十二五"高端人才引进增长率情况,"十三五"高端人才需求预计为1 392人,2016—2020年高端人才需求分别为198,232,272,318,372人。

(2)线性回归法

高端人才主要流向战略性新兴产业,依据"十二五"高端人才引进数量与战略性新兴产业销售收入情况,建立二者的线性关系,经EViews8.0回归,可得回归方程:高端人才 = 战略性新兴产业销售收入 × 0.047 416 − 30。根据"十三五"镇江战略性新兴产业销售收入预测情况,代入回归方程,可得"十三五"高端人才需求总量为1 028人,每年分别为171,187,204,223,243人。

（3）综合法

依据趋势类推法与线性回归法所得结果进行平均，可得"十三五"高端人才需求总量为 1 212 人，分别为创新类人才 616 人，创业类人才 592 人（依据"十二五"331 引进人才结构推测，见表 5）；丹阳、句容、扬中、丹徒、京口、润州、新区高端人才需求分别为 194，85，157，121，157，97，399 人（依据"十二五"331 引进人才地区分布结构推测，见表 1）。由此可见，新区高端人才需求量位居第一，句容与润州高端人才需求相对较小。

表 5　2016—2020 年镇江市战略性新兴产业高端人才需求预测　　人

类别	"十二五"				"十三五"（预测）			
	销售收入／亿元	人才	创业	创新	销售收入／亿元	人才	创业	创新
合计	14 567	556	276	283	24 879	1 212	592	616

2016—2020 年镇江高端装备制造、新能源、新材料、电子信息技术、航空制造、生物医药六大战略性新兴产业高端人才需求分别为 363，339，169，97，97，145 人（依据"十二五"销售收入结构推测），可见镇江高端装备制造高端人才需求量最大，电子信息技术、航空制造高端人才需求量相对较小。2016—2020 年，镇江每年高端人才需求量分别为 184，209，238，270，308 人（依据"十三五"战略新兴产业销售收入年度分布结构推测），呈现依次递增趋势，见表 6。可见"十三五"镇江高端人才需求总量大，结构上呈新区和高端装备制造行业需求大的显著特征。镇江市政府需要认真分析当前高端人才引进过程中存在的问题，进一步优化高端人才引进政策，营造良好的软硬件环境，吸引更多高端人才投身于镇江的创新创业中来。

表 6　2016—2020 年镇江市战略性新兴产业高端人才分年度分行业需求情况　人

年度	2016	2017	2018	2019	2020	合计
高端装备制造	55	63	71	81	92	362
新材料	52	59	67	76	86	340
新能源	26	29	33	38	43	169
航空航天	15	17	19	22	25	98
生物技术与新医药	15	17	19	22	25	98
新一代信息技术	22	25	29	32	37	145
合计	185	210	238	271	308	1 212

1.2 供给侧结构改革的镇江高端人才质量要求

1.2.1 基于相关理论的高端人才界定

高端人才是第一人才资源,其数量和质量对经济和社会的发展起着不可忽视的重要作用。研究高端人才的内涵与特点,对高端人才的引进、管理和评估工作有重要意义。

高端人才是一个长期备受关注且至今仍存争议的概念。《人才蓝皮书:中国人才发展报告》中对高端人才作了如下定义:高端人才是在总体人才队伍中,有较强的专业能力,并且有比较大贡献的人。一般包括以下几类:院士、博士后、具有正高或副高级职称的专业技术人才、高级经营管理人才等。

虽然目前国内外学者对"高端人才"的定义各不相同,但学者们对"高端人才"的基础性特征基本达成如下共识:① 创新能力。即高端人才应是拥有创新思维,从事创造性劳动,具有较强的创新能力的个体(文魁和吴冬梅,2005;余佳平等,2008;王建玲等,2010)。② 知识技能。高端人才应在某一学科或专业领域有较深造诣,拥有扎实的专业知识和高超的技能水平(郑代良和书华,2012;李颖,2013;倪海东和晓波,2014)。③ 突出贡献或成果。高端人才应是在专业技术领域有重大创新成果,具有突出创新创业成就,在国内外有重要专业影响力的领军人才(高筱梅,2004;蒋文莉,2013;范晓峰,2013)。④ 性格品质。高端人才应具备特定的内在精神品质,如较强的个性、独特的价值观、良好的团队合作精神、超强的毅力,怀好奇心,持怀疑态度,有高度的自控力和稳定的情绪等(刘志宏,2008)。

借鉴国内外学者对高端人才的研究成果,课题组将高端人才定义为:具有良好的个人品质和专业的知识与技能,从事创造性劳动,且为社会进步做出突出贡献的个体。其中,专业的知识和技能是人才进行创造性劳动和做出社会贡献的内在基础;从事创造性劳动是人才施展才能和发挥作用的主要形式和载体活动;为社会进步做出突出贡献是人才进行创造性劳动的结果,也是人才实现自我价值的体现;良好的个人品质则是高端人才运用知识和技能进行创造性劳动进而为社会进步做出贡献的重要前提。

镇江供给侧结构性改革对高端人才的需求特征为能够带动镇江经济发展与科技水平提升,解决镇江产业结构短板,实现产业结构升级,促进现代农业、先进制造业和现代服务业向中高端迈进,切实满足镇江战略性新兴产业发展需要,具有国际视野、精通国际规则、拥有国际经验且能力强、业绩多、潜力大的急需紧缺人才。

1.2.2 镇江高端人才项目对高端人才的界定

为进一步引进和培育创新创业高端人才,镇江市先后实施了"331 计划"和"金山英才计划"(表7)。其中"331 计划"主要围绕新能源、新材料、电子信息、航空制造、海洋工程五大战略性新兴产业及生物医药、低碳环保、现代服务业等新兴产业吸纳人才。而"金山英才计划"对人才的需求涵盖了顶尖行业、制造业、服务业、农业及高技能等五个领域。

表7　"331计划"与"金山英才计划"对高端人才的界定对比　　　人

对比项目	"331计划"	"金山英才计划"
领域	新兴产业	顶尖、一二三产业
学历	高	较高
年龄	低	高
职位	低	高
地域	低	高
知识	高	较高
时间	低	高
要求	笼统	具体
针对性	低	高

从表7可以看出，相较于"331计划"，"金山英才计划"对高端人才在软实力和硬实力上都提出了更高的要求，评价指标更为全面（如在硬实力方面增加了年龄、证书、投资等评价要素），对人才引进的领域做了更为细致的界定。由此可见，镇江市高端人才引进计划日趋成熟，在涉及多领域的同时，也着力于引进专业性人才，并且不断更新人才引进的标准，紧跟国际人才引进步伐，为镇江市引进各行业领军人物、推动镇江地方经济快速发展提供了智力保障。

1.2.3　省内外代表性城市对高端人才项目的界定

"他山之石，可以攻玉"，为了借鉴标杆城市的先进经验，课题组调研了南京、北京、上海等具有代表性的城市及广东省的人才计划。

南京市高端人才项目在注重引进高端人才个体的同时，还加强了对高端人才团队的引进，并对高端人才团队及其所属企业提出了明确的要求。例如，要求创新团队应与企业签订劳动合同，约定团队的具体工作时间；对企业的考核指标主要体现在企业战略、经费、政策等方面。这些约定条件既确保了高端人才团队的工作效率，也确保了企业的社会效益和经济效益。

北京市高端人才项目充分考虑了人才的多样性，对高端人才的需求不仅体现在创新创业方面，也对哲学、社会科学教师及工程师有广大的需求。与其他城市相比较，北京市对人才的界定采取了更加柔性的标准，在人才引进上更倾向于相对年轻,科研能力强,专业能力强的青年,对创业型人才的创业时间也做出了规定。

上海市高端人才项目对高端人才的户籍与年龄都有一定的限制条件,在对高端人才的界定方面表现出高度的针对性,要求申请者提出的项目执行年限与申请者的任职时间相对应,充分保证了项目的可执行性。同时,上海市对科研开发类人才的科研能力十分看重,将科技创业类人才的知识产权与工作任职情况作为首要考虑因素,对创业类人才的工作任职做了规定,并且以专业技能来界定社会科学类人才。

广东高端人才计划在引进创新人才的同时也注重均衡引进创新团队。在团队需求方面,对创新创业团队的人数、团队组成有严格要求,并且对团队成员的工作经历、学历及理念等有明确规定。相对于创新创业团队,领军人才方面在着重引进技术开发类的同时,也加强了对应用基础类专业人才的引进,领军人才计划中对人才的科研能力十分看重,同时人才的学术能力与知识产权等也是评判人才的重要标准。

纵观上述省、市的高端人才引进项目可以发现,各地对人才类型的基本需求较为相似,都集中在创新型与创业型人才方面。南京市在引才过程中将更多的注意力放在创新团队的引进上,并且对团队和企业都提出了相应的要求。北京市则采用相对柔性的标准来引进人才,在引才时更青睐相对年轻,科研能力强,专业能力强的青年。上海市对高层次人才界定的标准十分具体,涉及户籍、年龄、项目可执行性等方面。广东考虑到对创新团队的引进,对团队人数、团队组成、团队成员经历等提出了具体的要求。南京、北京、上海三市和广东省都加强对多样化人才的引进,不仅考虑技术类人才,也将视角覆盖到基础应用型人才。

1.2.4 基于冰山模型的高层次人才界定(知识图谱的构建)

美国著名心理学家麦克利兰于1973年提出的素质冰山模型,是目前应用于界定人才胜任能力的最广泛、最经典的模型之一。根据学界相关研究和省内外现行政策文件不难发现,对高端人才主要从学历、职称、创新能力、经验等方面进行界定,与冰山模型高度契合。因此,课题组基于冰山模型理论,结合现有理论研究成果,参考一些较发达城市的现行政策,总结、借鉴学术界和他市的经验,把不同维度下的测评指标和标准进行细化界定,进而构建出高端人才界定的知识图谱(下文简称图谱,见图1)。

1)图谱中高端人才界定的指标体系

图谱将高端人才的界定指标体系细分为3个组成部分,9个属性维度,15项评价指标(见表8)。具体而言,第一部分是"冰山以上"的显性部分,涉及2个属性维度(知识和技能),涵盖4项评价指标(学历、科研成果、学术能力、创新能力),是相对容易观察和测量的部分;第二部分是"冰山以下"的隐性部分,涉及 4 个属性维度(社会角色、自我认知、特质和动机),涵盖 11 项评价指标(职称、影响力、经验、自我控制、自信、沟通协调能力、团队合作能力、责任心、决策能力、战略统领能力、期望值),是相对不易观察和测量的部分;

图1　基于冰山模型的高端人才界定的知识图谱

第三部分是背景条件,由年龄、地域、健康状况 3 项评价指标构成,是高端人才的基准性条件。

表8　高端人才界定知识图谱

组成部分	属性维度	评价指标
显性部分	技能	学术能力
		创新能力
	知识	学历
		科研成果
隐性部分	社会角色	职称
		影响力
		经验
	自我认知	自我控制
		自信
	特质	沟通协调能力
		团队合作能力
		责任心
		决策能力
		战略统领能力
	动机	期望值
背景条件部分	年龄	
	地域	
	健康状况	

2) 图谱中高端人才界定的指标定义与标准水平

在明确高端人才界定的指标体系的基础上,课题组进一步对每一项评价指标的内涵及相应的标准水平进行了细致界定。此处以"知识"属性维度的"科研成果"评价指标为例进行具体阐述,见表9。课题组对"科研成果"的内涵给出了一个基本定义,同时对"科研成果"的不同水平做了相应的描述与规定,其中 A_1 为最高层次,A_2 为次高层次,A_3 为基准层次。

表9 科研成果的指标定义与标准水平

定义:在学术、技术领域具有较突出的成果,拥有专利、发明或专有技术并属国内先进水平[①]。

层次	标准界定
A_1	在专业领域获得国际高水平奖项(如诺贝尔奖); 主持并完成国家重点工程、重大科技攻关、专项等,创造性地解决关键技术问题,为国内外同行公认[②]; 所创办或管理的企业,在全球范围内长期处于产业链高端[③]; 近5年在本专业(学科)国内外核心刊物上发表具有重要国际影响的学术论文或论著。
A_2	在专业领域获得国家高水平奖项(如国家最高科学技术奖); 在主持并完成省(部)重点工程、重大科技攻关中创造性地解决了技术或管理难题,获得国家发明专利[④]; 所创办的企业长期处于国内产业前沿[⑤]; 近5年在本专业(学科)国内外核心刊物上发表具有重要国际影响的学术论文或论著。
A_3	在专业领域获得省市级高水平奖项; 在市以上科技项目、重点工程建设项目、重大技术改造项目中,担任主要技术负责人并有突出贡献者[⑥]; 所创办的企业创新能力强,成长性强,市场前景好[⑦]; 近5年在本专业(学科)国内外高水平刊物上发表具有重要国际影响的学术论文或论著。

---

① 赵宏伟,郗永勤.我国高端人才集聚途径之研究——以福建省为例[J].科技管理研究,2012,32(1):118-121.

② 关于印发《江苏省第四期"333高端人才培养工程"培养对象选拔、培养与管理暂行办法》的通知.

③ 程岳,王选华.关于建立高端人才分类标准的思考——以中关村为例[J].中国人才,2013(12):50-51.

④ 同②.

⑤ 同③.

⑥ 同②.

⑦ 同③.

3）图谱在高端人才界定中的运用举例

基于以上提出的高端人才界定知识图谱，参考镇江市及其他发达城市现行人才政策中对高端人才的判定标准，课题组尝试构建了创业型高端人才的评价模型（见表10），选取科研成果、创新能力、经验、沟通协调能力、团队合作能力、责任心、决策能力、战略统领能力、自我控制、自信、年龄、地域、健康状况13项必要的评价指标。其中，A_1（一级）指标包括科研成果、创新能力、经验、决策能力及战略统领能力；A_2（二级）指标包括自我控制、自信、年龄、地域与健康状况；A_3（三级）指标包括沟通协调能力、团队合作能力及责任心。

表10　创业型高端人才评价模型

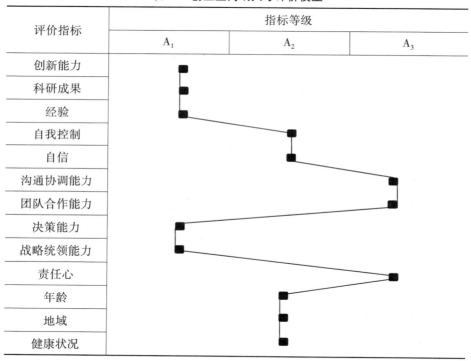

如表10所示，课题组运用基于冰山模型的高端人才界定知识图谱尝试构建了镇江市创业型高端人才的评价模型。该运用举例仅起到"抛砖引玉"的示范作用，有关镇江市其他类型高端人才的评价模型可参考该运用举例的操作过程，在筛选图谱评价指标和甄别指标水平的基础上分类构建而成。

2　镇江高端人才引进的政策效能评价

高端人才引进与培育政策是公共政策的重要组成部门，其政策效能评估可以参照公共政策效能评估的理论成果。公共政策效能评估理论认为，政策效果是政策评估的着眼点,应对政策效果与政策执行成本是否相符进行评判,需要比较政策实行所出现的结果和不实行的结果间的不同①。公共政策由于具有"公共"属性,在评估过程中需要将正义作为其中一个重要指标②。而人才政策作为单项政策还必须考虑到与整个政策体系的关系与协调程度。因此,本研究以创新创业领军人才为例,将人才政策效能评价指标体系区分为效益性指标、协调性指标和公正性指标三类。

2.1 效益性评价

"331"人才计划投入资金最大、持续时间最长,因此,本研究以"331"人才计划为例来分析创新创业人才政策效能。"331"人才计划共实施八批,资助556位创新创业人才,其中创新人才317位,创业人才239位,共投入资助资金5亿多元。因为创新人才产出与原有企业产出难以剥离,创新人才贡献数据难以获取,所以本研究仅对创业性人才产出进行评价。

2.1.1 科技效益评价

受资助企业专利申请情况见表11。

表11 受资助企业专利申请情况

专利申请/项	0	1～2	3～5	6～10	11～20	≥21
企业数量/个	106	40	28	23	23	19
企业比例/%	44.35	16.74	11.72	9.62	9.62	7.95

239家受资助的创业企业共申请专利1 611项,其中发明专利1 126项,实用新型专利373项,外观专利104项。申请专利平均每企业为6.74项,发明专利申请平均每企业为4.71项,发明专利申请在全部专利申请中的比例为69.89%,远远高于国家平均水平的39.4%③,也高于镇江平均水平48.38%④。这说明,创业人才资助政策科技产出成果较为显著,创业企业创新水平较高。从申请专利企业分布来看,零申请企业有106家,所占比例高达44.35%,这说明相当一部分企业并无科技创新的动力,并未因受到资助而呈现出应有的科技创新热情,也就是说,针对这部分企业的资助基本属于无效行为,需要在以后的创新创业人才资助评价中加强申请动机的审查,将以获取资助资金为主要动机而无创新创业动力的人才排除在外。

受资助企业有效发明授权情况见表12。

① [美]威廉・N・邓恩. 公共政策分析导论[M]. 谢明等译. 北京:中国人民大学出版社,2002.
② 张国庆. 现代公共政策导论[M]. 北京:北京大学出版社,1997.
③ 国家知识产权局发布的2015年我国专利申请授权数据.
④ 《江苏省省辖市人才竞争力报告》.

表12　受资助企业有效发明授权情况

有效发明授权/项	0	1	2	3	4	≥5
企业数量/个	197	22	6	4	6	4
企业比例/%	82.43	9.21	2.51	1.67	2.51	1.67

239家受资助的创业企业共授权专利436项，其中发明专利120项，实用新型专利295项，外观专利19项，有效发明专利授权占全镇江1 274件的近10%。有效授权专利平均每企业1.82项，有效发明专利平均每企业0.50项。这说明受资助的创业企业的科技产出能力明显高于其他企业。从授权发明专利的分布情况可以看出，没有授权专利的企业有197家，占比高达82.43%。授权5项及以上企业虽然只有4家，占比只有1.67%，但这4家企业共授权发明专利37项，占比高达30.83%，授权发明最多的镇江耐丝新材料具有发明专利13项，占比高达10.83%。这说明相当一部分企业的科技创新能力不强，需要在以后的创新创业人才资助评价过程中加大创新创业人才创新能力的评价。

2.1.2　经济效益评价

受资助企业纳税情况见表13。

表13　受资助企业纳税情况

年纳税总额/元	≤0	0 ~ 10 000	10 001 ~ 100 000	100 001 ~ 1 000 000	≥1 000 001
企业数量/个	72	108	35	15	9
企业比例/%	28.92	43.37	14.56	6.28	3.77

从纳税总额看，239家创业型企业2015年总纳税额为68 018 677.68元，平均每家公司纳税额为28.5万元，创业企业年均纳税额度还较小，甚至低于资助资金额，虽然创业企业短期收益不高，但这些科技创业企业具有很强的成长性，其经济效益还需要时间进一步检验。从企业比例看，纳税额在1万元以下的占比高达72.29%，这说明大部分创业型企业还处于初创时期，还处于产品研发、样本试制等阶段，生产工艺、产品功能等还不成熟，部分创业型企业由于产品与市场需求不匹配、技术不成熟等原因已被迫关闭。纳税额在100万以上的共有9家企业，虽然占比仅3.77%，但纳税总额近60 484 739.52元，占239家企业纳税总额的88.92%。这表明，科技创业企业发展符合巴莱多定律（二八定律），即能够创业成功的科技企业虽然数量不多，但却能够带来可观的经济价值。这在一定程度上也反映了创新创业失败率较高的特征，虽然失败是创新创业的高概率事件，但政府不能因为创新创业失败的高概率性而中止对创业人才的支持，而是应该提高创新创业的甄别能力和扶持能力，

以帮助人才成功创新或创业。

2.1.3 社会效益评价

社会效益评价可通过社保缴纳情况反映,见表14。

表14 受资助企业社保缴纳人数

社保缴纳人数/人	0	1 ~ 5	6 ~ 10	10 ~ 50	>50
企业数量/家	115	87	16	14	7
企业比例/%	48.12	36.40	6.70	5.86	2.93

从缴纳社保人数看,239家受资助的创业企业共有1 630人缴纳社保,平均每家公司6.82人缴纳社保,其中最多的一家公司有533人缴纳社保。这表明科技创业企业属于技术密集型企业,在吸纳当地劳动力方面贡献不是特别明显。但随着科技创业企业的不断成熟、不断发展,其在带动就业方面的作用会逐渐显现。

2.2 协调性评价

2.2.1 过程协调性评价

在人才引进方面,镇江市早在2008年就出台了"331"人才计划,2016年出台了"金山英才"人才计划及新兴产业紧缺型基础人才引进计划等。在人才培养方面,镇江市早在1998年就实施了"169"学术技术人才培养工程,至今已经开展了五期。在人才激励方面,镇江市早在2003年就启动了镇江市有突出贡献中青年专家评选工作,2016年镇江修订了《镇江市科学技术奖励办法》,奖励的范围不仅包括科技突出贡献者,还包括科技创新优秀企业、科学技术进步者。因此,从过程性的角度看,镇江市人才政策由"引进人才""培养人才"和"激励人才"三部分构成,具备完备性特征。

从政策力度来看,引进人才力度最大,人才激励力度次之,人才培养力度最弱。以引才为主要目的的"331"人才计划、"金山英才"人才计划,资助金额都在100万以上。以人才激励为目的的科学技术奖励,奖励金额在2万~60万元不等,而以人才培养为目的的"169"人才工程,每人仅可获得3 000元培养经费。因此,从过程协调性来看,虽然镇江人才政策覆盖了人才管理的所有环节,但在人才培养方面还处于薄弱环节,需要加强。

2.2.2 结构协调性评价

镇江市针对高端人才先后出台了"331"人才计划、"金山英才"人才计划,针对基础性人才出台了"镇江市新兴产业紧缺型基础人才引进培养行动计划",人才政策基本实现了全覆盖。

从各项人才政策的评审条件及评审结果来看,目前受到资助的人才基本属于科技型人才或科技创业人才。而科技创业企业的发展仅仅依靠科技型人才是不够的，还需要高水平的市场人才开拓市场、高水平的经营管理人才进行企业运作，而这两种人才引进都没有引起足够的重视。

2.2.3 产业协调性评价

镇江高端人才受资助情况见表15。

表15 镇江高端人才受资助情况

产业	数量/人	比例/%	行业	数量/人	比例/%
服务业	8	3.35	旅游	0	0
			物流	0	0
			文化	1	0.4
			其他	7	2.93
制造业	224	93.72	高端装备	20	8.37
			新材料	32	13.39
			新能源	6	2.5
			航空航天	4	1.67
			生物技术与新医药	43	17.99
			新一代信息技术	51	21.34
			其他	68	28.45
农业	7	2.93	优质粮油	0	0
			高效园艺	0	0
			特种养殖	2	0.84
			碳汇林业	0	0
			休闲农业	3	1.26
			其他	2	0.84
总计	239	100	总计	239	100

从已经获取资助的创业人才情况可以看出，制造业人才获得资助的比例最高，占所有资助人数的93.72%，这与镇江现代服务业和先进制造业为"双主干"、现代农业为基础的特色产业体系定位稍有不符，需要加大对服务业和农业的支持力度。

由表15可以看出，获取资助创业人才类型与镇江主导的产业类型匹配度为67.78%，其中制造业匹配度为71.55%，农业匹配度为71.43%，服务业匹配度为12.5%。这说明,虽然整体上看,人才与产业匹配度较高,但在服务业方面的产业与人才协调性还需要进一步提升。

2.3 公正性评价

2.3.1 目的公正性评价

镇江人才政策的目的是深入实施创新驱动发展战略,以高端人才集聚引领创新驱动发展,打造独具特色的产业人才高地。申报条件规定了学历、年龄及技术先进性等条件,这些条件与科技创业人才特征基本相关,无地域、民族等歧视性条款。

2.3.2 程序公正性评价

人才资助项目评审采取现场面试、专家独立评审、专家组集中评审的方式进行。每个评审组由5位专家组成,综合类专家1位,技术类专家2位,财务类专家1位,风投类专家1位。评审组成员需要遵守保密制度,当与所申报单位(个人)有利害关系时,应主动提出申请回避。评审结束后,有5个工作日的公示时间。由此可以看出,镇江市创新创业人才政策具有程序公正性特征。

2.3.3 结果公正性评价

各项人才资助工程的实施,没有申诉、投诉等事项发生,社会对资助对象评价较高,无不良评价出现。但出现极少数受资助人才在其他省份重复申报的现象,这主要是因为各省市独自开展人才项目资助活动,人才项目资助系统虽然在江苏省内已实现联网,但全国范围内统一的人才资助查询系统尚未建立,这增加了人才重复申报查处的难度。人才资助评审部门需要加大受资助人才背景调查的力度,加强受资助人才管理等手段,防止此类事件发生。

2.4 综合性评价

(1)镇江创新创业人才政策效能已经逐步得以显现。在创新创业人才政策的引领下,一大批创新创业人才在镇江集聚,科技效益明显,经济效益和社会效益也得以一定程度的体现,正逐渐成为促进镇江经济转型升级和打造镇江新的经济增长点的主力军。

(2)受资助创业企业效益性指标差异明显。从平均值来看,镇江创新创业人才政策效能取得了一定的成绩,但还有相当一部分受资助创业企业既无科技产出,也无经济产出和社会产出,这虽然大多是由创新创业的高风险性造成的,但也与评审水平、资助后的管理水平等因素相关。这需要创新创业人才资助部门提高项目评审水平,改革创新创业人才资助方式,加强创新创业人才资助管理以提升创新创业项目成功率。

(3)创新创业人才政策整体协调性较好,部分环节需要加强。无论是微观的人才过程协调性,中观层面的结构协调性,还是宏观层面的产业协调性都得到明显体现。但微观层面的培养和激励环节,中观层面的经营型人才、营销型人才引进,宏观层面的服务产业和农业人才培养还需要进一步加强。

(4)创新创业人才政策公正性较强。无论是目的公正性、程序公正性,还是结果公正性都得到明显体现。人才资助评审部门需要加大受资助人才背景调查的力度,加强受资助人才管理等手段,防止重复申报事件发生。

3　镇江高端人才引进存在的问题分析

镇江高端人才引进、培养发展虽然取得了显著成绩,为镇江经济社会发展做出了重要贡献,但仍满足不了供给侧结构改革的高端人才需求。通过研究分析可知,镇江高端人才引进主要在人才结构、人才标准、评选方式、人才管理、引进环境五个方面存在问题。

3.1　镇江高端人才引进结构存在的问题

高端人才结构欠合理,资源禀赋发挥不充分。截至2015年底,全市高端人才数量为3.55万人,其中50%~60%都在机关事业单位和教育、卫生、农林、文化等行业部门,真正产业领域的工程技术、科技管理、农业技术、经营管理人才总量严重不足,难以满足镇江产业经济持续发展的需要。从年龄构成来看,优秀专家人才队伍中,年龄老化现象突出。60岁以上的占32.61%,50~59岁的占30.85%,40~49岁的占34.57%,39岁以下的仅占1.97%。

镇江人才吸引力较弱,"十二五"期间的人口净增长率仅为0.4%,驻镇高校毕业生留镇率不足10%;部分企业对引进人才的关怀和培养重视程度不够,中小规模民营企业整体待遇偏低。由于本地院校缺乏相关的专业设置,本地缺乏相关的产业基础和人才储备,致使部分新兴产业高端人才、高技能人才引进成本较高。

3.2　镇江高端人才引进标准存在的问题

1)引才类型单一,领域结构失衡

目前镇江市对高端人才引进的类别辐射面主要存在"重个体轻团队、重科技轻基础、重资历轻潜力"等问题。首先,"331"计划与"金山英才"计划对高端人才的引进标准大多针对人才个体设定(仅有"金山英才"计划对服务行业的创业团队提出了引进标准),对多领域创业团队的引进重视不够;其次,人才计划主要针对创业、创新及技术型人才,对基础应用型人才未予以足够关注;再次,对潜力型人才的忽视关注也是问题之一。

2)引才指标羸弱,界定视野局限

目前镇江市对高端人才界定的评价指标,无论是显性指标、隐性指标还是背景指标都有待优化。目前,显性指标和背景指标是镇江市对高端人才界定的主要评价指标,但设定标准相对笼统。以"金山英才"计划为例,虽对多个行业不同类型人才提出了相应的显性指标和背景指标(如知识、技能、地域、时间等),但这些指标及其水平标准的共通性过强,对各领域高端人才界定的针对性欠缺。在隐性指标方面,"轻视对高端人才隐性指标的关注"的问题比较突出,当前的人才项目几乎未涉及隐性指标(如社会角色、自我认知、特质、动机),但隐性素质往往才是决定其是否能胜任岗位和可持续发展的关键性素质。

3)引才政府主导,企业参与度低

目前多数引才标准均由政府提出,政府主导人才引进,企业参与度低。由于政府和企业评判人才的视角不一致,可能会导致企业与人才双边市场的不匹配。同时,政府一味地对人才提出要求而忽视对企业的要求,将导致人才进入企业工作后发现现实与预期期望不符、价值观冲突等各种问题。

3.3 镇江高端人才评选方式存在的问题

镇江市对高端人才的评选主要采用专家面试的方法,专家一共有 5 人,其中综合类专家 1 位,技术类专家 2 位,财务类专家 1 位,风投类专家 1 位。每位专家根据人才综合能力、项目可行性、项目预期效益对项目进行评分,采用独立评审与集中评审相结合的方法,最终汇总得分选出高端人才。镇江市人才评选标准可总结见表 16。

表 16　镇江市人才评选标准

评选维度	具体表现
评选方式	面试
评选专家	综合类、技术类、财务类、风投类
评选周期	每年 2 次,每次 3~4 个月
评选内容	人才综合能力、项目可行性、项目预期效益
评选原则	实事求是、客观公正、回避、保密

镇江在人才评选方面出现的问题主要有:

1)评选方式结构单一,人才考核不全面

镇江市在人才评选中采取的方式是面试,面试主要考量高端人才的显性表现,对人才的能力、项目的可行性做出直观判断,但对人才的知识、技能和品质等隐性素质很难进行标准化评判,评价指标相对模糊,导致一些优秀人才及项目流失。

2)评选专家构成不合理,专家权重待分配

专家由科技局从专家库中随机抽取,且每位专家所占的权重相同,专家的专业、教育背景、经历将对评审结果产生重大影响。

3）评审周期长，人才项目易流失

镇江市人才评选主要是一年2次，每次评选持续3~4个月，很多优秀人才和项目，往往因为"等不及""耗不起"而流失。

3.4 镇江高端人才管理存在的问题

1）对高端人才跟踪监管不到位，人才引进存在套利现象

地区之间"拼政策"现象加剧，目前镇江周边地区都纷纷推出招才引智计划，争相出台人才优惠政策，致使部分人才在镇江享受优惠政策到期后，流动到其他地区继续享受异地人才优惠政策，甚至在人才引进中出现"一女二嫁"现象。课题组对润州区佰润制药调研时发现其引进高端人才流失的原因：A在与公司签约后还陆续申报了安徽、浙江等一些人才计划，每次出去申报项目时使用不同的公司名称，均未提到佰润制药。并且A在与公司签订协议前，也入选过湖北襄樊的人才计划，拿到50万元的资助。A在佰润公司除了2万元的月薪外，镇江市政府也会每月补贴2 000元，省双创每月补贴3 000元。

2）"重申报、轻考核"，高端人才考核体系线条过粗

考核机制中未能有效反映高端人才类型、岗位性质、产业特征等因素。江苏申模数字化制造技术有限公司调研时反映，"对人才的考核不要拘泥于过多的硬性指标，人才不是赚钱工具，要从对行业发展的贡献、对企业转型发展的作用等方面综合考量。"江苏中兴药业有限公司调研时反映，"人才考核要有容错机制，鉴于市场的不可控，对人才不应有太多量化的考核指标。"

3.5 镇江高端"人才生态圈"存在的问题

1）新兴产业集群不显著，对高端人才的吸引力不强

课题组了解到与发达地区和苏南其他城市相比，镇江对人才的吸引力不强。许多高端人才认为镇江是四线城市，缺乏吸引力，相关新兴产业尚未形成集聚效应，产业特色不明显，缺乏完整的产业链配套，创新创业的合作领域受限，施展才华的空间不大。江苏申模数字化制造技术有限公司调研时反映，"缺少产业的上、下游，研发人员短缺；本土技能型人才（成熟技工）供给在数量、结构方面与企业的需求不太匹配，在人才引进过程中有招不到，留不住的问题。"

2）人才落地软环境不完备，配套政策跟进不到位

人才落地软环境包括金融服务、交通、医疗、教育及人才交互平台等。镇江与周边城市相比在软环境建设方面存在一定差距，具体表现为：

① 缺少专业的金融服务机构（天使、风投等），社会资源支持不够，社会资本助推不够。江苏申模数字化制造技术有限公司调研时反映，"融资难度大，特别对于成长期的科技企业而言，融资成本高、渠道少；贷款难、担保难，资金周转效率低。"

② 缺乏高端人才互动交流平台,企业高管、高端人才互动较少,信息交流严重不足。江苏申模数字化制造技术有限公司调研时反映,"镇江市引进的人才缺乏一个相互交流沟通的平台,横向交流比较少,不利于资源共享;缺乏动态的人才跟踪,部分引进人才处于自生自灭的状态。"

③ 人才服务配套滞后,难以满足高端人才、年轻人才的多层次生活需求。部分产业园区缺乏公共交通,影响出行;政府提供的人才公寓,生活设施比较落后,服务跟不上,园区周边文化娱乐设施缺乏。江苏申模数字化制造技术有限公司调研时反映,"人才优惠政策虽已颁布,但在实际操作中未落实到位,如医疗政策、教育政策等,造成一些生活上的不便(特别提出了社保的异地衔接问题)。"大港新区威凡高科调研时反映,"政府应进一步改善高端人才落地生态圈(交通、基础教育、医疗等)。"江苏金聚合金材料有限公司调研时反映,"政府应加强安居、教育等方面政策的落实力度。"

4　供给侧结构改革基础上的镇江高端人才引进对策分析

要完成供给侧改革的任务,必须更新人才引进的理念,树立以"隐性"人才为特征的科学人才观,双向开放的人才流动观,市场化的人才管理观,建立互联网思维,构建"评定与认定"相结合的人才资助等四大机制,实施高端人才生态圈、专业型人才区、"引凤回巢"等五大工程。

4.1　更新高端人才引进的四大理念

4.1.1　识别"隐性"人才,树立科学人才观

1)识别"隐性"人才,树立科学人才观的原因

人才具有多样性、广义性、层次性、相对性、发展性、群体性等特征。人才存在于人民群众之中,应拓展育才、识才、用才的范围,"行行出状元",只要勤奋学习、勇于实践,就能成为对国家、对人民有用之才。在人才引进过程中,不唯数量和指标,不唯出身和血缘,不唯引进和本土,不要给人才强行贴过多标签,人为设置种种标准,要能够发现具有潜力的"隐性人才",采取针对性的引进、培养与激励措施,激发"隐性"的活力,帮助其开展创造性的活动,实现向"显性"人才的转变。

2)识别"隐性"人才,树立科学人才观的措施

① 建立高端人才素质模型,为识别"隐性"人才提供依据。课题组建立的高端人才界定知识图谱有助于对高端人才的精准定位。图谱共设有 3 个组成部分、9 个属性维度、15 项评价指标,并且每个评价指标都设有不同水平的级别标准。镇江在高端人才引进的过程中,可根据本市对该类型人才的具体需求,在知识图谱中筛选相对应的评价指标与标准,构建不同类型高端人才的知识图谱模型,进而提升人才界定与评价工作的精准性与全面性。

② 举办各类竞赛活动,为识别"隐性"人才提供平台。一方面,举办各类创业大赛、创新大赛、创意大赛;另一方面,积极承办全国性的诸如"挑战杯"创业大赛、课外学术科技作品竞赛,以及行业性的诸如海洋航行器大赛、未来飞行器大赛等活动,为"隐性"人才提供展示自己才能的平台,也为镇江发现"隐性"人才提供良好的契机。

4.1.2 树立双向开放人才使用理念,推动人才资源充分利用

1) 树立双向开放人才使用理念的原因

镇江高度重视人才平台建设,南京大学、东南大学、扬州大学等高校先后在镇江成立研究院推动产学研的合作。但要更好发挥人才效用,必须采取更加开放的人才政策,既要鼓励本地企业走出去以充分利用外地的人才资源,又要鼓励外地企业走进来以充分挖掘本区域的人才潜力。

2) 树立双向开放人才发展理念的措施

在吸引人才的基础上,以本地人才资源禀赋为基础,鼓励外地企业在镇成立研发中心。镇江科教资源虽然没有北京、上海、南京等地丰富,但在船舶制造、汽车、流体等领域具有一定的特色与优势,鼓励外地企业在镇江成立研发中心,有利于本地人才资源的充分利用,有利于创新人才资源的集聚,有利于创新人才生态环境的改善,也有利于科技成果的转化和具有竞争力产业的形成。

4.1.3 树立市场化人才发展理念,推动人才工作改革

1) 树立市场化人才发展理念的原因

党的十八届三中全会提出要深化经济体制改革,发挥市场"决定性"作用。2016年3月中共中央印发了《关于深化人才发展体制机制改革的意见》,强调突出市场导向的原则,充分发挥市场在人才资源配置中的决定性作用。只有坚持市场化人才发展理念,加快转变政府人才管理职能,才能保障和落实用人主体自主权,提高人才横向和纵向流动性,才能最大限度地激发和释放人才创新、创造、创业活力,使人才各尽其能、各展其长、各得其所,让人才价值得到充分尊重和实现。

2) 树立市场化人才发展理念的具体措施

① 引入社会化"大数据"评价人才项目。广泛采用查验工商、社保、销售、税收、专利等第三方"大数据"的方式对人才项目进行全面客观评估。对创业类人才项目,主要查看创办的企业工商注册、销售、利税、社保、研发投入等企业运营情况数据,查验企业运行是否正常,防止空壳公司、皮包公司套取项目资金。对创新类人才项目,主要查看个人所得税缴纳、专利申请、论文发表、项目参与等情况,查验人才在引进单位的在岗创新情况和贡献度,防止人才徒有虚名或弄虚作假。

② 引入社会化人才服务机构。大力引进国际知名的高端人才服务机构,成立人力资源服务产业园,集聚包括世界知名的"猎头"公司、国际专业培训机构,以及"猎头"行业协会等社会组织。鼓励企业和中介组织根据镇江产业需要和管理需要,开展全球人才招聘业务。推进人才中介机构组建行业协会,发挥协会的自主自律作用。制定各类人才中介机构的管理办法,加强对人才中介机构的管理,充分发挥人才中介机构在人才的职业(执业)资格互认、行业自律、行业监督方面的自律作用。立足"合作共赢",拓展人力资源机构与其他产业机构交流互动,积极推动人才与资本、人才与产业、人才与市场对接,为人才提供多元服务。

③ 充分发挥人才研究智囊团的作用。镇江创新人才发展研究院要定期发布《镇江人才发展白皮书》,包括"人才紧缺指数""人才薪酬指数""人才环境指数"和"人才竞争力指数",及时反映市场动态信息,分析镇江人才形势和状况,引导人才向重点产业、行业、区域集聚,为政府决策、企业用人、人才择业提供依据。

4.1.4　树立互联网思维,为镇江人才工作提供新思路

1)树立互联网思维的原因

① 供给侧改革使人才多样性更加突出。供给侧改革的目的是满足需求层,而互联网技术的日益发达,使得人们多样化的需求较容易得到满足,从而产生互联网经济的长尾效应①。要满足人们多样化的需求,就必须有多样化的供给,多样化的供给又以多样化的人才为基础,而多样化的人才势必导致人才需求的多样化,因此,需要采取互联网思维思考人才问题。

② 互联网超强的传播能力使人才政策竞争进入白热化。信息技术使时空维度无限延伸,信息成本急剧降低,也必然导致政府政策竞争日益惨烈,在互联网环境下,六度分隔理论②得到完美的实践,人才的影响力进一步放大,一个好评或差评,其影响的不再是几十个人才,而是几百个、几千个。互联网时代,政府政策不得不更加注重对人才的评价与感受。

2)互联网思维指导下的措施

① 注重政策的人才体验。过去的人才政策往往是上一级政府政策的落实与细化,同质化、泛化问题严重,与人才需要多样化、个性化出现较大偏差,政策供给与需求出现较大偏差。政府应在互联网思维的指导下,以人才体验

---

① 长尾理论阐述的实际是丰饶经济学,当无数用户的个性化需求予以满足时,必然导致长尾的产生,形成独特的需求方规模经济.

② 六度分隔(Six Degrees of Separation)现象(又称为"小世界现象"small world phenomenon),可通俗地阐述为"你和任何一个陌生人之间所间隔的人不会超过六个,也就是说,最多通过六个人你就能够认识任何一个陌生人".

为根本出发点,换位思考,提供精准化和个性化的人才服务,让他们真正感受到人才服务的改进,在某一个点上切实打动人才、感动人才。要通过开展问卷调查、召开座谈会、公布电子邮箱、走访调查等形式,对各类人才进行跟踪调查,听取人才的意见和建议,列明各类人才的服务清单,把准服务需求,根据调查情况和服务清单完善人才服务机制,在厘清共性和个性服务需求的基础上,针对各类人才开出各具特色、各有侧重的服务"配方",让人才服务能够落地。

② 注重"粉丝"效应。正像刘云山同志在北戴河看望暑期休假专家时所说的,党政领导要主动跟进,争做优秀人才的"铁杆粉丝",在人才取得成绩和进步时,第一时间送上鲜花和祝福;遇到挫折、遭遇失败时,不离不弃、送上温暖,鼓励他们重拾信心、愈挫愈勇,争取更大成果、更大成就。另外,要加大宣传力度,为高端人才培养更多的"粉丝",使其在人们心中具有较高的声望,从而提升其社会认可度,满足其心理需求。

③ 打造一体化的人才服务平台。融合运用人才管理专业技术和云计算技术,为用人单位提供覆盖核心人力、招聘、人才测评、绩效、继任、员工调查等人才管理业务全流程的一体化软件及服务,并通过自有平台满足企业自主开发的个性化需求。帮助用人单位实现人才职涯全周期的数据积累及整合,并基于大数据挖掘为企业提供科学的人才管理洞察,持续优化人才管理决策。

4.2 构建高端人才引进的四大机制

4.2.1 构建"评定与认定"相结合的人才引进资助机制,创新人才资助机制

1) 构建"评定与认定"相结合的人才引进资助机制的原因

① 创新创业人才甄别难度大。创新创业是创造性的实践活动,不确定性、风险性是创新创业活动的最大特征,创新创业活动是否能取得成功很难准确预测。无论是"金山英才计划"还是"省双创计划",基本都是通过专家面试确定资助对象,这是一种"评定式机制",虽然这种方式对于吸引对区域战略性新兴产业影响重大的领军人才具有重要意义,但存在预测准确度低、后期监管成本高、难度大的问题,需要一种认定机制予以补充与配合。

② 符合创新创业人才成长规律。创新创业人才成长具有累积效应规律[1],人才资源、高层次人才资源、领军人才资源是个逐层收缩的金字塔。"金山英才计划"引进的基本是高层次人才或领军人才,而高层次领军人才的数量取决于人才资源的数量。人才层次越低,通过"评定"方式,事前给予资助

---

① 宋成一,王进华,赵永乐.领军人才的成长特点、规律与途径——以江苏为例[J].科技与经济,2011(6):92-95.

的风险就越大。因此,对于较低层次的人才资源,可以通过认定的方式,事后给予一定的资金支持,从而吸引大量人才资源来镇江创新创业。

③ 现实需要。目前"金山英才计划"淘汰比率较高,2016 年第一批"制造2025"领军人才淘汰比例约为85%,被淘汰的人才由于没有得到资助,大部分没有在镇江落户。被淘汰的项目并不是一定没有科技含量,一定没有市场前景,如果因为没有资助而离开镇江,将是镇江的重大损失。通过认定机制,以事后认定的方式给予支持,能吸引一些真正愿意创新创业的企业落户镇江。

2)"评定与认定"相结合的人才引进资助操作办法

① 评定机制。为保持原有人才工程的延续性,评定机制依然采取"金山英才计划"专家评定,事前资助的方式,但应完善评审机制,关注真实性、可行性论证,事后加强考核。

建立面试与多维测评并行的选拔方法。在评选高层次人才的过程中,面试作为必要的考核环节,可对人才及其项目概况有基本的了解,但这并不意味着面试是人才入选的唯一评价环节。恰恰相反,为了提升人才及其项目甄选的精准性,在面试的基础上,应结合当代人才测评的多种手段与工具(如心理测评、情景模拟、项目路演等),对高层次人才展开多角度全方面的考核。引进高端人才的基本原则是"因事择人、人适其事",必须对其素质和能力进行评价,并在此基础上对每个人的能力和专长进行分析,以决定将其安排在合适的岗位上;落实"凡进必考"制度,严格考核程序,规范过程管理,把好进人质量。

完善镇江市人才评审专家库。专家库中的专家不仅应具有高度的专业性,而且涵盖领域要广。每个类型的人才都应有与其专业性相匹配的专家,同时细化评分标准,减少由于专家主观原因引起的人才评选失误。对于不同类型的专家进行合理化的权重分配,争取在评选中做到公平、公正,为镇江市评选出适合镇江发展的人才项目。

加强项目评审的时间灵活性。根据项目性质不同,政府对其评审的时间也应有所区别,不能集中在同一个时间段。有些项目具有很强的时效性,它们对时间的要求很敏感,随着时间的推移,实现的成本会越来越高,针对这些项目,应当及时进行项目评估并顺势推进项目发展。对于时效性不强的项目,政府可以进行集中评审,这在一定程度上能减少很多不必要的人力、物力和财力。

② 认定机制。

降低人才标准:只要具有硕士以上学历或具有发明专利的人才和团队,在完成创业企业注册或企业研发合作合同,人才办审核资料的真实性后即可纳入认定式评定范畴。

过程资助：创业型人才，政府可给予贷款利息贴息，免除三年房租、免除企业所得税等支持政策；对于创新型人才，政府可给予免除个人所得税、买房补贴等支持政策。

后期资助：创业型人才项目销售额达到 2 000 万元以上或利润达到 200 万元以上的企业一次性给予 50 万~100 万元奖励；创新型人才项目销售额达到 1 000 万元以上或利润达到 200 万元以上的企业可一次性给予 20 万~50 万元奖励。

4.2.2　构建"资助与规制并重"的人才引进监管机制，提高人才项目效能

1）构建"资助与规制"并重机制的原因

高额的资助资金诱使部分伪人才骗取资金。少部分伪创新创业人才为骗取资金，故意夸大技术的市场价值，获取资金资助后，以各种理由中止项目或将项目搬至外地。虽然这种人数量不多，但影响人才项目的公信力，对人才项目造成较坏的社会影响，打击人才创新创业的积极性。

2）"资助与规制"并重机制的实施措施

① 优先资助获得风投的项目。创新创业项目既存在技术的不确定性，又存在市场的不确定性、环境的不确定性，以及创新创业人才团队的不确定性。以政府为主导的人才项目资助评价体系，难以对不确定性风险进行准确评估与判断，在确定人才项目资助对象、资助金额等事项时难以正确决策。风投机构是以盈利为目的的社会经济型组织，不仅对市场具有高度的敏感性和洞察力，而且具有行业经验，能够帮助创新创业企业更好地抓住市场机遇。另外，由于风投机构为防范资金投入风险，通常会采取"对赌"等方式激发创新创业企业的积极性，监管创新创业企业行为，因此风投机构投资对于创新创业项目评价、项目监管及项目帮扶都具有重要作用。将风投机构作为重要评价主体，优先资助获得风投的项目会弥补政府项目评价能力缺陷，提高项目监管的便利性，降低资助资金的风险。

② 优先资助前期投入多的项目。前期投入是创业者对创新创业项目信心的体现。创新创业者是技术发明人，对技术的先进性、市场价值、竞争态势等信息了解最多，创新创业者越看好项目的前景，越愿意投入更多的资金、人力及时间资源，前期投入是创新创业者信心的标志。另外，根据前景理论，前期投入越多，创业者越愿意保持行为的一致性，在面对创业困难时，越愿意对项目持乐观态度，越愿意继续追加投入，越愿意坚持，从而出现承诺升级现象，避免项目轻易放弃或夭折。因此，优先资助前期投入大的项目可以提高项目效能，降低项目风险。

③ 构建承诺体系，预防资助资金滥用。首先，应构建诚信承诺制度，在获

取资助前,项目负责人应签署诚信承诺书,保证承诺资金不滥用,构建一条预防资金滥用的心理防线。其次,应建立社会公开制度,将资助项目、资助金额、资金使用范围向社会公布,让社会对资金使用进行监督,构建一条预防资金滥用的社会防线。最后,建立失信惩罚制度,追究滥用资助资金的法律责任,在媒体上对失信人员进行公布。

4.2.3　构建"协同合作"的人才工作协调机制,实现资源共享

1)构建"协同合作"机制的原因

① 区域协同有利于资源的充分利用。从人才供给方面看,各辖区(市)为引进人才都参加了各项人才招引活动,积累了很多人才招引渠道,但这些活动与渠道都由各辖区(市)独立构建,各辖区(市)没有实现资源共享。从人才需求方面看,各辖区(市)独立统计各自人才需求,相互之间并不了解人才需求情况,即使具有很好的人才供给,由于信息孤岛的存在也难以到达需求方。因此,需要打破区域篱笆,构建区域人才工作协调机制,实现区域人才工作协同、区域人才资源共享。

② 区域协同有利于形成人才工作合力。镇江市各辖区(市)高度重视人才工作,纷纷出台相关政策吸引人才,但如何实现政策的协同,避免政策的内部恶性竞争,实现全市人才工作合力是区域协同的重要任务。

2)构建"协同合作"机制的措施

① 加强区域协同的组织领导。镇江市人才办应加强组织领导和顶层设计,建立定期沟通协调机制,协调各辖区(市)人才工作矛盾,鼓励各辖区(市)人才办在引才渠道、引才活动方面实现共享。只有在引才政策方面相互协同,才能统筹全市人才工作力量,形成人才工作合力。

② 搭建资源共享平台。构建全市高端人才信息共享平台,各辖区(市)人才办既可发布所属企业的人才需求信息,也可发布搜集到的人才供给信息,实现全市人才信息共享,以最充分地利用资源。在人才信息供给方面,实行限期保护制度,即首次提供信息者其所属权归属提供人,其他人不得再与人才本人联系,但可以与信息提供者联系落户事宜,但如果提供信息半年后人才仍然没有落户,市人才办可重新选择联系人与人才本人联系。

③ 改革人才工作考核方式。改革目前以落户人才数量作为考核各辖区(市)人才工作主要指标的做法,鼓励跨区域合作机制,某辖区(市)人才办引进人才在其他辖区(市)落户时,双方人才工作都应获得一定程度的得分。

4.2.4　构建容错机制,为人才创新创业兜底

1)构建容错机制的原因

① 自由、宽松的环境是人才创造力释放的必要条件。创新型人才的基本特征是富有创造力,从管理角度讲,如何最大限度地促进人才创新并没有统

一的模式,但是它的必要条件是清楚的,那就是自由、宽松和容忍的环境。只有在自由、宽松和容忍的环境中,人才的创造性精神才能得以存活,创造性思维才能得以生根,创造性能力才能得以发展。例如,硅谷文化很重要的一点就是"容错"精神,提倡"管理是一种服务而不是控制,要让雇员自由地去完成工作"。因为他们深知,几乎所有的创新都需要经历思维与方法论层面的一次又一次的犯错才会找到正确的方向,几乎所有的科学技术进步都需要经历一次又一次的犯错试验才会成功。

② 高失败率是创新创业的典型特征。墨菲定律表明,只要存在某种犯错的可能,就一定会有人犯错,就会存在一定概率的犯错事件。风险管理原理认为,风险是客观存在无法消灭的,收益越高风险越大。因此越是创新,越要承担风险。如果"创新者"在法律和道德的框架内,兢兢业业地工作,孜孜不倦地创新,但偶有失误便被淘汰,连同他的经验和智慧如脏水般泼出,对社会资源来说其实是一种极大的浪费。

2)构建容错机制的措施

① 保护创新者知识产权,维护高端人才合法权益。镇江市可由政府出资,设立创新权益保护基金,通过基金购买法律维权服务,打击侵权行为,帮助企业解决知识产权维权举证难、周期长、赔偿数额低、成本高、效益差等问题,消除高端人才创新创业顾虑,维护创新者的知识产权权益。

② 鼓励停薪留职式创业,为高端人才创新创业留有后路。协调高校、科研院所等单位,鼓励科技工作者开展创业活动,可借鉴南京"科技九条"的规定,允许和鼓励高校、科研院所和国有事业、企业单位科技人员离岗创业,3 年内保留其原有身份和职称,档案工资正常晋升;允许和鼓励高校、科研院所和国有事业、企业单位职务发明成果的所得收益,按最少60%、最多95%的比例划归参与研发的科技人员(包括担任行政领导职务的科技人员)及其团队拥有。

③ 制定宽容失败的制度体系,消除创新创业后顾之忧。镇江要借鉴国内外经验,倡导敢为人先、敢冒风险、宽容失败的新风尚,出台相关规定,对于创新创业失败者给予宽容,让创新创业者甩开包袱,放心去创新创业。对于那些承担着探索性强、风险性高的科研项目的科研人员,要切实从体制和机制上给予帮助和扶持,对创新失败要给予一定补偿。如果出现创新项目失败与损失,在相关人员没有谋取私利的情况下,对政府相关经办人员应该给予免责。

4.3 实施高端人才引进两大工程

4.3.1 实施高端人才生态圈工程

1)实施高端人才生态圈工程的原因

① 人才吸引力有待提高。创新创业人才队伍建设虽然取得了一定的成

绩,但创新创业人才总体规模还较小。镇江省科技企业家人数(排名第八)、市科技企业家人数(排名第十)、从事科技活动人数(排名第八)、从事研发活动人数(排名第六)等总量指标在全省还处于中下水平,与苏南自主创新示范区其他城市相比还有较大差距。人才规模是人才集聚的前提和基础,人才只有达到一定的规模才会产生信息共享、集体学习、知识溢出等效应,人才集聚现象才会出现,区域人才吸引力才会增强。

② 人才结构不合理。现有的人才引进政策基本是围绕高端科技人才展开的,而对于经营管理人才的政策严重缺失,针对硕士等较为高层次的人才政策还有待进一步完善。

③ 人才管理环节不平衡。在人才引进方面镇江投入较大,但在人才培养和人才激励方面有待完善。以人才培养为目的的"169"人才工程,资助资金最高仅为 3 000 元每人。以人才激励为目的的"科学技术突出贡献奖"奖金也仅 20 万元。

④ 人才生态圈能实现良性循环。人才工程的目标不是要引进多少人才,而是要形成人才与经济的良性循环,形成人才因经济而聚集,经济因人才聚集而发展的良好循环。实施"人才工程",给予人才一定的资助,是为了将来不需要资助人才就能够实现自动聚集。生态圈由人才群落和人才生态环境共同构成,是一个巨大的开放系统,通过人才流动带动资金、技术、资源的流动及转化,和经济生态系统的各个因子、成分紧密地联系在一起,又形成更复杂的生态有机整体。人才生态圈的构建可实现人才更优匹配的循环模式,并带动产业结构的合理分布和优化升级,促使区域经济得到协同发展。

2)打造高端人才生态圈的具体措施

① 加大经营管理人才队伍建设力度,优化人才结构,实现人才类型平衡。经营管理人才是创新创业的倡导者、推动者,是创新创业的主体,是推动社会发展的中坚力量,是人才队伍的一支重要力量。鉴于目前镇江人才引进更倾向于科技人才的事实,建议加强经营管理人才,尤其是企业家人才队伍建设,加强对经营管理人才队伍建设的谋划,建立常态化的政府与企业双向沟通机制,搞好经营管理人才的培训与引进,营造尊重经营管理人才、崇尚企业家精神的社会氛围。

② 加大人才培养与激励力度,平衡人才发展环节,实现人才成长过程的良性循环。鉴于目前"重引进,轻培养、轻激励"的高端人才发展机制,应加大人才培养与激励力度,重新调整或单独设置针对企业的人才培养资助计划,加强高校毕业生等基础性人才、技术管理骨干等稀缺人才及创新创业高端人才潜能开发,尤其应对高端技术、管理人才开设创新创业培训班,提升其创新创业意识,挖掘高端人才潜力。应设置针对创新创业者的镇江市突出贡献

奖,增加奖励的人数和奖金额度,加大优秀创新创业事迹的宣传。

③ 推拉结合,限期实行人才优化,实现人才与企业的良性循环。要较快提高人才层次水平,必须从人才短板着手,以"推拉"结合的方式促进他们进行技术改造,脱离依靠廉价劳动力的运营模式。所谓"推"是指结合供给侧改革任务的完成,对落后产业实行淘汰机制,给廉价发展模式企业亮红灯。所谓"拉"是指加大企业家培训力度,引导企业进行技术革新、产业革新、运营模式革新,为高层次人才引进与使用创造良好的条件。

④ 加强人才载体建设,打造人才发展主平台。从镇江人才资源禀赋出发,充分利用江苏大学、江苏科技大学的汽车、流体、船舶制造等优势学科,以土地划拨方式鼓励国家一流的科技园、创新园落户镇江;利用镇江籍人才资源的关系网络,在全国、全球范围内建立人才联络站,为人才引进提供渠道。

⑤ 营造创新创业氛围,改造人才发展环境,实现人才与城市氛围的良性循环。首先,应加大舆论宣传,加强对镇江创新创业工作的经验总结,树立一批团队及个人创新创业典型,加大先进典型经验和政策在中央、江苏省及镇江媒体上的宣传力度,与报纸和刊物开设典型宣传、政策解读、载体推介等专栏报道。在镇江市人口比较聚集的"城市客厅"、公交车站台等位置,张贴创新创业典型人物照片与介绍,让创新创业典型人物的事迹深入人心。其次,应加大知识产权质押、股权交易改革力度,为创新创业提供资金支持。再次,通过举办镇江科技创新大赛或承办中国创新创业大赛、江苏省创新创业大赛的方式,激活创新创业人才到镇江创业创新的热情,激发全民创新创业精神,吸纳优秀创新创业人才,营造"鼓励创新、支持创业"的氛围,在全社会掀起创新创业的高潮,为建设创新型城市奠定坚实的基础。最后,相关职能部门和社会各界应更加重视对创业创新的扶持,让全社会都来关心、关注创业创新,鼓励企业增加创新投入,让创业创新之树枝繁叶茂。

4.3.2 实施专门型人才区工程

1）实施专门型人才区工程的原因

首先,专门型人才区是适合镇江高端人才引进与集聚的有效路径。镇江经济体量较小、城市人才吸引力有限,经济发展与人才良性循环态势还没有形成,在人才争夺战中,与大型城市相比优势并不明显,不具备综合性人才区的形成条件,因此,镇江应实行差异化战略,积极打造专门型人才区,在若干领域形成人才高地,发挥人才的集聚效应。

其次,镇江具备打造专门型人才区的条件。不同于中西部地区,镇江县域经济发达,已形成在全国具有影响的丹阳眼镜、扬中电气、镇江香醋产业集群,产业集群既为高端人才引进提供了坚实的产业基础和品牌基础,也为专门型人才区的形成奠定了规模基础。

最后,专门型人才区的打造可实现人才集聚和产业集群的共生效应和乘数效应。专门型人才区的形成有利于专门人才的学习交流、有利于研发机构平台的建立、有利于产业区域集聚,实现人才与产业的良性循环。

2) 专门型人才区工程的实施措施

① 专门型人才区的定位。形成具有全国领先性的专门型人才区,采取宁缺毋滥的策略,不具备形成全国前三位的专门型人才区条件的坚决不予批复。每个辖区所设置的专门型人才区不得超过三个。区别于以产业主导的人才工程,镇江市专门型人才区以行业为单位而设置,集中资源打造人才的"小巨人"。基于镇江实际,初步建议镇江建立表 17 所示专门型人才区。

表 17 镇江市专门型人才区

辖市、区	专门型人才区
京口	动漫产业人才区
润州	船舶海洋人才区
新区	航空产业人才区
丹徒	汽车产业人才区
丹阳	眼镜产业人才区、医疗器械人才区
扬中	低压电气人才区
句容	休闲农业人才区

② 专门型人才区的政策设计。

专门型人才资助政策:各辖区市所出台的人才资助项目应紧紧围绕专门型人才区的打造,其他类型人才引进统一实行镇江市"金山英才"人才计划,各区市不再出台相应政策。

专门型人才区支持政策:每个专门型人才区需成立一个专门型人才协会,需建设专门型人才公寓,需成立专门型人才研究院,政府各部门对于专门型人才区建设应予以扶持。镇江市应设置每专门型人才区不低于 100 万元的引导资金,鼓励所辖区市进行专门型人才区的建设。

专门型人才培养基地:镇江市人才办协调镇江高校资源,确保每个专门型人才区在本地都有相应专业或研究方向,确保每个专门型人才区都与高校有订单式人才培养计划,确保每个专门型人才区每年都举办不少于 200 人次的培训班。

4.3.3 实施"引凤回巢"工程,吸引镇江籍高端人才

1) 实施"引凤回巢"工程的原因

① 镇江籍高端人才资源较为丰富。镇江教育事业发达,人杰地灵,涌现

出大批专家学者,其中不乏航天专家王礼恒、计算机专家孙家广、物理学专家于渌等国内外知名的院士。近年来,镇江出国留学人员也呈现快速增长态势,据不完全统计,镇江市目前有海外留学生5 000余人,并且每年以20%的速度递增。这些曾在镇江生活、工作过的高层次人才是镇江的宝贵财富。

② 故乡情感是人才回巢创新创业的强大动力。镇江籍人才虽然旅居外地,但在镇江还有家人、朋友、同学,他们是镇江籍人才的情感支撑。这些情感也成为吸引他们回镇创新创业的重要因素。在以往引进的领军人才中,镇江籍或在镇江学习、工作过的人占有较高的比例。

2)"引凤回巢"人才工程内容

① 加强家乡观念宣传与教育。在全市展开"热爱镇江,建设镇江"的宣传,树立建设镇江新典型。教育、群团等部门在中小学中加强家乡荣誉感的教育,使他们树立热爱家乡、服务家乡、建设家乡、回报家乡的理想信念,使他们大学毕业后愿意回到镇江工作,为家乡的经济社会发展做出自己的贡献。

② 建立镇江籍高端人才信息库。人才办应建立镇江籍高端人才信息库,利用各种渠道收集在外地、外国工作、学习的镇江籍高端人才,跟踪每年考入211以上重点高校学生的就业状况,及时更新数据库。

③ 与镇江籍高端人才保持密切联系。利用数据库,与镇江籍高端人才保持密切联系,时刻关注他们的动态,时刻关心他们的事业。此外,还应照顾好、服务好镇江籍高端人才的亲属,经常慰问他们,以良好的服务感化镇江籍高端人才,吸引镇江籍高端人才。

④ 加大回巢人才及其家属福利待遇。回巢人才及其家属都可领取"优秀人才一卡通",增强回巢创新创业的荣誉感和归宿感。将优质的教育资源向他们倾斜,解除人才回巢的后顾之忧。

4.3.4 实施"东承西进"人才工程,向金陵借智

1)实施"东承西进"人才工程的原因

首先,南京人才资源丰富但利用程度较低,这为镇江利用南京人才资源提供了绝佳机会。南京的科技、教育、人才实力位列全国前三,两院院士等高端人才更是占到全省的83.3%,但是经济发展却只位列江苏前三,高端人才就地转化率较低,学者将这一现象称为人才问题"南京现象"[①]。大量富余而未充分利用的高端人才,为镇江借用南京人才资源提供了可能。

其次,地理空间一体化及宁镇扬同城化进程的加快为镇江利用南京人才资源提供了便利条件。

---

① 赵永乐,潘运军.加快人才优势向经济发展优势研究——人才问题的"南京现象"及破解策略[J].第一资源,2013(2).

2）"东承西进"人才工程的内容

所谓"东承"就是要优化人才成长与发展环境,构建人才发展平台,为引入南京高端人才创造条件,使南京高端人才为位于其东部的镇江产业发展做出贡献。具体措施:以整合空间资源、促进互惠共赢为原则,贯彻既积极又稳妥的工作方针,以仙林—宝华科学城、龙潭—下蜀滨江港城、汤山—黄梅休闲城、湖熟—郭庄临空发展区四大同城管理先行区为契机,建设人才一体化管理改革试验区,探索人才跨界管理新模式。人才一体化改革试验区将打破地域限制,实行统一的人才管理政策,社会保障、医疗保障、住房公积金等政策统一。在无法实现统一的政策方面,企业具有自主权,如在户籍、教育等方面政策无法统一,则由企业自主决定选择南京或镇江的户籍和教育。由企业自主选择,可倒逼政策的一体化进程,逐步消除人才管理体制性障碍。

所谓"西进"就是鼓励镇江企事业单位主动"走出去",主动与南京科教人才对接,主动将岗位送到南京,使科教人才在不离开南京的情况下,为镇江产业发展做出贡献。具体措施:在人才较为聚集、人才资源较为丰富的南京仙林等地区成立镇江产业研发中心,采取优惠的政策鼓励镇江企业研发机构入驻。这一方面解决了人才户籍、教育及家庭等后顾之忧,另一方面也有利于人才之间的学习和交流,更容易形成规模效应,使镇江产业研究院的品牌深入人心,从而实现人才的集聚。

4.4.5　实施"啄木鸟"人才工程,激发企业用才动力

1）实施"啄木鸟"人才工程的原因

① 企业是用人主体。中共中央印发了《关于深化人才发展体制机制改革的意见》(以下简称《意见》),强调突出市场导向的原则,充分发挥市场在人才资源配置中的决定性作用,更好地发挥政府作用。在人才工作中,市场导向就是企业要发挥主体作用,要发挥企业的主体作用,就必须激发企业用人动力。

② 企业家动力不足是影响人才工作的重要原因。访谈发现,部分企业家缺乏开拓创新意识,缺乏对新理念、新技术、新产品的认识,对企业转型升级的任务不清晰,人才驱动创新动力不足。

2）"啄木鸟"人才工程的内容

① 通过培训提高企业人才意识。实施"科技企业家"培育工程,通过集中培训、拜访标杆企业、出境考察等形式,开阔眼界、拓宽思路,提高企业家及企业经营管理层的综合素质和科技人才意识。同时,加大对成功案例的宣传报道,凸显人才经济社会效益,形成示范引领效应。

② 通过管理诊断激发企业人才工作动力。实施"管理专家进企业公益巡诊"计划,让企业认识到企业经营的潜在风险,意识到人才引领、创新驱动的

重要性,激发企业家创新意识,增加转型升级的紧迫感,提高自发开展人才工作的积极性。

③ 给予企业更多的自主权。在企业人才职称评定,科技突出贡献专家、169人才工程及镇江市劳模等人才评价方面,应降低门槛,在限额申报的基础上,给予企业更多的自主权和话语权。

④ 提升政府人才服务水平。将以引进人才数量作为各级政府主要考核指标向将人才服务作为主要考核指标转变,以企业的满意度为主要目标,切实提高政府在人才政策制定、人才平台搭建、人才信息提供等方面企业的满意度。

课题组单位：江苏科技大学

课题组成员：王济干　张坚强　杨　猛

崔祥民　戴楚怡　田　剑

金　辉　李　根　孙丽君

刘利召　林少雄　汪建莉

驻镇高校毕业生留镇就业创业现状研究

高校毕业生是社会最富生机、活力和创造性的群体,是一个地区经济生活发展所需高素质人才的重要来源。如何充分发挥镇江市教育资源优势,留用更多的驻镇高校毕业生就业创业,对于我市经济社会发展具有十分重要的现实意义。

2015 年,市人社部门印发《驻镇高校毕业生留镇计划实施方案》,提出到 2017 年实现驻镇高校毕业生留镇人数增长 20%,但从实际情况看,实施效果并不理想。以 2016 年为例,驻镇高校毕业生人数 21 331 人,留镇就业 2 717 人,占毕业生人数的 12.7%,仅比上年增加 210 人。如何尽快改变"墙内开花墙外香""近水楼台不得月"的现状,需要深入调研、找准症结,对症下药、综合施策,为此,2017 年 4 月份开始镇江市创新人才发展研究院就"驻镇高校毕业生留镇情况"在全市范围内开展问卷调查和座谈讨论,进行数据分析和研究。信息采集对象包括大学生和企业。大学生调查对象为江苏大学、江苏科技大学、镇江高等专科学校、江苏省农林职业技术学校、镇江金山学院、江苏航空职业技术学院等六所驻镇高校中 588 名大三学生;企业调查对象为我市战略新兴产业、生产制造企业、规模以上企业及毕业生需求相对集中的其他类型的 103 家企业。

本次调研结果显示:驻镇高校仍然是我市企业最重要的人力资源蓄水池,留镇毕业生主要分布在我市传统行业、新区,主要专业为机械工程类专业。江苏大学、江苏科技大学等四所驻镇高校毕业生留镇就业比例虽保持基本稳定,但低于周边的苏州、无锡等地区水平。造成这种现象的原因主要是:镇江整体的产业发展吸引力不足;企业主动育人、积极留人的意识不强;政府就业创业政策创新不足、宣传不到位、落地效果不明显;政府相关职能部门工作没有形成合力。研究报告最后提出了促进驻镇高校毕业生留镇就业创业、提升驻镇高校毕业生留镇比例的五项对策建议。

1 驻镇高校毕业生留镇就业创业现状分析

1.1 驻镇高校是我市企业重要的人力资源蓄水池

1.1.1 我市规模以上企业三年来引进的高校毕业生,近半数由驻镇高校提供

如图 1 所示,在调研的 103 家规模以上企业中,2015 年到 2017 年每年平

均引进高校毕业生 26.96 人、30.24 人、22.26 人,其中近半数的高校毕业生由驻镇高校提供,平均为 11.82 人、13.59 人、9.43 人,占比为 43.84%、44.94%、42.36%,驻镇高校为我市企业发展提供了重要的人才支持。

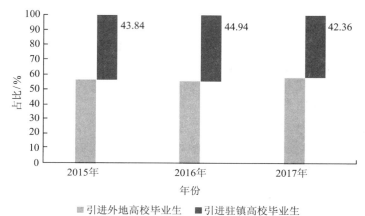

图1　我市企业引进高校毕业生生源结构图

1.1.2　驻镇高校为我市规模以上企业提供了层次众多的毕业生

从 2015 年到 2017 年我市企业引进高校毕业生情况看,企业引进的高校毕业生以大专和本科为主(见图 2)。其中,近半数专科毕业生、本科毕业生、研究生由驻镇高校提供,且研究生占比不断上升,本科生与专科生基本持平(见图 3)。

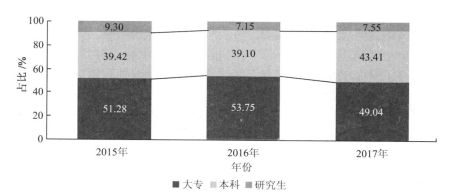

图2　我市企业引进高校毕业生学历结构图

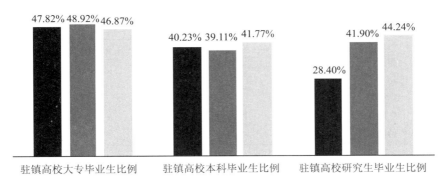

图3　我市企业引进高校毕业生学历变化示意图

1.2　驻镇高校留镇毕业生行业分布和地区分布

1.2.1　驻镇高校留镇毕业生行业分布

如图4所示,2016年留镇的驻镇高校毕业生主要分布在传统行业、商贸流通类行业、战略新兴产业相关的企业,占比分别是34.04%、24.41%、21.52%。

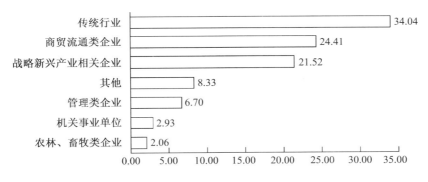

吸纳人数占比/%

图4　驻镇高校留镇毕业生主要行业分布图

1.2.2　驻镇高校留镇毕业生地区

如图5所示,2016年留镇的驻镇高校毕业生主要分布在:镇江新区、京口区和润州区,而我市县域经济相对活跃的丹阳和扬中市,留镇大学生数量反而远低于市各辖区和镇江新区。

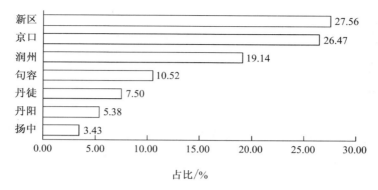

图5 驻镇高校留镇毕业生主要地区分布图

1.2.3 我市企业引进高校毕业生主要专业类别

如图6所示，参与调研的企业中，2016年引进高校毕业生所学专业：机械工程类占59.22%，化学化工类占59.22%，电气工程类占47.57%，计算机类占24.27%，经济类占19.42%，建筑工程类占9.71%，管理类占35.92%，财会类占24.76%，语言文学类占10.68%，食品药品占7.77%，法律类占6.67%。

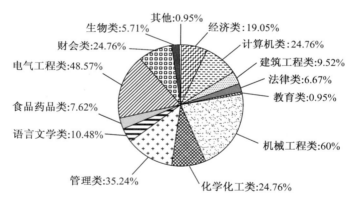

图6 我市企业引进高校毕业生专业分布图

1.3 驻镇高校留镇毕业生生源特点

1.3.1 驻镇高校中镇江生源毕业生留镇就业意愿较强，但实际留镇比例不高

针对高校的抽样调查显示，就"毕业后是否愿意在镇江就业或者创业"的问题，驻镇高校中镇江生源毕业生中54.17%选择"愿意"，仅有4.17%的学生选择"不愿意"。同时，镇江籍学生对首次工作的工资预期为3 300元，低于非镇江籍学生3 450元的工资预期，这对于将驻镇高校中镇江生源毕业生留在镇江就业是利好消息。

但江苏大学、江苏科技大学、镇江高等专科学校三所院校2016年就业统计数据显示,平均只有41.20%的镇江籍学生真正留在了镇江(三所高校的具体数值见图7)。

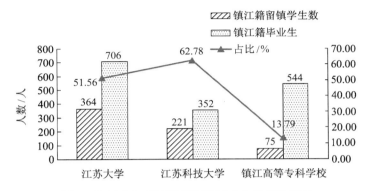

图7 2016年三所高校镇江籍毕业生留镇比例图

1.3.2 在留镇的江苏籍毕业生中,淮安籍、扬州籍、南京籍人数位列前三位

在2016年留镇的江苏籍毕业生中,淮安籍、扬州籍、南京籍毕业生人数位列前三,占比分别为19%、18%、11%。占比排列后三位的为常州、无锡、苏州。镇江企业对驻镇高校苏南生源毕业生吸引力不大。具体数值如图8所示。

针对6所高校大学生的调研也显示,除镇江生源外,愿意留镇工作的是盐城、徐州、泰州三地的学生,最不愿意留镇江工作的是苏州、南通生源地的学生。

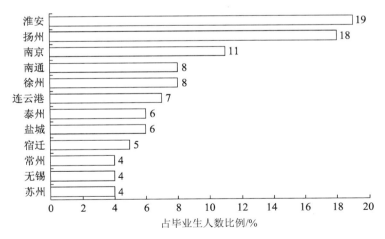

图8 2016年江苏省内生源(非镇江生源)留镇毕业生来源地分布

2 存在问题及原因分析

2.1 存在问题

2.1.1 四所驻镇高校毕业生留镇就业比例虽保持基本稳定,但低于周边地区水平

首先,2014 年到 2016 年期间,江苏大学、江苏科技大学等四所高校毕业生留镇就业比例保持基本稳定。其中,江苏科技大学稳中有升,从 2014 年的 12% 上升到 2016 年的 14%;镇江高等专科学校保持在 30% 左右;江苏大学和江苏农林职业技术学院均在 10% 左右(见图 9)。

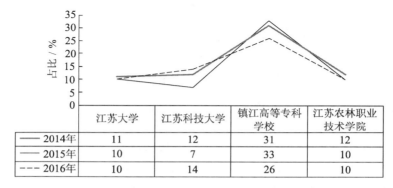

	江苏大学	江苏科技大学	镇江高等专科学校	江苏农林职业技术学院
—— 2014年	11	12	31	12
—— 2015年	10	7	33	10
--- 2016年	10	14	26	10

图 9 四所高校 2014—2016 年毕业生留镇就业比例图

其次,与周边地区当地高校毕业生留当地城市比率相比,驻镇高校毕业生留镇就业率偏低。2016 年,苏州、常州、无锡、南通、扬州当地高校毕业生留当地工作的比例分别是 41.66%,32.47%,31.81%,31.65%,24.54%,如图 10 所示。对比目前镇江四所高校毕业生留镇率数据,最高的镇江高专也仅为 30%,驻镇高校毕业生留镇就业率还需进一步提高。

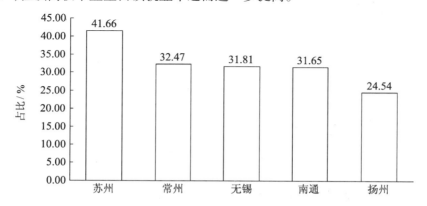

图 10 周边 5 市 2016 年毕业生留当地就业比例图

第三,留镇毕业生人数与当地人口相比,在苏州、常州、无锡、南通、扬州、镇江六个地区中,苏州高校毕业生留在当地就业人数相对于人口总数的比例为 24.01 人/万人,常州为 21.15 人/万人,无锡为 17.75 人/万人,扬州为 9.99 人/万人,南通为 9.16 人/万人,镇江仅为 8.55 人/万人,如图 11 所示。上述数据表明,我市各类企事业单位必须加快出台政策、吸引更多的驻镇高校毕业生留镇就业创业。

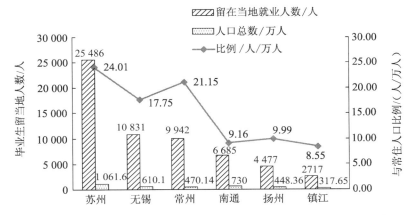

图 11　周边五市及镇江 2016 年毕业生留当地就业人数与常住人口比例

2.1.2　校企人才引进培养合作较少

近年来,我市规模企业加快与驻镇高校建立合作关系的步伐,参加调查的 103 家企业中有 67% 的企业与驻镇高校、科研院所建立合作关系。其中"就业见习、实习"的合作最多,覆盖到 56.19% 的企业,其次是"人才引进培养"合作,覆盖到 44.76% 的企业,"科研项目合作、成果转化"合作排名第三,覆盖到 39.05% 的企业。

虽然调研显示我市企业与驻镇高校有较多的人才引进方面的合作,但从镇江企业在驻镇高校设立奖学金的角度看,"人才引进培养"合作的深度还需不断加强。2016 年,共有 72 家单位在江苏大学、江苏科技大学、镇江市高等专科学校设立奖学金,金额合计为 487.981 7 万元,其中,镇江企事业单位为 28 家,占比 38.9%,奖励金额为 154.99 万元,占比 31.8%。2016 年有 22 家单位在江苏大学设立奖学金,其中镇江企事业单位仅为 4 家,占比 18.18%;共计 84.771 7 万元的奖学金中,镇江企业仅出资 8.7 万,占比为 10.26%。镇江企事业单位与驻镇高校人才合作空间非常有限(见图 12、图 13)。

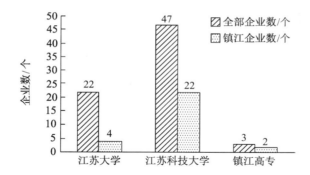

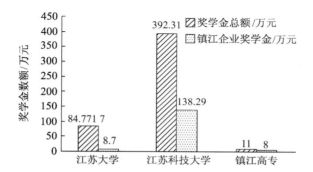

图 12　镇江三所高校奖学金资助企业数、资助金额数

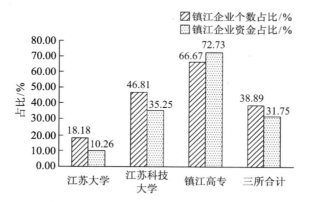

图 13　镇江三所高校奖学金资助中镇江企业资助的占比图

2.2　主要成因

针对大学生的问卷调查结果显示，在影响大学生选择就业地的四种因素中，工作因素得分 1.17，影响最大；生活因素得分 1.07，影响其次；社会因素得分 0.91，影响第三；个人因素得分 0.88，影响第四。在 22 个子项目中，个人发

展机会位于首位,治安环境、收入水平、个人向往、工作稳定性、就业政策优势、居住环境、交通状况、城市房价水平、城市经济水平位于第二位到第十位。

就大学生最为关注的"个人发展"而言,镇江从产业发展、企业自身、政策宣传上均存在引才、留才力度不足的问题。

2.2.1 镇江整体的产业发展吸引力不足

我市很多产业集成程度不高,一些新兴产业成点不成链,高端装备制造、新材料等主导产业链条不长,新业态、新技术、新模式发展较慢,产业对人才的承载力不强,吸纳聚集大学生的能力不足。企业调查问卷显示,有65%的企业认为企业规模不大、创新能力不足。镇江企业在经济总量、规模、速度、质量、活力、结构、外向度等方面与周边发达地区城市相比,均存在一定的差距,使得城市知名度不高、吸引力不够。

2.2.2 企业主动育人、积极留人的意识不强

目前在镇江企业大学毕业生招聘中,往往遇到供需不匹配的问题。企业一般希望大学生到岗就能胜任工作,但符合企业期望的大学生一般是相对优秀的毕业生,他们就业选择范围较大,中小企业对他们的吸引力不大,而不能到岗就胜任工作的大学生企业则不愿意接受。这就使得,具有一定的规模、发展前景良好的企业能引进满意的毕业生,而对人才需求最为迫切、需求量最大的中小微企业却反而很难引进满意的毕业生。造成这个困局,一方面是作为人才供给方的高校在培养规格上确与企业实践需求脱节,另一方面作为人才需求方的企业在"主动育人、积极留人"的意识和制度设计上也存在较大的欠缺。企业必须对外积极对接地方高校、明确人才期望规格,对内设计人才培养规划和人才发展通道、帮助毕业生达到能力要求,尽快适应岗位、安心工作。

2.2.3 政府就业创业政策创新不足、宣传不到位、落地效果不明显

1)政府就业创业政策创新不足

我市先后出台《"百千万"人才工程实施意见》《"万名大学生就业创业促进工程"实施意见》《市区"三新"企业吸纳高校毕业生就业补贴办法》《大学生租房补贴发放管理办法》《大学生创业与灵活就业社保补贴实施细则》等一系列政策文件和配套措施,积极鼓励和引导高校毕业生来镇就业创业,这些政策涵盖到金融信贷、租房补贴、创业培训和实训、无偿补贴、就业见习补贴、一次性就业补贴、一次性引进补贴、"三新"企业补贴等方面。但这些政策周边地区也在实施推进,在财政资金投入有限的前提下,镇江并不占优势。

周边其他城市在行政收费减免、税收优惠、个人创业担保、社会保险补贴、一次性创业补贴、创业场地租金补贴、创业带动补贴、天使基金引导、岗前培训补贴等方面开展的大学生就业创业政策,镇江并未开展。

2) 宣传不到位、内容不精准

首先,调查显示,针对政府目前出台的"毕业生留镇就业津贴、创业补助、创业贷款"等优惠政策,被访的大学生中表示"完全不清楚""不太清楚""好像听说过"的占到85%。比如,大学生租房补贴政策,镇江是紧跟无锡后在全省第二个实施的,在全国不少所高校引起关注,但恰恰驻镇高校毕业生了解这一政策的并不多。

其次,除了目前出台的政策,针对大学生关注的就业地治安环境、工作稳定性、居住环境、交通状况、城市房价水平、城市经济水平等方面,镇江并没有仔细算出"大账"、形成"一揽子"宣传口径,以彰显镇江的吸引力。针对大学生的调研显示,起始月薪期望在 3 000 ~ 5 000 元区间的占到全部被访者的72%,其中专科生期望在 3 000 ~ 4 000 元的占45%、本科生期望在 4 000 ~5 000 元的占到被调查对象的47%。针对企业的调查显示,受访企业中绝大多数的企业能够达到这一起薪要求,但工作两到三年后,薪酬增幅与苏、锡、常、宁等周边地市相比,就会产生明显的差距。但如果进一步综合在镇江就业后的工作稳定性、居住环境、交通状况、城市房价水平,镇江是有相对优势的。显然,目前的宣传没有起到"突出优势、吸引人才"的作用。

在具体实施过程中,一方面,奖补对象面广量大、财政资金投入有限,另一方面,申请办理手续未宣讲到位,驻镇高校毕业生普遍反映获得感不强。

2.2.4 相关部门工作没有形成合力

近年来,我市人才办、人社局和团市委等部门深入驻镇高校开展政策宣传和专场招聘活动,相继开展大学生创业大赛、优秀创业项目遴选和创业明星评选活动,营造氛围,促进大学生就业创业。但服务大学生就业创业工作的手段还比较单一,不能满足大学生多样化的服务需求。资源整合的力度不够,尚未形成全社会齐抓共管、共同参与、整体推进的局面。

3 促进驻镇高校毕业生留镇就业创业的对策建议

高校是人才培养和科技创新的主阵地,也是地方综合竞争实力和核心竞争力的重要标志。如何利用好驻镇高校密集、生源丰富的科教资源优势,将其转化为现实生产力,要在发挥市场机制对人力资源配置主导作用的基础上,积极发挥好政府的引导推动作用,坚持政策支持和完善服务相结合,通过机制创新、综合施策,助推驻镇高校毕业生留镇就业创业。

3.1 加强校地合作,提高驻镇高校人才培养与需求的契合度

一是深化校地产业合作,促进高校与地方产业融合发展。将驻镇高校作为我市培养人才的重要载体,使就业成为培养人才的出口。地方要及时把就业状况反馈到人才培养的各个环节,加快推进"招生—培养—就业"一体化,

完善招生培养就业联动机制;驻镇高校要主动适应我市战略性新兴产业发展、传统产业改造升级及社会建设和公共服务领域的需求,推动高校专业设置供给侧改革,在保持专业设置自主性、相对独立性的同时,积极进行适度调整,提高人才培养本土化程度,促进产业链、就业链、教育链深度对接,提高高校匹配需求水平,缓解毕业生就业存在的结构性矛盾。

二是深化校地协同办学,进一步完善高校人才培养机制。全面推进落实市、辖市(区)两级政府与驻镇高校签订的人才开发合作协议。各地已建成的各类就业见习基地,要优先吸纳驻镇高校毕业生见习。有关部门要加强产业、行业及职业发展趋势预测,合理测算劳动力市场对高校毕业生的需求数量,为高校人才培养结构、专业设置的调整提供科学依据。驻镇高校与相关行业企业要打破壁垒、开放办学、协同育人,将各种优质社会资源转化为教学资源。

三是共同讲好"镇江故事",着力提升镇江留才软实力。坚持"生态优先、特色发展",大力实施创新驱动战略,把镇江打造成一座产城融合和宜居宜业的城市,不断提升在宁镇扬、苏南地区、长三角和扬子江城市群的地位和价值,为创新创业者提供广阔的发展空间,让镇江成为优秀人才创业创新的乐园。积极鼓励驻镇高校大学生到镇江农村、到企业、到社区体验生活、了解市情,让大学生亲近镇江、了解镇江、留在镇江、服务镇江。按照家庭生命周期编制涵盖毕业后 1 年、3 年、10 年的宣传手册,从工资收入、居住条件、医疗保障、父母养老、孩子就学等重点关注领域,对比周边城市状况、精准宣传我市发展的宏伟蓝图和美好愿景,增进大学生对镇江的市情认识和情感认同。

3.2 深化校企合作,提高人才对接的有效性

一是实行校企产学研深度融合。参与调查的 103 家企业中,已有 67% 的企业与驻镇高校、科研院所建立合作关系,但在人才引进培养方面,合作的深度和广度仍有很大发展空间。可采取委托培养、定向培养、订单培养的方式,让用人单位直接参与到人才培养环节中来,使得高校的人才培养更有针对性、更加符合企业的实际需要;鼓励和支持驻镇高校在企业设立科研基地、实训基地,增强与本地区企业的黏度,引导更多在校科研人员和大学生为我市企业服务。

二是深化校地、校企技术合作。鼓励和支持本地区各类科技园和产业园区结合各自产业特色、科研方向与人才需求,与驻镇高校相关院系、实验室及科研团队结成科技合作对子,着力提升园区科研能力、技术水平。支持企业主动对接驻镇高校、院系和相关专业导师和科研团队,广泛开展课题攻关、人才培养、柔性引进等合作。鼓励驻镇高校通过校企合作等方式建设大学生创业载体,引导大学生自主创业,实现创业带动就业。

三是鼓励企业设立奖（助）学金。据统计，2016年，共有72家单位在江苏大学、江苏科技大学、镇江高等专科学校设立奖学金，金额合计达488万元。其中，我市企事业单位28家，占比38.9%；奖励金额155万元，占比31.8%。通过设立奖（助）学金这一形式，可以进一步突出企业用人主体作用，让驻镇高校大学生了解镇江企业和产业的发展状况，扩大我市企业在大学生中的影响力和知名度，增强大学生对企业的认可度。

3.3 开发更多岗位，拓展留镇大学生就业创业空间

一是积极开发就业岗位。结合"中国制造2025""互联网＋"行动计划和传统产业绿色改造，引导毕业生到现代服务业、先进制造业、战略性新兴产业、现代农业等领域产业一线就业创业。立足保障和改善民生，结合政府购买基层公共管理岗位和社会服务，开发就业岗位，更多用于吸纳留镇毕业生就业需要，鼓励更多的毕业生到社会民生和群众需要的领域就业。

二是引导鼓励毕业生到基层工作。基层是高校毕业生成长成才的重要平台，基层发展对各类人才也有着迫切的需求。要深入实施高校毕业生基层项目，继续组织实施大学生村干部、"三支一扶"等基层就业项目，积极营造高校毕业生在基层成长成才的良好环境，使大学生能够下得去、留得住、干得好、流得动。

三是鼓励毕业生到中小微企业工作。目前，中小微企业已成为吸纳大学生就业的主渠道。一方面，鼓励这些企业积极开发有利于发挥驻镇高校毕业生专长的管理型、技术型就业岗位。例如，对中小微企业新招用毕业两年内首次就业的高校毕业生，按规定给予一定的社保补贴和职业技能补贴；对毕业年度高校大学生到中小微企业首次就业的，在一定期限内给予300～600元/月的薪酬补贴。另一方面，积极开展协同创新，鼓励驻镇高校向中小微企业转移科技成果，加大科研基础设施、大型科研仪器的开放力度，为中小微企业的产品研发和试制提供支持，通过产业实践活动，吸引更多大学生留镇就业创业。

3.4 搭建服务平台，提高公共就业人才服务的精准度

一是优化专业机构服务。人才服务平台优先为驻镇高校毕业生提供便利，构建全市人力资源市场供需大数据，定期发布报告，加强对本地区就业市场的预测预警，及时向驻镇高校推送本地区紧缺专业人才需求目录，引导驻镇高校毕业生和用人单位科学选才、理性求职。前移服务关口，将宣传对象由应届毕业生拓展至大三、大二学生甚至大一新生，帮助在校大学生提前了解镇江市情、企业发展情况、地区就业形势和就业创业政策，努力营造留镇创业就业的良好社会氛围。

二是贯通校地人才市场。招才引智活动优先与驻镇高校对接，加大名企

进校园招聘频次,每年在驻镇高校举办专项招才引智活动不少于 10 场,每年提供岗位 1 万个。进一步提高供需信息配置效率,通过在所有驻镇高校就业网站开通镇江招聘频道、安装就业信息网络发布终端、开设人才在线手机 APP 微信群服务等方式,畅通校地人才供需信息的对接渠道。

三是加强驻镇高校就业创业指导站建设。健全立体化就业指导的服务体系,常态化为计划留镇毕业生提供推荐见习、委托择业、求职和面试指导等免费服务,为驻镇高校大学生提供政策咨询、就业指导和创业培训等综合服务。多渠道搭建校内外的资源平台,建设多样化、特色化、常态化的校园招聘服务体系,提高招聘服务的效率,利用"互联网＋就业"的新模式,根据毕业生需求来推送岗位、政策、服务等信息,促进供需精准匹配,推动服务向移动端、自助终端延伸,努力实现就业服务和就业管理全程的信息化。

3.5 落实工作责任,形成整体合力

一是创新工作机制。由市人才办牵头,成立驻镇高校就业创业工作联盟,建立健全分工负责、协同推进、齐抓共管的工作机制,通过定期召开联席会、建立工作推进机制,协调解决工作中的重大问题,形成工作合力,增强驻镇高校与企业、政府部门的三方互动,改善我市就业创业工作的生态和环境。

二是加大财政资金支持力度。统一市与辖市区高校毕业生留镇就业创业扶持政策,设立驻镇高校毕业生留镇工作专项资金,主要用于针对驻镇高校开展的各项招才引智、专场招聘活动组织、就业指导、就业信息网络建设、驻镇高校毕业生留镇就业房租补贴、创业补贴等,确保驻镇高校毕业生留镇就业创业各项优惠政策落到实处。设立专项资金,对留镇情况完成较好的辖市区、园区、企业及高校实施奖补。

三是营造舆论氛围。通过举办形式多样的报告会、座谈交流会等活动,充分利用微博、微信等新媒体,广泛宣传留镇就业创业的优秀大学毕业生成长的典型事迹,为他们"点赞",发挥好他们的榜样示范作用,带动更多的大学生来镇就业创业。

课题组单位:镇江市创新人才发展研究院
江苏科技大学
课题组成员:顾　平　黄雪丽　孙丽君
陈　诚　陈梓立　盛翠荣

聚天下英才　促镇江发展

——校地、校企人才互动研究

人才，是经济社会发展的第一资源。为认真贯彻落实习近平总书记关于"聚天下英才而用之"的重要思想，进一步协调推进"四个全面"战略布局，坚持创新、协调、绿色、开放、共享的发展理念，破除束缚人才发展的思想观念和体制机制障碍，解放和增强人才活力，最大限度地激发人才创新创造创业活力。2016 年 3 月 21 日，中共中央印发了《关于深化人才发展体制机制改革的意见》；2017 年 2 月 20 日，江苏省委印发了《关于聚力创新深化改革打造具有国际竞争力人才发展环境的意见》；2017 年 7 月 27 日，中共教育部党组印发了《关于加快直属高层次人才发展的指导意见》。上述三个文件的印发为各级地方政府、各高校、企事业单位今后一段时期的人才工作指明了发展方向，提出了明确的要求和奋斗目标。

新形势下我市如何进一步深化校地、校企合作，加快人才互动的步伐，是落实中共中央、江苏省委、教育部党组关于人才工作意见的迫切需要。本报告从科技镇长团服务镇江经济社会转型发展、驻镇高校提供企业发展人力资源蓄水池、"校企"人才互动助推企业提档升级三个方面总结了近几年我市校地、校企人才互动所取得的成绩，同时指出了我市在人才互动方面所存在的问题，并从"认识不足、战略缺失、资源配置不到位"三个视角对当前制约我市校地、校企人才互动的不利因素进行了剖析；报告也为我市如何更好地推进校地、校企人才互动提出了相应的对策和建议，为推进"两高一聚"新实践，建设"强富美高"新镇江提供了有益的见解。

1　校地、校企人才互动初显成效

近年来，镇江市委、市政府高度重视人才工作，不断创新人才工作体制和机制，并制定了相关政策促进和推动地方、高校、企事业单位人才互动。镇江各高校创新人才培养模式和培养机制，为镇江各企事业单位输送了一大批建设人才，为推动镇江经济社会的健康快速发展做出了贡献。

1.1　科技镇长团服务我市经济社会转型发展成效卓著

作为校地、校企人才互动重要载体之一的科技镇长团，以高校博士、教授为主体，近年来活跃在镇江经济社会发展的一线，融入镇江科技创新与产业转型的每一个环节，成为助推镇江转型发展的"生力军"。以镇江市第九批科技镇长团工作成果为例,一年来累计邀请专家人才来访 2 000 余人次、协助引进高层次人才 147 人,新建各类研发平台 51 个,达成合作协议 283 份,帮助企业申报省级以上项目 124 个,争取资金 1.1 亿元,助推企业上市 14 家。

1) 智囊团:形成调研报告出谋划策

每批科技镇长团来到镇江后,都把自身业务专长与镇江的行业发展紧密结合,在深入走访调研企业、农户的基础上,形成高质量的调研报告,为地方的产业、科技、人才发展提出不少好点子、好主意,得到了地方有关部门和单位的普遍认可,不少调研报告直接转化成为当地党委政府的政策制度。

2) 引水渠:引进推广先进适用技术

科技镇长团积极发挥各自的学科优势,先后为镇江市引进推广多项先进适用技术,与众多的企业联合开发新技术、新产品,实现直接经济效益过亿元,有力提升了企业的自主创新能力和产业竞争力。

3) 双面胶:校地合作共建人才基地

通过镇长团的牵线搭桥,镇江与全国各地高校院所紧紧联系在一起,合作的内容大大丰富。在科技镇长团的协助下,镇江各级政府、各类企业与全国各地高校院所共建多个博士后科研工作站、研究生工作站等人才培育基地,工程技术研究中心、企业技术中心等创新载体不断涌现,这些都为镇江传统产业提档升级、高端环节产品和高端产业加速发展提供了有力技术支撑和智力支持。

4) 发动机:协助申报科技人才项目

镇长团主动对接企业需求,邀请各类专家来访镇江,同时举办各类专题报告会及学术讲座,帮助企业引进培育各类人才,协助企业成功申报各类科技人才项目、专利、发明专利,有力促进了企业创新能力提升,增强了企业核心竞争力,帮助镇江企业在更高层次上参与全球竞争。

1.2 驻镇高校成为我市企业发展重要的人力资源蓄水池

近年,江苏大学、江苏科技大学等六所驻镇高校积极转变办学理念和办学模式,调整专业结构和培养方式,加大校地、校企合作的力度,为我市经济社会发展输送大批建设人才。

1.2.1 我市规模以上企业三年来引进的高校毕业生,近半数由驻镇高校提供

镇江市创新人才发展研究院上半年对我市高校毕业生就业情况的专项调查结果显示(见图1),在被调研的 103 家规模以上企业中,2015 年到 2017 年三年分别平均引进高校毕业生 26.96 人、30.24 人、22.26 人,其中近半数的高校毕业生由驻镇高校提供,平均为 11.82 人、13.59 人、9.43 人,占比为 43.84%,44.94%,42.36%,这表明驻镇高校为我市企业发展提供了重要的人才支持。

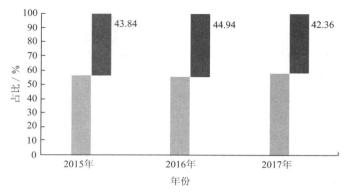

图 1 我市企业引进高校毕业生生源结构图

1.2.2 驻镇高校为我市规模以上企业提供了层次众多的毕业生

从 2015 年到 2017 年我市企业引进高校毕业生情况看，企业引进的高校毕业生以大专和本科为主（见图 2）。其中，近半数专科毕业生、本科毕业生、研究生为驻镇高校提供，研究生占比不断上升，本科生与专科生基本持平（见图 3）。

图 2 我市企业引进高校毕业生学历结构图

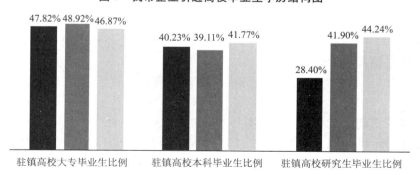

图 3 我市企业引进高校毕业生学历变化示意图

1.3 "校企"人才互动助推我市企业转型升级步伐加快

作为科教资源大市、国家创新型试点城市,镇江拥有高端装备制造、新材料等千亿级特色产业,有 12 个"国"字头园区和 80 个"三集"园区,也有众多的高校和科研院所,校地、校企产学研合作、人才互动既需求广泛又条件齐备。近年来,镇江市大力推进产学研合作,打开了校企科技合作、人才互动的"软围墙",科技创新取得显著成绩。2015 年,镇江市高新技术产业产值占规模以上工业产值的比重为 48.6% ,占比连续 4 年保持全省第一,科技进步贡献率为 60.5% 。

近年来,江苏大学、江苏科技大学、镇江高专等驻镇高校积极探索校企人才互动新模式,一方面每年选拔思想素质好、专业水平高的优秀教师赴企业挂职锻炼,另一方面积极引进和招聘企业一线的高层管理者和高级工程师担任高校兼职教授,这样既提升了高校服务社会的能力,又促进了高校自身的内涵建设。

2 校地、校企人才互动尚存问题

2.1 驻镇高校毕业生留镇率偏低

2015 年,镇江市人力资源和社会保障局印发的《驻镇高校毕业生留镇计划实施方案》,明确了在 2015—2017 年,全市每年组织 100 家以上规模重点企业进入驻镇高校开展推介活动,安排 1 000 名驻镇高校毕业生进入镇江重点企业和项目见习实习;开展各类大学生创业教育培训 5 000 人以上,推进"订单式"人才培养,与驻镇高校合作,为镇江优先发展产业培养输送紧缺专业技术人才 200 名以上,力争通过 3 年的努力,实现驻镇高校毕业生留镇人数增长 20% 以上的目标。2016 年,镇江市委市政府正式下发《镇江市新兴产业紧缺型基础人才引进培养行动计划》,明确到 2020 年,聚焦全市高端装备制造、航空航天、新材料、新能源、新一代信息技术、生物技术和新医药、现代服务业、现代金融、文化创意、现代农业等战略性新兴产业,每年引进、培养紧缺专业本科以上毕业生 4 000 名、具有高级工以上职业资格的技能人才 2 000 名,五年分别累计引进培养 20 000 名和 10 000 名紧缺人才。

但是从近年来、特别是近三年来驻镇高校毕业生引进的实际情况来看,我市目前人才引进工作与经济发展目标之间的定位还有距离,各项政策在实施过程中产生的实际效果与预期效果还存在一定的差距,特别是驻镇高校毕业生留镇人数偏少,比例不高。以 2016 年为例,驻镇高校毕业生总人数为 21 331 人,留镇就业 2 717 人,仅比上年增加 210 人,占毕业生人数的 12.7%。相比苏南及周边地区,镇江在人才引进方面正面临着更多的挑战。

2.2 校企人才互动深度和广度不够

调研结果显示，我市"校企"人才互动虽在不断进行中，但互动与合作的深度和广度仍然跟不上镇江经济社会发展的需求。仅从镇江企业在驻镇高校设立奖学金的角度看，校企"人才引进培养"合作的深度还需不断加强。2016年，共有72家单位在江苏大学、江苏科技大学、镇江市高等专科学校设立奖学金（见图4），金额合计为487.9817万元。其中，镇江企事业单位为28家，占比38.9%；奖励金额为154.99万元，占比31.8%（见图5）。2016年共有22家单位在江苏大学设立奖学金，其中镇江企事业单位仅为4家，占比18.18%；共计84.77万元奖学金中，镇江企业仅资助8.7万元，占比为10.26%。镇江企事业单位与驻镇高校人才合作空间非常广泛。

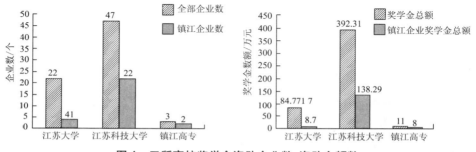

图4　三所高校奖学金资助企业数、资助金额数

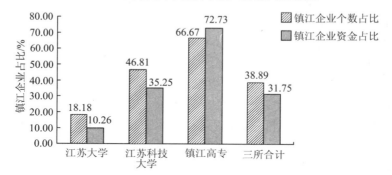

图5　三所高校奖学金资助中镇江企业占比图

3　校地、校企人才互动存在问题的成因分析

3.1　政府、高校、企业三方对校地人才互动均认识不足

高校为地方经济发展提供人才、为地方发展提供科研成果及创新动力等推动因素，而地方经济为高校的发展提供支撑条件，企业为高等院校的人才培养提供目标方向，因此，高校与政府、企业的发展之间本应具有很强的互动性。但就目前我市校地、校企人才互动的现状来看，政府、高校、企业三方均

没有充分认识到校地人才合作的意义,表现为各行其是,合力不足。

在政府层面,政府追求的是人才资源的市场价值,一是要"快",二是要"准",换言之,要求高等学校培养的人才能够很好地满足当前地方经济建设和社会发展的需要,最直接的表现就是人才和技术能够快速、准确地对接地方企事业单位的需求,符合地方企业自身的需要或承接能力。"实用性"是校地人才互动的重要培养指标,校地人才互动本应该遵循"十年树木、百年树人"的教育规律,但人才资源上的短视却导致地方和企业在人才互动上均出现"重使用轻培养"的现象。

在学校层面,高校普遍追求的是办学效益最大化。在目前的办学水平评价体系下,发表科技论文数量、申请授权专利、出版学术著作、申报政府奖项等科研成果的水平是评判高等学校办学水平的最重要指标,决定着高等学校的上级拨款和政策支持。对比校地人才合作能产生的办学效益,高校必然会更关注科研成果。因此,高等学校追求学术性,在思想上较少考虑人才培养对当时当地经济建设的支撑。

在企业层面,企业只是将自己定位在人才使用者上,虽然关注人才的能力素质,但没有建立"能力培养校企、校地一盘棋"的思维,缺少对能力培养"设计前移"重要性的认识。

3.2 全局性和前瞻性的校地、校企人才互动战略缺失

认识上的不足,直接导致政府、高校、企业三方在人才互动战略上的缺失。

在政府层面,政府为校地人才互动提供制度创新、政策支撑,政策出台既需要前期的调研,更需要实施过程中的追踪和实施效果的监控与评价。但目前政府缺失了政策制定的总体战略,政策出台"重中间、轻两头"。镇江各级政府在五大人才引进上、大学生留镇上出台了较多的政策,但是在政策出台前对实施环境调研不够扎实,在实施过程中政策不够落地,而在效果监测上更是缺失严重。

在学校层面,高校缺乏校地、校企人才互动上的战略思考,只有在考虑自身校情和办学特色的基础上紧扣办学定位,充分借力校地、校企人才互动,才能弥补高校自身发展所面临的人才不足,落实学校发展目标。战略层面的缺少,导致高校操作层面上的"象牙塔里闭门造车";高校追求纯粹的教育与科学研究成果,较少或很少考虑地方经济建设需求的迫切性和科研成果产业化的可能性;在学生培养定位上更多的是按照国家有关规定来设置学科和专业,课程设置也是基于专业或学科发展的要求设置,而不是结合地方经济发展需要设置,因此大学生的培养定位和规格不能很好地对接地方、企业需求,出现了"一方面地方经济建设缺乏大量人才,而另一方面高校毕业生就业困难"的怪现象。

在企业层面,企业"只抱怨、不出击"。企业在人才使用上往往抱怨大学生"只有理论",在实际工作中"下不去、留不住、用不上"。企业一方面没有主动出击,积极对接高校,帮助高校理清并制定符合需求的人才培养方案;另一方面也缺少利用学校资源去育才、留才的战略思路,甚至觉得自己企业要的是劳动力,本科以上的大学生用工成本太高,能不用大学生的就不用或少用。

3.3 校地、校企人才互动的资源配置不到位

1)校地、校企人才互动的人力资源配置不到位

从政府层面看,校地、校企人才互动需要包括政策研判机制、激励机制、工作成效评价机制等一系列的政策来推动,要想制定出科学的校地、校企人才互动政策就必须开展政策研究。全方位的政策研究不但是常态化、周期性的,还必须涵盖调查研究、分析对比、效果研判全过程,至少应包括精准识别镇江行业特征和未来产业发展对人才能力在数量、素质上的需求,切实盘点目前校地、校企人才互动的客观现状,对比分析周边城市校地、校企人才互动的各项政策,科学研判实施政策需要的各类资源支持,测评可能产生的政策效果并动态监控。这些政策研究的工作都需要人来做,不仅需要在职能部门设立岗位、配备专职人员,还需要公共政策、法律、心理等多方面专家的参与。从镇江目前职能部门的岗位设置和人员配置及借助"外脑"的现状看,还没有形成针对校地、校企人才互动研究的人力资源架构。

从高校层面看,一方面,有能力服务地方、有能力依托课堂培养学生知识应用能力的"双师型人才"比例本就较低,致使高校在校地、校企人才互动上的现实能力不足;另一方面,高校在激励教师向"双师型人才"转变上的鼓励政策明显不足,这使得高校在校地、校企人才互动方面的潜在能力不够。

从企业层面看,在现实的企业人力资源管理体系中,更多的人员设置在绩效考核、培训和招聘岗位上,没有或很少安排专人去研究校企人才互动问题,更不会专门安排人员去研究企业缺失的人才中哪些可以由高校培养、采用什么形式培养、要达到什么样的培养要求。

2)校地、校企人才互动的资金配置不到位

校地、校企人才互动的资金配置不到位主要表现在政府层面。以镇江鼓励大学生留镇的相关政策为例,一方面,镇江制定了种类多样的支撑政策;另一方面,由于资金配置不足,镇江在支持力度、覆盖面上,与周边地区相比均缺乏竞争力,导致政策落地不到位。

在企业层面上,企业往往认为实习生不是熟练工,接受实习生会增加企业的生产和管理成本,企业不愿意或很少接纳实习生的现象比较普遍,因此,政府需要使用减税、直补等方式给予企业补贴,鼓励企业积极对接学校,如果政府资金配置不到位,就会大大影响企业参与校地人才互动的积极性。

在学校层面,高校用于培养、鼓励"双师型人才"的资金投入不足,用于配置模拟企业环境的实训环境的经费也没有得到充分的保障。

3)校地、校企人才互动的信息技术资源配置不到位

目前镇江没有搭建起在人才、设备、技术、成果、资金等方面为产学研合作提供服务的科技资源信息交流平台,致使企业和高校处于"双向失明"状态,极大地阻碍了校企人才互动。

4　校地、校企人才互动对策和建议

4.1　提高认识,强化对校地、校企人才互动的领导

政府、高校、企业的各级领导要进一步学习中共中央、教育部党组、江苏省委近期关于加强人才工作的意见,提高对做好人才工作重要性的认识,加强对人才工作的领导。

(1)政府、高校、企业领导均要积极营造校地、校企人才互动的良好氛围。政府领导积极参与校地、校企人才互动的调研、积极参与高校人才培养方案的制定;高校领导要深入社会、深入企业去了解经济社会发展对人才的需要;企业领导则要积极与高校对接,主动为高校人才培养献计献策、提供帮助。

(2)政府、高校、企业领导均要积极倡导推进校地、校企人才互动的品牌工程。校地、校企人才互动的形式可以多种多样,如科技镇长团计划、建言献策行动计划、新农村建设行动计划、百名博士下企业下基层行动计划、县区合作行动计划、创新载体建设行动计划、合作教育行动计划、科技创新团队培育行动计划、参与地方文化建设行动计划等,政府、高校、企业三方领导应努力打造独具镇江特色的校地、校企人才互动品牌,并不断放大品牌效应,扩大品牌影响力。

4.2　科学谋划,准确制定"校地人才互动"战略

中共中央、教育部党组、江苏省委先后出台的关于人才工作的意见为校地、校企人才互动提供了前所未有的政策环境,地方政府、高校、企业应结合各自的发展规律制定"人才互动"战略,并将该战略纳入组织的整体发展战略中;在校地、校企人才互动发展中,需要遵循市场经济规律,实行互惠互利,合作共赢,互动发展。

4.2.1　政府要制定"校地人才互动"的政策推进战略

地方政府对"校地人才互动"的支持、协调与指导至关重要,要以中共中央关于人才工作的意见为指导,制定"校地人才互动"的政策推进战略,进一步推动政府及其所属机构直接与区域高校协作与联合,建立各类协作组织;制定政策支持推动区域高校与区域产业的"联姻";政府通过经济手段来刺激地方高校提高服务水平,鼓励在社会服务方面有才能的教学科研人员走向社

会、走向企业一线。

而作为地方政府,鼓励高校在与科研机构、企业签署人才流动共享协议的基础上,通过协同创新、建立联合实验室、联合开展重大科研攻关等方式,实现人才资源优势互补,与地方企业共同研制开发新产品、新技术,在实践中为地方企业进行人员培训,以增强企业发展的后劲;地方政府还应在就业政策上为高校毕业生提供政策支持,为高校人才输出提供渠道,形成人才培养输入—输出良性循环管道;地方政府也应在经费等物质资源上为高校提供支持,如在政府拨款、土地划拨、基础设施建设等方面给予支持。这样,地方政府与高校就可以更好地实现良性互动。

4.2.2　高校要制定"校地校企人才互动"的人才培养战略

高校要转变观念、制定政策,建立"校地人才互动"的人才培养战略,同时要通过建立组织、落实经费等多项措施完善和健全服务社会、发展自己的保障机制。高校要积极争取地方政府的支持和推动,通过签订多种形式的共建协议,以建立与各级政府、行业协会、经济开发区的联动机制,主动对接地方的产业发展战略、地方产业转型升级和地方的科技行动计划。在具体落实方面,要建立相应的管理组织,包括建立领导小组、落实职能部门和配备专门人员,制定配套的服务社会发展规划、管理办法和规章制度;要加大经费投入,每年从办学经费中划出一定比例经费用于校地共用的产学研平台建设,包括重点实验室和应用学科建设,也可从社会服务收入中提取一定比例作为双师型人才培养基金,形成良性循环;建立激励政策,鼓励教学科研人员在学校同意的前提下,按规范的制度和程序到科研机构、企业兼职,在考核实绩、晋升职务、工作量计算等方面建立激励政策;高校也可根据实际需要设立一定比例的流动岗位,吸纳企业、科研机构、行业部门和其他组织优秀人才到学校兼职;建立评价机制,把是否推动经济发展与社会进步,作为评价科研人员水平高低的一项重要指标,把科研成果产业化、社会化作为衡量科研质量的重要标尺。

4.2.3　企业要制定"校地人才互动"的人才储备战略

企业要以"立足需求、政策激励、单位自主、市场运作"为原则,站在构建人才培养链、技术转移链和产业发展链的深层次上思考和谋划"校地人才互动",与政府、高校实现互利共赢。企业在明确自身独特的发展战略和企业文化的基础上,根据企业战略与本企业的人力资源战略明确人才的能力需求,有的放矢地对接高校进行人才资源规划。同时,通过积极招纳实习生、提供顶岗就业机会等,帮助高校毕业生尽快适应岗位需求。

4.3 完善机制,为校地、校企人才互动提供保障

1) 构建完善的联系沟通机制

进一步加强政府、高校、科研院所、企业间的联系,搭建多形式、高层次、全方位的合作平台,力争有计划的与省内外高校、科研院所进行会议洽谈,并定期召开联席会议,寻求知识与技术对接、人员交流与培训,推进资源互通共享、实现互利双赢。建立重大事项(项目)协调制度,采取"一院一策"方式,协调解决高校、科研院所在科技创新、成果转化及资源配置等方面的重大问题。

2) 建立校地合作激励机制

全面梳理国家、省、市的各类人才、科技奖励政策,积极申报对接国家和省、市重大项目,争取资金和技术支持。采用多种方式激发校地合作积极性,列支人才创新创业专项资金,对校地、校企人才互动工作开展好的、成果突出的项目单位给予表彰奖励。

3) 完善政策落实兑现机制

鼓励和支持高校、科研院所科研人员通过专职、兼职或受聘等形式,参与技术创新研发和成果产业化活动,对急需引进的省内外高层次人才,按照高层次及实用人才管理办法,全面落实项目扶持、财税扶持、配偶子女安置、住房保障等政策措施,实现"一站式"服务;有针对性的加强校地、校企人才互动内容、办法、措施方面的宣传,确保重大政策落地生根,为校地、校企人才互动营造良好发展环境。

4.4 合作共赢,深入实施校地、校企人才互动工程

4.4.1 实施"校地融合与社会服务工程"

1) 搭建校地交流合作平台

加快科技大市场建设,在人才、设备、技术、成果、资金等方面为产学研合作搭建科技资源信息交流平台,加速科技企业、高校、科研院所及中介服务之间的知识流动和技术转移,形成创新资源集聚的"洼地"效应;举办科技成果交易博览会,集中展示科技成果,交流信息资源,搭建对接平台,推动校地双方的沟通与合作,加快科技成果转化进程;组建联合创新研究院,聚集高校、科研院所优秀人才,瞄准产业发展的重大需求开展技术攻关,形成一批引领行业技术发展、具有自主知识产权的重大科研成果,推动知识创新、技术创新、区域创新的战略融合;整合院校、科研机构、公共技术平台、企业的技术资源和创新优势,发展科技产业技术创新战略联盟,着力构建以企业为主体、市场为导向、产学研相结合的技术创新体系,共同突破制约我市产业发展的技术瓶颈,促进产业技术进步和整体竞争力的提升。

2) 推进产学研用融合对接

引导政府机构和企业与驻镇高校、科研院所签订合作框架协议,组建产

学研用合作联盟,结成科研成果转化伙伴关系,充分盘活辖区资源,积极对接高校、科研院所。针对镇江市目前和未来的重点发展产业,定期组织人员深入企业征集技术及人才需求,编制统一格式的需求目录,通过上门走访、网上公告、电话沟通等形式向高校、科研院所发布,协调、帮助企业与有关高校、科研院所进行产学研合作对接,争取达成一批合作签约意向;引导企业在高等院校、科研院所设立研发机构,开展关键技术攻关、实验设施建设、服务平台建设及创新人才培养等活动;联合高校、科研院所在企业、园区组建产学研合作科技成果转化基地。

3）拓展"三个一"联系活动

组织开展市级领导"三个一"联系活动,即一名市级领导联系一所高校、科研院所,联系一个高校、科研院所重点实验室、重大科研项目或课题组（项目组）,联系一名高层次专家。市级领导同联系对象采取走访慰问、电话沟通、召开座谈会等多种方式,宣传党的政策、听取意见建议、协调解决问题,建立长期、稳定、全面的交流沟通关系,努力推动校地人才互动、科技创新和成果转化。

4.4.2 实施"校企联合与科技创新工程"

1）进一步深化人才双向互派挂职

依据镇江各区划的功能定位和区位优势,对口同省内外高校、科研院所建立和巩固合作关系,每年各选派一定数量的政府机构、企业管理人员到高校、科研院所挂职锻炼;同时,选派一定数量的企业专业技术人员、高技能人才到高校承担"双师型"教学工作;每年从高校、科研院所引进具有硕士以上学位或副高职称以上的专业技术人员到政府机构挂任科技副职或到企业生产一线担任技术主管,实现资源共享和人才培养的双重效益。

2）深化人才咨询服务活动

建立市级专家库,吸纳高校、科研院所的专家学者,建立一支跨部门、跨行业、跨学科的具有丰富实践经验和理论研究成果的专家智库,为全市重大决策和项目论证提供咨询服务。聘请专家和学者作为全市科技决策咨询顾问,在全市产学研合作和科研成果转化中发挥"思想库""智囊团"作用;深化高层次人才咨询服务活动,邀请省内外高校、科研院所高层次人才及其团队来镇参观考察、对接项目,努力借助高端智力实现"引进一个人才,带动一个项目,形成一个支柱产业"的链式效应。

3）激发人才创新创业热情

加快全市科技企业孵化器建设,推进创业平台载体建设,构建形成"创业苗圃＋孵化器＋加速器＋产业园"的全产业链孵化链条;依托大学科技园,鼓励企业同高校、科研院所合作共建市级大学生创业苗圃、众创空间和孵化基地,吸纳省内外高校、科研院所优秀人才入驻开展技术交流合作,转化一批科研成果,培育壮大新兴产业;定期举办创新创业大赛和创客大赛等活动,对获奖项目在资金、技术等方面提供扶持,激发大学生的创业热情;出台各类优惠政策,吸引高校、科研院所科技人员领办、创办企业,对创业企业房屋租赁、水电、通信等费用进行减免或补贴。

4.4.3 实施"教育与素质提升工程"

加快人才合作培养和联合开发。结合全市重点行业、重点产业急需紧缺人才培养需求,与驻镇高校联合举办各类培训班,提升本土人才业务水平和实践能力。立足全市重大项目建设,组织辖区企业面向建立合作关系的驻镇高校开展人才专场招聘会。以通用性强、技术含量高、社会需求大的职业工种为重点,依托驻镇高校的优势资源,积极探索建立合作培养产业技术骨干和技能人才的机制,优先在特色优势和战略新兴产业开展培训。

课题组单位:镇江市创新人才发展研究院
　　　　　　　江苏科技大学
课题组成员:顾　平　黄雪丽　孙丽君
　　　　　　朱录军　陈梓立　陈　诚
　　　　　　盛翠荣

镇江市创新创业人才项目再发展研究

为深入贯彻落实省委《关于聚力创新深化改革打造具有国际竞争力人才发展环境的意见》文件精神,镇江市以鼓励创新、包容失败的态度,围绕全市新兴产业,实施"金山英才"计划,制定支持园区、高校引才意见,出台社会化引才奖补办法,对海内外高层次人才、高校院所落户镇江给予了大力支持,为我市产业转型升级、经济快速发展提供了坚强的智力支撑。但引进的高层次人才总是存在着失败多、成功少,引进来的多、留下来的少的问题,人才项目产出效益不高,人才引领转型升级氛围不浓。如何帮助创新创业失败人才寻找"出路",推动人才项目再发展,提升引进人才创新创业的成功率,既是市委交给我们的重大课题,也是人才工作亟待破题的关键所在。本报告从镇江市人才发展现状、成功经验分析、失败原因分析、人才再发展对策建议四方面对镇江市创新创业成功、失败人才进行了全面剖析,以期从中探究失败人才再发展的可行路径。

1 镇江市人才发展现状

1.1 人才政策

为深入推进大众创业、万众创新,加快建设国家级创新型城市,镇江各辖市区在贯彻实施"金山英才"计划等市级以上重点引才工程的基础上,针对各辖市区重点产业,推出符合辖市区发展目标的人才工程,具体见表1。

表1 镇江各辖市区人才工程计划

辖市区	人才工程	支持政策	人才工程对象与规模
丹阳市	丹凤朝阳	顶尖人才1 000万元; 现代制造业创新创业人60~300万元; 现代服务业创新创业人60~100万元; 现代农业创新创业人才60万元; 现代高技能人才计划20万元	200名以上海内外高层次人才
句容市	福地英才	重点项目资助创业人才(团队)项目300万元,创新人才(团队)100万元; 优先项目资助创业人才(团队)项目150万元,创新人才(团队)50万元; 一般项目资助创业人才(团队)项目60万元,创新人才(团队)30万元	高层次创业人才、高层次创新人才、高技能创新人才

辖市区	人才工程	支持政策	人才工程对象与规模
扬中市	江雁计划	重点项目资助创业人才(团队)项目200万元,创新人才(团队)100万元; 优先项目资助创业人才(团队)项目100万元,创新人才(团队)50万元; 一般项目资助创业人才(团队)项目50万元,创新人才(团队)30万元	培育5名国家层面的创新创业领军人才(团队)、30名省级创新创业领军人才(团队)、100名扬中市级以上创新创业领军人才(团队)、3 000名优秀高校毕业生和应用型人才
丹徒区	长山计划	分两年给予50万元或30万元的资金资助	每年重点引进和支持12名(个)左右高层次领军人才(团队)
京口区	金凤凰	重点资助领军人才(团队)200万元; 优先资助领军人才(团队)100万元	引进培育创新创业领军人才100名以上,新增国家"千人计划"8名,省"双创计划"20名
新区	两大高地	领军型人才团队资助20~50万元; 骨干型人才给予每月不超过2 000元的租房补贴,新区范围内购房给予8~12万元的购房补贴; 基础型人才新区范围内购房,给予3~5万元购房补贴	符合条件的领军型人才团队、骨干型人才、基础型人才
润州区		暂无	

1.2 人才发展

近年来,在一系列人才政策支持下,镇江市以产业汇聚人才,以人才引领产业,集聚了大量的人才(见图1),累计引进国家"千人计划"人才112人,其中创新类72人,创业类40人;引进省"双创计划"人才337人,其中创新类205人,创业类132人(高校入选58人);引进市"331"计划、"金山英才"计划人才687人。全市拥有省级以上工程技术研究中心177家,省级重点实验室6家,产业研究院1家,企业院士工作站21家;国家级众创空间6家,省级众创空间19家。人才队伍数量的增加及质量的提升,为镇江市迅速发展注入了强大的动力。

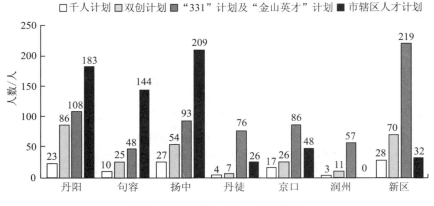

图1　镇江各辖市区人才项目数量

在产业转型大潮下,不少初创企业和项目都在"摸着石头过河",因此出现失败不可避免。在镇江各辖市区创新创业人才项目中,各辖市区创新项目成功率均在44%以上,丹阳、京口、润州等地成功率更是达到了72%以上,而各辖市区创业项目成功率较低,成功率均不足27%,而"不温不火"的则占到55%左右。这表明,创业项目相对于创新项目实施起来有更多的不确定性,面临的挑战更多,我们需在这一方面进一步关注。但其成功率相较于风投12.7%的成功率依然高出不少,这一方面是由于评价标准不同,另一方面也体现了政府对初创企业的帮扶作用。镇江各辖市区创新项目现状和创业项目现状分别如图2和图3所示。

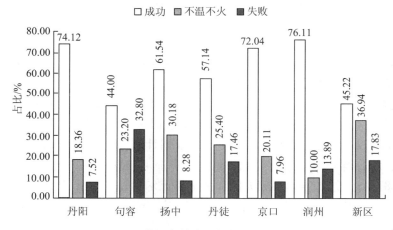

图2　镇江各辖市区创新项目现状

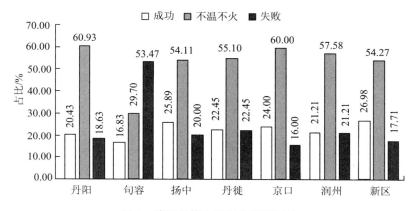

图3 镇江各辖市区创业项目现状

1.3 人才效能

2016年,镇江市每万名劳动力中研发人员数量140/人年,超出上年5人/年。授权专利13 836件,其中新增发明专利2 942件。每万人口发明拥有量23.2件,相比上年增加2.6件。全年研究与试验发展(R&D)经费支出占GDP的比重为2.59%,比上年提高0.04%。截至2016年末,镇江高新技术产业产值达4 451.5亿元,较5年前增长36.78%,占规模以上工业产值的比重为49.1%(见图4),高新技术产业成为镇江经济新的增长点,产业结构得到明显提升,利于实现新型工业化。

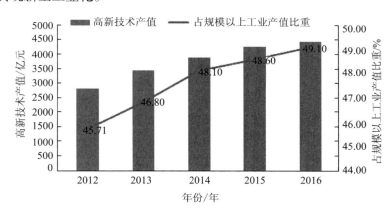

图4 高新技术产业产值及占规模以上工业产值比重

高层次人才的引进,不仅助推高新技术产业的发展,促进镇江市经济结构转型升级,而且形成了人才发展核心竞争力。截至2016年底,镇江市人才综合竞争力居全省第6位,仅次于南京、苏州、无锡、常州、南通,排名较前,人才素质竞争力各项指标也位居全省前列,反映出镇江在引进高层次人才方面取得较好成果,更折射出镇江未来发展的潜在动力。

2 镇江市创新创业人才项目成功经验分析

在市委、市政府的正确领导下,镇江市高度重视人才创新创业工作,出现了一批创新创业成功企业,经调研访谈发现成功企业的发展经验和做法具有一定的共性。

2.1 结合自主融资与项目引资,解决资金问题

1)企业自主融资

企业家发挥创意,自主融资,积极进取,学会利用有限的预算让企业生存,并且谨慎地监管企业的现金流。例如,京口区江苏安德信超导加速器科技有限公司董事长孙安在创办企业初期抵押自己的房产获得银行贷款,全身心投入到创业中,解决了企业发展初期融资难的问题。此外,企业家破釜沉舟的工作态度与积极性也极大地激发了企业活力,有利于企业的良性发展。

2)运用项目引资

政府项目一般给予企业大笔扶持资金,能有效解决企业融资难、发展难等问题。同时,政府项目也有助于企业研究开发组织管理体系,是企业自主创新的契机。据统计,近年来全市 200 余市级以上项目,共获得 4 亿多元经费资助,为全市企业发展助力。以航空复合材料产业为例,丹阳精密合金厂引进陆敏博士的团队,相继承担了国家"973"计划、省科技成果转化资金项目、省科技创新团队项目,获得近 1 亿元资金支持,突破核心技术,开发出高温镍基合金材料。可见,项目引资是企业在市场经济中蓬勃发展、脱颖而出的有力保障。

2.2 发挥内外部环境优势,提升技术水平

1)重视企业自身内部环境

对企业而言,人才与团队建设是企业发展内部环境的重要内容。调研中许多企业提出人才不足、招聘技术人员难的问题。对此,引进高层次人才或许是一种可行模式。一方面,可以大大缩短人才培养周期,为企业提供稳定的高素质人才;另一方面,可以起到宣传效应,树立企业形象。例如,惠龙易通国际物流股份有限公司招才引智时便注重团队建设,引入美国斯坦福大学邓林忠团队与优化算法专家迈克教授作为公司首席科学家,组成 6 人的顶尖级物流专家团队联合攻克物流技术难题,公司成长为物流信息平台领域的标杆。

2)关注创新创业外部环境

镇江新区菲舍尔公司的技术优势、企业管理、厂房建设等都依托已兼并的 FACC 企业及母公司中航工业西飞工业有限责任公司的发展模式,并依据

现有技术要求及产品要求进行改进优化,融入智能楼宇系统来控制厂房内温度、湿度、清洁度,保证产品的质量。企业站在巨人的肩膀上发展创新,有效地提高了技术发展水平,降低了失败的风险。

2.3 关注政府政策与市场动态,寻求发展机遇

1)时刻关注政策动向

在《关于大力推进大众创业万众创新若干政策措施的意见》中明确指出,中央和地方政府要及时推出创业支持政策,通过政府引导、金融支持、政策支持和营造具体的创业创新环境,为"大众创业、万众创新"提供服务。政府政策对企业发展的影响可见一斑。如江苏津谊新能源科技有限公司便依托当地政策、产业环境,推动产品研发,助推了企业的成功发展。博昱科技路志坚博士在美国听到丹阳考察团领导对国内政策环境的介绍后才下定决定回国创业。及时关注政府动向,能有效加强政企间信息交流与合作,切身感受到政府的扶持政策。

2)高度重视市场动态

许多企业在研发过程中易遇到研发成果不能满足市场需求的问题,而成功企业家则突破技术、研究市场动态来满足日新月异的市场要求。如江苏航科在企业发展前期带领科研团队成功研发出 T800 碳纤维,打破了日本、美国对我国高性能碳纤维的禁运和技术封锁。扬中金海鑫源公司长期关注国内光伏产业,发现光纤检测领域的空白,就此研发出国内监测长度最长的光纤传感检测设备。关注市场动态有利于加强企业间信息的交流与合作,降低生产成本,提高生产效益,取得地区性行业规模效益。

2.4 依托载体平台协同创新,加强项目合作

1)善于运用现有平台

全市现有省级以上科技孵化器 30 个,孵化面积超过 354.4 万平方米,拥有国家级企业技术中心 4 家,省级企业技术中心 74 家,各辖市区也构建了一批灵活、功能齐全、配套完善的创新创业孵化平台,形成各自的模式。创新创业载体在推动企业发展方面发挥科技创新的引领和带动作用,加快促进高新技术产业发展,全面提升自主创新能力,增强经济发展内生动力。镇江格致电子的程志源博士、镇江铱诺生物的阮榕生博士等都是"千人计划"专家,他们依托润州区打造的高新区高创中心成功建立了自己的企业,发挥了平台优势。

2)善于对接高端人才

优秀的企业善于主动与高校对接合作,金海鑫源周金龙博士长期与毕业母校厦门大学合作,定期拜访光伏行业内技术、专业领先的大院大所,积极沟通,加强人才、项目合作。在产学研合作方面,成功企业关注全市开展的各项推动创新成果转化的活动,并努力发挥好全市协同创新基地的作用,例如高

新区的江苏省船舶与海关关键配套产业产学研协同创新基地、扬中市的江苏省智能电气产业产学研协同创新基地等。

3 镇江市创新创业人才项目失败的原因分析

梳理并进一步分析部分人才项目失败的原因，有助于防范并规避风险，提高企业创新创业成功率，为完善创新创业人才政策提供参考。针对镇江市七个辖市区创新创业人才项目实施现状及典型失败企业开展座谈会，重点走访各辖市区创新创业人才项目失败典型，将镇江市创新创业人才项目失败原因总结分析如下。

3.1 人才信用缺失，项目开展不实

一方面，人才项目不实。满足创新类人才项目条件的人才，利用政府优渥的人才引进政策及企业求贤若渴的心态，在项目申报、实施过程中造假，以获得政府对人才项目的资金支持，从而导致项目失败及企业损失。另一方面，企业挪用资金。获得政府资助资金的企业，将部分资金用于其他领域，并未将全部资金投入人才项目，从而导致项目实施效果大打折扣，有的创业企业甚至将项目资金据为己有，导致企业成为空壳公司。

3.2 人才投入不足，地区产业失衡

（1）利益分配不均。由于创新人才与企业双方知识水平、行为方式、价值观等存在一定差距，导致创新人才与企业在技术转让、公司股权架构等利益协调分配方面出现矛盾，致使创新类人才项目延缓或终止。

（2）人才精力有限。创业人才主体多为高校教师，创业的同时仍承担高校科研、教学任务，导致人才精力投入不足，无法全身心运作初创企业。

（3）产业配套缺乏。人才落户时，缺乏全方位的考虑，创业企业由于地区产业不集聚、配套不足，无上下游产业链，导致初创企业人才招聘、行业沟通、企业运转、市场推广等方面出现一系列问题，发展困难。

3.3 创新意愿不强，管理水平不高

（1）创新精神缺失。有的企业家不愿创新、害怕创新，导致企业故步自封、原地踏步，失去快速发展先机。

（2）发展规划错位。企业因发展定位、公司愿景及价值理念缺失或错位，导致人才项目在企业发展中处于劣势地位，不受重视。

（3）人才过度自信。创业类人才对于所持技术过于自信，忽略技术改进、市场竞争、产品生命周期、新进入者缺陷等各种因素，致使初创企业错失机遇。

（4）管理团队缺乏。初创企业缺少专业化的管理团队，导致其在组织架构、市场开拓、金融运作等方面专业化不够，分散技术人才时间精力，延缓企业发展步伐甚至导致创业失败。

3.4　融资门槛较高,企业资金短缺

（1）企业融资困难。部分初创型企业由于涉及高新技术行业,对于设备、厂房等需求度低,导致企业银行贷款、科技贷款等无抵押物,融资困难、资金短缺。

（2）项目投资不足。项目在发展过程中由于缺少资金,无法新建配套厂房、设备等,导致项目发展缓慢其至最终失败。

（3）企业资金链断裂。企业资金链出现问题,没有足够的现金流或者利润率,导致企业破产或重组,无法支撑人才项目持续开展,人才项目被动终止。

3.5　外部环境多变,市场定位艰难

（1）外部资源短缺。部分项目因外部资源如上下游人脉资源、金融资源、物质资源、组织资源、技术资源等出现变故导致初创企业资源短缺、难以打开市场。有的企业因行业特殊性而难以进入诸如石油、电力等行业,长期无销售导致企业难以维持。

（2）市场定位不明。虽然人才在相关研究领域拥有多项核心知识产权,但部分人才项目未能很好地实现科技成果转化,产品缺乏市场需求。

（3）行业恶性竞争。部分人才项目所处行业准入门槛低,技术易复制,初创企业获利后吸引新一批企业完全复制其生产、经营模式,导致市场恶性竞争,企业创业失败。

4　促进镇江市创新创业人才项目再发展的对策与建议

在目前镇江市人才发展现状基础上,吸取创新创业人才项目的失败教训,借鉴成功经验和做法,从以下四个方面给出促进镇江市创新创业人才项目再发展的对策和建议。

4.1　提高融资支持效率,兼顾经济效益创造

政府融资支持是创新创业企业和人才获取资金的重要方式,提升政府融资支持作用的关键在于融资支持效率的强化。具体可从以下三个方面着手:

（1）科学配置人才项目资金,在保证门槛不降低、标准不下降的前提下,适当优化人才项目评审办法,引导建立人才项目资金利益分配与协调机制,进一步调动人才项目资金的启动支持和激励作用。

（2）拓宽融资渠道,在细化税收优惠、财政补贴、低息贷款、风险投资等传统融资渠道的同时,积极搭建担保融资、信用贷款、信用保险和贸易融资等投融资平台,促进人才与资本的有效对接,逐步形成政府推动、市场主导的人才创新创业投融资体系。

（3）积极引导创新创业项目与市场接轨，探索建立以市场为主导的创新创业人才项目经济效益协同发展机制，推动创造并实现项目经济效益，如定期举办专门的创新创业产品推介会、资智直通车活动等。

4.2 发挥产业集聚效应，优化创新创业环境

当前创新创业活动的集聚程度不断提高，一流的基础设施、优质的公共服务和良好的创新环境，成为吸引创新创业人才入驻的重要条件。具体可从以下三个方面着手：

（1）营造公平的创新创业市场环境，细化有关知识产权、科技成果等无形资产参股的具体措施，制定高等院校、科研机构科技人员创办科技服务企业的奖励和支持办法，充分发挥市场在资源配置中的基础性作用。

（2）强化创新创业知识产权保护，优先支持并重点扶持具有或能够获得自主知识产权的人才项目立项和资助，维持高层次人才创新创业的原动力，调动高层次人才创新创业的积极性。

（3）营造良好的创新创业文化环境，核心在于敢为人先、宽容失败、勤于实践、追求卓越。

4.3 完善人才服务体系，夯实政府监管职能

服务和监管是政府推动创新创业人才项目建设与发展的两大职能，也是保证创新创业人才项目健康运行的关键。具体可从以下三个方面着手：

（1）鼓励组建行业协会，强化行业自律管理和内部激励约束，鼓励民间资本介入，逐步建立健全市场化的创新创业服务机制。

（2）大力支持人才中介发展，建立人力资源服务业产业园，健全技术转移、管理咨询、知识产权代理、资产评估、科技信用担保、成果推广等专业服务机构，提升对于创新创业人才项目的服务能力和水平。

（3）加强创新创业人才项目的全过程监管，督促企业和人才建立科学合理的资金配置方案，尤其针对已立项人才项目，需要从资金管理、成果转化、效益评价等多方面实行有力监管和优化，提升项目资助效率。

4.4 加强政策解读传递，完善征信体系建设

创新创业配套政策在政府、企业、人才之间依然存在比较明显的信息不对称，影响了政策执行效果。同时，相关政策的不完善催生了部分企业和人才的投机和寻租行为，不仅影响到创新创业人才项目的公信力，也导致了消极的舆情压力。具体可从以下两个方面着手：

（1）综合利用互联网、手机 APP 等媒介渠道，汇总创新创业人才项目相关配套政策，简明扼要地解读和分析相关政策要点，并通过"人才镇江"线上综合服务平台将有关政策信息准确、权威地推介给政策受众群体，规避政策误读和误传。

（2）多部门联合持续推进征信体系建设工作,科学评定企业和人才的信用等级,督促创新创业人才项目申报主体进一步深化信用评价工作,为推动创新创业人才项目各方的有效合作及评审立项提供支持。

课题组单位：镇江市创新人才发展研究院

江苏大学

课题组成员：李国昊　孙丽君

镇江市人才投入产出效率
评价及提升对策研究

　　人才资源是经济社会发展的第一资源,建设一支高素质的人才队伍,对于镇江市赢得竞争优势,发挥人才对经济发展的引领作用,具有举足轻重的作用。随着"金山英才计划""331 计划""169 工程"等人才工程的实施,镇江市已逐步形成了人才优先发展的战略布局。在财政资金投入上,镇江市坚持人才优先投入,确保了各项人才工作的顺利实施。然而,当前镇江市在人才投入中仍然存在资助方式单一、资金管理制度不完善、资金利用效益效率不高等问题,从而制约了镇江市人才资源的优先、高端和快速发展。本课题以"镇江市人才投入产出效率"为研究对象,首先,从人才投入和人才产出两个方面构建了镇江市人才投入产出效率评价指标体系;其次,采用基于 VRS 的DEA 评价方法,从横向和纵向两个维度,对镇江市人才投入产出效率评价进行了实证研究;最后,从合理确定人才投入目标、优化人才与经费投入比例、提升人才资源投入质量、加强科技经费投入管理和提升人才科技成果产出五个方面,提出了镇江市人才投入产出效率提升对策。主要研究结论如下:2014—2015 年镇江市人才投入产出的综合技术效率为 0.938,在江苏 13 个地级市中排名第 5;2014—2015 年镇江市人才投入产出的纯技术效率和规模效率分别达到 0.961 和 0.976,规模以上工业企业产值利税率和亿元投资新增GDP 两项人才产出指标不足,R&D 人员数全时当量和 R&D 经费内部支出两项人才投入指标存在冗余;2004—2015 年镇江市人才投入产出的综合技术效率为 0.985,VRS 下的纯技术效率为 0.989,规模效率为 0.995,人才投入产出效率非 DEA 有效的期间有 2007—2009 年,2010—2011 年。

1　镇江市人才投入产出效率评价指标体系构建

1.1　人才投入产出效率的相关概念

1.1.1　人才与人才系统

　　我国人才学者王通讯(2001)认为"人才就是为社会发展和人类进步进行了创造性劳动,在某一领域,某一行业,或某一工作上做出较大贡献的人"。在《国家中长期人才发展规划纲要(2010—2020)》中将人才界定为具有一定的专业知识或技能,进行劳动并能创造社会价值的人,是人力资源中能力和素质较高的劳动者。考虑到 R&D 人才在社会经济发展中的重要性及统计数据的可得性,本课题主要研究 R&D 人才系统的投入产出效率问题。R&D 人才指参与研究与试验发展项目研究、管理和辅助工作的人员,包括项目(课题)组人员,企业科技行政管理人员和直接为项目(课题)活动提供服务的辅助人员。

人才系统是由人才投资与开发、人才配置使用、人才价值创造、人才价值实现等诸要素构成有机整体。人才系统具有整体性、多样性、开放性和动态性的特征。

1.1.2 人才投入产出效率的概念

人才投入产出效率是综合反映一定时期人才系统投入产出效率的指标。人才投入产出效率评价是指人才系统的决策主体(本课题主要是指地区人才管理决策部门)根据人才发展目标,以人才投入与人才产出的相关指标为依据,运用一定的评价方法,获得人才投入产出效率综合指标,以诊断人才系统的运行问题,为人才系统优化提供决策的管理活动。

本课题对人才投入产出效率的研究主要从横向和纵向两个维度进行:横向比较是以江苏省其他 12 个地级市作为参照对象,研究镇江市在江苏省各市中人才投入产出的相关效率;纵向比较是从时间序列的角度,探讨镇江市近十多年人才投入产出效率的发展变化。

1.2 人才投入产出评价的关键指标

1.2.1 人才投入产出评价指标选择的基本原则

1)科学性原则

科学性原则主要体现理论的指导性,指标数据的直接相关性,以及评价方法的科学性等方面。设计人才投入产出评价指标体系时,要以科学的人才理论做指导,评价指标体系要能够抓住最重要、最本质和最有代表性的影响人才投入和人才产出要素,逻辑结构要严谨、合理。

2)系统性原则

人才投入产出评价必须用若干指标进行衡量,指标数量的多少及其体系的结构构成要以系统化为原则。评价指标体系要形成一种纵横交错、密切联系、同辅共振的层级结构,这些评价指标要能全面系统地反映人才投入和人才产出的内容,指标之间要界限分明,避免雷同,具有相对独立性。

3)可行性原则

评价指标的可行性包括两个方面:一是指标体系的设置应尽可能使指标明确易懂,数据易于采集、计算,便于各项指标的定量处理。二是整个评价体系的评价方法和相应指标的计算方法要繁简适中、科学,易于操作。各指标的设置要适应经济发展要求,并尽可能量化,数据要易于获取,并尽可能利用现有统计数据。

4）可比性原则

在设置指标体系时应具有纵向可比性和横向可比性，从时间上可以通过指标的变化来分析不同时期、不同地区人才投入产出效率的变化，即纵向可以比性；同时也可以对不同地区人才投入产出效率进行分析比较，即横向可比性。

1.2.2　人才投入产出指标的选择

在对镇江市与相关城市人才投入产出效率综合评价的过程中，本课题采用 DEA 方法（即数据包络分析法），根据投入产出效率指标数量宜少原则，一般要求（投入指标数目＋产出指标数目）≤ 1/2DMU 个数（评价单元）。由于本课题主要对江苏 13 个地级市进行投入产出效率分析，因此投入指标和产出指标总数宜小于等于 6 个。

关于人才投入指标，本课题主要选择 R&D 全时当量和 R&D 经费内部支出两个指标（见图 1）。本文认为，人员投入指标中的 R&D 全时当量能较好地反映一个地区科技人才数量，有些学者采用科技活动人员和 R&D 人员数，但是科技活动人员包含从事研究与试验发展成果应用及科技服务的人员，范围过于宽泛，R&D 人员中包含了非全时人员，不够精准。

关于人才产出指标，本课题选择专利申请授权量、高新技术产业产值、规模以上工业企业产值利税率和亿元投资新增 GDP 四个指标（见图 1-1）。其中专利授权量是反映人才科技成果产出的指标，高新技术产值是反映人才经济产出的指标，规模以上工业企业产值利税率和亿元投资新增 GDP 是反映人才经济效益的指标。

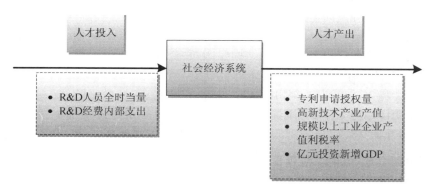

图 1　镇江市人才投入与产出关键指标

1.3 镇江市人才投入产出效率评价方法

国内外学者对投入产出效率评价主要采用的是 DEA 方法,本课题对镇江市人才投入产出效率的评价将采用基于 VRS 的 DEA 评价方法。

数据包络分析(Data Envelopment Analysis)简称 DEA,由 Charnes 等(1978)创建,这种非参数统计分析方法已成为对效率测度的主要研究方法,与其他评估方法相比,该方法具有结构简单、不需要事先确定各指标间的可比性和权重,并可以提供信息来找出低效率环节等优点。本课题参照曹贤忠等(2015)的研究方法,评价 M 个城市人才投入产出效率,并假设评价指标体系分为 K 种投入指标,L 种产出指标,设 $x_{mk}(x_{mk} > 0)$ 代表第 m 个城市的第 k 种资源的投入量,$y_{ml}(y_{ml} > 0)$ 代表第 m 个城市的第 l 种产出量。对于第 $m(m = 1, 2, \cdots, M)$ 个城市,$\theta(0 < \theta \leq 1)$ 代表人才投入产出效率综合指数,简称综合效率指数;ε 为非阿基米德无穷小量;$\lambda_m(\lambda_m \geq 0)$ 为权重变量,用来判断城市人才投入的规模收益情况;$s^-(s^- \geq 0)$ 为松弛变量,表示达到 DEA 有效需要减少的人才投入量;$s^+(s^+ \geq 0)$ 为剩余变量,表示达到 DEA 有效需要增加的人才产出量。规模报酬不变的 DEA 模型(即 CRS 模型)可表示如下:

$$
\begin{cases}
\min\left(\theta - \varepsilon\left(\sum_{k=1}^{K} s^- + \sum_{i=1}^{K} s^+\right)\right) \\
\text{s. t.} \sum_{m=1}^{M} x_{mk}\lambda_m + s^- = \theta x_k^m (k = 1, 2, \cdots, K) \\
\sum_{m=1}^{M} y_{ml}\lambda_m - s^+ = y_l^m (l = 1, 2, \cdots, L) \\
\lambda_m \geq 0 (m = 1, 2, \cdots, M)
\end{cases}
\tag{1}
$$

当存在最优解 $\theta_m = 1$ 时,表明第 m 个城市人才系统运行在最优生产前沿面上,该城市的人才投入产出效率达到最优;当 $\theta_m < 1$ 时,表明第 m 个城市人才投入产出效率未达到最优。在式(1)中引入约束条件,$\sum_{m=1}^{M} \lambda_m = 1$,将其转变为规模报酬可变的 DEA 模型,即为 VRS 模型。利用 VRS 模型可将综合效率分解为纯技术效率与规模效率的乘积,即 $\theta_m = \theta_{TE} \cdot \theta_{SE}$。用 VRS 模型得到的效率指数 θ_m 为第 m 个城市人才投入产出的综合效率指数;θ_{TE} 为对应城市的纯技术效率指数(Technical Efficiency),有 $0 < \theta_{TE} \leq 1, \theta_{TE} \geq \theta_m$;规模效率指数(Scale Efficiency,记为 θ_{SE}),$0 < \theta_{SE} \leq 1, \theta_{SE} \geq \theta_m$。同样 θ_{TE}, θ_{SE} 的值越接近于 1,表示人才投入产出的纯技术效率、规模效率越高。当 $\theta_{TE} = 1$ 或 $\theta_{SE} = 1$ 时,则表示该城市的人才投入产出达到纯技术效率最优或规模效率最优。

2　镇江市人才投入产出效率评价实证研究

2.1　镇江市人才投入与人才产出的现状及问题分析

2.1.1　人才队伍现状

1）在苏南城市中镇江人才拥有量较低

截至 2015 年底,镇江市人才资源总量达 57.2 万人,占全省人才总量的 5.31%。2015 年镇江市万人拥有人才量达到 1 801 人,在苏南城市中排名最后,南京万人拥有人才量最高,达到 2 680 人。但与扬州(1 554 人/万人)相比,镇江万人拥有人才量具有较大的优势。

2）高层次人才占比在苏南城市中名列第四

截至 2015 年底,镇江市拥有高层次人才 3.55 万人,占人才总量的比例达到 6.21%。2015 年镇江市高层次人才占比在苏南城市中名列第四,高于常州(5.88%)。南京高层次人才占比最高,达到 10.4%。但与扬州(7.25%)相比,镇江高层次人才占比相对较低。

3）人才增长速度在苏南城市中名列第三,但滞后于经济增长速度

"十二五"期间,镇江市人才增长速度为 9.2%,在苏南城市中名列第三,经济增长速度为 12%,在苏南城市中名列第二,人才增长速度与经济增长速度之差达 2.8%,显著高于无锡(1.23%)和常州(1.81%),可见镇江市人才增长速度滞后于经济增长速度。南京人才增长速度滞后于经济增长速度的程度最高,达 7.25%,与此形成鲜明对比的是苏州,人才增长速度超前于经济增长速度 7.23%。

4）R&D 人员全时当量增长速度在全省排名第五,在苏南排名第一

2015 年,镇江市 R&D 人员全时当量达到 26 812 人年,比 2010 年(13 821 人年)增加 12 991 人年,平均每年增加 2 598 人。"十二五"期间镇江市 R&D 人员全时当量平均增长速度达到 14.17%,在全省 13 个地级市中排名第五,在苏南城市中排名第一。

5）万人就业人员科技活动人员数在全省排名第四

2015 年,镇江市万人就业人员科技活动人员数达到 336 人,仅次于南京(456 人/万人)、苏州(380 人/万人)和常州(344 人/万人),高于无锡(279 人/万人),在全省排名第四。

6）万人就业人员 R&D 人员全时当量数全省排名第五

2015 年,镇江市万人就业人员 R&D 人员全时当量数达到 139 人年/万人,仅次于南京(181 人年/万人)、苏州(181 人年/万人)、常州(177 人年/万人)和无锡(165 人年/万人),在全省排名第五。

2.1.2　人才投入现状

1）人力资本投资占 GDP 的比重相对较低

2014 年,镇江市人力资本投资为 437.99 亿元,人力资本投资占 GDP 的比重为 13.47%,在全省 13 个地级市中排名第八,宿迁人力资本投资占 GDP 的比重最高,达到 15.68%,其次是连云港,达到 15.38%,南通排名第五,达到 14.4%,南京排名第六,达到 14.15%。由此可见,镇江市人力资本投资力度在全省排名相对较后。

2）R&D 经费内部支出占 GDP 的比重在全省排名第五,在苏南排名最后

2015 年,镇江市 R&D 经费内部支出为 90.71 亿元,比 2010 年增加 47.01 亿元,平均每年增加 9.4 亿元,"十二五"期间平均增长速度达到 15.73%,高于经济增长速度 3.73%。2015 年,镇江市 R&D 经费内部支出占 GDP 的比重达到 2.55%,在全省排名第五,但是在苏南城市中排名最后,南京 R&D 经费内部支出占 GDP 的比重最高,达到 2.99%,其次是无锡,达到 2.78%。

3）政府科技拨款占财政支出的比重在全省排名第六,在苏南排名最后

2015 年,镇江市财政科技拨款占财政支出的比重为 3.52%,在全省各地级市中排名第六,在苏南城市中排名最后。苏州财政科技拨款占财政支出的比重最高,达到 5.78%,其次是南京,达到 4.98%。

4）企业 R&D 经费占销售收入比例在全省排名第五,在苏南排名第四

2015 年,镇江市企业 R&D 经费占销售收入比例达到 0.98%,在全省各地级市中排名第五,在苏南城市中排名第四,高于南京(0.93%)。无锡企业 R&D 经费占销售收入比例最高,达到 1.62%,其次是常州,达到 1.18%。

5）公共教育经费占 GDP 的比重在苏南城市中排名第一

2015 年,镇江市公共教育经费占 GDP 的比重达到 1.84%,在苏南城市中排名第一。无锡公共教育经费占 GDP 的比重最低,仅有 1.48%,宿迁公共教育经费占 GDP 的比重最高,达到 3.85%。

6）公共教育经费占一般公共预算支出的比重在苏南城市中排名第一,在全省排名第四

2015 年,镇江市公共教育经费支出占一般公共预算支出的比重达到 18.48%,在全省排名第四,仅次于南通(21.94%)、徐州(20.25%)和宿迁(20.2%),但在苏南城市中排名第一。苏州公共教育经费支出占一般公共预算支出的比重最低,仅有 15.1%。

2.1.3　人才产出现状

1）"十二五"期间专利申请受理量和专利申请授权量稳步提升

2015 年,镇江市专利申请受理量达到 24 903 件,比 2010 年增加 14 497 件,平均每年增加 2 899 件,"十二五"期间镇江市专利申请受理量平均增长速度

达到 19.07% ; 2015 年镇江市专利申请授权量达到 14 136 件,比 2010 年增加 7 574 件,平均每年增加 1 515 件,"十二五"期间镇江市专利申请授权量平均增长速度达到 16.59%。由此可见,"十二五"期间镇江专利申请受理量和专利申请授权量均稳步提升。

2)每十万人口专利授权数在全省和苏南均排名第四

2015 年,镇江市每十万人口专利授权数达到 445 件,在全省和苏南城市中均排名第四,仅次于苏州(587 件/10 万人)、无锡(534 件/10 万人)和常州(459 件/10 万人),高于南京(341 件/10 万人)。

3)万人发明专利拥有量在全省和苏南均排名第四

2015 年,镇江市万人发明专利拥有量达到 20.6 件,在全省和苏南城市中均排名第四,仅次于南京(33 件/万人)、苏州(27.5 件/万人)、无锡(25.4 件/万人),高于常州(18.8 件/万人)。

4)"十二五"期间高新技术产业产值快速增长

2015 年,镇江市高新技术产业产值达到 4 337.49 亿元,比 2010 年增加 2 683 亿元,平均每年增加 536 亿元,"十二五"期间镇江市高新技术产业产值平均增长速度达到 21.26%。可见,"十二五"期间镇江市高新技术产业产值增长速度较快。

5)高新技术产业产值占规模以上工业产值的比重和人均高新技术产业产值在全省排名第一

2015 年,镇江市高新技术产业产值占规模以上工业产值比重达到 49.39%,在全省排名第一,其次是苏州(45.71%),南京排名第三(45.3%)。 2015 年,镇江市人均高新技术产业产值达到 13.65 万元,在全省排名第一,其次是苏州(13.15 万元/人),常州排名第三(10.58 万元/人)。

6)亿元投资新增 GDP 在全省排名落后

2015 年,镇江市亿元投资新增 GDP 仅有 0.1 亿元,在全省排名第十,南京亿元投资新增 GDP 最高,达到 0.17 亿元,其次是淮安,达到 0.13 亿元,苏州排名第三,达到 0.12 亿元。

7)单位 GDP 能耗下降率在全省排名第三,在苏南排名第二

2015 年,镇江市单位 GDP 能耗下降率达到 7.4%,在全省排名第三,在苏南城市中排名第二,仅次于无锡(7.82%)。连云港市单位 GDP 能耗下降率最低,仅有 2.92%。

2.1.4 人才投入产出问题分析

1)人才投入规模不足

从镇江与南京、苏州、无锡、常州 2015 年万人拥有人才量的比较可以看出,镇江市万人拥有人才量在苏南排名最后,可见镇江市人才投入规模不足。

从 2015 年万人就业人员科技活动人员和万人就业人员 R&D 人员规模来看，镇江的万人就业人员科技活动人员与南京、苏州和常州相比，仍有较大差异，万人就业人员 R&D 人员在苏南排名最后，可见镇江市科技人才投入规模较为不足。

2）高层次人才数量不足

从镇江与南京、苏州、无锡、常州和扬州 2015 年高层次人才占比的比较可以看出，镇江市高层次人才占比与南京、苏州、无锡、扬州相比，仍有较大差距，高层次人才数量较为不足。

3）人才经费投入规模不高

从 2014 年人力资本投资占 GDP 的比重来看，镇江市在全省排名第八，与苏北城市相比，具有较大差距，可见镇江市人力资本投资规模不高。从 2015 年 R&D 经费内部支出占 GDP 的比重和政府科技拨款占财政支出的比重来看，镇江在苏南城市中均排名最后，与南京和苏州相比，差距较大，可见镇江市科技经费投入相对不足。从 2015 年企业 R&D 经费占销售收入比例来看，镇江市在苏南排名第四，说明镇江市企业对 R&D 经费的投入相对较少。

4）科技成果产出相对较低

从 2015 年每十万人口专利授权数和万人发明专利拥有量来看，镇江在苏南均是排名第四，其中每十万人口专利授权数与苏州、无锡相比，仍有较大差距；万人发明专利拥有量与南京、苏州和无锡相比，也有较大差距。可见，镇江市科技成果产出相对较低。

5）经济效益产出相对较低

从 2015 年亿元投资新增 GDP 和规模以上工业企业产值利税率来看，镇江市在全省排名均是第十，其中亿元投资新增 GDP 与南京、淮安和苏州相比，具有较大差距；规模以上工业企业产值利税率与徐州、宿迁和南京相比，具有较大差距。可见，镇江市人才经济效益产出相对较低。

2.2 基于截面数据的镇江市人才投入产出效率评价的 DEA 模型研究

2.2.1 基础数据来源

截面数据研究是指以江苏其他 12 个地级市作为参照，探讨镇江市人才投入产出的相对效率。本部分研究的基础数据主要来源于《2005—2016 年江苏统计年鉴》、《2010—2016 年镇江统计年鉴》、2010—2016 年江苏其他各市统计年鉴和《江苏省辖市人才竞争力报告 2015》、《2010—2015 年江苏省科技进步统计监测结果与科技统计公报》。考虑到人才投入产出的滞后性，本课题参考曹贤忠（2015）的研究，将人才投入产出的滞后期定为 1 年。因此，本课题在研究镇江市人才投入产出效率的过程中，人才产出数据均滞后于人才投入数据 1 年。

2.2.2 人才投入与产出指标之间的相关分析

根据基础数据,运用 SPSS 软件对人才投入和产出数据进行相关分析,得到表 1 和表 2。由表 1 和表 2 可以看出,2009—2010 年和 2014—2015 年江苏省各辖市专利申请授权量、高新技术产业产值、规模以上工业企业产值利税率、亿元投资新增 GDP 四项产出指标与 R&D 人员全时当量、R&D 经费内部支出两项投入指标之间的相关系数均介于 0.421~0.995,这表明江苏省各辖市人才投入与产出指标具有较强的相关性,对其进行投入产出效率研究是有意义的。

表 1 2009—2010 年江苏省各辖市人才投入与产出指标之间的相关系数

项目	专利申请授权量	高新技术产业产值	规模以上工业企业产值利税率	亿元投资新增 GDP	R&D 人员全时当量	R&D 经费内部支出
专利申请授权量	1.000	0.941 **	0.503	0.457	0.845 **	0.858 **
高新技术产业产值	0.941 **	1.000	− 0.506	− 0.537	0.918 **	0.938 **
规模以上工业企业产值利税率	0.503	− 0.506	1.000	0.503	0.424	0.421
亿元投资新增 GDP	0.457	− 0.537	0.503	1.000	0.513	0.506
R&D 人员全时当量	0.845 **	0.918 **	0.424	0.513	1.000	0.995 **
R&D 经费内部支出	0.858 **	0.938 **	0.421	0.506	0.995 **	1.000

注：** 表示在 0.01 水平上显著。

表 2 2014—2015 年江苏省各辖市人才投入与产出指标之间的相关系数

项目	专利申请授权量	高新技术产业产值	规模以上工业企业产值利税率	亿元投资新增 GDP	R&D 人员全时当量	R&D 经费内部支出
专利申请授权量	1.000	0.957 **	0.722 **	0.117	0.962 **	0.955 **
高新技术产业产值	0.957 **	1.000	− 0.614 *	0.091	0.927 **	0.914 **
规模以上工业企业产值利税率	0.722 **	− 0.614 *	1.000	0.126	0.600 *	0.564 *
亿元投资新增 GDP	0.117	0.091	0.126	1.000	0.240	0.220
R&D 人员全时当量	0.962 **	0.927 **	0.600 *	0.240	1.000	0.991 **
R&D 经费内部支出	0.955 **	0.914 **	0.564 *	0.220	0.991 **	1.000

注：** 表示在 0.01 水平上显著，* 表示在 0.05 水平上显著。

2.3.3 基于截面数据的人才投入产出效率分析

1）2009—2010 年江苏省各辖市人才投入产出效率分析

根据基础数据,运用 DEAP2.1 软件进行数据包络分析,得到 2009—2010

年江苏 13 个地级市的人才投入产出效率评价结果见表 3。

表 3　2009—2010 年江苏省各辖市人才投入与产出效率评价结果

地区	综合技术效率	纯技术效率	规模效率	规模收益	评价结果
南京	0.439	0.534	0.821	递减	非 DEA 有效
无锡	0.638	0.681	0.936	递减	非 DEA 有效
徐州	0.610	1.000	0.610	递减	弱 DEA 有效
常州	0.619	0.620	0.998	递增	非 DEA 有效
苏州	0.957	1.000	0.957	递减	弱 DEA 有效
南通	1.000	1.000	1.000	不变	DEA 有效
连云港	1.000	1.000	1.000	不变	DEA 有效
淮安	1.000	1.000	1.000	不变	DEA 有效
盐城	0.790	0.828	0.954	递增	非 DEA 有效
扬州	1.000	1.000	1.000	不变	DEA 有效
镇江	0.861	0.877	0.981	递增	非 DEA 有效
泰州	1.000	1.000	1.000	不变	DEA 有效
宿迁	1.000	1.000	1.000	不变	DEA 有效
平均	0.840	0.888	0.943		

　　由表 3 可知，2009—2010 年江苏省人才投入产出的综合技术效率为 0.840，VRS 下的纯技术效率为 0.888，规模效率为 0.943。这说明 2009—2010 年江苏省人才投入产出的技术效率总体良好。人才投入产出效率达到 DEA 有效的有南通、连云港、淮安、扬州、泰州和宿迁 6 个城市，人才投入产出效率弱 DEA 有效的有徐州、苏州 2 个城市，人才投入产出效率非 DEA 有效的有南京、无锡、常州、盐城、镇江 5 个城市。

　　2009—2010 年江苏各辖市人才投入产出综合技术效率分布如图 2 所示，由图 2 可以看出：人才投入产出综合技术效率处于 0.999 ~ 1.000 的有南通、连云港、淮安、扬州、泰州和宿迁 6 个城市；人才投入产出综合技术效率处于 0.800 ~ 0.999 的有苏州和镇江 2 个城市；人才投入产出综合技术效率处于 0.700 ~ 0.800 的是盐城；人才投入产出综合技术效率处于 0.600 ~ 0.700 的有无锡、常州和徐州 3 个城市；人才投入产出综合技术效率处于 0.400 ~ 0.600 的是南京。

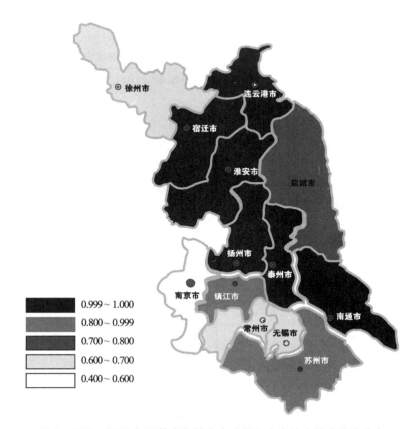

图2例如地图标注城市：徐州市、连云港市、宿迁市、淮安市、盐城市、扬州市、泰州市、南京市、镇江市、常州市、无锡市、南通市、苏州市

图例：
0.999~1.000
0.800~0.999
0.700~0.800
0.600~0.700
0.400~0.600

图2　2009—2010年江苏省各辖市人才投入产出综合技术效率分布

2009—2010年,镇江市人才投入产出的综合技术效率为0.861,在江苏13个地级市中排名第八,说明2009—2010年镇江市人才投入产出的综合技术效率不高。2009—2010年,镇江市人才投入产出的纯技术效率为0.877,在江苏13个地级市中排名第九,表明2009—2010年镇江人才投入产出纯技术效率不高,人员投入和经费投入的比例有待改进,人才投入管理有待加强。2009—2010年镇江市人才投入产出的规模效率为0.981,在江苏13个地级市中排名第八,且处于规模效益递增阶段,表明镇江市适当增加人才投入规模可以产生较高的人才产出。由此可见,2009—2010年镇江市人才投入产出效率仍有较大的提升空间。

通过人才投入与产出的冗余分析发现:2009—2010年镇江市规模以上工业企业产值利税率和亿元投资新增GDP两项人才产出不足,其中规模以上工业企业产值利税率的不足量为2.610%,目标值为11.370%,亿元投资新增GDP的不足量为0.165亿元,目标值为0.405亿元。2009—2010年镇江市

R&D 人员数全时当量和 R&D 经费内部支出存在冗余,R&D 人员数全时当量冗余量为 0.145 万人年,目标值为 1.035 万人年,R&D 经费内部支出冗余量为 4.744 亿元,目标值为 28.655 亿元。

2) 2014—2015 年江苏省各辖市人才投入产出效率分析

根据基础数据,运用 DEAP2.1 软件进行数据包络分析,得到 2014—2015 年江苏 13 个地级市的人才投入产出效率评价结果见表 4。

表 4　2014—2015 年江苏省各辖市人才投入产出效率评价结果

地区	综合技术效率	纯技术效率	规模效率	规模收益	评价结果
南京	0.479	1.000	0.479	递减	弱 DEA 有效
无锡	0.651	1.000	0.651	递减	弱 DEA 有效
徐州	0.867	1.000	0.867	递减	弱 DEA 有效
常州	0.788	0.898	0.878	递减	非 DEA 有效
苏州	0.797	1.000	0.797	递减	弱 DEA 有效
南通	0.863	1.000	0.863	递减	弱 DEA 有效
连云港	1.000	1.000	1.000	不变	DEA 有效
淮安	1.000	1.000	1.000	不变	DEA 有效
盐城	0.653	0.674	0.970	递减	非 DEA 有效
扬州	0.896	0.925	0.969	递减	非 DEA 有效
镇江	0.938	0.961	0.976	递减	非 DEA 有效
泰州	1.000	1.000	1.000	不变	DEA 有效
宿迁	1.000	1.000	1.000	不变	DEA 有效
平均	0.841	0.958	0.881		

由表 4 可知,2014—2015 年江苏省人才投入产出的综合技术效率为 0.841,VRS 下的纯技术效率为 0.958,规模效率为 0.881。与 2009—2010 年相比,江苏省人才投入产出的综合技术效率略有提高,纯技术效率提升了 0.070,但是规模效率降低了 0.062。人才投入产出效率达到 DEA 有效的有连云港、淮安、泰州和宿迁 4 个城市,人才投入产出效率达弱 DEA 有效的有南京、无锡、徐州、苏州、南通 5 个城市,人才投入产出效率非 DEA 有效的有常州、盐城、扬州、镇江 4 个城市。

2014—2015 年江苏省各辖市人才投入产出综合技术效率分布如图 3 所示。由图 3 可以看出:人才投入产出综合技术效率处于 0.999~1.000 的有连云港、淮安、泰州和宿迁 4 个城市;人才投入产出综合技术效率处于 0.800~0.999 的有镇江、扬州、徐州和南通 4 个城市;人才投入产出综合技术效率处于 0.700~0.800 的有苏州和常州 2 个城市;人才投入产出综合技术效率处于 0.600~0.700 的有盐城和无锡 2 个城市;人才投入产出综合技术效率处于 0.400~0.600 的是南京。

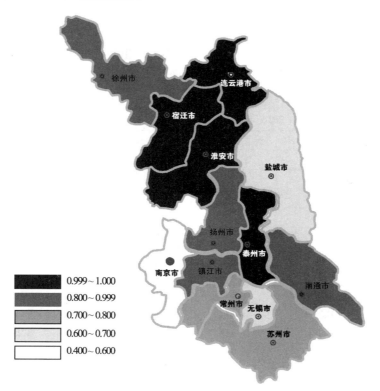

图 3　2014—2015 年江苏省各辖市人才投入产出综合技术效率分布

2014—2015 年，镇江市人才投入产出的综合技术效率为 0.938，在江苏 13 个地级市中排名第五，与 2009—2010 年相比，提升了 0.077。可见，2014—2015 年镇江市人才投入产出的综合技术效率有较大的提升。2014—2015 年镇江市人才投入产出的纯技术效率为 0.961，在江苏 13 个地级市中排名第十，与 2009—2010 年相比，提升了 0.084，但是纯技术效率仍有一定的提升空间，人员投入和经费投入的比例需要改进。2014—2015 年镇江市人才投入产出的规模效率为 0.976，与 2009—2010 年相比略有下降，且处于规模递减阶段。由此可见，2014—2015 年镇江市人才投入产出效率仍有一定的提升空间。

通过人才投入与产出的冗余分析发现，2014—2015 年镇江市规模以上工业企业产值利税率和亿元投资新增 GDP 两项人才产出不足：规模以上工业企业产值利税率的不足量为 2.647%，目标值为 12.617%；亿元投资新增 GDP 的不足量为 0.020 亿元，目标值为 0.120 亿元。2014—2015 年镇江市 R&D 人员数全时当量和 R&D 经费内部支出存在冗余，R&D 人员数全时当量冗余量为 0.547 万人年,目标值为 1.983 万人年;R&D 经费内部支出冗余量为 3.161 亿元,目标值为 78.149 亿元。由此可见,2014—2015 年导致镇江市投入产出未达到 DEA 有效的原因有二:一是人员投入与经费投入的比例不合理;二是冗余的人才投入没有产生相应的人才产出。

2.3 基于时间序列的镇江市人才投入产出效率评价的 DEA 模型研究

2.3.1 基础数据来源

时间序列数据研究是指以镇江市 2005—2015 年人才投入产出数据为基础,探讨不同时期镇江市人才投入产出效率的变化。本部分研究的基础数据主要来源于《2005—2016 年镇江统计年鉴》《江苏省辖市人才竞争力报告 2015》和《2010—2015 江苏省科技进步统计监测结果与科技统计公报》。

2.3.2 基于时间序列的人才投入产出效率分析

根据基础数据,运用 DEAP2.1 软件进行数据包络分析,得到 2004—2015 年镇江市人才投入产出效率评价结果见表 5。

表 5   2004—2015 年镇江市人才投入与产出效率评价结果

年份	综合技术效率	纯技术效率	规模效率	规模收益	评价结果
2004—2005	1.000	1.000	1.000	不变	DEA 有效
2005—2006	1.000	1.000	1.000	不变	DEA 有效
2006—2007	1.000	1.000	1.000	不变	DEA 有效
2007—2008	0.947	0.953	0.994	递增	非 DEA 有效
2008—2009	0.949	0.955	0.994	递增	非 DEA 有效
2009—2010	1.000	1.000	1.000	不变	DEA 有效
2010—2011	0.971	0.972	0.999	递增	非 DEA 有效
2011—2012	1.000	1.000	1.000	不变	DEA 有效
2012—2013	1.000	1.000	1.000	不变	DEA 有效
2013—2014	1.000	1.000	1.000	不变	DEA 有效
2014—2015	0.964	1.000	0.964	递减	弱 DEA 有效
平均	0.985	0.989	0.995		

由表 5 可知,2004—2015 年镇江市人才投入产出的综合技术效率为 0.985,VRS 下的纯技术效率为 0.989,规模效率为 0.995。人才投入产出效率达到 DEA 有效的期间有 2004—2007 年、2009—2010 年、2011—2014 年;人才投入产出效率弱 DEA 的期间是 2014—2015 年;人才投入产出效率非 DEA 有效的期间有 2007—2009 年,2010—2011 年。

2004—2015 年镇江市人才投入产出效率变化如图 4 所示。由图 4 可以看出:镇江市综合技术效率总体上处于 0.947～1.000 之间,在 2007—2009 年、2010—2011 年和 2014—2015 年期间有所下降;纯技术效率处于 0.953～ 1.000 之间,同样在 2007—2009 年、2010—2011 年和 2014—2015 年期间有所下降;规模效率处于 0.964～1.000 之间,总体较为平稳,在 2014—2015 年下降相对较多,且处于规模效益递减阶段。

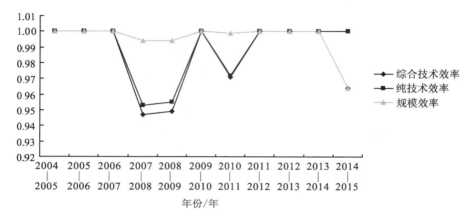

图4 2004—2015 年镇江市人才投入产出效率变化

通过人才投入与产出的冗余分析发现,在 2007—2008 年期间,镇江市规模以上工业企业产值利税率和亿元投资新增 GDP 两项产出指标不足:规模以上工业企业产值利税率不足量为 0.198%,目标值为 7.768%;亿元投资新增 GDP 不足量为 0.056 亿元,目标值为 0.376 亿元。在 2008—2009 年期间,高新技术产业产值、规模以上工业企业产值利税率和亿元投资新增 GDP 三项指标不足:高新技术产业产值不足量为 44.900 亿元,目标值为 1 085.050 亿元;规模以上工业企业产值利税率不足量为 0.022%,目标值为 8.152%;亿元投资新增 GDP 不足量为 0.183 亿元,目标值为 0.363 亿元。在 2010—2011 年期间,专利申请授权量和亿元投资新增 GDP 两项指标不足:专利申请授权量不足量为 387.990 件,目标值为 7 791.990 件;亿元投资新增 GDP 不足量为 0.002 亿元,目标值为 0.262 亿元。

在 2007—2008 年期间,镇江市 R&D 人员数全时当量和 R&D 经费内部支出两项投入指标存在冗余:R&D 人员数全时当量冗余量为 888.018 万人年,目标值为 10 131.613 万人年;R&D 经费内部支出冗余量为 0.873 亿元,目标值为 17.727 亿元。在 2008—2009 年期间,镇江市 R&D 人员数全时当量和 R&D 经费内部支出两项投入指标存在冗余:R&D 人员数全时当量冗余量为 981.131 万人年,目标值为 10 809.869 万人年;R&D 经费内部支出冗余量为

1.069 亿元,目标值为 22.831 亿元。在 2010—2011 年期间,镇江市 R&D 人员数全时当量和 R&D 经费内部支出两项投入指标存在冗余:R&D 人员数全时当量冗余量为 387.809 万人年,目标值为 13 433.031 万人年;R&D 经费内部支出冗余量为 1.535 亿元,目标值为 42.164 亿元。

3 镇江市人才投入产出效率提升对策

3.1 合理确定人才投入目标

3.1.1 "十三五"期间人才资源投入目标

人才,尤其是科技人才是经济发展的第一资源。"十三五"期间,镇江市要坚持人才优先发展战略,建设一支规模宏大、素质优良、结构合理、产能高效的人才队伍。从 2015 年苏南各市万人人才拥有量的比较来看,镇江市万人人才拥有量排名最后。因此,"十三五"期间镇江市要加大人才总量投入。镇江市"十三五"人才发展规划中提出,人才总量目标达到 70 万人,江苏省"十三五"人才总量目标为 1 400 万人,按此计算,到 2020 年镇江市人才总量占全省人才总量的比例为 5.00%,该指标与 2015 年镇江市人才总量占全省人才总量的比例相比降低了 0.31%。按 2015 年人口总量计算,2020 年镇江市万人人才拥有量为 2 204 人。本课题认为,镇江可以以常州或无锡作为参照城市合理确定人才发展目标。2020 年常州市人才总量目标为 132 万人,按照 2015 年人口计算,到 2020 年常州市万人人才拥有总量为 2 808 人;2020 年无锡市人才总量目标为 180 万人,按照 2015 年人口计算,到 2020 年无锡市万人人才拥有量为 2 765 人。由此可见,镇江市 2020 年人才总量目标相对较低,以常州为参照城市,按照 2015 年镇江与常州万人人才拥有量的比例推算,2020 年镇江市万人拥有人才应达到 2 331 人,由此推算 2020 年镇江市人才总量目标应达到 74.03 万人。

3.1.2 "十三五"期间科技人才投入目标

科技人才是科技进步的中坚力量,是科技创新和科技创业的主力军,引进培养一支高素质的科技人才队伍,对于地区发展至关重要。从 2015 年苏南城市万人就业人员 R&D 人员的比较来看,镇江排名最后,与苏南其他城市相比具有较大差距。镇江市"十三五"人才发展规划中提出,到 2020 年每万劳动力中研发人员全时当量数要达到 160 人年。以常州作为参照城市,2015 年常州每万劳动力中研发人员全时当量数为 177 人年。可见,2020 年镇江市人才每万劳动力中研发人员全时当量数目标略低,需要提高到 177 人年/万人以上。

3.2 优化人才与经费投入比例

在人才经济活动中,一定的人才投入需要有相应的经费投入,人才与经费投入的比例合理才能产生较高的人才产出。从2014—2015年江苏省各辖市人才投入产出效率评价结果可以看出,镇江市人才投入产出的综合技术效率为0.938,纯技术效率为0.961,未达到DEA有效的最优状态。纯技术效率未达到1.000,表明2014—2015年镇江市人才投入和经费投入的比例不够合理。在DEA评价过程中,镇江市人才投入产出最优效率的参照城市为泰州、淮安和南通,参照的比例为0.782∶0.120∶0.098。2014—2015年泰州市研发人员全时当量与R&D经费内部支出的投入比例为1.85万人年∶76.18亿元,2014—2015年淮安市研发人员全时当量与R&D经费内部支出的投入比例为0.89万人年∶39.29亿元,2014—2015南通市研发人员全时当量与R&D经费内部支出的投入比例为4.38万人年∶141.32亿元。参照比例加权计算,"十三五"期间镇江市研发人员全时当量与R&D经费内部支出的投入最优比例为1万人年∶34.09亿元。

3.3 提升人才资源投入质量

高层次人才是创新创业的主力军,是地区核心竞争力的战略资源。吸引和集聚大批高层次人已成为各国各地区发展战略的首要环节。从2015年苏南各市高层次人才占比的情况来看,与南京、苏州和无锡相比,镇江市高层次人才占比较为不足。镇江市"十三五"人才发展规划中提出,到2020年高层次人才占比要达到7%,与2015年相比提高了0.79%。然而,2015年苏州高层次人才占比达到7.84%,无锡高层次人才占比达到7.06%,江苏省"十三五"人才发展规划中提出到2020年全省高层次人才占比达到8%。由此可见,镇江市需要提升"十三五"期间高层次人才占比到8%。

3.4 加强科技经费投入管理

3.4.1 优化"十三五"科技经费投入目标

科技经费投入是人才从事科技活动和生产经营活动的重要因素,是引进、培养高层次科技人才的重要保证。从2015年苏南城市R&D经费内部支出占GDP的比重和政府科技拨款占财政支出的比重的情况来看,镇江在苏南均排名最后,可见"十二五"期间镇江市科技经费投入相对较低。镇江市"十三五"人才发展规划中提出,到2020年R&D经费投入占GDP的比重要达到2.8%,与江苏省"十三五"R&D经费投入占GDP的比重目标一致。然而,常州市2020年R&D经费投入占GDP的比重目标为3%,无锡市2020年R&D经费投入占GDP的比重目标为3.1%。以常州作为参照城市,按照2015年镇江与常州R&D经费投入占GDP比重的比例推算,2020年镇江市R&D经费投入占GDP比重应达到2.88%。

3.4.2 加大企业R&D经费投入力度

大中型工业企业是地区科技活动的主阵地,加大企业R&D经费投入力度,对于地区促进科技人才培养、提升科技产出效益具有重要意义。从 2015 年苏南城市企业 R&D 经费占销售收入比例的情况可以看出,镇江市企业 R&D 经费占销售收入比例不足 1%,与常州、无锡和苏州相比,具有较大差距。以无锡作为参照,无锡市 2020 年企业 R&D 经费占销售收入比例目标值为 1.8%,按照 2015 年镇江与无锡企业 R&D 经费占销售收入比例之比推算,2020 年镇江市企业 R&D 经费占销售收入比例应达到 1.09%。

3.4.3 加大对 R&D 资金的管理力度

"十三五"期间,镇江市应继续加大对大中型工业企业的资金支持力度。可以对企业在新技术、新产品研发投入上加以激励,以财政拨款或财政补贴的方式对大中型工业企业的科技研究给予支持。

在财政科技拨款之后,市人才办、科技局、人社局、社科联等人才项目管理部门,应会同市财政局,密切关注科技资金使用情况,提高科技资金的使用效率,密切关注资金的落实情况,监督企业的科技资金利用,加强对使用资金的人才项目的检查、评估和验收。政府应该建立一套完整的科技经费使用评估指标体系,对科技经费投入和产出效率进行系统分析,并利用预警系统对各类机构进行长年跟踪监控。

人才项目的评估结果要与科技资金的预算、配置和使用相结合,将评估结果作为次年编制和安排经费预算的重要依据,及时调整和优化科技经费预算支出的方向和结构,合理配置资金,提高资金使用的效益。

3.5 提升人才科技成果产出

3.5.1 提升万人发明专利拥有量

从 2015 年苏南城市每十万人口专利授权和万人发明专利拥有量的比较来看,镇江市每十万人口专利授权量为 445 件,与苏州、无锡和常州有较大的差距,万人发明专利拥有量达到 20.6 件,与南京、苏州和无锡相比有较大的差距。镇江市"十三五"人才发展规划中提出,到 2020 年万人发明专利拥有量要达到 30 件。江苏省 2020 年万人发明专利拥有量目标值为 20 件,无锡市 2020 年万人发明专利拥有量目标值为 30 件。由此可见,镇江市"十三五"万人发明专利拥有量目标具有一定的超前性,且较为合理。

3.5.2 提高规模以上工业企业产值利税率

从 2015 年江苏各市规模以上工业企业产值利税率的比较来看,镇江市规模以上工业企业产值利税率仅为 9.97%,在全省排名第十,与徐州、宿迁和南京相比有较大差距。以南通和扬州为参照城市,"十三五"期间,镇江市要提高规模以上工业企业产值利税率目标值应达到 11% 以上。

3.5.3 完善对科技人才的激励机制

良好的激励机制可以调动科技人才的积极性,激发工作的动力,提高科技人才投入产出效率。科技人才由于自身具有独特的特点，如高独立性、高流动性且物质上富足，一般的激励机制所起到的效果不明显，所以制定一套专门的激励机制十分必要。对科技人才，不能只看短期财务绩效，要注重长期战略绩效的评价，相应地人才的激励要建立股权激励、期权激励等长期激励机制。对于科技创新人才取得的重大科技成果，要从物质和精神两个层面建立重奖激励机制。

3.5.4 建立科技成果转化体制

实证研究表明，并非经济发达的地区人才投入产出效率就高。效率只是一个相对值，并不体现综合实力，高投入不一定能产生高产出，而是应该提高科技成果生产力的转化，即提高产出的质量。首先，应该鼓励企业成为科技成果的主体，让科研成果成为生产力，直接给企业带来经济利益；其次，要盘活现有科技成果，寻找出能够产业化的科技成果，并将其产业化，使之转化为现实的生产力；第三，要优化生产要素分配体制，鼓励科技创新和发明创造；第四，要将学校、科研院所的科研与企业挂钩，实现"产学研"价值链，避免学非所用或者研而无用的状况，使双方达到双赢；最后，对高新技术"朝阳产业"，可以减税或者免税，对于新技术、新产品初期需要加强扶持，可以进行政府采购，保障新技术、新产品价值的实现。

课题组单位：江苏大学

课题组成员：张书凤　朱永跃　白光林

俞晓庆　李　洁

镇江市人才吸引力研究

现代竞争归根到底是人才的竞争,吸引和凝聚大批优秀人才,以满足经济和社会发展的人才需求,已成为世界各国发展战略的首要环节。同样,地区要赢得竞争优势,也要依靠人才的基础性引领作用,而地区能否获得与其发展相适应的人才资源,则取决于该地区对人才是否具有足够的吸引力。拥有足够的人才吸引力,不但能够留住本地人才,防止人才流失,还能够吸引外地的人才为本地所用。当前,镇江市仍然存在一些束缚人才流动、人才引进的政策、制度、环境等方面的障碍,从而制约了镇江市人才资源的优先、高端和快速发展。本课题以"镇江市人才吸引力"为研究对象,首先从人才就业环境、人才发展环境、人才生活环境三个方面构建了镇江市人才吸引力的内涵与评价指标体系;其次,运用功效函数法、主成分分析法编制了镇江市人才吸引力评价总指数、类指数、次类指数和子指数,并对镇江与相关城市人才吸引力进行了定量评价与比较;最后,从提升镇江市人才就业实现力、增强镇江市人才发展力、提高镇江市人才生活满意度三个方面提出了提升镇江市人才吸引力的对策。主要研究结论如下:在人才就业实现力、人才发展实现力、人才生活满意度三个维度中,人才就业实现力是制约镇江人才吸引力的短板。在就业实现力的影响因素中,城市规模和劳动力质量是制约镇江就业实现力的关键因素;在人才发展实现力的影响因素中,创新创业平台是制约镇江人才发展实现力的关键因素;在人才生活满意度的影响因素中,教育环境、医疗环境和交通环境是制约镇江人才生活满意度的关键因素。

1 镇江市人才吸引力的内涵与评价指标体系构建

1.1 区域人才吸引力的内涵及影响因素

1.1.1 区域人才吸引力的内涵

人才吸引力的内涵从字面上理解,就是吸引人才的能力(李华,2010)。按照人才吸引的范畴不同,人才吸引力有广义和狭义之分。狭义的人才吸引力是对组织外部人才的吸引能力,广义的人才吸引力既包括对组织内部人才的吸引能力,也包括对组织外部人才的吸引能力。本研究认为,广义的区域人才吸引力是指区域通过改善自身经济、产业、科技、教育、社会、文化、生态等环境,吸纳外部人才、留住本地人才的综合能力。

1.1.2 区域人才吸引力的影响因素

当前学者对于区域人才吸引力的影响因素的划分维度主要有区域环境、人才流动动因两个。从区域环境维度划分的代表性观点:李涛(2014)认为,城市人才吸引力的评价包括经济状况、城市设施、生活环境、卫生条件、就业等方面。从人才流动动因维度划分的代表性观点:李健飞(2011)认为,科技人才吸引力的影响因素包括物质性价值需求的人才流动和基于精神性价值需求的人才发展两个维度。课题组经过内部讨论认为,区域人才吸引力要从区域满足人才需求的供给角度来考虑,即区域满足人才需求的供给能力越强,人才流向或留在该地区的动机和倾向也就越强。人才需求包括人才工作和人才生活两个方面,人才工作分为就业需求、发展需求两个方面。因此,课题组认为,区域人才吸引力的影响因素包括人才就业环境、人才发展环境、人才生活环境三个方面。

1.2 镇江市人才吸引力评价指标体系构建的基本原则

1.2.1 科学性原则

科学性原则主要体现在理论与实践相结合,以及所采用的数学方法等方面。

设计指标体系时,以科学的人才理论做指导,评价指标体系能够在基本要领和逻辑结构上严谨、合理,同时抓住最重要、最本质和最有代表性的影响人才吸引力的要素,在设计每一科技人才吸引力评价指标时不能凭空捏造,要在已有研究成果的基础上征求专家学者的意见和建议。

1.2.2 系统优化原则

人才吸引力评价必须用若干指标进行衡量,指标数量的多少及其体系的结构构成要以系统优化为原则。每一评价体系又划分为不同层次,形成一种纵横交错、密切联系的层级结构,这些评价指标要能全面系统地反映人才吸引力的内容,使指标的体系及结构都能满足系统优化的要求,同层次指标之间要界限分明,避免雷同,具有相对独立性。

1.2.3 可行性原则

评价指标的可行性包括两个方面:一是指标体系的设置应尽可能使指标明确易懂,数据易于采集、计算,各项指标易于定量处理。二是整个评价体系的评价方法和相应指标的计算方法要繁简适中、科学,易于操作。各指标的设置要适应经济发展要求,并尽可能量化,数据要易于获取,并尽可能利用现有统计数据。

1.2.4 可比性原则

在设置指标体系时应具有纵向可比性和横向可比性,从时间上可以通过指标的变化来分析不同时期、不同地区人才吸引力的变化,即具纵向可比性;

同时也可以对不同地区人才吸引力水平进行分析比较,即具横向可比性。人才吸引力所用的指标应能以一种便于理解和应用的方式表示,其优劣程度具有明显的可度量性。

1.3 镇江市人才吸引力评价指标体系构建

按照人才吸引力评价指标的选取原则,课题组参照《国家中长期人才发展规划纲要(2010—2020)》《江苏省辖市人才竞争力报告2015》及现有学者关于人才吸引力评价指标体系构建研究的最新成果,将人才吸引力评价指标体系分为人才就业环境、人才发展环境和人才生活环境三个维度。

1.3.1 人才就业环境

人才就业环境是反映区域满足人才就业需求的各因素的集合。课题组经过讨论认为,人才就业环境可以从城市规模、经济发展水平、收入水平、劳动力质量四个方面进行评价。城市规模采用 GDP 和人口数指标,经济发展水平选择人均 GDP 和服务业增加值比重两个指标,收入水平采用人均城镇可支配收入指标,劳动力质量采用万人就业人员 R&D 人才数、万人在校大学生人数指标。

1.3.2 人才发展环境

人才发展环境是反映区域满足人才发展需求的各因素的集合。人才发展环境可以从经济增长速度、创新创业平台、人才资本投入、人才价值实现四个方面进行评价。经济发展速度采用近五年 GDP 平均增长速度指标,创新创业平台采用万人拥有创新平台数和万人拥有创业平台数两个指标,人才资本投入采用人力资本投资占 GDP 的比重,R&D 经费支出占 GDP 的比重两个指标,人才价值实现采用 R&D 人才经济系数、万人就业人员专利授权数两个指标。

1.3.3 人才生活环境

人才生活环境是反映区域满足人才生活需求的各因素的集合。人才生活环境可以从教育环境、医疗环境、居住环境、交通环境和绿化环境五个方面进行评价。教育环境采用万人高等学校数和人均专任教师数两个指标,医疗环境采用万人医生数和万人病床数两个指标,居住环境采用城市居民人均住房面积和商品房价格两个指标,交通环境采用人均拥有道路面积和万人拥有公共交通车辆两个指标,绿化环境采用人均公园绿地面积指标。

综上所述,镇江市人才吸引力评价指标体系见表1。

表1　镇江市人才吸引力评价指标体系

一级	二级指标	三级指标
人才就业环境（X_1）	城市规模（X_{11}）	GDP（X_{111}）
		人口数（X_{112}）
	经济发展水平（X_{12}）	人均 GDP（X_{121}）
		服务业增加值比重（X_{122}）
	收入水平（X_{13}）	城镇人均可支配收入（X_{131}）
	劳动力质量（X_{14}）	万人就业人员 R&D 人才数（X_{141}）
		万人在校大学生人数（X_{142}）
人才发展环境（X_2）	经济增长速度（X_{21}）	近五年 GDP 平均增长速度（X_{211}）
	创新创业平台（X_{22}）	万人拥有创新平台数（X_{221}）
		万人拥有创业平台数（X_{222}）
	人才资本投入（X_{23}）	人力资本投资占 GDP 的比重（X_{231}）
		R&D 经费支出占 GDP 的比重（X_{232}）
	人才价值实现（X_{24}）	R&D 人才经济系数（X_{241}）
		万人就业人员专利授权数（X_{242}）
人才生活环境（X_3）	教育环境（X_{31}）	万人高等学校数（X_{311}）
		人均专任教师数（X_{312}）
	医疗环境（X_{32}）	万人医生数（X_{321}）
		万人病床数（X_{322}）
	居住环境（X_{33}）	城市居民人均住房面积（X_{331}）
		城市商品房价格（X_{332}）
	交通环境（X_{34}）	人均拥有道路面积（X_{341}）
		万人拥有公共交通车辆（X_{342}）
	绿化环境（X_{35}）	人均公园绿地面积（X_{351}）

2　镇江与相关城市人才吸引力的评价与比较

2.1　区域人才吸引力评价方法研究

2.1.1　评价方法的选择与实施步骤

经讨论,本研究对区域人才吸引力评价采用综合指数法进行评价。综合指数法的基本步骤:首先确定区域人才吸引力的评价指标体系,其次建立区域人才吸引力的评价子指数,再次确定区域人才吸引力的类指数、次类指数和子指数的权重,最后编制和评价区域人才吸引力的次类指数、类指数和总指数。

2.1.2 区域人才吸引力评价指数体系

根据表 1 构建人才吸引力评价的指数体系,如图 1 所示。

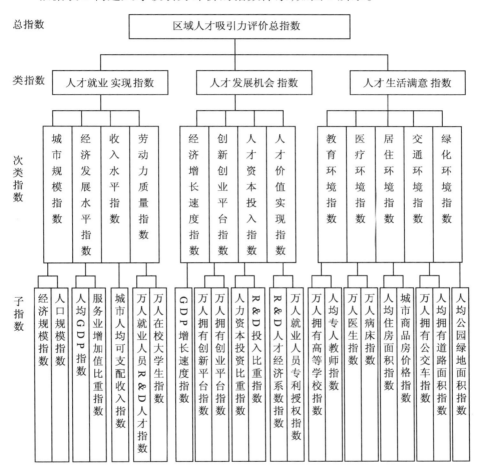

图1 区域人才吸引力评价指数体系

1)区域人才吸引力评价总指数

区域人才吸引力评价总指数(TAI)是综合反映一个地区人才吸引力水平与程度的综合指标。

2）区域人才吸引力评价类指数

区域人才吸引力评价类指数包括人才就业实现指数（TAI_1）、人才发展机会指数（TAI_2）和人才生活满意指数（TAI_3）。人才就业实现指数是反映区域满足人才实现就业需求的水平与程度的指标。人才发展机会指数是反映区域满足人才实现职业发展、实现个人价值需求的水平与程度的指标。人才生活满意指数是反映区域满足人才实现安居乐业需求的水平与程度的指标。

3）区域人才吸引力评价次类指数

人才就业实现指数的次类指数包括城市规模指数（TAI_{11}）、经济发展水平指数（TAI_{12}）、收入水平指数（TAI_{13}）和劳动力质量指数（TAI_{14}）。人才发展机会指数的次类指数包括经济增长速度指数（TAI_{21}）、创新创业平台指数（TAI_{22}）、人才资本投入指数（TAI_{23}）、人才价值实现指数（TAI_{24}）。人才生活满意指数的次类指数包括教育环境指数（TAI_{31}）、医疗环境指数（TAI_{32}）、居住环境指数（TAI_{33}）、交通环境指数（TAI_{34}）、绿化环境指数（TAI_{35}）。

4）区域人才吸引力评价子指数

区域人才吸引力评价的子指数包括经济规模指数（TAI_{111}）、人口规模指数（TAI_{112}）、人均 GDP 指数（TAI_{121}）、服务业增加值比重指数（TAI_{122}）、城市人均可支配收入指数（TAI_{131}）、万人就业人员 R&D 人才指数（TAI_{141}）、万人在校大学生指数（TAI_{142}）、GDP 增长速度指数（TAI_{211}）、万人拥有创新平台指数（TAI_{221}）、万人拥有创业平台指数（TAI_{222}）、人力资本投资比重指数（TAI_{231}）、R&D 投入比重指数（TAI_{232}）、R&D 人才经济系数指数（TAI_{241}）、万人就业人员专利授权指数（TAI_{242}）、万人拥有高等学校指数（TAI_{311}）、人均专任教师指数（TAI_{312}）、万人医生指数（TAI_{321}）、万人病床指数（TAI_{322}）、人均住房面积指数（TAI_{331}）、城市商品房价格指数（TAI_{332}）、人均拥有道路面积指数（TAI_{341}）、万人拥有公交车指数（TAI_{342}）和人均公园绿地面积指数（TAI_{351}）价格 23 个指数。

2.1.3　区域人才吸引力评价指数的编制方法

区域人才吸引力评价子指数的编制可以参照国际上测算人文发展指数时采用的功效函数法。本研究,次类指数、类指数和总指数的编制,采用加法合成法,即对各子指数采用线性加权平均的方法进行合成。合成时指数权重的确定,采用主成分分析法。

2.2　镇江与南京、苏州、无锡、常州、扬州人才吸引力的评价

2.2.1　区域人才吸引力评价子指数

首先通过基础数据资料的收集,得到 2014 年镇江、南京、苏州、无锡、常州和扬州人才吸引力评价子指标数据,然后对各子指标最大值和最小值进行设定,最后根据区域人才吸引力评价子指数的计算公式,测算 2014 年镇江、南

京、苏州、无锡、常州和扬州人才吸引力评价子指数,见表2。

表 2　2014 年镇江与南京、苏州、无锡、常州、扬州人才吸引力评价子指数

子指数	镇江	南京	苏州	无锡	常州	扬州
经济规模指数(TAI_{111})	0.160 9	0.558 6	0.911 5	0.514 6	0.278 7	0.192 7
人口规模指数(TAI_{112})	0.197 4	0.655 5	0.873 1	0.500 0	0.336 0	0.316 2
人均 GDP 指数(TAI_{121})	0.661 8	0.696 8	0.856 6	0.831 4	0.674 5	0.519 0
服务业增加值比重指数(TAI_{122})	0.722 0	0.930 0	0.768 0	0.768 0	0.762 0	0.658 0
城市人均可支配收入指数(TAI_{131})	0.643 8	0.814 2	0.916 9	0.793 3	0.737 1	0.508 1
万人就业人员 R&D 人才指数(TAI_{141})	0.572 7	0.400 0	0.836 4	0.718 2	0.763 6	0.309 1
万人在校大学生人数(TAI_{142})	0.184 4	0.978 9	0.108 9	0.084 4	0.187 8	0.075 6
GDP 增长速度指数(TAI_{211})	0.810 0	0.951 0	0.550 0	0.409 0	0.764 0	0.849 0
万人拥有创新平台指数(TAI_{221})	0.520 0	0.494 3	0.560 0	0.591 4	0.598 6	0.460 0
万人拥有创业平台指数(TAI_{222})	0.604 0	0.547 0	0.556 0	0.669 0	0.735 0	0.215 0
人力资本投资比重指数(TAI_{231})	0.847 0	0.915 0	0.801 0	0.785 0	0.847 0	0.794 0
R&D 投入比重指数(TAI_{232})	0.571 4	0.708 6	0.605 7	0.637 1	0.602 9	0.485 7
R&D 人才经济系数指数(TAI_{241})	0.800 0	0.571 4	0.985 7	0.885 7	0.785 7	0.500 0
万人就业人员专利授权指数(TAI_{242})	0.688 3	0.986 0	0.618 0	0.693 2	0.533 7	0.930 4
万人拥有高等学校指数(TAI_{311})	0.172 9	0.797 1	0.194 3	0.098 6	0.131 4	0.112 9
人均专任教师指数(TAI_{312})	0.806 7	0.986 7	0.660 0	0.746 7	0.740 0	0.866 7
万人医生指数(TAI_{321})	0.746 0	0.971 6	0.758 0	0.760 0	0.770 8	0.648 8
万人病床指数(TAI_{322})	0.644 7	0.935 1	0.913 3	0.927 3	0.734 9	0.602 7
人均住房面积指数(TAI_{331})	0.871 1	0.695 6	0.866 7	0.884 4	0.860 0	0.824 4
城市商品房价格指数(TAI_{332})	0.699 8	0.143 6	0.507 4	0.666 0	0.687 6	0.634 3
人均拥有道路面积指数(TAI_{341})	0.760 0	0.680 0	0.920 0	0.800 0	0.840 0	0.680 0
万人拥有公交车指数(TAI_{342})	0.580 0	0.795 0	0.600 0	0.645 0	0.885 0	0.475 0
人均公园绿地面积指数(TAI_{351})	0.913 3	0.666 7	0.680 0	0.653 3	0.546 7	0.866 7

2.2.2　区域人才吸引力评价指数权重的确定

根据表2,运用 SPSS17 软件对 23 个子指数进行主成分分析,得到区域人才吸引力评价子指数主成分贡献率和主成分得分系数矩阵,根据区域人才吸引力评价指数权重确定方法,计算区域人才吸引力评价子指数、次类指数、类指数的权重见表3。

表 3　区域人才吸引力评价指数权重

子指数	子指数权重/%（相对总指数）	次类指数权重/%（相对类指数）	类指数权重/%（相对总指数）
经济规模指数（TAI_{111}）	3.51	22.58	30.48
人口规模指数（TAI_{112}）	3.38		
人均 GDP 指数（TAI_{121}）	5.38	34.37	
服务业增加值比重指数（TAI_{122}）	5.10		
城市人均可支配收入指数（TAI_{131}）	5.18	17.00	
万人就业人员 R&D 人才指数（TAI_{141}）	4.82	26.05	
万人在校大学生人数（TAI_{142}）	3.12		
GDP 增长速度指数（TAI_{211}）	2.22	6.19	35.91
万人拥有创新平台指数（TAI_{221}）	10.57	44.89	
万人拥有创业平台指数（TAI_{222}）	5.55		
人力资本投资比重指数（TAI_{231}）	4.97	32.65	
R&D 投入比重指数（TAI_{232}）	6.76		
R&D 人才经济系数指数（TAI_{241}）	4.68	16.27	
万人就业人员专利授权指数（TAI_{242}）	1.16		
万人拥有高等学校指数（TAI_{311}）	3.03	12.66	33.61
人均专任教师指数（TAI_{312}）	1.22		
万人医生指数（TAI_{321}）	4.65	27.19	
万人病床指数（TAI_{322}）	4.48		
人均住房面积指数（TAI_{331}）	4.71	23.73	
城市商品房价格指数（TAI_{332}）	3.26		
人均拥有道路面积指数（TAI_{341}）	6.22	34.85	
万人拥有公交车指数（TAI_{342}）	5.49		
人均公园绿地面积指数（TAI_{351}）	0.53	1.57	

2.2.3　区域人才吸引力评价次类指数的编制

根据区域人才吸引力评价次类指数的计算公式,运用表 2 和表 3 数据,编制 2014 年镇江与南京、苏州、无锡、常州、扬州人才吸引力评价次类指数见表 4。

表 4　2014 年镇江与南京、苏州、无锡、常州、扬州人才吸引力评价次类指数

次类指数	镇江	南京	苏州	无锡	常州	扬州
城市规模指数（TAI_{11}）	0.178 8	0.606 2	0.892 7	0.507 5	0.306 8	0.253 3
经济发展水平指数（TAI_{12}）	0.691 1	0.810 3	0.813 5	0.800 5	0.717 1	0.586 7
收入水平指数（TAI_{13}）	0.643 8	0.814 2	0.916 9	0.793 3	0.737 1	0.508 1
劳动力质量指数（TAI_{14}）	0.420 3	0.627 2	0.550 8	0.469 4	0.537 6	0.217 4
经济增长速度指数（TAI_{21}）	0.810 0	0.951 0	0.550 0	0.409 0	0.764 0	0.849 0
创新创业平台指数（TAI_{22}）	0.548 9	0.512 4	0.558 6	0.618 1	0.645 6	0.375 6
人才资本投入指数（TAI_{23}）	0.688 1	0.796 0	0.688 4	0.699 8	0.706 3	0.616 3
人才价值实现指数（TAI_{24}）	0.777 8	0.653 9	0.912 5	0.847 4	0.735 6	0.585 6
教育环境指数（TAI_{31}）	0.355 3	0.851 7	0.328 3	0.285 1	0.306 6	0.329 8
医疗环境指数（TAI_{32}）	0.696 3	0.953 7	0.834 2	0.842 1	0.753 2	0.626 2
居住环境指数（TAI_{33}）	0.801 0	0.469 7	0.719 6	0.795 1	0.789 5	0.746 6
交通环境指数（TAI_{34}）	0.675 6	0.733 9	0.770 0	0.727 3	0.861 1	0.583 9
绿化环境指数（TAI_{35}）	0.913 3	0.666 7	0.680 0	0.653 3	0.546 7	0.866 7

2.2.4　区域人才吸引力评价类指数与总指数的编制

根据区域人才吸引力评价类指数和总指数的计算公式,运用表 3 和表 4 的数据,编制 2014 年镇江与南京、苏州、无锡、常州、扬州人才吸引力评价类指数和总指数见表 5。

表 5　2014 年镇江与南京、苏州、无锡、常州、扬州人才吸引力评价类指数与总指数

	镇江	南京	苏州	无锡	常州	扬州
人才吸引力评价总指数（TAI）	0.610 6	0.704 2	0.715 6	0.678 6	0.672 5	0.512 1
人才就业实现指数（TAI_1）	0.496 8	0.717 2	0.780 5	0.646 8	0.581 1	0.401 8
人才发展机会指数（TAI_2）	0.647 8	0.655 2	0.658 1	0.669 2	0.687 4	0.517 7
人才生活满意指数（TAI_3）	0.674 2	0.744 2	0.718 2	0.717 4	0.739 6	0.606 3

2.3　镇江与南京、苏州、无锡、常州、扬州人才吸引力的比较

2.3.1　人才总体吸引力的比较

根据表 5,将 2014 年镇江与南京、苏州、无锡、常州、扬州人才吸引力评价总指数绘制成图 2,可以看出,在六城市中,苏州人才总体吸引力达到 0.715 6,排名第一,镇江人才总体吸引力达到 0.610 6,排名第五,比苏州低 10% 左右,

与南京(0.704 2)、无锡(0.678 6)、常州(0.672 5)相比,仍存在较大的差距,但是显著高于扬州(0.512 1)。

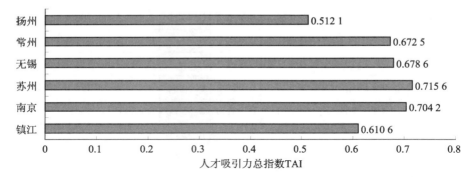

图 2　2014 年镇江、南京、苏州、无锡、常州和扬州人才吸引力评价总指数

2.3.2　人才就业实现程度的比较

根据表 5,将 2014 年镇江与南京、苏州、无锡、常州、扬州人才就业实现指数绘制成图 3,可以看出,在六城市中,苏州人才就业实现力达到 0.780 5,排名第一,镇江人才就业实现力达到 0.496 8,排名第五,比苏州低 28%左右,与南京(0.717 2)、无锡(0.646 8)、常州(0.581 1)相比,仍存在较大的差距,但是显著高于扬州(0.401 8)。

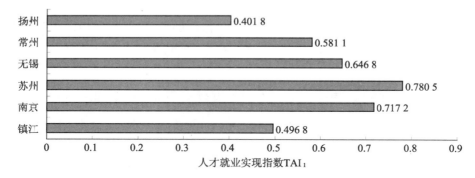

图 3　2014 年镇江与南京、苏州、无锡、常州、扬州人才就业实现指数

由表 4 可以看出,镇江城市规模指数仅有 0.178 8,在六城市中排名最后,苏州的城市规模指数最高,达到 0.892 7;在六城市中,苏州的经济发展水平指数达到 0.813 5,排名第一,镇江经济发展水平指数达到 0.691 1,排名第五,比苏州低 12%;在六城市中,苏州的收入水平指数最高,达到 0.916 9,镇江的收入水平指数仅有 0.643 8,排名第五,比苏州低 27%左右;在六城市中,南京的劳动力质量指数最高,达到 0.627 2,镇江的劳动力质量指数仅有 0.420 3,比南京低 20%左右。

2.3.3 人才发展机会的比较

根据表5,将2014年镇江与南京、苏州、无锡、常州、扬州人才发展机会指数绘制成图4,可以看出,在六城市中,常州人才发展力达到0.687 4,排名第一,镇江人才发展力达到0.647 8,排名第五,比常州低4%左右,比无锡(0.669 2)、苏州(0.658 1)、南京(0.655 2)略低,但是显著高于扬州(0.517 7)。

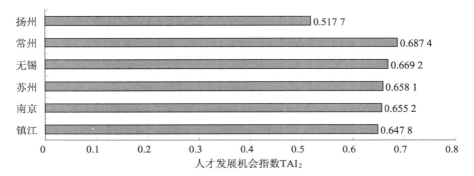

图4 2014年镇江与南京、苏州、无锡、常州、扬州人才就业实现指数

由表4可以看出,镇江经济增长速度指数仅为0.810 0,在六城市中排名第三,南京的经济增长速度指数最高,达到0.951 0;在六城市中,镇江的创新创业平台指数达到0.548 9,排名第四,高于南京(0.512 4),常州的创新创业平台指数最高,达到0.645 6;在六城市中,南京的人才资本投入指数最高,达到0.796 0,镇江的人才资本投入指数仅0.688 1,排名第五,比南京低11%左右;在六城市中,苏州的人才价值实现指数最高,达到0.912 5,镇江的人才价值实现指数达到0.777 8,排名第三,比苏州低13%左右。

2.3.4 人才生活满意程度的比较

根据表5,将2014年镇江与南京、苏州、无锡、常州、扬州人才生活满意指数绘制成图5,可以看出,在六城市中,南京人才生活满意度达到0.744 8,排

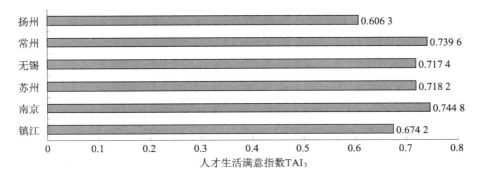

图5 2014年镇江与南京、苏州、无锡、常州、扬州人才生活满意指数

名第一,镇江人才生活满意度达到0.674 2,排名第五,比南京低7%左右,也显著低于常州(0.739 6)、苏州(0.718 2)、无锡(0.717 4),但是显著高于扬州(0.606 3)。

由表4可以看出,南京的教育环境指数最高,达到0.851 7,镇江教育环境指数仅0.355 3,在六城市中排名第二,仅相当于南京的2/5;在六城市中,南京的医疗环境指数最高,达到0.953 7,镇江的医疗环境指数达到0.696 3,排名第五,比南京低25%左右;在六城市中,镇江的居住环境指数达到0.801 0,排名第一,略高于无锡(0.795 1)和常州(0.789 5);在六城市中,镇江的交通环境指数达到0.675 6,排名第五,高于扬州(0.583 9),常州的交通环境指数最高,达到0.861 1;在六城市中,镇江的绿化环境指数达到0.913 3,排名第一,高于扬州(0.866 7),远高于苏州(0.680 0)、南京(0.666 7)和无锡(0.653 3)和常州(0.546 7)。

通过镇江与南京、苏州、无锡、常州、扬州人才吸引力评价的比较可以得出如下基本结论:

结论一:在苏南城市中,镇江市人才吸引力总体不强,但与扬州相比,镇江人才吸引力具有较大的优势。

结论二:在人才就业实现力、人才发展实现力、人才生活满意度三个维度中,人才就业实现力是制约镇江人才吸引力的短板。

结论三:在就业实现力的因素中,城市规模和劳动力质量是制约镇江就业实现力的关键因素。在人才发展实现力的因素中,创新创业平台是制约镇江人才发展实现力的关键因素,与苏州、无锡和常州相比,经济增长速度是镇江人才发展实现力的优势因素;与常州和扬州相比,人才价值实现是镇江人才发展实现力的优势因素。在人才生活满意度的因素中,教育环境、医疗环境和交通环境是制约镇江人才生活满意度的关键因素,居住环境和绿化环境是镇江人才生活满足度的优势因素。

3 镇江市人才吸引力的提升对策

3.1 提升镇江市人才就业实现力的对策

3.1.1 坚持特色发展,提升城市发展质量

城市的发展战略定位对于人才的吸引具有至关重要的导向性作用。作为苏南城市之一,镇江在城市发展规模上处于较为落后的位置,从镇江与南京、苏州、无锡和常州的比较来看,无论是人口规模指数,还是经济规模指数,镇江都排名最后。镇江的发展定位需要从规模发展向质量发展转变。提升镇江城市发展质量,需要坚持特色发展之路,这也是镇江国民经济与社会发展"十三五"规划纲要所提出的发展战略路径。特色发展要求镇江必须坚持

"生态领先"的发展理念,"创新驱动"的发展方式。"生态领先"要求镇江坚持"绿色、低碳和循环"的发展路径,"创新驱动"要求镇江坚持"科技引领、产业三集、双创融合"的发展路径。

3.1.2 优化调整产业结构,以产业集聚人才

产业的发展离不开人才的支撑,产业发展质量和水平的高低是吸引人才的关键因素,高端人才具有流向高端产业的行为倾向。因此,镇江要吸引高层次创新创业人才,必须要有先进高端的产业作为基础和凭借,这就要求镇江优化调整产业结构,以先进高端产业吸纳高端人才。

产业结构的优化要以转型升级为路径。"十三五"期间,镇江要进一步完善以现代服务业和先进制造业为"双主干"、现代农业为基础的现代产业体系,提升服务业增加值的比重,注重发展高端服务业;同时加快发展优势产业,通过发展成熟的产业吸引大量人才,通过调整、整合、提升,促进产业集聚,提升产业层次,壮大产业规模,形成人才与产业的良性循环发展。

3.1.3 扶持中小型高科技企业,为创新人才引进奠定良好基础

中小型高科技企业主要是科研人员领办或者创办的,从事高新技术产品的研制、开发、生产和服务的中小企业。中小型科技企业具有知识密集度、资本密集度、研究开发强度高的产业特性和"高风险、高投入、高回报"的成长特性,是技术创新的主要来源和技术转化的主要载体。政府应通过加大对中小型高科技企业的支持力度,全力打造高技术含量、高附加值、高成长性的科技领军企业,为吸引创新人才奠定良好的基础。

3.1.4 加快实施"金山英才"计划,发挥重点人才工程的引才作用

重点人才工程在人才引进中发挥着举足轻重的作用,是政府人才工作的抓手。"十三五"期间,镇江要加快实施包括两项主体人才计划、两项特色人才计划和若干统筹人才队伍建设计划(2 + 2 + X),简称"金山英才"计划,通过建设高端特色项目、创新创业载体、优惠政策制度、人才服务平台等途径,大力引进各类高层次创新创业人才,实现镇江产业发展与人才发展的深度融合。

3.1.5 完善人才市场机制,发挥人才市场配置的决定性作用

人才的使用与配置应由市场决定,同时应更好地发挥政府的引才职能作用。

首先,要建立开放式人才市场。政府人才发展规划要与社会人才中介组织发展相结合。一方面,政府要加快法制建设步伐,加强人才市场体系的完善和建设,不断提高人才资本市场的专业化和市场化水平;另一方面,要鼓励人才市场中介组织的发展,不断提高人才市场服务质量水平。

其次,要拓展外延人才市场。政府要全面促进人才市场专业化水平提

高,在镇江各区市人才市场之间建立良好的合作机制,提高人才市场信息资源的共享利用效率,在全市范围内打造一个人才高速流动的市场机制。同时逐步建立与南京、常州和扬州等地区人才市场的对接机制,充分发挥区域性人才市场的影响力。

最后,要促进人才信息共享,完善人才供需信息库。加快镇江人才信息网络平台建设,促进政府与企业、企业与企业之间的人才市场信息沟通和联系,实现人才信息资源共享。政府要结合本地经济、产业和企业发展需求,编制人才需求表,定期发布各类人才需求指数,完善人才供需信息库。

3.1.6　创新校企合作机制,增强大学毕业生留镇信心

镇江目前每年的高校毕业生达3.3万人左右,然而本地培养的高校毕业生留镇率却并不高。实施大学生留镇计划,对于镇江而言迫在眉睫。高校一直以来是人才的培育基地,要积极引导企业主动与江苏大学、江苏科技大学、镇江高专等高校联姻,通过共建"创新创业实践基地""实习基地"等形式,实现高校与企业在人才培养、人才引进及科研项目上的合作,提升大学毕业生对镇江本地企业发展的信心。

3.2　增强镇江市人才发展力的对策

3.2.1　加强创新创业载体建设,提升人才发展空间

创新创业载体是高层次创新创业人才施展才华,实现人才资本价值的平台和基本条件。镇江市要通过加快众创空间、高新技术开发区、科技孵化器、大学生创业园、留学创业园、高技术研究实验室、工程技术中心、公共技术服务平台、博士后流动站等创新创业载体建设,为高层次创新创业人才的成长提供发展空间,凝聚科技创新创业人才。

3.2.2　完善科技成果转化机制,促进科技与双创深度融合

科技成果转化是创新人才价值实现的关键,科技成果转化机制在地区吸引创新人才方面发挥着重要作用。因此,首先要通过深化改革,克服体制机制障碍,确保科技转化法规和政策的有效实施。同时有重点、有计划地指导产业部门的科技成果转化工作。其次要拓宽渠道,增加对科技成果转化的投入,在政府科技投入的基础上,鼓励科技产业风险投资机构给予各种优惠政策,鼓励企业加大高科技产业化项目的投入。

3.2.3　加大创新成果保护力度,为人才价值实现提供保障

创新成果是创新人才智慧的结晶,创新研究不仅具有难度大,投入多的特点,还具有易复制性和易模仿性。一旦创新成果被无偿使用,不仅使创新人才蒙受巨大经济损失,而且会极大地影响他们进行创新活动的积极性。政府应进一步完善知识产权保护相关法律法规,加大知识产权保护的宣传,鼓励创新人才申报专利,加大对侵犯知识产权行为的打击力度,维护创新人才

的合法权益,为创新人才价值实现提供保障。

3.2.4　完善双创人才评价体系,构建双创人才激励机制

双创人才既具有创新思维、创新才能,又具有将创新成果转化为现实生产力的创业能力。传统的人才绩效评价方法往往不利于双创人才价值的实现,政府要完善双创人才评价体系。构建双创人才评价体系,既要充分发挥其对科技创新活动的导向和激励作用,又要发挥其对科技创新成果转化为创新产品与服务的引导作用。双创人才的评价要将人才(及其团队)评价与创业项目评价相结合,将人才引进、项目引进与镇江产业发展导向相结合,要注重长期战略绩效的评价,不能只看短期财务绩效。双创人才的激励要从个体激励、团队激励和项目激励三个维度构建长效的激励机制。

3.3　提高镇江市人才生活满意度的对策

3.3.1　提升教育发展质量,改善人才教育环境

地区教育质量,尤其是高等教育质量,对于地区吸引和留住人才具有重要的影响。镇江的教育环境指数在苏南城市中排名第二,但与南京仍有很大差距,提升高等教育质量,优质发展基础教育对于提升镇江人才吸引能力具有重要意义。首先,要重点提升江苏大学、江苏科技大学等高校的综合实力,提高人才培养质量,加强高校与企业的产学研合作。其次,要提升基础教育质量,加快发展四星级高中。对于有学龄子女的人才来说,良好的基础教育也是一种吸引力。最后,要加快发展现代职业教育,为企业培养高技能人才提供坚实支撑。

3.3.2　积极发展医疗卫生事业,改善人才医疗环境

区域医疗卫生条件是人才健康的保证,是吸引人才的重要因素之一。镇江市万人医生数和万人病床数两项指标在苏南五市中仍然处于最后的位置,尤其是万人病床数,与南京、苏州和无锡相比,存在较大的差距。"十三五"期间,镇江要通过提高医疗卫生资源规模、优化医疗卫生资源配置、促进公共卫生服务均等化等措施,积极发展医疗卫生事业,切实改善人才医疗卫生环境。

3.3.3　有效控制城市房价,改善人才居住环境

住房问题,尤其是城市商品房价格是人才流动考虑的重要因素,要想吸引更多的高层次人才,需要有效地控制商品房价格涨幅。镇江市在房价方面相对于苏南其他城市具有较大的优势,"十三五"期间,政府要尽力把房价控制在人才可承受的范围内,继续保持镇江房价在吸引人才方面的优势,同时,对于高层次人才,在住房方面要适当给予一定的政策优惠。

3.3.4　建设现代城市交通,为人才提供交通便利

现代化的城市交通体系是吸引人才的重要基础条件之一。从镇江与南京、苏州、无锡、常州的交通环境指数比较可以看出,镇江人均拥有道路面积

除了高于南京外,比苏州、无锡和常州都低,万人拥有公共交通车辆在苏南五市中也排名最后。"十三五"期间,镇江要通过推进铁路、公路快速发展,建设便捷通达的城乡公共交通等措施,加速构建现代化综合交通体系,为高层次人才提供便捷的交通条件。

3.3.5 加强生态城市建设,改善人才生态环境

建设绿色生态城市,对于城市吸引高层次人才具有重要的战略意义。镇江一直将"生态领先"作为城市发展的重要战略之一,在苏南的城市中,镇江的生态文明建设具有领先地位。从镇江与南京、苏州、无锡、常州的绿化环境指数比较来看,镇江位居第一。"十三五"期间,镇江要继续通过加快低碳城市建设,大力发展绿色循环经济,增加城市绿地覆盖率,减少空气污染,加强环境保护和污染治理,为人才提供绿色低碳的生态环境。

课题组单位:江苏大学

课题组成员:张书凤　朱永跃　肖　璐　崔亚梅

镇江市农村实用人才队伍建设研究

人才是第一资源,发展任何一个产业,人才因素都是第一位的。农村经济社会发展,说到底,关键在人。要适应经济发展新常态,推进现代农业发展,转变农业发展方式,必须依靠科技创新和人才驱动。当前,我国农村经济社会发展正面临严峻挑战,加强农业农村人才队伍建设迫在眉睫。农业部原党组成员、人事劳动司司长曾一春在 2015 年 3 月全国农业农村人才工作会议上的讲话对此作了深刻的分析和阐述:

(1)从创新驱动现状来看,我国农业科技自主创新能力仍然不强,创新驱动发展成效还不显著。2014 年,虽然我国农业科技进步贡献率达到了 56%,但与世界发达国家相比,还落后 20% ~30%。我国农作物育种水平与发达国家相比还有较大差距,玉米和大豆的平均单产分别仅为美国的 76.9% 和 71.2%,有些设施蔬菜仍以国外品种居多,主要畜禽良种的种用指标远低于国外品种;大量化学类农药没有自主知识产权,多数兽药企业缺乏自主创新能力,产品科技含量低、同质化现象严重。我国农产品初加工设施简陋、方法原始、工艺落后,粮食、水果、蔬菜的产后损失率居高不下,每年由此造成的损失约 3 000 亿元,相当于 1.5 亿亩耕地的产出被浪费;农业副产物和加工剩余物分别达到 7 亿吨和 5.8 亿吨,60% 以上没有得到全值高值化利用,造成资源浪费、环境污染、收入减少和公共安全隐患。产业水平的差距缘于科技水平的差距,归根结底是人才的差距。我国农业科研人才数量不足、层次偏低,基层农技人员总量偏少、年龄老化、技术弱化、工作行政化的问题依然存在。推进农业发展方式转变、实现农业现代化,任重道远,必须加快培养引领创新的农业科研人才、服务到位的农技推广人才。

(2)从生产经营水平来看,随着农村劳动力大量转移,务农劳动力素质结构性下降,农业兼业化、农民老龄化、农村空心化问题突出。近年来,中央加大扶持力度,新型经营主体快速发展,截至 2014 年底,全国经营面积在 50 亩以上的专业大户有 318 万户、家庭农场 87.7 万家、农民合作社 128.9 万家、龙头企业 12 万多家、各类农业社会化服务组织超过 115 万个,为粮食生产"十一连增"提供了有力支撑。但是,我们要清醒地认识到,我国农业小规模经营仍占大多数并且将长期存在,这极大地限制了农业劳动生产率的提高。中央农村工作会议指出,目前我国户均经营土地只有 7 亩多,在世界上处于超小规模,随着环境条件变化,小规模经营越来越显示出局限性,无论是先进科技成果应用、金融服务提供,还是农产品质量提高、生产效益增加、市场竞争力提升,都遇到很大的困难。要提升务农效益,必须加快培养种养大户、家庭农场主、农民合作社管理人员、产业化龙头企业负责人,扶持新型经营主体发展壮大。

(3)从管理能力来看,农业要转方式、调结构,给农业系统管理干部队伍能力素质,特别是业务知识、专业管理能力带来很大挑战。比如,农业部与财政部、人民银行等部门共同启动了"金融支持新型农业经营主体共同行动计划",探索金融支持农业的有效途径。金融支农工作迫切需要农业系统在专业人才方面及时跟进,引进培养一批既懂农业又懂金融的管理人才。再如,农业"走出去"战略对外事外经人才的需求。当前,我国农业已处于全面开放的国际大环境、大市场中,按照农业"走出去"的战略部署,要实现国内外资源有效配置、国内外市场统筹利用,抓住"一带一路"建设重大战略机遇培育"走出去"大型农业企业,提高我国在国际农业事务中的话语权,迫切需要一批熟悉国际国内两个市场的农业外事外经人才。

(4)从可持续发展来看,我国农业资源环境已经亮起了红灯。资源开发利用强度过大,农业投入品使用效率不高,农业面源污染加剧、耕地质量下降、地下水超采等问题日益突出。我们现在每公顷耕地使用化肥326 kg,农药利用率达35%左右,重金属污染点位超标率达到19.4%。这些问题倒逼农业必须加快转变发展方式,破解资源环境硬约束,走可持续发展之路。因此,农业部提出了力争到2020年实现"一控两减三基本"目标,即农业用水总量控制,化肥、农药施用总量减少,地膜、秸秆、畜禽粪便基本资源化利用。要实现这一目标,必须加快培养相关方面的专门人才。据统计,我国农业环保系统从业人员仅占全国环保从业人员的比例不到1%,全国省、地、县三级农业环保机构平均每个机构不足6人,与所承担的繁重任务不相适应。促进农业可持续发展,念好"减、退、转、改、治、保"六字诀,人才工作任务艰巨。

农村实用人才是农业农村人才的骨干力量,是强农的根本。加强农村实用人才队伍建设,是发展现代农业、建设社会主义新农村的迫切要求,是农业农村人才工作的重点领域,是实施人才强农战略的关键环节。加快改造传统农业,走中国特色农业现代化道路,破除城乡二元结构,形成城乡经济社会发展一体化新格局,迫切需要加强农村实用人才队伍建设。

镇江位于江苏省西南部,长江下游南岸,地处苏南经济板块、长江三角洲顶端,下辖丹徒区、京口区、润州区和镇江新区,以及丹阳市、句容市、扬中市3个县级市,土地总面积3 840平方公里,其中丘陵山区面积2 651平方公里,耕地面积240万亩,林地80万亩,水域123万亩。2015年末,镇江市常住人口317.65万人,户籍人口271.67万人。全市从业人员193.07万人,其中第一产业从业人员 22.87 万人。全年实现地区生产总值 3 502.48 亿元,其中第一产业增加值 132.89 亿元,增长 3.6%。镇江农业资源相对丰富,属北亚热带季风气候,温、光、水比较协调,十分有利于农业生产,是江南鱼米之乡,盛产水稻、小麦、油菜、蚕桑、茶叶、多种瓜果蔬菜及各种淡水产品和畜牧产品。多年来,镇江以推进农业基本现代化为重点,坚持"工业反哺农业、城市支持农村"的基本方针,强化强农惠农支农政策效应,加大农村基础设施建设,深入实施农村民生工程,着力转变农业发展方式,不断深化农村发展改革和城乡一体化,农业农村发展取得显著成绩。2015 年,粮食产量 125 万吨以上,农林牧渔总产值 225 亿元,农业增加值 127 亿元;高标准农田面积 109.3 万亩,占比达 46.4%,设施高效农业(渔业)面积 44.5 万亩,占比达 18.9%;市级以上农业产业化龙头企业数量达 166 家,其中国家级 4 家、省级 30 家、市级 132 家,通过"基地 + 农户 + 龙头企业"模式带动农户近 100 万户;工商注册的家庭农场达到 1 800 家,其中省级示范家庭农场 7 家,农村"三大合作"3 200 家,入社农户占比达 80%;农产品国家、省市级名牌农产品累计达到 95 个;农业生产方式全面转入以机械作业为主的新阶段,农业综合机械化水平达到 81%;全市建成 30 家现代农业产业园区,其中 7 家省级农业园区、2 家省级农产品加工园区;农村常住居民人均可支配收入达 19 214 元。

在新的历史时期,镇江农村农业发展将同时面临多种发展机遇和风险挑战。在发展机遇方面,一是党中央、国务院高度重视"三农"工作,把发展现代农业作为加快转变经济发展方式的重大任务,把同步推进新型工业化、城镇化、信息化和农业现代化作为政策导向,不断深化农村改革发展,加大强农惠农政策措施,农村综合改革进一步深化;二是经济进入新常态,国家虽然不会出台大规模刺激政策,但是支农政策力度逐年加大,金融定向支持农村发展的政策措施还在不断加强;三是"十三五"期间,镇江市主动对接"一带一路一区"(长江经济带、21 世纪海上丝绸之路和上海自贸区)等国家战略方针,必将进一步加快推动农业现代化步伐;四是镇江已进入工业化中期阶段,城镇化率超过 60%,"工业反哺农业、城市支持农村"的基础更加牢固,对农业农村经济发展的拉动和反哺作用将更加明显;五是镇江生态禀赋优越,林木覆盖率苏南第一,并且是苏南唯一开发强度(不含水域)不超过 30% 的城市,农业生态领先、特色发展的基础夯实。在风险挑战方面,一是农业发展基础还不牢固,农田设施老化严重,农业基础设施建设还有待加强,农业机械化程度还有进一步提高的余地,农业社会化服务体系建设严重滞后,农业"靠天吃饭"现状还未彻底改变;二是"谁来种地"问题逐步显现,普遍出现"70 后"不愿种地,"80 后"不会种地,"90 后"不谈种地的现象,在工业化、城镇化快速发展的过程中,耕地占多补少,非农化、非粮化现象进一步凸显,随着农村劳动力大量转移,关键农时缺人手、现代农业发展缺人才、新农村建设缺人力问题进一步凸显;三是部分区域农业污染源多样化和扩大化,污染相对比较严重,直接影响农业生产、农产品质量和食品安全,"怎样安全种植"问题越来越严重;等等。

站在新的历史起点上,镇江要继续保持农业和农村经济发展的好形势,必须抓住难得的历史机遇,创新发展思路,转变发展方式,突出发展重点,破解发展难题,提高发展质量,大力发展现代农业,加快推进农业基本实现现代化。这其中,农业农村人才特别是农村实用人才队伍建设十分重要,既是内生动力,更是根本保障,对其进行深入系统的研究很有必要。本课题的研究立足于镇江市域范围,聚焦农村实用人才,力求客观分析当前现状,揭示人才建设一般规律,探索镇江农村实用人才队伍建设的创新举措。

1 农村实用人才的概念及内涵

1.1 农村实用人才的概念

关于"农村实用人才"国内一些文献早有研究。2003 年全国人才工作会议从官方层面明确提出了这一概念,将"农村实用人才"纳入人才范畴。2003 年12 月 26 日发布的《中共中央、国务院关于进一步加强人才工作的决定》提出,要"大力加强农村科技、教育、文化、卫生和经营管理等实用人才队伍建设"。关于"农村实用人才"的概念,2007 年中共中央办公厅、国务院办公厅《关于加强农村实用人才队伍建设和农村人力资源开发的意见》(中办发〔2007〕24号)指出,农村实用人才是指具有一定的知识或技能,为农村经济和科技、教育、卫生、文化等各项社会事业发展提供服务、做出贡献,起到示范或带动作用的农村劳动者,是广大农民的优秀代表,是新农村建设的生力军,是我国人才队伍的重要组成部分。该文件中强调,农村实用人才队伍建设是农村人力资源开发的重点,农村人力资源开发是农村实用人才队伍建设的基础和前提。2011 年,中共中央组织部、农业部、人力资源和社会保障部、教育部、科学技术部联合发布的《农村实用人才和农业科技人才队伍建设中长期规划(2010—2020 年)》指出,农村实用人才是指具有一定知识和技能,为农村经济和科技、教育、文化、卫生等各项事业发展提供服务,做出贡献,起到示范和带动作用的农村劳动者。

在此基础上,一些地方文件又作了进一步明确。如山东莒县发布的《农村实用人才统计界定标准》提出,农村实用人才一般应具有以下五个特征:一是具有一定的知识或技能。这是作为一名农村实用人才的前提条件,强调实用性,不唯学历,不唯书本,只要有一技之长,懂技术,善经营,能管理,就可成为农村实用人才。二是能够起到模范带动作用。能在一定的条件和范围内,带动周边群众共同发展,具有普遍意义,可以推广,可以复制。三是对本地农业和农村经济发展做出贡献。这是衡量农村实用人才的重要标准。如果没有对农业和农村经济发展做出贡献,即使知识再渊博,也不能算是农村实用人才。四是群众认可。没有群众的认可,经营规模再大,效益再突出,也不能算是一名合格的农村实用人才。五是人才的创造性。这是区别于一般人力资源的重要特点。作为一名农村实用人才,应该是一般农村人力资源中优秀的一部分,具有高于本区域一般水平的生产规模和收益。

1.2 农村实用人才的分类及认定标准

关于农村实用人才的分类,《农村实用人才和农业科技人才队伍建设中长期规划(2010—2020 年)》中明确提出,农村实用人才划分为 5 种类型,即生产型人才、经营型人才、技能服务型人才、社会服务型人才和技能带动型人才。在具体界定时,若农村实用人才同时符合多个标准,要根据其专业特长和辐射带动能力划入一个最合适的类型(以下参照标准中"本地"均指所在地的县级行政区域)。

2013 年,农业部办公厅《农村实用人才认定试点工作方案》再次明确了农村实用人才分类,并提出了认定标准参考因素,见表 1。

根据农业部提出的认定标准参考因素,各地在开展农村实用人才认定工作过程中,纷纷结合实际,制定出具体的分类与认定标准。以下所列举的是目前多数地区普遍采用的分类及认定标准(也是镇江市实行的分类与认定标准)。

表 1 农业部农村实用人才分类与认定标准参考因素

类别	主要对象	根据以下因素划分初、中、高等级
生产型	种植能手、养殖能手、捕捞能手、农产品初加工能手	生产规模;新技术示范和推广;带动周边农户数等
经营型	家庭农场经营者、农民专业合作组织负责人、农业产业化龙头企业经营者、农村经纪人等	经营规模及水平;经营年限;常年聘用人员数量;年创造经济效益;带动农民增收等
技能服务型	农民植保员、村级防疫员、农村信息员、农产品质量安全检测员、农机驾驶员和农机修理工、沼气工和沼气物管员、畜禽繁殖员、蔬菜园艺工、花卉园艺工、农作物种子繁育员等	职业技能水平或持职业资格证书、绿色证书等情况;服务户数或面积;年创造经济效益;促进农民增收情况等

续表

类别	主要对象	根据以下因素划分初、中、高等级
技能带动型	在制造业、建筑业、餐饮业等领域的农村能人	带动能力,带动规模人数根据不同行业领域而定;年收入高于所在乡镇农民年平均纯收入多少;传承当地民俗文化发挥作用的情况;持有相应资格证书或技能水平证书等情况
社会服务型	从事乡村文化、体育、社会工作的人员,以及民间艺人等	服务能力和水平;群众的认可度或在群众中的声望;在传承当地民俗文化方面发挥的作用;对丰富群众精神文化生活的影响力等

1.2.1 生产型人才

生产型人才主要是指在农村种植、养殖、捕捞、加工等领域达到较大规模,收益明显高于本地其他农户,并有一定示范带动效应、帮助农民增收致富的业主或技术骨干人员,包括种植能手、养殖能手、捕捞能手和加工能手。

（1）种植能手:主要是指在农村以种植某一种或多种植物（作物）作为主要收入来源,规模（种植面积或总产量）较大,或在同等土地条件和物质投入条件下,单产（亩产）明显超过本地平均水平,或单位面积的土地收益明显高于其他农户,并有一定示范带动效应的农村劳动者,同时满足以下标准:

① 种植规模或总产量是本地劳动力平均种植规模的 6 倍以上;或在同等土地条件和物质投入条件下,单产（亩产）明显超过本地平均水平 30%;或单位面积的收益明显高于本地平均水平 3 倍以上;

② 本人年纯收入是本地农村居民人均纯收入的 3 倍以上（因灾害或其他不可抵御因素影响除外）。

（2）养殖能手:主要是指在农村以养殖一种或多种畜禽、水产动物作为主要收入来源,规模（数量）较大,或在同等市场条件下养殖收益明显高于其他养殖户,并有一定示范带动效应的农村劳动者,同时满足以下标准:

① 养殖规模是本地劳动力平均养殖规模的 6 倍以上;或在同等市场条件下,同物种单位养殖收入高于本地平均水平 30% 以上;或从事非当地传统物种养殖达到一定规模;

② 本人年纯收入是本地农村居民人均纯收入的 3 倍以上（因灾害或其他不可抵御因素影响除外）。

（3）捕捞能手:主要是指以渔业捕捞生产为主要收入来源的主要投资者或经营业主,非一般参与者,自有或承包船只,带领一定数量的劳动力从事渔业捕捞作业,其船只单位动力的经济效益明显高于其他船只,并有一定示范带动效应的渔民。

（4）加工能手：主要是指以专门从事农产品加工为主要收入来源，达到一定规模，对本地农业产业化经营具有一定示范带动效应的业主，同时满足以下标准：

① 专门从事农产品（含林业产品）加工业；

② 其加工能力可以辐射到周边村组；

③ 本人年纯收入是本地农村居民人均纯收入的 3 倍以上。

1.2.2 经营型人才

经营型人才指从事非农业经营、农村专业合作组织、农村经纪等生产活动，有一定规模并有一定经济收入、有较大示范带动效应或能吸纳一定数量的劳动力就业的农村劳动者，包括经营人才、农民专业合作组织负责人和农村经纪人。

（1）经营人才：指以自有或合伙拥有生产资料或资金，从事工业、建筑业、运输业、商业、饮食业及其他服务业等非农产业经营，有一定规模并有一定经济收入、有一定示范带动效应或能吸纳一定数量的劳动力就业的农村劳动者，包括个体或合伙企业所有者及主要经营者，也包括有雇工的个体工商业者。同时应满足以下标准：

① 是主要投资者或经营业主，非一般参与者；

② 吸纳了一定数量农村富余劳动力的就业；

③ 已开业 3 年以上，或从事经营 5 年以上；

④ 本人年纯收入是本地农村居民人均纯收入的 8 倍以上；

（2）农民专业合作组织负责人：指农民专业合作社、股份合作社和专业协会的主要创办人或领办人，由全体成员民主推选，担任该组织理事以上职务，同时满足以下标准：

① 担任农民专业合作组织负责人 2 年以上；

② 在各类农民专业合作社、股份合作社和专业协会中担任主要负责人或从事技术交流、技术指导等工作的技术权威；

③ 该组织的成员在 8 人以上。

（3）农村经纪人：指以收取佣金为主要收入来源，为促成他人交易而从事提供农产品供求信息、引进实用技术、传播科技信息等对本地农业和农村经济发展有益的各种中介服务活动的农村劳动者，同时满足以下标准：

① 是该活动的负责人或经营业主，非一般参与者；

② 本人年纯收入是本地农村居民人均纯收入的 5 倍以上。

1.2.3 技能带动型人才（能工巧匠）

技能带动型人才是指具有制造业、加工业、建筑业、服务业等方面的特长或技能，能带动其他农民掌握该技术或进入该行业，以从事该行业作为主要经济来源，本人年纯收入超过本地农村居民人均纯收入 3 倍的农村劳动者。如铁匠、木匠、泥匠、石匠、篾匠、漆匠等手工业者。

1.2.4　技能服务型人才

技能服务型人才主要指村级农业技术服务人员，即农民中专门或主要从事农业技术服务，并具有较高技术和服务水平，服务对象 10 人以上的农村劳动者，包括动物防疫员、植物病虫害综合防治员、农产品质量检验检测员、肥料配方师、农机驾驶和维修能手、农村能源工作人员等。

1.2.5　社会服务型人才

社会服务型人才主要指在农村文化、体育、就业、社会保障等领域提供服务的各类人才，包括乡村文体艺术人才和乡村社会工作人员。

（1）乡村文体艺术人才：主要指乡村中从事文学艺术创作、表演的人员，以及具有鲜明的本地特色并能代表当地最高水准的民间曲艺和戏曲创作表演人才、手工艺人，以及从事民间体育活动的农村劳动者。对于乡村文体艺术人才，在统计时还要考虑技艺传授的难易程度。有些技艺很难学习，带动性可能不大，但对于传承文化，丰富群众精神生活有很大的作用，也要统计。

（2）乡村社会工作人员：指在农村从事职业介绍、维护社会秩序、调解民事纠纷、开展公益事业等活动，并在当地群众中获得较高声望的农村劳动者。

2　国内外农村实用人才队伍建设的主要经验

2.1　国内在农村实用人才队伍建设方面的做法

根据《中共中央办公厅国务院办公厅关于加强农村实用人才队伍建设和农村人力资源开发的意见》和《农村实用人才和农业科技人才队伍建设中长期规划（2010—2020）》的有关部署要求，在中央人才工作协调小组的指导下，我国农村实用人才队伍建设取得了显著成效，各地区也从自身实际出发，探索出一些成功经验。

2.1.1　拓宽渠道，创新体制，加强农村实用人才培训

如农业部和中组部联合开展农村实用人才带头人和大学生村干部示范性培训，探索出"村庄是教室、村官是教师、现场是教材"的培训模式，至 2015 年，累计举办培训班 365 期、培训 36 000 多人；大力实施农村实用人才"百万中专生计划"，依托农业广播电视学校和农业职业院校，为农村培养 106 万具有中专以上学历的实用人才；农业部与财政部启动实施新型职业农民培育工程，分类型、分产业培育新型职业农民 100 万名；农业部联合教育部、团中央启动实施现代青年农场主计划，通过技能培训、创业指导、政策扶持、跟踪服务，每年培育现代青年农场主 1 万人。在各地的实践中，浙江省委托浙江农业大学开展基层农技人员定向培养，对就读省内本科院校、高职高专农业种养专业的浙籍学生实行免交学费制度；探索构建"三位一体"农业农村人才培训综合体，省级在浙江农业大学挂牌成立"浙江农民大学"，市级全部成立"农民学

院",超半数县成立"农民学校",分层次、分类型、分专业做好农村农业人才培训。江苏省扬州市与扬州大学农学院协议定向培养基层农业农村人才,2016 年招生 120 名。甘肃省临夏市发挥市、镇党校、职教中心、农技校、远程教育站点等主阵地作用,组织开展农民科技培训和雨露计划及短期技能培训,培训农村实用人才 8 600 人次。

2.1.2 开展农村实用人才和新型职业农民认定评价

在组织开展农村实用人才认定试点的基础上,2015 年农业部印发了《关于统筹开展新型职业农民和农村实用人才认定工作的通知》,全面推进以新型职业农民为重点的农村实用人才认定管理。农业部配合中央有关部门推进人才、科技项目评价改革,完善专业技术人员评价方式。各地也纷纷制定农村实用人才认定管理办法,开展农村实用人才认定和农村实用人才专业技术职称评定工作。如四川省凉山州 2010 年发布了《凉山州农村实用技术职称评定和管理办法(试行)》;山东省鱼台县和曲阜市制定出台了《关于加强农村实用人才队伍建设的意见》《民间艺人职称评定办法》等规定,为近 4 000 名农村人才颁发了职称证书,为符合条件的近百名民间艺人评定职称。通过探索职称评定的办法,对农村实用人才进行有效的管理,确保其健康发展。

2.1.3 加大农村实用人才激励力度

农业部先后开展"全国十佳农民""农业科教兴村杰出带头人""全国杰出农村实用人才""凤鹏行动新型职业农民"等遴选活动,各地也加大农村实用人才评选表彰和资助力度。如吉林、山东开展"万名兴农带富之星""乡村之星"评选等活动;江苏设立"种业人才奖励基金";济南从 1997 年评选第一批优秀乡村科技人才开始,已评选七批 359 名市级优秀农村实用人才,推荐了28 名"齐鲁乡村之星",形成了一支以"齐鲁乡村之星"和市级优秀农村实用人才为龙头、各类农村实用人才为支柱的农村人才队伍;杭州市萧山区自2009 年起开展优秀农村实用人才评选活动;四川省西昌市评选表彰优秀农村实用人才、农村人才工作先进单位和农村人才工作先进个人。

2.1.4 优化政策环境,加大对农村实用人才的扶持

农业部联合教育部出台《中等职业学校新型职业农民培养方案(试行)》,为农民接受中等职业教育提供了方便和保障;中国人民银行等部门出台文件,加大对家庭农场等新型农业经营主体的金融支持;中国农科院实施科技创新工程,中央财政投入专项资金,为农业科研人才提供长期稳定支持。各地从实际出发,在土地流转、金融服务、社会保障等方面,加大对农村实用人才和新型职业农民的政策扶持。浙江永嘉县将农村实用人才作为新农村建设的内容之一,形成县、乡、村三级联动机制,并以此为抓手,完善和健全社会筹资体制机制,积极鼓励和引导工商业企业资本、社会慈善资金、扶贫资金等

投入农民培训。杭州市萧山区建立"政府主导、多方筹措"的经费保障体制，每年全区用于农村实用人才和农民素质培训工作专项资金不少于1 000万元。山东寿光市积极发展专业农技推广协会，目前已拥有这样的团体或组织897个，辐射全市60%的村庄，12多万户农户；建立了50多家农业技术研究部门，将这些研究部门的新技术进行试验并在取得成绩后大面积推广；充分利用蔬菜博览会等各种展会，使其成为农村实用人才的比武会，进一步发挥了农村实用人才的示范引领作用。济南市经常举办各种培训班、研讨会、现场观摩会等，搭建信息交流平台，促进农村实用人才间的沟通、科技成果的转化与推广、资金项目的交流合作，同时鼓励各县（市）区组建农村实用人才联谊会，形成农村实用人才自我管理服务机制，激活农村实用人才队伍建设的内生动力。

2.2　国外农村人才工作的经验做法

从世界范围看，多数国家十分重视农业人才的培养，许多经验做法值得我们借鉴。

2.2.1　高度重视农村人力资源开发，加强农村人力资源立法工作

如美国高度重视对农民的教育培训，较早实现了农村义务教育和农村职业教育制度，范围覆盖所有农村从业人员，培训内容也从单纯的专业技能发展到训练农民的市场竞争意识和合作精神。政府通过制定政策与完善的法律吸引人才，用巨大的政府开支支持农民职业教育，用完善的社会保障维系农村从业人才的基本生活权利。美国关于农村人力资源的立法主要包括以下标志性法律：1862年的《莫利尔法》，标志着联邦政府干预职业教育的开端，为职业教育系统的形成奠定了基础；1914年的《史密斯-利弗农业推广法》规定建立联邦农业技术推广局、州农业推广站和县农业推广站推广系统；1963年的《职业教育法》标志着职业教育的变革和深入发展，以职业教育和继续教育及教育、科研、应用一体化的立法体系为美国农村人力资源开发提供了制度保障。荷兰始终把农民教育放在优先发展地位，重视农业科研工作和农业科技推广应用，为集约化农业生产培养大量农村人才。法律规定农民孩子必须上学，全部免费教育。农民除接受正规教育外，还要定期参加各种类型的培训。德国《基本法》中有关教育及职业教育的内容，有效推动了德国的农村人力资源开发力度。目前已颁布了诸如《青少年劳动保护法》《职业教育法》等10多项职业教育立法。日本按照《农业改良助长法》的有关规定，在全国范围内普及农业基本知识，中央政府和各地方政府一起对农业、农民给予必要的指导，帮助他们更好地掌握农业知识。同时，也对他们进行继续教育，在这种体制机制下，日本农民中大学生占7%，高中生占80%以上。

2.2.2　重视职业技能培训，教育培训体系比较完善

如欧洲国家多以家庭农场为生产单位，通过政府、学校、科研机构及农业

培训网有机结合,实现多层次、多方位的农民教育培训。德国是其中最典型的代表,拥有世界上最完善的职教体系,超过60%的德国年轻人通过该体系接受中高等农业培训和教育;建立了依托农业职业学校、农业专业学校、高级农业专业学校、高等农业大学等方式,培育农村基本农业人才、经营管理人才、农产品营销人才、应用技术型人才、科研型人才等各类人才的体系。澳大利亚是发达的农业大国,拥有体系完善的农业职业教育机构,办学模式灵活多样,按照需求开展各类职业技能培训;在课程设置上,遵循市场导向原则,有专门的权威机构进行调查研究,根据市场需要、业态需求进行培训内容的设置,并不断更新;在培训形式上,注重职业实用技能培养,讲究各领域的合作,使被培训者能适应社会需求,尽快发挥作用,产生效益。在法国,农业教育体系完善,培训机构多种多样,国立和私立的农业中学及农业学校有多所。此外,法国还设立了多所农业职业培训中心,分别培养高、中、初三个层次农业从业人才。荷兰同样大力发展农业职业教育和成人教育,针对不同层次的需求,开展职业能力培训,全国共设有6所拥有农场和牧场的农业实践培训学校,从普通农民到农业大学学生都可以到那里实习。日本对农业职业教育的投资力度也很大,拥有完善的职业教育培训网络,重视农村基础教育,为农业培养了大量的实用型农业技术人才和经营管理人才。德国和法国普遍实行证书考试制度,并且为有证的农村人才提供较多的优惠措施,以大力培养新型农村劳动者。德国专门颁布职业培训条例,规定农业从业人员培训的期限、内容及考核要求。只有经过职业教育培训,并经考核合格,才能获得当农民的资格。法国政府通过制定相关法律和政策,来保障农民的技能培训,规定农民取得一定技能职业证书后才能得到国家资助和优惠贷款,并要求所有农业企业随时接受学生实习和参观。职业技术资格证书制度的实施,有力地促进了农业经营的规范化和农民职业素养的提高。

2.2.3 调动多方积极性,充分发挥政、企、中介等组织合力

发达国家政府对农村人才的教育很多都采取了学校加企业共同培养的模式,既减轻了财政负担,又可以为农村人才提供良好的实习基地,提高综合能力。同时大力发展人才培训、培养中介组织,充分利用社会力量。如美国人力资源中介机构非常完善,包括猎头公司、人才培训机构等,有效地促进了人力资源开发和国内外优秀人才的合理有序流动。德国采取企业与职业学校、专科学校相配合的方式对农民进行教育,并由企业承担大部分费用和责任。除联邦政府和地方教育局负责农民的教育培训外,还有2万多个经政府批准的私人"农业培训企业"可接受青年农民参加培训。此外,德国还运用经济手段,根据需求决定供给的原则,建立以市场需求为导向的农民教育培训体系。根据社会的需要和市场的导向开设课程,使经过培训的农民成为"促

销品"。德国政府通过减免税收的形式鼓励企业开展符合市场需求的专业培训。通过对农民参加培训免交杂费及发放伙食补贴等手段,充分调动社会各方面参与农业培训的积极性和主动性。日本除高度重视农业人才培养外,还充分发挥农协作用,为农民提供生产销售指导、购销服务、信贷服务和公共事业服务等。同时在农村推行一套职业训练制度,各县市均有营农学校与农民研修所;还鼓励各企业、社会团体积极开展各种岗前培训,提高农村劳动力的素质和能力。日本政府通过给予经费报销的形式支持和鼓励农村优秀人才,特别是农村企业高级人才出国深造,到欧美农业先进的国家学习知识、开阔视野。通过学习,掌握世界最前沿的农业知识及先进的管理经验,有效地提高了农村人力资源水平。

2.2.4　重视农村人才信息收集工作

如日本地方政府专门收集农村各类人才的各种信息,建立农村人力资源信息库,与农业企业需求相衔接,及时将农业企业所需人才输送出去,促进农业企业发展和农民增收。

2.3　国内外农村人才队伍建设的启示

2.3.1　加强法律法规建设

建立健全相关法律法规,是加强农村实用人才队伍建设的重要前提和保证。国外许多国家都通过立法程序,保障农民接受农业教育的权利。当前,我国还缺少这方面的法律法规,农民教育培训还处在边探索边推进的阶段,要通过地区的先行试点,促进农民培训的立法工作,完善法律法规建设体系。通过相应的法律法规,明确农民职业教育的地位,保障农村实用人才的经费投入,为农村实用人才开发过程中遇到的各种问题提供法律依据,使农村实用人才开发有相应的制度保障。

2.3.2　健全教育培训体系

农业的现代化离不开高素质的农村实用人才队伍及农业科研的发展和推广。为此,农业发达的国家大多建有完善的农村教育培训体系,基础教育、职业教育、成人教育、高等教育等各种层次教育相结合。同时,农民培训更加注重理论联系实际,以市场需求为导向,针对不同地区、不同产业和不同类型的农民,采取适合其需求的培训模式,提高农民培训的效果,并将强化农民科技培训同增强农民的职业和综合能力相结合。另外,通过发放补贴、"间接"拨款及优惠贷款等各种形式,从经济上吸引有关企业、农民和其他利益相关者积极参与到培训中来。通过各种形式,为农业和农村的发展培养各式各样的技术人才。

2.3.3　加大资金投入保障

实现农村实用人才队伍的长足发展,强大的财政投入也是非常关键的一个环节。总的来说,我国多数地区当前对农村人才的投入资金还比较少,需要进一步加大对农村人才的资金投入力度。同时,要积极鼓励和引导社会化资本参与到农村人才的培养中来,全方位、多层次地培养农村实用人才。

2.3.4 建立信息服务体系

加强农村实用人才队伍建设很重要的一个方面是加强信息服务体系建设。农村实用人才是一支数量庞大、在地理位置上较为分散的人力资源队伍,为了更好地开发利用农村人力资源,很多地方都建立了农村实用人才信息库,通过人才信息库可较为准确地掌握他们的基本情况及他们的现实需求,以便及时准确地为他们提供便捷有效的服务。

3 镇江市农村实用人才队伍建设的现状

3.1 镇江市农村实用人才队伍的规模与结构

经统计调查,截至 2015 年末,镇江市农村实用人才总数 40 470 人。较 2010 年的 24 285 人,增长了 66.65%,年均增长 13.33%。农村实用人才占农村劳动力总数的比例为 4.05%,较 2010 年的 2.43% 增长了 1.62%。2015 年与 2010 年的对比情况如图 1 所示。

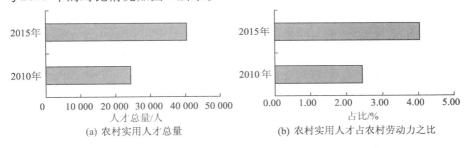

(a) 农村实用人才总量　　　　(b) 农村实用人才占农村劳动力之比

图1　2015 年与 2010 年镇江市农村实用人才对比情况

在性别结构上,2015 年镇江市农村实用人才队伍中,男性 24 701 人,占 61.04%;女性 15 769 人,占 38.96%。较 2010 年,性别结构有了明显优化(2010 年农村实用人才中,男性 22 210 人,占 91.46%;女性 2 075 人,占 8.54%)。镇江市农村实用人才性别结构情况如图 2 所示。

(a) 2015 年镇江市农村实用人才性别结构　　　(b) 2010年镇江市农村实用人才性别结构

图2　镇江市农村实用人才的性别结构情况

在年龄结构上,2015 年镇江市农村实用人才队伍中,35 岁以下 1 068 人,占 2.64%;36 ~ 40 岁 3 638 人,占 8.99%;41 ~ 45 岁 8 014 人,占 19.80%;46 ~ 50 岁 9 841 人,占 24.32%;51 ~ 55 岁 8 184 人,占 20.22%;56 岁以上 9 725 人,占 24.03%。较 2010 年呈现出明显的老化趋势,如图 3 所示。

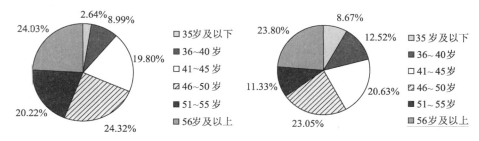

(a) 2015 年镇江市农村实用人才年龄结构　　(b) 2010 年镇江市农村实用人才年龄结构

图 3　镇江市农村实用人才的年龄结构情况

在学历结构上,2015 年镇江市农村实用人才队伍中,大专及以上文化程度的有 3 705 人,占 9.15%;高中文化程度的有 19 298 人,占 47.68%;初中文化程度的有 15 801 人,占 39.04%;小学及以下文化程度的有 1 665 人,占 4.11%。较 2010 年,镇江市农村实用人才队伍的学历层次有明显提升,如图 4 所示。

(a) 2015年镇江市农村实用人才学历结构　　(b) 2010年镇江市农村实用人才学历结构

图 4　镇江市农村实用人才的学历结构情况

在技术职称结构上,2015 年镇江市农村实用人才队伍中,已评定专业技术职称的共 949 人,占 2.34%(其中高级职称 73 人,占 0.18%,中级职称 222 人,占 0.55%,初级职称 654 人,占 1.62%);未评定专业技术职称的 39 521 人,占 97.66%,如图 5 所示。较 2010 年,未评定职称人员比例反而有所增加,但同时高级职称占比上升了 1.39%。与 2010 年相比职称评定情况如图 6 所示。

在人才类型上,2015 年镇江市农村实用人才队伍中,生产型人才 7 792 人,占 19.25%;经营型人才 14 565 人,占 35.99%;技能服务型人才 2 350 人,5.81%;技能带动型人才 5 717 人,占 14.13%;社会服务型人才 10 046 人,占

24.82%。与 2010 年对比情况如图 7 所示。

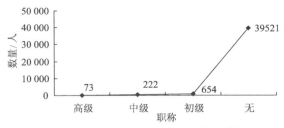

(a) 2015 年镇江市农村实用人才职称结构（数量）

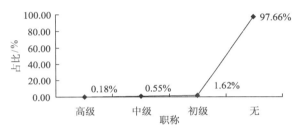

(b) 2015 年镇江市农村实用人才职称结构（比例）

图 5　镇江市农村实用人才职称结构

(a) 2015 年镇江市农村实用人才职称结构　　(b) 2010 年镇江市农村实用人才职称结构

图 6　镇江市农村实用人才职称评定情况

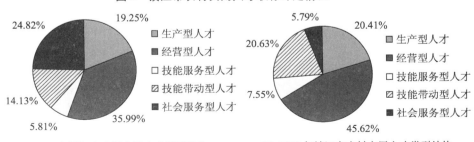

(a) 2015 年镇江市农村实用人才类型结构　　(b) 2010 年镇江市农村实用人才类型结构

图 7　镇江市农村实用人才的类型结构

3.2 镇江市关于农村实用人才队伍建设的政策与做法

近年来,市委、市政府对农村实用人才队伍建设工作高度重视,将这项工作纳入市农村实事工程统一部署、统筹推进,加大投入、多措并举,组织实施农村人才工程,广泛开展职业农民培训、农业实用技术培训、农民创业和致富培训等,多渠道、多层次、多形式培养农村实用人才,加快建设留得住、用得上、干得好的农村实用人才队伍。

3.2.1 新型职业农民培育工程

新型职业农民培育,旨在通过建立教育培训、认定管理、政策扶持"三位一体"的新型职业农民常态化培训机制,打造一支爱农业、有文化、懂技术、会经营的新型职业农民队伍。镇江从2013年开始实施新型职业农民培育工程,每年印发《镇江市新型职业农民培育方案》,截至2015年底,全市累计培训新型职业农民22 382人;举办农业信息技能培训班55期,培训农民2 051人。2016年,在完成省级培育目标的前提下,全市计划培训新型职业农民1万人左右。为引入社会力量开展新型职业农民培育工程,2015年,镇江市出台了《镇江市农民培训基地认定办法》,依托农民专业合作社等农业新型经营主体,打造农业技术田间学校,大力培养适应新时期产业发展要求的新型职业农民队伍,目标是到2020年全市新型职业农民培育程度超过50%。

3.2.2 农业科技入户工程

为解决农业技术到村不到田的问题,近年来,镇江市深入实施农业科技入户工程,打通农业技术"最后一公里",跨越最后一道坎。各地在规模种植、高效园艺、高效畜牧、高效蚕桑、高效渔业等方面开展了全面送技术、送信息、送法律到田头活动,具体涉及稻麦、蔬菜、畜禽、生猪、草莓、花木、园艺、食用菌、水产养殖等产业。"十二五"期间培育核心科技示范户4万余户,"一村一品"示范村覆盖全市每个涉农乡镇。2016年计划新增培育科技示范户4 000余户。此外,市相关职能部门先后开展了"挂镇定村结亲"活动、农业科技人员与"戴庄经验"试点村结对挂钩活动等,为结对帮扶的镇村、农户、企业提供产前、产中、产后服务。

3.2.3 农业实用技术培训

从"十一五"到"十二五",镇江市扎实推进农业实用技术培训,坚持"政府推动、部门实施、任务到村、加强监管"的原则,围绕农业结构调整和高效农业规模化发展要求,结合地方特色产业发展,开展农业主导品种和主推技术培训,重点在优质粮油、蔬菜、园艺、畜牧、水产、农产品质量安全、农产品加工与营销、农民合作经济组织(经纪人)、动植物病虫害综合防治技术、测土配方施肥技术、生态农业等方面开展培训。"十二五"期间,累计举办各类农业实用技术培训4 400余期,培训农民25万余人次,平均每位农民集中培训了2次以上,每位农民掌握了 2 项以上的农业实用技术。此外,还举办农民创业培训班 153 期,培训农民 12 336 人;2012—2013 年举办持专业证书农业劳动力培训,累计培训 56 404 人。与此同时,通过农信通短信平台、12316 农林服务热线、市相关职能部门网站、手机报、农业科技电视栏目等形式为农户提供及时、准确、权威的信息服务。

3.2.4 农机人员培训与鉴定

以全市农业机械系统为主体,贯彻落实《江苏省农机行业职业技能培训鉴定管理细则(试行)》,加强组织领导,严格程序,规范管理,将获证奖补工作列入农机化目标考核内容,围绕农机化中心工作,结合农机手实际需求,深入实施农机行业职业技能获证奖补,引导农机从业人员参加职业技能培训鉴定,提升职业素质和技能水平。全市每年培训农业机械化管理、科技和使用人才 1.5 万人次左右,其中每年培训新购机农民 800 人以上,每年完成农机行业职业技能获证奖补 1 000 人次左右。

3.2.5 农业科技示范推广

通过农业新品种、新技术、新模式的示范推广,带动农业从业人员科技生产水平的提高。实施省级农业"三新"工程,"十二五"期间累计推广农技技术 183 项、新品种 76 个,促进了农业产业升级。2011 年印发了《关于加强基层农业技术推广体系建设的实施意见》(镇办发(2011)35 号),全市开展了以提高农技服务能力为主题的"五有"农技服务中心建设活动。到 2015 年,镇江市基层农业技术推广服务体系健全率超 90%;同时,结合中央、省基层农技人员培训计划,争取市级财政资金加大对基层农技人员培训力度的支持,"十二五"期间共培训基层农技人员 3 000 余人次。2015 年开始,全市大力实施"1 + 1 + N"新型农技推广体系建设,即 1 个首席专家(团队) + 1 个本地农技推广团队 + 若干新型农业经营主体(基地)的农科教、产学研用一体化建设。目前,已建立体系团队 6 个,在全市范围内设立示范基地 22 个,已开展技术培训、观摩活动 20 余次,参训人员约 2 000 人次。

4　镇江市农村实用人才队伍建设存在的问题与原因分析

4.1　镇江市农村实用人才队伍存在的问题

4.1.1　总量仍显不足,难以满足需要

目前,镇江市农村劳动力总数为 99.94 万人,农村实用人才总数为 40 470 人,占农村劳动力总数的比例只有 4.05%。换言之,平均每百个农村劳动力只有 4 个农村实用人才。这个比例,虽然较 2010 年增长了 66.65%,但与全国平均水平基本持平,没有优势可言。这与镇江苏南经济板块的地位不相称,与镇江推进现代农业建设迈上新台阶、力争率先实现农业现代化,打造全省现代

农业转型升级先导区、丘陵农业深度开发示范区、生态农业快速发展引领区的目标,以及"集约、高效、安全、持续"的发展要求相差甚远。农村实用人才总量的缺乏,在一定程度上严重制约了镇江现代农业的发展。

4.1.2 年龄结构不合理,老龄化趋向明显

2015 年全市农村实用人才中 45 岁以下的只占 31.43%,35 岁以下的仅占 2.64%,而 51 岁以上的占比达 44.23%。35 岁以下的占比,比 2010 年下降了 6.03%;51 岁以上的占比,比 2010 年上升了 9.12%。从发展趋势看,有进一步老龄化倾向。农村实用人才中年轻人偏少,面临后继无人的窘境,"谁来种田""如何种好田"的问题日益突出。

4.1.3 整体素质偏低,高层次人才严重匮乏

据统计,目前镇江市农村实用人才的受教育程度、专业技能水平偏低。从学历情况看,初中及以下文化程度的占比达到 43.16%,而大专及以上文化程度的占比仅 9.15%。与发达国家农业从业人员中 50% 左右接受过正规高等教育相比,差距很大。从专业技术职称情况来看,目前镇江市农村实用人才中,高级职称占比仅为 0.18%,而未评定专业技术职称的占比高达 97.66%。这一方面反映出政府对农村实用人才职称评定工作重视不够、抓得不到位;另一方面也反映了农村实用人才队伍专业技术技能水平较低,难以适应现代农业发展和转型升级的需要。

4.1.4 人才类型分布不尽合理,结构性短缺严重

2015 年镇江市农村实用人才队伍中,生产型人才占 19.25%,经营型人才占 35.99%,技能服务型人才占 5.81%,技能带动型人员占 14.13%,社会服务型人才占 24.82%。当前,农村技能服务型人才非常紧缺,特别是掌握现代农业增产技术、信息流通技术等新技术、新要求的人才明显不足,亟须加快培养。

4.2 镇江市农村实用人才队伍建设存在问题的原因分析

总体来看,近几年来镇江市农村实用人才队伍建设取得了显著成效,但不可否认的是,从数量到质量、从层次到规模、从管理到服务,还远远不能与当前农村经济社会发展的需要相适应。究其根本原因,除了农业效益比较低、没人愿种田,人才流动大、农村留不住人等客观因素外,就农村实用人才队伍建设来看,还存在着内生动力不足、外部支撑不强、工作机制不健全等问题。

4.2.1 农业现代化水平不高,对人才的吸引力不足

镇江市人多地少、农业资源紧缺,人均耕地只有 0.79 亩,不仅低于全省平均水平,而且低于联合国提出的 0.8 亩的粮食安全警戒线。同时,农业基础设施相对薄弱,农业科技自主创新能力不强,农产品加工能力还不足,加工量仅为地产农产品的 20% ~ 30%,且多为初级加工或鲜活销售,农产品电子商务

也还处在起步阶段,农产品市场竞争能力相对较弱。2015 年,全市农民人均可支配收入约 19 214 元,列全省第 5 位,在苏南处于较后位置,城乡居民收入为 2.01∶1,这在一定程度上导致农业对人才吸引力不足,农村实用人才流失现象突出。

4.2.2　管理体制不健全,资源整合不到位

调研中发现,无论是政府层面,还是社会层面,镇江市在人才队伍建设方面还存在一定程度的"重工轻农"思想。各级政府对农村实用人才队伍建设重视程度不够,没有提上重要议事日程,没有将农村实用人才队伍建设作为推动现代农业发展的一项重要战略来实施,还存在说起来重要做起来次要、重产业发展轻人才队伍建设的现象,对农村实用人才队伍建设缺少系统性和有针对性的研究,缺少有效的规划和建设措施,抓得不紧、不深、不实,政府在农村实用人才队伍建设方面的引导力度还不够大,与之相关的刚性要求和针对性措施也不够完善。在管理体制上没有很好地理顺,农村实用人才队伍建设涉及众多部门,如农业管理、财政、教育、人社等部门,以及各辖市区,虽然从工作隶属关系来讲,主管部门是市农委,但市农委对辖市区政府通常只能处于行业指导地位,缺少有效约束,同时横向部门间的职能不清,相互协调难度大,导致农村实用人才队伍建设缺乏全面统筹、整体规划和有效推进,工作处于松散状态。各相关部门自成体系、各管一块,虽然都拥有一定的资源,但沟通、协调和整合不够,对农村实用人才培养缺少有效的制度和机制约束。此外,全社会也没有完全形成重视和支持农村实用人才队伍建设的良好氛围,政府与社会组织的关系没有得到有效整合,社会民间组织在农民培训、农村实用人才培养方面作用发挥不够明显。

4.2.3　教育体系不完善,培训工作的针对性、实效性有待增强

虽然市农委和有关职能部门及辖市区每年都组织实施一些培训项目,对提高农民素质和增加农民收益起到了一定作用,但总体来讲,对农村实用人才的教育培训还没有形成有机的体系,培训工作的针对性、实效性还有待增强,培训渠道偏窄,培训体系不健全。目前所组织的都是一些常规化或专门性的培训,如农技推广培训等,针对不同层次的需求,开展职业能力培训的力度还不够。农村职业教育、成人教育体系还没有形成,普通农业高校和农业职业院校在农村实用人才教育培训方面的功能没有得到很好地开发;培训总量少,没有经过正规培训的农村实用人才占大多数;培训内容单一,对农村实用人才的需求了解不够,导致培训内容缺乏针对性和个性化,与实践结合不够严密,不能完全适应镇江市现代农业发展的需要,也在一定程度上影响了农村实用人才参加培训的积极性。

4.2.4 评价激励不科学,政策扶持不到位

镇江还没有形成操作性强、分类具体的农村实用人才评价系统,农村实用人才认定工作还没有全面深入展开;对农村实用人才职称评定工作重视程度不高,没有制度化、规范化,评价办法已不适应新形势的发展要求,且评价过程不够严谨,造成把关不严、竞争力小、吸引力弱等问题。农村实用人才对职称的申报率低,一些符合申报条件的农村人才对职称评定不知情,或者不热心,申报者很少。在激励方面,对农村实用人才在技术、资金、信息等方面的扶持、鼓励激励不到位,为农村实用人才发挥积极作用的平台和环境营造不够,缺乏对农村实用人才研发和创业的资金、政策扶持,对具有突出贡献的农村实用人才也缺少相关的激励措施和配套政策。缺少有效的农村实用人才队伍建设投入机制,没有把农村实用人才队伍建设经费列入各级财政支农计划,对农村实用人才教育培训投入不足。

5 关于镇江市农村实用人才队伍建设的政策建议

通过对镇江市农村实用人才队伍的现状分析,可以看出,无论是农村实用人才的数量或质量,还是关于农村实用人才的制度或政策,都难以适应现代农业发展的需要。为加强农村人才队伍建设步伐,最大限度地开发使用农村人才资源,优化农村人才配置,从根本上确立农村实用人才在农业和农村经济中的战略地位,特提出以下对策措施。

5.1 加强组织领导,健全农村实用人才工作的体制和机制

农村实用人才队伍建设,是一项庞大的系统工程,涉及政策、法规、组织机构、资金投入、教育培训等诸多方面,涉及市、辖市区、乡镇(街道)、村、农民等多个层次。各级党委政府要加强组织领导和统筹协调,把农村实用人才队伍建设列入重要议事日程,当作一件大事抓紧抓实。建议在全市人才工作领导小组下,成立专门的农村人才工作领导小组,由市委市政府分管领导挂帅,各辖市区分管领导及相关职能部门为主要成员,并在市委农办或市政府农委成立专门的农村人才工作办公室。市农村人才工作领导小组和办公室负责全市农村人才队伍建设的规划编制、目标任务分解、制度体系设计等组织领导和统筹协调工作,同时明确各职能部门的具体职责与任务,将农村人才工作列入各级政府和相关职能部门的考核目标,定期、不定期召开农村人才工作联席会议,总结交流、研究部署农村实用人才队伍建设工作,及时发现、解决有关问题,从而使农村实用人才队伍建设有人管、有人做、出实效。

5.2 做好人才规划,优化农村实用人才队伍的规模和结构

要对全市现代农业发展和农村实用人才队伍建设进行调查研究和分析预测,认清镇江市农村实用人才队伍建设面临的形势和任务,明确具体的目

标和要求,制定切实可行的路径和措施。当前重点要瞄准镇江市农业现代化和全面建成小康社会的要求,针对镇江市农村实用人才队伍总量不足、结构不优等问题,列出未来几年具体的建设目标,既要考虑总体数量上的目标,又要考虑年龄结构、性别结构、学历结构、职称和技能结构、人才类别结构的优化要求,列出每类人才队伍建设的具体目标,并做好目标的逐层分解和分阶段细化,落实具体措施,在农村实用人才队伍数量规模有所突破的同时,不断优化农村实用人才队伍的结构,适应镇江现代农业发展的需要。

5.3 完善教育体系,强化农村实用人才开发与培训工作

以镇江市现代农业的发展需求为导向,积极构建以政府为主导、社会力量广泛参与的农村人才教育培训体系。要充分利用我省教育资源丰富的优势,通过委托培养、订单培养或定向就业等方式,与省内涉农高校和职业院校等合作培养农业人才,鼓励、吸引高校和职业院校毕业生到农村创业、服务;发挥农业院所、现代远程教育系统、农业技术推广机构的作用,开展农村人才继续教育和技能培训;利用新媒体,建立网络课堂,推送一些富有针对性、实用性的农村实用人才培训项目;在全市遴选建立一批农村实用人才示范实训基地,开展现场教学;积极引导社会机构开展农业人才培训;等等。在此基础上,针对现代农业发展需要和镇江市农村人才队伍实际,每年组织实施一些农村人才培训重点项目,有计划、有针对性地组织农村实用人才外出考察、学习等。通过完善的教育培训体系,最大限度地开发、培养农村人才资源,打造一支数量充足、结构优化、适应镇江现代农业发展需要的农村实用人才队伍。

5.4 重视评价认定,完善农村实用人才评价和激励机制

根据 2015 年农业部《关于统筹开展新型职业农民和农村实用人才认定工作的通知》精神,全面推进以新型职业农民为重点的农村实用人才认定管理。要立足镇江实际和农村实用人才的特点,制订科学的评价认定方法,评价标准既要立足现实、具有可操作性,又要注重发展、具有导向性。要组织专门力量进行调研,层层推进,将评价认定工作落到实处,真正把家底摸清。要积极推进农村实用人才职称评定和技能等级鉴定工作,在对农村实用人才科学分类的基础上,建立适用于镇江农村实用人才评价认定的制度与标准,明确评价主体、评价方式、评价规则与评价程序,探索建立体现农村实用人才价值的学历证书、资格证书、操作证书、实际成果等多种形式并存的农村实用人才评判规范,并根据发展需要动态调整,实现农村实用人才评价常态化、规范化和科学化。在评价认定的基础上,要建立农村实用人才信息库,对农村实用人才提供跟踪管理和服务。设立"农村实用人才发展基金",对经过评定认可的农村实用人才,给予一定的优惠待遇。要坚持高端引领、统筹推进,突出农村实用人才带头人的选拔认定和激励表彰,组织实施优秀农村实用人才资

助项目,在全市高层次人才工程(如"169工程"等)中,要将农村实用人才作为一个重要类型列入,在全市开展"十佳农民""杰出农村实用人才"等遴选活动,并给予相应的表彰奖励。

5.5 加大扶持力度,优化农村实用人才发展氛围与环境

要进一步完善支持农村实用人才发展的制度体系和政策保障体系。加大扶持力度,出台相关政策,在土地流转、技术支持、项目立项、资金投入等方面实行倾斜政策,支持农村实用人才创业兴业。要支持从农村走出去的各类能人积极回流农村创业发展,将他们的资金、技术、信息等优势带回农村。对符合产业政策、有科技创新意识、科技含量高、有利于扩大就业的农民合作经济组织给予税收优惠。加大农村实用人才队伍建设投入,建立农村实用人才建设专项基金,由财政拨款,并随着经济发展速度逐年增加,鼓励农业龙头企业、农民和社会机构参与农村实用人才队伍建设,搭建起财政、企业、农民等相关各方的资金投入机制和平台,积极为农村实用人才队伍建设提供资金投入保证。加强农村实用人才公共服务体系建设,积极推进农村人力资源市场建设,逐步形成以市、辖市区人力资源市场为依托,以乡镇人力资源服务站为网点,辐射广大农村、贯通城乡的农村人力资源市场体系。面向广大农村实用人才开展交流、培训等服务,并为到农村服务的各类人才提供人事代理等公共服务。加强推进基层农业公共服务中心建设,构建新型基层农技推广体系,深入推进农技专家服务团、科技特派员和农业科技人员入户示范计划。加强农村科技信息服务网络和农村公共信息网络平台建设,发展农村科技成果转化服务信息平台,建立健全面向农村实用人才的信息服务体系,为农村实用人才提供供求信息、技术咨询、政策咨询等服务,鼓励、引导农村实用人才按区域、行业和产业组建各种协会,加强信息沟通与合作。加大对农村实用人才队伍建设的舆论宣传力度,宣传农村实用人才在促进农业开发、农村经济发展、带动农民致富奔小康中的重要作用,大力宣传农村实用人才的先进事迹和成功经验,积极营造有利于农村实用人才成长和发展的良好氛围。

课题组单位：镇江市高等专科学校
课题组成员：李大洪

镇江市现代服务业人才发展研究

1 现代服务业人才发展战略概述

1.1 研究背景

党的十八大报告明确提出要建立"具有国际竞争力的人才制度优势",十八届五中全会明确要"深入实施人才优先发展战略"。江苏省肩负着创新型省份试点和建设苏南自主创新示范区的国家使命,"十三五"时期将持续实施"高层次创新创业人才引进计划"。《镇江市国民经济和社会发展第十三个五年规划纲要》明确指出,"十三五"时期进一步完善以现代服务业和先进制造业为"双主干"、现代农业为基础的现代产业体系,服务业增加值占地区生产总值比重达到50%以上。完成上述目标的关键,是镇江现代服务业人才供给能否满足现代服务业发展之需求。目前,镇江市传统服务业发展势头良好。但新常态背景下,现代服务业的新业态、新模式不断涌现,现代服务业发展的新趋势对服务业人才规模、结构与技能等均提出了严峻挑战。因此,摸清镇江市现代服务业人才"家底",分析存在的问题,提出切实可行的现代服务业人才发展策略引进方案,提高现有服务业人才的效能,对于我市现代服务业的健康发展,实现2020年建成"强富美高"新镇江具有十分重要的战略意义。

1.2 研究综述

伴随全球产业结构升级,我国经济进入新常态,学界开始关注服务业及服务业人才的发展问题,近年来针对产业类人才的研究成果不断丰富。输入"服务业人才"关键词,相关记录有93条,但其中包括有关服务业的研究。周峰等(2015)开展了"十二五"期间江苏服务业人才需求的研究。邹磊(2015)研究了如何加强上海科技服务业人才队伍建设问题。左娜(2015)探讨了"互联网+"网罗"人"的力量等。刘凤云(2014)以"三堂三证"助推现代服务业人才培养。张扬等(2015)研究了金融服务外包人才培养模式。输入"镇江市服务业人才"关键词,搜索结果显示相关记录为0。可见,针对镇江现代服务业人才的研究成果鲜有。基于此,本课题拟在此领域开展开拓性研究。

1.3 人才发展战略

1)现代服务业概念界定

1997年9月党的十五大报告中首次提及现代服务业,2000年10月十五届五中全会正式提出了"发展现代服务业,改组和改造传统服务业"的发展目标,在以后的历届会议中均沿用这一提法。但在我国国民经济统计体系中没有确认"现代服务业"的界定范围。因此,现代服务业并没有统一的概念界定。刘志彪等(2001)认为:"现代服务业是由传统制造业的部分环节分化形成的,是伴随着现代化科学技术发展起来的。"邱立新、周田君(2005)认为:"现代服务业是在工业化比较发达的阶段产生的,主要依托信息技术密集的服务业。"谭仲池(2007)等学者也曾提出不同的看法。2012年2月国家科技部发布的第70号文件《现代服务业科技发展"十二五"专项规划》中指出,现代服务业是指以现代科学技术特别是信息网络技术为主要支撑,建立在新的商业模式、服务方式和管理方法基础上的服务产业。它既包括随着技术发展而产生的新兴服务业态,也包括运用现代技术对传统服务业的改造和提升。本报告认同《现代服务业科技发展"十二五"专项规划》对现代服务业的界定。与传统服务业相比,现代服务业具有五大基本特性:新兴性、高技术性、高附加值和集群性及从业人员的高素质性。

2)现代服务业人才特点

现代服务业人才是指从事现代服务业行业工作,具有较高的业务素质和扎实的知识基础,具有高学历、高职称、高专业知识和高创造性的人。因此,现代服务业人才特征如下:① 高学历和高素质。现代服务业的人才标准较高,其从业人员接受专业教育的占比高,具备良好的教育背景、知识和技能,同时具有开阔的视野、强烈的求知欲、较强的学习能力及广博的知识面等。② 高职称和高创造性。现代服务业的性质决定其从业人员主要从事专业性工作,具有各种专业资格认证的专业人员,如工程师、经济师、教授、医生等,他们具有较强的自主意识,有非常独立的价值观和心理取向,很难满足于一般事务性工作,而是热衷于具有挑战性和高创造性的任务,以充分展现个人才智。③ 流动性与选择性。现代服务业人才拥有相对丰富的知识资本,自主独立性强,这决定了该类人才具有高流动性和高选择性特点。

3)现代服务业人才开发战略

现代服务业人才战略,本质上是人才开发和使用机制战略。只有人才开发机制创新,才能真正吸引、留住、用好人才。现代服务业人才开发机制,包括引进、培养、评价、使用及保障机制。现代社会应形成开放式和多渠道的人才培养机制,形成重真才实学及重业绩的人才评价机制,形成人尽其才及充满活力的人才使用机制,形成科学合理及动力充足的人才分配激励机制,形成人才智力引进机制,在全社会形成尊重知识,尊重人才的社会文化和保障机制。

2 2010年镇江市服务业从业人员特征

服务业人才规模和结构特征,是影响镇江服务业发展的重要因素。

2.1 服务业从业人员规模特征

根据 2010 年人口普查资料,2010 年镇江市服务业人才行业分布如图 1 所示。批发和零售业从业人员规模居首位,交通运输、仓储和邮政业从业人员规模居第二位,住宿和餐饮业从业人员规模居第三位,居民服务和其他服务业的从业人员规模位居第四位,卫生、社会保障和社会福利事业的从业人员规模位居第五位。金融业、科学研究、技术服务和地质勘探业、水利、环境和公共设施管理业、信息传输、计算机服务和软件业及文化、体育和娱乐业的从业人员规模较小。

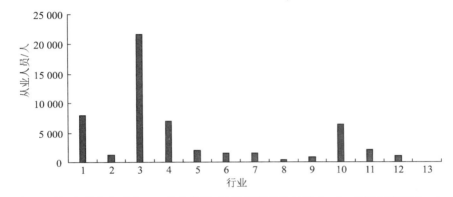

1. 交通运输、仓储和邮政业;2. 信息传输、计算机服务和软件业;3. 批发和零售业;4. 住宿和餐饮业;5. 金融业;6. 房地产业;7. 租赁和商务服务业;8. 科学研究、技术服务和地质勘探业;9. 水利、环境和公共设施管理业;10. 居民服务和其他服务业;11. 卫生、社会保障和社会福利事业;12. 文化、体育和娱乐业

图 1　2010 年镇江服务业从业人员规模的行业特征

2.2 服务业从业人员学历特征

统计数据显示,2010 年居民服务和其他服务业,住宿和餐饮业,交通运输、仓储和邮政业三大行业从业人员学历较低,大专以下(不含大专)学历人数占比均大于 90%。批发和零售业,租赁和商务服务业,水利、环境和公共设施管理业,文化、体育和娱乐业四大行业从业人员高中以下学历人数占比均大于 70%。

科学研究、技术服务和地质勘探业从业人员学历最高,大专(含大专)以上人员占比 63.95%。其次为卫生、社会保障和社会福利事业,大专(含大专)以上从业人员占比 59.73%,金融业为 53%,信息传输、计算机服务和软件业为 45.6%。具有研究生学历的人员占比最高的行业为科学研究、技术服务和地质勘探业(3.95%),其次为卫生、社会保障和社会福利事业(2.61%)。本科生占比较高的行业分别是科学研究、技术服务和地质勘探业,卫生、社会保障和社会福利事业,金融和信息传输、计算机服务和软件业,均在 20% 以上(见图 2)。

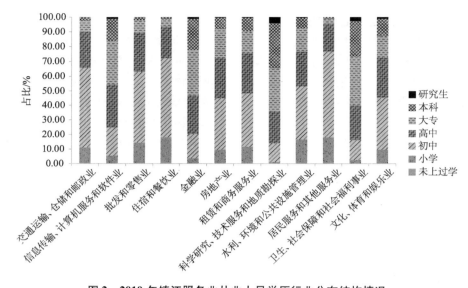

图2　2010年镇江服务业从业人员学历行业分布结构情况

2.3　服务业从业人员年龄特征

图3显示,不同服务行业从业人员的年龄特征具有显著差异性。信息传输、计算机服务和软件业从业人员小于39岁的占比最高,为73.12%,其次分别为卫生、社会保障和社会福利事业(56.14%),科学研究、技术服务和地质勘探业(53.68%),住宿和餐饮业、金融业均为50%。40～59岁从业人员占比最高的行业是水利、环境和公共设施管理业(58.45%),其次分别为交通运输、仓储和邮政业(51.7%),房地产业(50.94%),居民服务和其他服务业

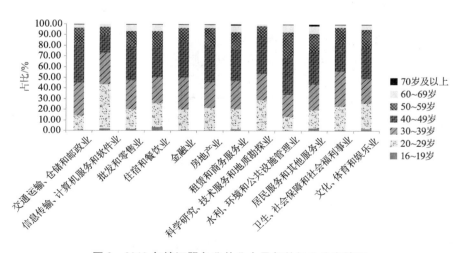

图3　2010年镇江服务业从业人员年龄行业分布情况

（47.2%）,金融业（46.45%）、批发和零售业（46.22%）。

2.4 服务业从业人员性别特征

图 4 显示,2010 年镇江交通运输、仓储和邮政业男性从业人员占比大于
80%,占绝对优势。其次,科学研究、技术服务和地质勘探业男性占比大于
70%,房地产业、租赁和商务服务业,居民服务和其他服务业男性从业人员占
比高于 60%,低于 70%。女性占比最高的行业为卫生、社会保障和社会福利
事业（62%）,其次为住宿和餐饮业（52.53%）,批发和零售业（51.3%）。金融
业、文化、体育和娱乐业男女占比相差不大。

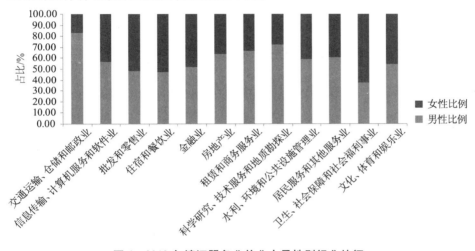

图 4　2010 年镇江服务业从业人员性别行业特征

3 2015 年镇江市服务业从业人员人员特征

2015 年末全市从业人员 193.1 万人,比 2014 年增加 0.4 万人。其中,第
一产业从业人员 22.9 万人、第二产业 88.9 万人、第三产业 81.3 万人。第三
产业就业人口接近第二产业,吸纳就业能力明显增强,与大力实施"大众创
业、万众创新"关系密切。

3.1 服务业从业人员的规模特征

根据 2015 年人口抽样调查资料,2015 年镇江市服务业人员行业分布如
图 5 所示。批发和零售业从业人员规模居首位,卫生、社会保障和社会福利事
业的从业人员规模居第二位,交通运输、仓储和邮政业从业人员规模居第三
位,住宿和餐饮业从业人员规模位居第四位,居民服务和其他服务业的从业
人员规模位居第五位。金融业,科学研究、技术服务和地质勘探业,水利、环
境和公共设施管理业,信息传输、计算机服务和软件业及文化、体育和娱乐业
的从业人员规模较小。

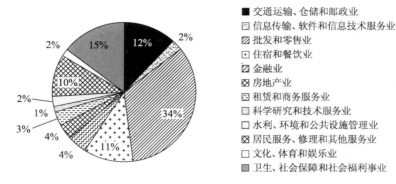

图5　2015年镇江服务业从业人员行业分布特征

3.2　服务业从业人员学历结构

统计数据显示，2015 年居民服务和其他服务业、住宿和餐饮业从业人员学历较低，大专以下（不含大专）学历人数占比均大于 90%；水利、环境和公共设施管理业，批发和零售业，交通运输、仓储和邮政业三大行业从业人员高中、大专以下（不含大专）学历人数占比均大于 80%；金融业，科学研究、技术服务和地质勘探业，卫生、社会保障和社会福利事业从业人员学历最高，大专（含大专）以上人员占比 60% 以上，其次为信息传输、计算机服务和软件业为56.93%。具有研究生学历的人员占比最高的行业为科学研究、技术服务和地质勘探业（5.71%），其次为信息传输、计算机服务和软件业（4.46%）。本科生占比较高的行业分别是科学研究、技术服务和地质勘探业，卫生、社会保障和社会福利事业，均在 30% 以上（见图 6）。

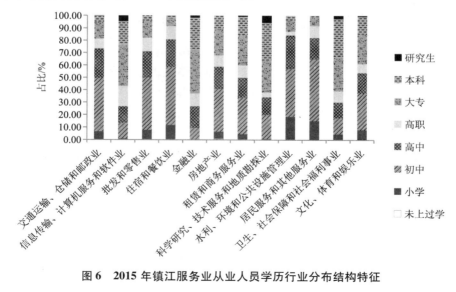

图6　2015年镇江服务业从业人员学历行业分布结构特征

3.3　服务业从业人员年龄特征

图 7 显示,不同服务业行业从业人员的年龄特征具有显著差异性。2015 年金融业从业人员小于 39 岁的占比最高,为 72%,其次分别为卫生、社会保障和社会福利事业,房地产、租赁和商务服务业。信息传输、计算机服务和软件业,批发和零售业,科学研究、技术服务和地质勘探业也均在 50% 以上。40 ~ 59 岁从业人员占比最高的行业是居民服务和其他服务业、住宿和餐饮业（34.26%）,其次分别为房地产业（31.28%）,批发和零售业（30.42%）,信息传输、计算机服务和软件业（30.31%）。

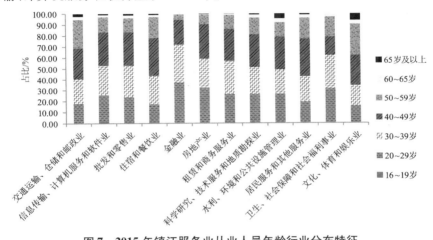

图 7　2015 年镇江服务业从业人员年龄行业分布特征

3.4　服务业从业人员性别特征

图 8 显示,2015 年镇江交通运输、仓储和邮政业男性从业人员占比接近

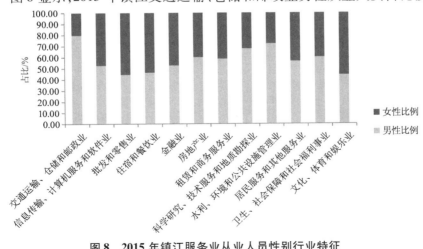

图 8　2015 年镇江服务业从业人员性别行业特征

80%，占绝对优势。其次，水利、环境和公共设施管理业男性占比大于70%，房地产业，科学研究、技术服务和地质勘探业，卫生、社会保障和社会福利事业男性从业人员占比高于60%，低于70%。女性占比最高的行业为文化、体育和娱乐业（55.80%），其次为住宿和餐饮业（55.54%），批发和零售业（53.60%）。金融业，信息传输、计算机服务和软件业男女占比相差不大。

4 镇江服务业从业人员的动态变化分析

综合比较2010年与2015年相关数据，可以看出镇江服务业从业人员规模和结构已发生显著变化。

4.1 从业人员规模不断扩大

第三产业从业人员规模由2010年的69.61万人增加到2015年的81.3万人。

4.2 从业人员规模的行业位序有所变动（见表1）

2010年交通运输、仓储和邮政业从业人员规模位居第二位，2015年下降为第三位；2010年住宿和餐饮业从业人员规模位居第三位，2015年下降为第四位；2010—2015年，批发和零售业从业人员规模一直居首位，金融业，科学研究、技术服务和地质勘探业，水利、环境和公共设施管理业，信息传输、计算机服务和软件业等生产性服务业及文化、体育和娱乐业等文化产业从业人员规模依然最小。

表1 2010年与2015年不同行业从业人员规模位序

位序	2010年不同行业从业人员规模	2015年不同行业从业人员规模
1	批发和零售业	批发和零售业
2	交通运输、仓储和邮政业	卫生、社会保障和社会福利事业
3	住宿和餐饮业	交通运输、仓储和邮政业
4	居民服务和其他服务业	住宿和餐饮业
5	金融业，科学研究、技术服务和地质勘探业，水利、环境和公共设施管理业，信息传输、计算机服务和软件业及文化、体育和娱乐业	居民服务和其他服务业，金融业，科学研究、技术服务和地质勘探业，水利、环境和公共设施管理业，信息传输、计算机服务和软件业及文化、体育和娱乐业

4.3 生产性服务业从业人员学历结构缓慢优化

对比2010年和2015年服务业从业人员行业分布的学历结构，科学研究、技术服务和地质勘探业等研究生学历的人员占比最高，2010年的比值为3.95%，2015年提高到5.71%。学历第二高的行业2015年为信息传输、计算机服务和软件业（4.46%）；2010年为卫生、社会保障和社会福利事业（2.61%）。信息传输、计算机服务和软件业研究生占比较小，但20%以上的从业人员为本科生。可见,在信息传输、计算机服务和软件业行业,从业人员的学历结构得到了优化。2010 年,科学研究、技术服务和地质勘探业大专(含大专)以上从业人员占比 63.95%;2015 年,金融业,科学研究、技术服务和地质勘探业大专(含大专)以上从业人员占比 60% 以上,变化不大。2010 年和 2015 年从业人员学历最低的行业均为居民服务和其他服务业、住宿和餐饮业,大专以下(不含大专)学历人数占比大于 90%。数据显示,我市具有现代服务业特征的行业人才在加速集聚。

4.4　生产性服务业从业人员年轻化趋势明显

相对于 2010 年,2015 年生产性服务业从业人员年轻化趋势非常明显。2015 年金融业从业人员小于 39 岁的占比最高,为 72%;2010 年金融业从业人员 40 ~ 59 岁人数占比为 46.45%。2015 年从业人员年龄小于 39 岁规模位居第二的行业包括卫生、社会保障和社会福利事业,房地产、租赁和商务服务业;2010 年卫生、社会保障和社会福利事业中从业人员年龄小于 39 岁的占比为 56.14%;2010 年房地产业从业人员中 40 ~ 59 岁人数占比为 50.94%,交通运输、仓储和邮政业为 51.7%(见表 2)。

表 2　镇江 2010 年和 2015 年服务业从业人员年龄结构的行业位序

位序	年龄段	2010 年	2015 年
1	小于 39 岁占比	计算机服务和软件业从业人员(73.12%)	金融业从业人员(72%)
2	小于 39 岁占比	卫生、社会保障和社会福利事业(56.14%)	卫生、社会保障和社会福利事业,房地产、租赁和商务服务业
3	小于 39 岁	科学研究、技术服务和地质勘探业(53.68%)	信息传输、计算机服务和软件业,批发和零售业,科学研究、技术服务和地质勘探业(50%)
4	40 ~ 59 岁人数占比	水利、环境和公共设施管理业(58.45%)	信息传输、计算机服务和软件业(30.31%)
5	40 ~ 59 岁人数占比	交通运输、仓储和邮政业(51.7%),房地产业(50.94%)	批发和零售业(30.42%)
6	40 ~ 59 岁人数占比	居民服务和其他服务业(47.2%),金融业(46.45%),批发和零售业(46.22%)。	房地产业(31.28%),居民服务和其他服务业,住宿和餐饮业(34.26%)

此外,服务业从业人员性别结构变化不显著。

5　镇江市服务业人力资源存在的问题

镇江市现代服务业人才总量不足,人才学历偏低,人才结构偏离度较大,人才效能亟待提高。

5.1 现代服务业人才总量不足

2015年末全市第三产业从业人员（81.3万人）小于第二产业从业人员（88.9万人），第三产业就业人口规模依然小于第二产业。我国自2010年起第三产业的从业人员规模就超过了其余两大产业[①]。可见，镇江市服务业人员总量规模偏小。"十三五"时期，镇江服务业占比规划目标大于50%，产业结构将历史性进入"三二一"时代，现代旅游、智慧物流和文化创意产业等现代服务业将爆发式增长，所需从业人员规模客观会持续扩大。但目前镇江从事传统劳动密集型服务行业的人员居多（如传统运输业、餐饮业等），金融业，科学研究、技术服务和地质勘探业，水利、环境和公共设施管理业，信息传输、计算机服务和软件业及文化、体育和娱乐业等现代服务业的从业人员规模较小，应用型人才资源总量不足，无法满足服务业发展的需要。人才资源缺口已对现代服务业发展产生了一定制约。

5.2 现代服务业人才学历总体偏低

2010年人口普查数据显示，十二个服务业行业中，只有科学研究、技术服务和地质勘探业（3.95%），卫生、社会保障和社会福利事业（2.61%）两个行业中研究生学历的人员占比大于1%，信息传输、计算机服务和软件业，文化、体育和娱乐业及金融业研究生从业人员占比接近1%（0.95%），住宿和餐饮业，交通运输、仓储和邮政业从业人员研究生学历占比均小于0.05%。居民服务和其他服务业从业人员高中以下（含高中）学历人数占比大于90%。2015年的相关数据显示，科学研究、技术服务和地质勘探业的研究生学历占比由2010年的3.95%提高到2015年的5.71%。2015年信息传输、计算机服务和软件业从业人员的研究生学历占比仅为4.46%。可见，镇江服务业从业人员学历结构偏低，高层次人才严重短缺，面向现代服务业的人才队伍层次与现代服务业技术密集、知识密集的特性和要求相比明显偏低，制约了智慧物流、文化创意、智慧旅游等现代服务业的发展。

5.3 服务业人力资源区域分布不平衡

表3显示，2015年镇江辖市区第三产业从业人员占比具有区域不平衡性。丹阳市第三产业从业人员占全市第三产业从业人员的比重为28.54%，远高于其他辖市区。句容和京口区该指标占比相当，为16%，镇江新区第三产业从业人员占比全市最低，仅为5.89%，该比值仅相当于丹阳市的1/5。镇江新区服务业人员占比较低，将会影响新区产业结构升级，制约制造业服务

---

① 2013年末，全国第三产业即服务业就业人员占全国就业人员比例的38.5%，分别超过一产和二产就业比例，已经连续3年在三个产业中就业占比最高.2010年，三产（34.6%）就业人数占比仍低于一产（36.7%）.

化发展。丹徒区第三产业人员占比也相对较低,将会影响主城区向南拓展的进程,制约高质量建设国家级生态文明示范城区。

表3 2015年镇江市三次产业从业人员分布及第三产业从业人员占比

	从业人员合计/万人	城镇从业人员/万人	第一产业从业人员/万人	第二产业从业人员/万人	第三产业从业人员/万人	第三产业从业人员占全市三产从业人员比例/%	第三产业从业人员占本地从业人员比例/%
镇江市	193.07	121.18	22.87	88.87	81.33		42.12
京口区	19.64	19.62	0.15	5.96	13.53	16.64	68.89
润州区	16.49	15.95	0.62	5.59	10.28	12.6	62.34
丹徒区	19.74	10.30	3.82	8.32	7.60	9.35	39.02
新区	13.45	10.90	1.08	7.58	4.79	5.89	38.5
丹阳市	63.13	34.15	5.96	33.96	23.21	28.54	36.78
扬中市	21.58	12.35	1.37	11.79	8.42	10.35	35.61
句容市	39.04	17.91	9.87	15.67	13.50	16.6	34.58

图9显示,2012—2015年镇江辖市区服务业人力资源的动态变化基本趋势。丹阳服务业从业人员存量最多,一直呈上升态势。句容服务业从业人员的增量最显著,2015年几乎与京口区的指标值持平。作为主城区的丹徒区、润州区和新区,其服务业从业人员年增长率较小,存量规模和增量规模均不显著,说明主城区服务业竞争力相对较弱,直接决定了主城区首位度较低。

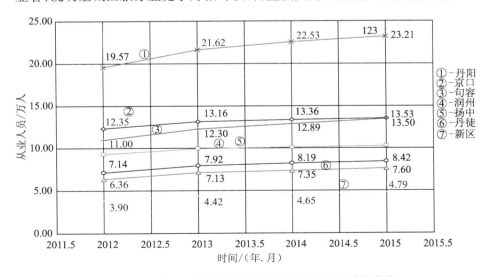

图9 2012—2015年镇江辖市区服务业人力资源动态变化

同时，从各辖市区2015年服务业从业人员占本区域总从业人员的百分比来看，京口区服务业从业人员占比最高（68.89%），其次为润州区（62.34%），第三为扬中市，句容服务业从业人员的占比最小。"十三五"时期，京口区和润州区服务业发展方向是优化服务业结构，提高服务业发展质量。丹徒区要壮大服务业发展规模，为生态新城建设提前做好准备。扬中、镇江新区、丹阳市在持续壮大服务业规模的同时，提前谋划生产性服务业人力资源的储备。句容市未来服务业从业人员增长幅度最大，应充分利用地缘优势，发展现代旅游、物流、商务商贸等服务业。

5.4 服务业从业人员的经济效能亟待提高

人才效能是指人才对区域经济、科技、社会发展的贡献度，在整体上体现区域人才队伍的质量和效率。百万GDP与从业人员（或专业技术人员）的比值是衡量从业人员经济效能的关键指标，反映了该行业从业人员的经济活动效率。表4显示了2014年镇江服务业从业人员经济效能在全省的排序。2014年在全省13个地级市中，镇江服务业从业人员的经济效能位居第五，在苏南五市中居末位，与苏州、无锡差距甚大，说明镇江服务业人才的经济效能仍有很大的提升空间。

表4　2014年江苏省13市第三产业经济效能统计

	从业人数/万人	产业增加值/亿元	经济效能/%
苏州市	249.1	6 499.00	26.09
无锡市	151.2	3 862.01	25.54
常州市	104.4	2 305.20	22.08
南京市	255.7	4 925.34	19.26
镇江市	79.1	1 467.60	18.55
南通市	144.3	2 411.80	16.71
扬州市	96.6	1 571.63	16.27
泰州市	96.5	1 425.17	14.77
徐州市	167.5	2 200.09	13.13
宿迁市	77.4	745.48	9.63
淮安市	114.1	1 063.68	9.32
盐城市	168.1	1 534.20	9.13
连云港市	90.8	798.15	8.79

表5显示了2014年镇江制造业从业人员经济效能在全省的排序。镇江

市第二产业人员经济效能居全省第三,与排序第二的无锡的指标数据非常接近,在苏南五市居中。这说明目前镇江依然表现为"工业强市",发展生产性服务业有良好的基础,但产业发展的惯性决定了镇江产业结构"软化"的压力巨大。

表5　2014 年江苏省 13 市第二产业经济效能统计

	从业人数/万人	产业增加值/亿元	经济效能/%
南京市	149.9	3 671.45	24.49
无锡市	220.5	4 186.34	18.99
镇江市	90.0	1 662.60	18.47
常州市	145.8	2 458.20	16.86
苏州市	419.8	7 034.00	16.76
扬州市	118.3	1 886.26	15.94
徐州市	150.7	2 290.26	15.20
泰州市	119.3	1 728.64	14.49
南通市	216.0	2 873.80	13.30
淮安市	87.6	1 100.01	12.56
盐城市	151.4	1 784.50	11.79
连云港市	80.9	890.55	11.01
宿迁市	97.0	933.56	9.62

6　镇江现代服务业人才需求预测

人力资源战略是产业战略的重要组成部分。"十三五"时期,镇江要形成以现代服务业和先进制造业为"双主干"、现代农业为基础的特色产业体系,决定了这一时期现代服务业人才需求特点。

6.1　现代服务业人才需求类型

现代服务业人才需求类型、支撑现代服务业发展的旅游、文化、物流及高科技服务业人才,促进传统优势制造业升级的生产性服务业人才,促进六大战略新型产业发展的高科技人才,支持创业创新平台的"双创"式服务业人才。

6.1.1　支撑三大服务业发展的人才

旅游业是镇江服务业第一支柱产业。全面构建"畅游镇江"体系,推进旅游业提档升级,把镇江打造成国际知名的山水花园城市与文化旅游名城、国内一流的旅游目的地、长三角地区重要的休闲度假胜地。为此,应着力培养养生度假、休闲度假和商务会展旅游、智慧旅游信息平台开发与管理、旅游市场开拓和营销等现代服务业人才。壮大现代物流和文化创意特色主导产业,开发、培养和提升现代物流产业人才,引进擅长物流体系建设和管理的经营人才,为镇江打造"一核三片八区"物流产业格局提供人才支撑。引进培养高端商贸业人才,加快现代物流示范城市配送体系发展。引进智慧物流人才,积极发展"互联网＋"等现代服务业新业态。积极引进文化创意产业人才,实施"文化＋"行动,促进文化与网络及文化与科技、旅游、金融产业融合发展,提升文化创意产业发展水平,建设文化创意名城。大力引进创新设计、新兴传媒、动漫游戏等新兴产业人才,提高广播影视、出版发行、演艺娱乐等传统产业人才质量,积极培育与文化创意产业相关的教育培训、数字出版、健康、旅游、休闲等服务性消费产业人才,壮大文化产业发展规模。积极引进电子商务、云计算和物联网、服务外包、健康养老及环境服务等现代服务业人才,抢占新兴服务业发展先机。

6.1.2 促进制造业升级的生产性服务业人才

镇江制造业发展对现代服务业人才开发具有引导作用。以"高端化、规模化、智能化、集聚化、低碳化、服务化"发展为方向,运用先进适用技术和新一代信息技术改造提升传统产业,引导具有优势的传统产业特色化发展。国际经验表明,制造业高度发展会呈现"服务化"新趋势,其附加值中有越来越大的比重来源于服务,而非加工制造。镇江工业产值占 GDP 的比重大于45％,对现代服务业的发展具有重要影响力,生产性服务业发展对人才产生巨大需求。"微笑曲线"价值链理论显示,左侧是研发、创新与设计等,属于高附加值的高科技服务产业;右侧是品牌、渠道、促销、物流、金融等高附加价值的营销服务业,中间是附加价值较低的组装加工制造环节。制造企业只有选择向附加价值较高的两端发展,才能创造持久的竞争优势。镇江眼镜、森工、食品等轻工产业的比较优势领域依然局限于劳动密集型制造工序,在工业设计、创意、销售等高附加值领域发展不充分,缺乏具有国际水平的服务业体系。因此,"镇江制造"转化为"镇江服务型制造",关键在于引进现代服务业人才。镇江传统特色优势制造业未来发展方向是吸引优秀的设计和管理人才,特别是熟悉国际规则的复合型人才,加强国际营销,打造国际知名品牌,提高产品附加值。

6.1.3 六大战略新兴产业吸引高科技服务业人才

围绕高端装备制造、新材料、新能源、新能源汽车、新一代信息技术、生物技术与新医药六大战略新兴产业,重点引进服务于以"海、陆、空"装备、智能电气、高性能金属材料、碳纤维及其复合材料、先进高分子功能材料、石墨烯等方面的服务业人才,发展检验检测、知识产权、服务外包等高科技服务业,增强自主设计、制造和配套能力。推进科教融合发展,促进制造业服务化发展,吸引高科技服务业人才。

6.2 现代服务业人才需求标准

现代服务业对人力资源需求有其行业特殊性,从业人员的知识、能力和素质会直接影响现代服务业的发展。

6.2.1 较强的学习能力和复合知识结构

现代服务业中新兴行业不断涌现,传统服务行业与新技术不断融合,催生大量技术综合化和技术含量较高的职业岗位,决定了现代服务业从业人员应具有复合性知识结构,并具有较强的学习能力,以应对不断变化的新知识和新技术。

6.2.2 具有持续创新能力和应变能力

持续创新是现代服务业的基本特征之一,客观上要求现代服务业人才必须具有较强的创新意识和创新能力,以在变革和挑战中具有持续竞争力。现代服务业的服务产品通常具有不确定性,要求从业人员具备应变能力,以便对消费者个性化需求做出正确反应,即时设计出合理的服务内容。

6.2.3 具有较强的责任意识和综合素质

现代服务业的主要产品是服务,现代服务业从业人员的职业道德、心理素质、人本意识、服务意识、诚信意识等因素对于提高和稳定产品质量具有决定性意义。消费者满意程度就是检验服务质量高低优劣的标准。从业人员还需要具备较强的沟通交流能力,包括具有跨文化交流能力,具有一定的公关能力和沟通能力。伴随国际服务贸易的快速发展,服务类人才应掌握国际化知识,具有较高的外语水平。

6.3 现代服务业人才需求规模

《镇江市"十三五"服务业发展规划》指出,到 2020 年,全市服务业要实现 2 500 亿元的目标。其中,物流业增加值达到 380 亿元,文化创意产业增加值达到 350 亿元,商务服务业增加值达到 150 亿元,金融业增加值达到 350 亿元,软件信息和科技服务业增加值分别达到 160 亿元和 120 亿元,房地产业增加值达到 250 亿元。据此预测,2020 年镇江主要现代服务业人才需求规模巨大,尤其在金融业,信息传输、计算机服务和软件业,科学研究、技术服务和地质勘查业等生产性服务业行业,高层次人才需求缺口更大。随着"十三五"民生幸福工程的实施,文化、体育和娱乐业公共管理和社会组织、教育、医疗卫生等社会事业方面的人才需求旺盛。

7　镇江现代服务业人才发展策略

树立人才资源战略观念，创新人才招引机制和渠道，完善人才培养培训体系，改革用人制度和激励机制，优化现代服务业人才发展环境，全方位促进现代服务业人才在镇江集聚。

7.1　树立人才资源战略观

人力资源战略是产业战略的重要组成部分。产业发展离不开高素质人才集聚，人才保障是镇江现代服务业发展的关键。2010年，胡锦涛总书记在全国人才工作会议上明确指出，人才资源是第一资源。镇江要实现从工业经济向现代服务业经济的转变，必须确立人才是第一资源的战略观念，牢牢树立"科教兴市、人才强市"的核心理念。2016年，镇江市第一个全局性专题会议就是创新人才大会，强调把"人才优先发展战略"落实到改革发展的全过程和各领域，以"聚焦创新、人才为本"为导向，"加快建设名副其实的人才高地"，强化供给侧结构性改革思维，推出实施"人才新政"、构建"1+4"人才新布局等重大举措。以"十三五"镇江产业定位和发展目标为依据，编制现代服务业人才发展规划，根据全市服务业产业发展规划，全面认真调查镇江市服务业人才现状，摸清现有服务业人才结构和急需人才状况，编制紧缺人才开发目录。科学调控现代服务业人才的需求与供给，重视人才结构与产业结构相互协调，使人才结构与产业结构维持动态平衡，构建现代服务业人力资源体系，实现人才结构的帕累托最优状态。

7.2　创新人才招引机制

1）创新现代服务业人才引进机制

消除不利于人才引进的政策障碍，改革不利于人才引进的体制束缚，消除人才引进的准入限制，全面畅通人才"绿色通道"。拓展现代服务业人才引进通道。取消高层次人才引进审批制，对从省外引进的高层次人才，由用人单位审核，有关部门提供一站式服务窗口，及时办理相关引进手续。

2）持续发挥苏南人力资源市场作用

每年举办现代服务业人才专场招聘会，积极组织企业赴服务业人才密集地区招聘人才，加强镇江人才网的网络引才作用，重点引进旅游、物流、文化创意、信息、贸易、中介咨询等现代服务业发展急需的人才和一批懂经营、善管理的服务业高级管理人才、策划人才及具有娴熟专业技能和较高知名度的专业技术人才。

3）建立国际人才招引网络体系

运用"互联网+"思维，鼓励人力资源服务机构与国外人力资源服务机构合作，围绕镇江现代服务业发展方向，支持重点企业柔性引进人才，提升人才引进的质量和针对性;积极接洽全球最大华人专业人才协会组织 CPAC、旧金山华人科技协会、北美创业联盟等,引进海外会计、法律、咨询、资产评估等中介服务机构人才。依托"留交会""金交会"等平台,引进金融领军人才、金融高级管理人才和金融高级专业人才。依托惠龙 e 通等平台,引进智慧物流技术和管理人才。支持"大众创业"与"万众创新",引进各类创新创业人才。选拔培养农业经营管理型人才,为农村经济发展畅通渠道,打造一支农业经营管理和市场营销人才队伍。

4)构建人才供求信息发布平台

搭建"镇江现代服务业人才资源网络服务平台",为高层次人才提供立体式综合信息服务。开发"镇江网上引智"平台,用人单位可通过"网上引智"平台发布人才与技术需求信息,海内外专家可发布最新科研成果,人才供求双方可无缝在线交流,降低供求双方的信息搜索成本,提高工作效率和对接成功率。引导企业成为高层次人才的引进主体。坚持人才与企业互动,与项目对接,消除"人才"借机寻租行为。鼓励人才中心、人社部等职能管理部门帮助企业申报"千人计划""省双创计划"和"金山英才计划"等各类项目,有序提高企业的人才开发水平。

7.3 优化人才培训体系

以服务业发展需求为导向,构建开放式人才培养机制。重视本土化人才培养使用,对接省"333 高层次人才培养工程",组织实施"169"人才培养工程和专业技术人员知识更新工程,充分利用镇江高校和各类科研院所科教资源,努力培育本土高层次的科学家、领军人才、创新团队和科技型企业家。引导高等院校、社会培训机构发展不同层次和类型的现代服务教育,培养我市现代服务业急需的各层次实用人才。健全专业技能人才培养培训机制,强化高等职业教育发展与现代服务业人才需求联动,造就一支覆盖广泛、数量充足、梯次合理、技艺精湛的高技能人才队伍。精英化培养管理人才,实施"百千万人才工程",完善高层管理人才定期培训制度,培育一批善于经营、精于管理、适应市场经济要求的高级管理人才。专业化培养各类技能人才,大力发展各类职业教育,加强专业技术人员再教育,重点培育知识产权、法律、农业技术等方面的专业人才。培养金融、证券、保险、会计、法律、经营管理等具有专业知识的人才。多样化培养社会工作专业人才,统筹社会工作专业人才培养、评价、使用、激励综合体系,构建服务残障康复、社会救助、社区服务等方面的社工和志愿者队伍。开展国际化培训,形成终身学习培训机制。

7.4 全方位提升人才效能

1)发展人力资源服务业

人力资源服务业为人才效能的充分发挥提供重要保证。在 30 个服务业集聚区,积极引进商务服务业企业,特别是教育培训、电子商务类企业,为园区企业提供人员技术培训和电子商务服务等。搭建人才公共服务平台,积极推进网上办公,加大政府信息公开力度,为行业和企业提供高效的政府服务。

2)搭建产学研平台

坚持"优势互补、互惠互利"的原则,推进政产学研深度融合,搭建多种形式的政产学研对接平台,建立项目合作、技术指导、培训咨询等多元合作机制,加强驻镇高校和科研院所的技术成果就地转化。鼓励本土企业与国内高校和科研院所联合协作,共建共享重点实验室、院士工作站、博士后工作站;放大江苏大学"国家水泵及系统工程技术研究中心"等国家级科技创新平台的影响力,为吸引高科技服务业人才提供平台。

3)优化人岗配置

坚持人岗相适、用当其时、人尽其才原则,树立以用为本的理念,克服论资排辈、封闭循环,能上不能下、能进不能出等用人观念,全面优化人岗配置。人才的科学配置,要充分发挥政府、市场和中介组织等各方面的作用,合理流动、优化配置,务求人尽其才、才尽其用。

4)破除阻碍人才发展的体制机制障碍

以镇江发展需要和社会需求为导向,以提高人才效能为目标,构建科学的发现人才、使用人才、服务人才的链条式管理机制。创新人才工作模式,推进服务业人才引进计划,完善服务业人才和项目相结合的柔性引进机制。提高选人用人公信度,营造唯才是举、机会均等的选人用人环境,克服人才管理中"官本位、行政化"的倾向,优化人才发展环境。把评价与责任奖惩等挂钩,以道德、能力和业绩为导向建立人才评价机制。

5)完善高层次人才的激励机制

在落实省市级各项人才政策的基础上,统筹当前高层次人才的激励政策,重视高层次人才的事业激励,拓展其职业发展空间,鼓励企业试点高层次人才创业的产权激励机制,实施动态管理高层次人才激励政策。

7.5 优化人才发展环境

7.5.1 增强产业环境的吸引力

促进现代旅游、智慧物流、文化创意三大主导服务业发展,打造高层次人才创新创业基地,增强现代服务业对人才的吸纳能力。随着新能源整车设计、电池材料、汽车轻量化等关键共性技术的研发,吸引该类人才服务于公共技术。鼓励企业全面掌握云计算、物联网、移动互联网、工业互联网、集成电路设计封装测试、电子商务研发及集成应用能力,促进产业链高端延伸。大力发展生物医药产业、生物医学工程产业,加快突破重大关键技术,加快培育具有自主知识产权及自主品牌的生物技术和新医药产品。积极发展环境服务业、服务外包业、检验检测等高科技服务业。

7.5.2　优化创新创业的融资环境

加快建设"双创"金融平台,成立"镇江天使投资俱乐部",吸引新一代信息技术、跨境电商、检验检测、环境服务业等新型业态的天使投资者,吸引创新创业型人才落户镇江。在财政预算内安排采购高层次人才公共服务专项资金。引入创投、风投、保险、担保公司等社会资本和金融服务机构,探索建立多元化的人才投入机制。组建多层次中小服务企业贷款担保基金和担保机构,落实对中小服务业企业融资担保、贴息等扶持政策,通过资本注入、风险补偿等多种方式增加对信用担保公司的支持。

7.5.3　完善人才的生活环境

着力解决高层次服务业人才流动中的人事档案、劳动关系、户籍迁入、子女教育、社会保障等问题,为人才创业创新提供全程式保障。关注人才的内心世界和精神生活,开展优秀现代服务业人才的选拔表彰,加深人才对镇江的认同度和归属感。

7.5.4　持续优化生态环境

加快低碳城市、海绵城市建设,凸显镇江南山北水的自然风光,打造宜居宜业宜游的自然环境。

课题组单位：镇江市发改委
课题组成员：吕仁卿

镇江市基层社会工作人才队伍建设研究

随着经济社会的发展,国家改革开放进入新的历史时期,镇江市也进入社会转型的关键时期,各类社会问题大量涌现,矛盾的复杂性、多样性明显增强,解决问题的难度不断加大。面对经济社会发展的新形势和社会和谐建设的新要求,不仅需要各级政府充分运用的行政、经济、法律手段,还需要发挥和调动社会工作专业人才队伍的作用。

为深入贯彻党的十八大关于"加强创新社会管理、加强社会管理人才队伍建设"的部署,全面落实《中共中央、国务院关于加强和创新社会管理的意见》(中发〔2011〕11 号)、中央组织部等 18 部委《关于加强社会工作专业人才队伍建设的意见》(中组发〔2011〕25 号)和省委、省政府《关于实施社会管理创新工程切实加强群众工作的意见》(苏发〔2011〕11 号)等文件要求,近年来,镇江市委、市政府高度重视专业社会工作的投入与建设,积极建设社会工作专业人才队伍,适时出台相关政策予以帮扶支持,各辖市区也纷纷制定出台配套政策,使得我市专业社会工作人才队伍建设取得了一定成效。

所谓社会工作专业人才,是指具有一定社会工作专业知识和技能,在特定领域直接或间接提供社会工作服务的专门人员,包含取得助理社会工作师及以上职业水平证书、具有社会工作专业本科及以上学历(学位)的专业人员,以及在社会工作领域从事科研、教学的专业人员。从功能定位而言,社会工作人才承担着社会管理与服务的重要任务,对调整社会关系、化解社会问题、调处社会矛盾、维护公平正义、保持社会稳定等方面,具有十分重要的作用。基于此,科学规划和建设一支高素质的社会工作专业人才队伍已经迫在眉睫。

1　镇江市当前社会工作专业人才队伍基本情况

2014 年,镇江市第一次出台社会工作专业人才队伍建设的纲领性文件——《关于加快推进社会工作专业人才队伍建设的意见》,对社会工作专业人才的基本含义、任务要求、岗位开发、人才培养、服务体系、制度保障和组织领导等七个部分做了详细的解读,对推进镇江市社会专业人才队伍建设起到基础性指导作用。

在专门文件的指导之下,近两年各类社工项目不断出现:市老年活动中心大力实施"心灵茶吧"项目,以活动和服务实现对老年人的增能与赋权,提高老年人生活质量;市军供站成立"鱼水情"社工室,从"优势视角"出发,以专业方法增强军休干部适应地方、回报社会、享受生活等能力;市救助站开展"扬帆馨港"项目,以"社工加义工,两工联动"方式介入流浪乞讨人员救助;各辖市区也根据各自实际,积极打造特色社工项目,取得一定成效,在社会上产生了积极影响。"社工"这一专属名词开始成为镇江人茶余饭后的"谈资"。

同时,本着专业化、职业化的发展要求,以党政机关工作人员为代表的"社工考证群体"也在不断增多,持证人数也有相应提升:2015年,我市共有来自城乡社区、党政机关、公益性事业单位、社会组织等部门的1 258名工作人员报名社工考试,报考人数创历史新高,增幅达21.3%,有298人取得助理社工师以上资格,较2014年增长52.5%。截至目前,我市共有持证社工865人,其中助理社工师593人,社会工作师272人,每万人拥有持证社会工作专业人才2.76名,位居全省第六位(2016年3月数据)。据了解,我市现有专业社工服务机构约12家。

2 镇江市专业社会工作人才队伍发展存在的问题

从上述数据分析来看,我市当前社会工作专业人才队伍建设具有以下特点:市委、市政府比较重视,虽起步慢但发展势头较好,多以社会服务项目为引领;社工考证热但通过率不高,以政府组织和社会团体为社工群体的中坚力量,并没有在全市形成良好带动效应。

通过查阅相关资料及与人社部门进一步沟通了解,结合去年底人才工作座谈会上相关专家的意见,从目前情况来看,我市社会工作专业人才队伍建设还处在起步阶段,虽然顶(高)层设计有周密安排,但社会对其重要性的认识还比较滞后。不少基层社区、农村的工作人员,对专业社会工作的认识不足,兴趣不浓,热情不高,仍然较多采用行政管理方式替代社会服务工作,将"志愿者""义工"等同于"专业社工",社会工作专业化水平较低,专业的社会服务机构较少。可以说,我市基层社会工作人才队伍建设任重道远。具体说来,在面上主要存在以下问题和困难。

2.1 社工专业人才规模较小

社工考试报名领域较窄、人数较少,后续增长乏力,考生绝大多数来自政府部门、城乡社区和民政行业,其他社会工作领域考生较少。同时,由于我市高校基本都没有开设社会工作专业,专业师资力量缺乏,高素质的领军人才和社工专业毕业生少之又少。

2.2 专业社工服务机构发展缓慢

社会组织是社工开展活动的重要载体和平台。目前,由于社工专业人才不足,岗位不多,政府购买社会服务的机制还没有完全建立,扶持政策还不完善等原因,使得我市社会工作专业服务机构(仅12家)发展缓慢,无论是数量还是质量都不能满足社会的需求。

2.3 专业社工实务水平不高

由于社工服务机构缺乏、缺乏专业的社工督导、有关单位不够重视、资金投入不够等原因,未能建立起岗位培训、专业教育、知识普及有机结合的社工专业人才培养体系,社工工作领域比较狭窄,社工的实务水平较低。

2.4 支持保障不够坚强有力

在相关座谈会上了解到,目前市财政每年从福彩公益金中安排18万元用于社工领域,这仅够进行社工考前培训,而社工人才的继续教育和增能培训资金不足,这制约了社工人才队伍的发展。

2.5 社工管理机构、人员、经费处于空白状态,没有相关政策

全省社会管理机构不统一,没有挂牌。我市主要由人社局牵头实施,在管理机制上尚不健全,基层岗位设置和管理基本处于空白状态。

由于专业社会工作侧重面向基层,在基本了解面上情况的同时,也需要对基层从业人员的心理认知进行了解。笔者与部分农村"两委会"组成人员、大学生村干部、劳动协理员等人群,就社工激励政策、岗位任用、薪酬及发展空间等问题进行沟通了解,发现了一些社会工作人才队伍建设在点上(基层)的问题。

2.5.1 对社会工作概念认知不明

很多基层工作者对专业社会工作者的认识不清晰。所谓社会工作者是指以"助人自助"为基本服务宗旨,运用相关专业的知识和方法,帮助别人恢复自身潜能,调处社会关系,化解社会矛盾和问题,促进社会公平公正为职业的专门工作人员,即一般意义上的"社工"。

社会上对社工人才及其队伍建设的基本概念认识还比较模糊,认为民政工作就是"社会工作",认为民政干部就是社工人才,推进社工人才队伍建设只是人社局的任务。还有一些人认为,在社会上做兼职就是在做"社会工作",不理解社会工作是一种专门的职业,简单认为做好社会工作只需要有工作经验就行。很多基层人员将"社工"等同于志愿者,去从事各类主题志愿服务,并没有认识到专业的"社工"是要引导被帮助者自助,让他们通过自己的能力改变困境;也有人将"社工"理解为"社区工作者",认为所有涉及社区工作的事务都可以由"社工"们完成,并没有真正把"社工"当作一种专业技术人才,而是当作"便捷贴""万金油",哪里需要就派到哪里。这些不成熟、不科学的认知,确确实实反映了当前我市基层相关从业人员对社会工作的理解不够,造成社会工作带有较为浓厚的行政化色彩,这对建设一支精良的专业社工队伍有很大的阻碍。

2.5.2 对社会工作重要性认识不足

原国家民政部部长李学举同志曾对专业社工的重要性有如下概括："他们依靠政府的支持,通过宣传、动员,协调资源,动员全社会力量参与社会管理,有利于社会资源的有效整合,降低治理成本,提高工作效率;便于打造成政府调控与社会协调互动、政府管理力量与社会调节力量互为补充的社会治理网络;便于推进和谐社区建设,实现政府社会管理和社区自我服务的高效对接,政府按章办事和居民合法自治的和谐互动;便于调动和激发老百姓的积极性、创造性和主动性,使大家能够积极投身到社会管理与公共服务中来。"但是,实际工作中,由于激励政策、薪酬及发展空间的问题,很多基层工作者对社会工作较为漠然,有的只是结合上级相关统计数据的需要而自称为"社工",有的将"社工"资格的取得作为提高个人工作待遇的一种手段,有的认为"社工"资格就是给他们增加任务、增加负担。

据了解,京口、润州、新区等辖市区在基层工作人员考取助理社会工作师和社会工作师时,会采取给予一次性奖励(初级、中级资格分别给予 500 元、1000 元)或每月增加工资薪酬(约 200 元)的方式来体现政府的重视。但是从基层工作人员的反映来看,这种薪酬奖励并没有激励更多的基层工作者参与社会工作。调研中发现,很多基层民政工作者都说到"领导要求凡是年龄符合的同志都去考社工证,只要考上,书费、考试费都认""社会工作师证书的数量已经成为组织部门考核基层的一个指标"。这种"以指标压任务"的做法,已经带来了一些负面影响:有的基层工作者把考试当儿戏,出现很多裸考、报了名却不参考的现象。这种不重视和不负责任的行为给专业社会工作人才队伍的建设带来一定隐患,就算是碰运气考上的人也不可能成为优秀的专业社会工作人才。

2.5.3 对专业社会工作的认可度不高

以当下的热点——社区心理辅导工作为例,我市很多基层单位都被要求建设专门的心理辅导室,每室配常驻或兼职心理辅导员 1～2 名,心理辅导室对外开放并帮扶解决社区居民的心理问题。在实际工作中,有的基层单位为了迎接检查临时特设"心理辅导室",有的心理辅导员专业资质不够,有的心理辅导员仅仅"写在牌子上""从没在社区见过",有的心理辅导室常年空置"养老鼠",有的真正规范对外开放却"无人问津"。这一方面体现出基层单位的不作为,另一方面反映出社会对社会工作的认可度低。

心理辅导,是社会工作的一个重要方面,尤其是在社会竞争日益加剧、生活节奏持续加快的今天,越来越多的人产生不同程度的心理问题,需要接受专门的心理疏导和治疗。但很多人往往都是在发生了严重的心理问题后才去医院治疗,他们相信医生却不相信专业心理咨询师。很多人报考心理咨询师的初衷是否是帮助他人解决心理问题也令人质疑。由此可见,社会对专业社会工作的认可度并不高,本身的不专业性加上领导的不重视和不关注,让紧扣基层的社会工作难以推进。当然这与我市乃至我国专业社会工作刚起步有密切联系,但确实值得重视和思考。

3 存在相应问题的主要原因分析

作为新生事物,专业化社会工作的产生和发展符合社会发展的趋势,适应社会发展的要求,却未能如愿规范发展,专业社会工作人才队伍建设也相对薄弱,究其原因,除了刚刚起步外,笔者认为主要还有以下几个方面:

3.1 缺乏工作合力

具有一定专业性的社工人才大量存在于社会管理和公共服务的方方面面,但这项工作却尚未形成各方面同心协力、齐抓共促的工作合力。目前在人才工作方面,我市虽然组建了领导机构,明确由组织部门牵头负责,由人社局具体从事社会工作人才的建设,但牵头不等于落实,主抓也不等于独立完成。人社局虽然采取了一些措施,落实了一些政策,但是受限于部门职能,社工工作毕竟不是人社局的主业,必定不能很好地调动财政、人事、编制、教育等部门的工作力量,不能够形成统一的工作合力,很难对全市的社会工作人才队伍建设工作进行统一指导。特别是专业性的社会工作,涉及的面较广,没有多部门的通力合作和协调,很难完成一些复杂的"个案"工作。

3.2 缺乏统一规划

由于没有形成工作合力,造成全市社会工作人才队伍建设总体规划缺乏,这在很大程度上影响了社工人才队伍建设工作的推进。虽然镇江市在2013年12月专门发布《关于加快推进社会工作专业人才队伍建设的意见》(镇办发〔2013〕123号)文件,提出了很多实际的问题,但是从效果来看,还是字面意义大于实际意义,很多需要相关部门配套的细则并没有如愿出台。社区、医院、学校、非营利性社会团体等单位和机构还是自成体系,各自为战。政府积极购买公共服务的制度机制不健全,支持民办机构发展的政策体系不完善,财政资金向民生等社会公共服务领域特别是向社工人才队伍建设方面的投入还不够多,加之配套政策少、现行的一些制度缺乏可操作性和针对性,许多政策、措施、办法还有待于进一步论证、修改和完善。特别是近年来,以共青团为代表的很多部门在不同场合都要求推进政府购买公共服务、引进社会机构开展志愿服务等工作,的确走在了前列,但是实际落实情况不佳,基层单位往往为了"完成指标"而去做工作,与政策的初衷背道而驰。

3.3 缺乏制度保障

目前我市社会工作相关制度建设还不健全,特别是缺乏对社会工作人才的激励保障制度,诸如社工岗位职级认定、薪酬标准指导制度、教育培训制度等一系列社会工作制度、体系尚未制定,造成社会工作者的就业渠道狭窄,社会工作人才的工资福利待遇偏低,工作环境及条件较差,在社会上的地位普遍不高。这给基层社会工作相关从业人员造成"干好干坏一个样""有它没它无所谓"的感觉,严重影响了专业社会工作者作用的有效发挥,打击了基层相关人员和有志于社会工作的年轻人的积极性,制约了专业社工人才队伍的建设。

3.4 缺乏社会氛围

虽然我市社会工作取得了一定成效,不少项目在省内得到认可,但是社会群众特别是一些从事社会工作的人员对社会工作的内涵、外延、意义、作用理解不到位,在实际工作中存在认识不清、偷换概念的现象。社会上部分人对社会工作者持有"低人一等"的看法。同时,虽然近两年新闻媒体有不少相关报道,但是宣传集中度不高、力度还不够,没有营造出全社会认同、关注社会工作和社工人才队伍建设的良好氛围。此外,一些基层部门对新形势下加强社工人才队伍建设的必要性和重要意义认识不深刻,造成在实际工作中,对这项工作的谋划较少,没有工作思路和具体措施,甚至以造假形式来敷衍了事。没有良好的社会氛围,很多工作便无法展开、普及和推广,也很难让社会对专业社会工作有新的认识和认可。

3.5 缺乏专业培训

虽然我市相关部门在每年社会工作者考试前,都会安排相应课程的集中培训,但是这种针对考试的集中培训对证书的取得是否有作用、能有多大作用值得深思。而专业社工职业既没有被合理而清晰的界定,也没有成体系的培训和专业指导,缺乏专业认证和许可,社工人才在量上远远低于发达地区,在质上更需要提高。

4 其他国家和地区社会工作可借鉴的先进经验

社会工作诞生于西方,19世纪英、美等国的慈善组织运动可看作其雏形,至今已有百余年的历史,经历了一个逐步发展、成熟和完善的循序渐进的过程。

从体制机制上来看,西方国家较为发达的经济发展水平和健全完善的社会救济、社会福利体系为社会工作及其人才队伍建设提供了得天独厚的良好条件;从专业发展上来看,西方国家的社会工作已经由专业化向职业化发展,社会工作服务已经普及到社会生活的方方面面,涵盖了教育、卫生、司法、人口、劳动和社会保障等各个领域;从专业水平来看,西方国家有相对成熟的理论和教育培训体系,社会救助和服务的专业化水平较高,很多国家社会工作服务对象已经由单纯的弱势群体扩展到了每一个国民。虽然经济基础条件不同，我国社会福利体系不健全，但是在社会工作职业化和教育培训体系等方面，发达国家和地区的做法不是值得借鉴的。

以中国香港为例，很多喜爱观看 TVB 电视剧的人会发现，港剧中经常有"义工"群体的出现，这类群体在香港还很受追捧。相关资料记载，第二次世界大战以后，香港逐渐成为一个市场经济发达的都市社会，为了解决转型期出现的各种社会问题，香港逐步建立起了一套与其市场经济体制和经济社会发展水平相适应的专业社会工作（Social Work）体系，各种旨在提高居民生活质量和解决社会问题的社会服务深入社会生活的各个层面。专业社会工作是香港社会安全与调节机制中与社会救助性保障相辅相成的另一个重要支柱，初期的香港社会工作是以福利性救济服务为主的，从 20 世纪 70 年代起，香港大力推行社会工作的专业化，香港回归祖国后专业社会工作有了更大的发展。目前，香港的专业社会工作水平在全球处于领先水平，香港社会工作机构开展的服务主要有家庭和儿童社会工作、青少年社会工作、老年社会工作、康复社会工作和社区发展工作等。据不完全了解，香港的社会工作者社会地位较高、收入稳定，一般初级社工月薪在 1.2 万元~1.8 万元港币，高级社工年薪能达到 40 万元港币以上。

笔者认为，在建立专业化的现代社会服务体系、完善相应专业社会工作体制机制、培育和发展非政府的专业社会工作机构、强化政府的主导和财政支持、提高专业社会工作的影响等方面，我们应积极学习和借鉴发达国家和地区。当然，这还是要基于本地的经济发展水平和社会成熟度，因地制宜开展工作，不宜好高骛远。

5 我市专业社会工作人才队伍建设的对策建议

基于上述问题和困难，结合基层相关从业人员的反响和发达国家、地区的发展经验，我市基层专业社会工作人才队伍建设，可从以下方面着手推进。

5.1 完善体制机制，形成强大合力

由于我市社会工作人才队伍建设起步较晚，想要后发先至，必须主动与国际和国内发展较快的城市接轨，加快形成规范有序的社会工作人才资源有效开发和合理配置机制。

在领导机制上分析，虽然全市人才工作由市委组织部牵头总抓，在具体分项社会工作人才队伍建设上，由人社局牵头，但是其他相关单位任务不明确，整体职责划分不清晰，对应当抓哪些工作，哪些工作由哪些部门来抓没有明确的界限，造成各单位各自为政、推诿扯皮。同时各辖市区的领导机构也不健全，组织部门和人社部门都有涉及，没有形成对社会工作的统一领导和

齐抓共管的局面。

从性质上分析,社会工作专业人才大量集中于社会管理和公共服务的各个领域、各个行业,是一项需要多个职能部门共同配合才能推动完成的工作。因此,需要从全局高度进一步的充实和完善对社会工作人才队伍的领导机构。市级层面要真正站在深化改革、促进发展的高度,把加强社会工作专业人才队伍建设作为实施人才强市工程的重要内容,列入全市"十三五"人才发展总体规划,并尽可能细化专项子规划,以此切实加强领导、明确目标。要根据"党管人才"的原则,健全完善由组织部门牵头抓总,民政部门具体负责,相关职能部门密切配合的组织机构,对全市社会工作人才队伍建设的战略目标、节点任务和推进措施进行统筹谋划,总体协调全市社会工作人才队伍建设的各项工作。应该着力明确各职能部门的任务分工和工作职责,督导各单位立足部门职责,积极履职尽责,对下级部门做好职能划分与管控,全面形成协调配合、齐抓共管的强大合力,努力实现市、区、街三级领导机构健全完善、人员力量配备到位的良好局面,为做好全市社会工作人才队伍建设工作奠定良好基础。

5.2 强化制度建设,激发人才活力

作为新生事物,在发展初期便对其进行规范是十分有效和合理的,我市应明确专业社会工作人才队伍的政策扶持,建立科学的激励保障、人才评价和考核机制,不断激发社会服务人才的创造力与活力。特别是注重将专业社会工作者和其他基层岗位人员分列开来,以专业定向培养的方式先培育一批"业务熟练工"。一是要制定科学的薪酬制度。工资保障是最基本的保障,只有在基本生活保障得到满足的情况下,社会工作人才才能够安心放心地工作。必须切实改善基层专业社会工作者的工资收入和福利待遇,建立工资水平随经济增长的自然增长机制,严格落实"五险一金"等保险待遇。要区别不同岗位制定不同的工资发放指导政策,特别是对在事业单位岗位从事这项工作的人员,应该尝试按照专业技术人员的工资标准发放薪酬;对在街道社区从事服务工作的人员,应参照相关专业技术人员的工资标准进行保障,保证他们的工资收入不低于同等条件其他领域专业技术人员的一般工资水平。要建立健全以公共财政和社会捐助相结合的经费保障机制,市、区两级财政要对社会工作所需经费足额列入预算,积极拓宽社会投融资渠道,倡导鼓励有条件的企业和个人支持社工人才队伍建设工作。二是建立科学的人才评价制度。建立科学的人才评价机制是打造高素质的社工人才队伍的有效之举。以机制的力量更好地实现培养人才、激励人才、引导人才的作用,这样才能使社会工作人才队伍建设真正实现制度化、规范化和成熟化。这里的人才评价机制应该包括登记备案、职业资格考试、职称管理评定等内容,应逐步制

定完善符合我市实际的社工人才注册登记、职业资格考试、职称管理评定等制度。扎实做好对从业人员的职业资格认定工作,对取得资格证书且目前从事这项工作的人员进行备案登记,逐步实现所有从业人员全部持证上岗。三是建立科学的人才考核机制。要科学设置考核内容,把专业社会工作人才队伍建设工作纳入对各级领导班子的年度考核内容之中,引导各级干部重视和支持,并积极主动实施这项工作,对尽职履职不主动或完不成年度工作任务的单位和个人给予通报批评;要定期组织专项督查,及时发现各地区和部门在工作推进中存在的突出问题,总结推广基层的一些好经验、好做法,确保各项目标任务高效落实,努力形成多层次、立体式的社工人才队伍建设工作考核体系。在条件成熟时,应当考虑以地方立法的形式对我市社会工作人才队伍建设进行专项研究、专门立法,为工作的推进与落实奠定扎实基础。

5.3　抓好宣传引导,营造良好氛围

做好基层社会工作人才队伍建设,需要全社会的广泛认同和积极参与,加强对这项工作的宣传引导是一项不可或缺的重要工作。这就需要主要牵头部门和各级宣传部门切实担负起组织领导和宣传引导的重要职责,制定切实可行的专门宣传工作方案,着力加强宣传,引导社会各界共同关注、关心和支持社工人才队伍建设,努力形成良好的社会舆论氛围。要把握宣传时机,对党委、政府制定出台的相关社会工作人才队伍建设的政策制度、召开的重要会议、举办的重大活动进行全方位、立体式、多角度的宣传报道,扩大社会工作人才队伍的影响力和宣传面。注重广泛运用电台、电视台、报纸、杂志、网站等载体做好社会工作的信息交流,大力宣传社会工作的专业理念、作用和方法,特别是要大力宣传在社会管理服务领域做出重要贡献的先进人物的典型事迹,使全体社会成员更加了解、理解和支持这项工作,提高全社会对社会工作的知晓度和认同感。在目前我市整体社会工作专业人才较少的情况下,应重点考虑如何吸引更多人群,尤其是年轻人关注、投身社会服务工作,以切实增加专业持证社工的人数和质量。

5.4　强化教育培训,增强服务能力

社会工作作为一种职业,对从业人员的知识水平、专业技能及政治素养、道德修养都提出了非常高的要求。加强对社会工作从业人员的教育和培训,是十分必要和重要的。我市需要在健全完善社会工作人才教育培训制度上下苦工,完善专业人才培训渠道,搭建学习交流共享平台。要结合苏南现代化示范区的建设要求,在全市困难救助、社区建设、社区矫正、职工维权、青少年事务、婚姻家庭事务、残疾人工作和人口计生等领域,通过高校教育培养、在职岗位培训、个人自学提高、重点人才引进等方式,有计划、有重点地培养和引进一批在全市乃至全省行业或学科领域有较大影响的优秀中青年人才,

发挥社会工作领域科研领军人才和学术带头人的示范引领作用,带动各类初、中乃至高级社会工作研究人才的梯次发展。要认真制定教育培训规划,重点研究在市内高校设置或壮大社会工作相关专业的办法,把市、区、街三级社会工作领导小组成员、单位职工、社会工作从业人员和相关专业的学生作为培训重点扎实抓好教育培训工作。充分运用各种培训单位和民办社工机构等教育资源,引导履行社会工作职能的行政机关、企事业单位与高校建立双向实习基地,坚持以项目为主体推进社会工作实务实践。在条件允许的情况下,要密切与国内实践经验丰富的地区和发达国家专业社会工作人才的交流、学习与合作,广泛学习并借鉴他们开展教育培训的先进经验和有益做法。

5.5 积极培育市场,设置专业岗位

要建立健全社会工作人才配置平台,通过建立统一的社会工作专业人才数据库和信息网络、设置就业指导窗口、定期举办社会工作专业人才专场招聘会、及时发布社会工作专业人才供求信息、人才推荐等形式,搭建社会工作专业人才和聘任雇用单位双向选择的平台,以市场为导向引导人才有序流动。鼓励具有丰富基层实践经验、善于做群众工作的社会工作专业人才转岗到基层建功立业。要积极扶持相关社会服务机构的发展壮大,政府、企事业单位要增设社会工作专项技术岗位,各类社工专业机构也要蓬勃发展。要建立完善的社会工作服务标准体系,推行政府购买社会工作服务,拓宽服务范围、扩大服务规模、提升服务质量,为人民群众提供个性化、多样化、专业化服务,主动配合引导相关机构向政府管理的薄弱领域延伸业务。要大力培育直接提供社会工作服务的社会组织,鼓励社会力量创办公益性社会组织,发挥好这类组织在集聚优秀人才、规范职业管理、提升专业水平、强化社会服务等方面的重要作用。在社会性公共服务机构的扶持上,一方面要积极出台相应政策,依托孵化园、产业园等提供基础性保障;另一方面,政府资金要积极撬动社会资本,在相应的社会服务项目和市场拓展上加大投入,不断新增社会工作岗位,催生下游产品和相关业务,让政府、社会和民间力量有机融合,真正做大专业化社会服务的"蛋糕"。

课题组单位:镇江市高等专科学校

课题组成员:何　斌　李文文　蒋　娴

刘　蓓

镇江市创新人才培养路径研究

　　党的十八届五中全会提出："坚持创新发展,必须把创新摆在国家发展全局的核心位置,不断推进理论创新、制度创新、科技创新、文化创新等各方面创新,让创新贯穿党和国家一切工作,让创新在全社会蔚然成风。"创新的事业必须由创新的人才来干,人才是创新的核心要素。习近平总书记指出："人是科技创新最关键的因素。创新的事业呼唤创新的人才。我国要在科技创新方面走在世界前列,必须在创新实践中发现人才、在创新活动中培育人才、在创新事业中凝聚人才。""人才是创新的根基,是创新的核心要素。创新驱动实质上是人才驱动。为了加快形成一支规模宏大、富有创新精神、敢于承担风险的创新型人才队伍,要重点在用好、吸引、培养上下功夫。"

　　当前,镇江全市上下在市委、市政府领导下,全面贯彻五大发展理念,全力推进供给侧结构化改革,围绕"四基地一中心两城市"的总体定位和建设"强富美高"的新镇江努力前行。在经济新常态背景下,镇江的发展进入了攻坚克难的关键阶段。但是镇江在人才工作中,尤其是在创新人才培养方面与发达地区相比还存在短板。为此,2016年新年伊始,镇江市委书记夏锦文同志在全市创新人才大会上作了题为"加快建设名副其实的人才高地"的讲话,明确指出,我市面临经济下行的巨大压力,根本原因是创新人才缺乏而导致的创新能力不足。因此,"十三五"期间必须下大力气改善创新人才的供给,狠抓创新人才的引进和培养,增加创新人才数量,提升创新人才质量,改善创新人才结构,尽快补足人才供给短板,为今后镇江的经济社会发展奠定坚实的人力支撑。谋创新就是谋发展,抓人才就是抓发展,聚焦创新,以人为本,把镇江的发展方式引到人才引领、创新驱动的轨道上来。

1　镇江创新人才培养的意义

1.1　创新人才培养机制是镇江人才供给侧改革的重要组成部分

　　创新是创新驱动的供给侧,创新驱动是经济发展的供给侧,人才是创新的供给侧。推进镇江人才供给侧结构性改革,是引领镇江未来经济社会发展的重大抉择。要按照五大发展理念,充分发挥市场配置资源的决定性作用,更好地发挥政府的宏观调控功能,矫正要素配置扭曲,改革现有人才培养机制,扩大各类人才的有效供给,提高镇江人才供给结构的适应性和灵活性。

1.2 创新人才培养是调整人才结构的重要内容

适应镇江发展现代产业体系的需要,加大重点领域急需的"高、精、尖、缺"专门人才培养力度,使经济社会发展重点领域各类专业人才数量充足,整体素质和创新能力显著提升,人才结构趋于合理。突出培养造就创新型科技人才,加强领军人才、核心技术研发人才培养和创新团队建设,形成科研人才和科研辅助人才衔接有序、梯次配备的合理结构,提高自主创新能力。

1.3 创新人才培养是促进镇江经济社会健康发展的需要

培养创新人才的目的在于通过创新人才将创新成果转化为现实生产力。只有通过培养大量的可以自主创新的人才,镇江才会拥有更多的具有知识产权的核心技术和关键技术,才可以不断地提升城市竞争力,才能实现经济增长由资源驱动向创新驱动的转变。通过实施更开放的创新人才培养路径,达到增加创新人才数量、提升创新人才质量、优化创新人才结构、实现创新成果顺利转化的目的,进而提高全市人才发展整体效能和人才要素生产率。

2 创新人才培养的概念界定

2.1 创新人才的定义

2.1.1 人才与创新型人才的概念

《国家中长期人才发展规划纲要(2010—2020 年)》中对"人才"进行了阐释:人才是指具有一定的专业知识或专门技能,进行创新性劳动并对社会做出贡献的人,是人力资源中能力和素质较高的劳动者,是我国经济社会发展的第一资源。人才资源是人力资源中素质层次较高的那一部分人,是指杰出的、优秀的人力资源。

学界对于创新人才概念的解释归纳起来可分为以下三种:

一是从创造价值的角度。许静(2010)认为,创新型人才是那些具有良好品质及专业才能,同时有创新意识,能够就某一问题提出原创性的解决办法,并且其创新成果或创新的理念能为企业及社会带来巨大经济效益的人。吴松强(2010)指出,创新人才,就是具有创新意识、创新精神,并能够通过相应的创新能力取得创新成果的人。从社会意义上讲,就是指在某一领域、某一行业以科学探究态度不断实现自我创新和超越,为社会发展做出创新贡献的人才。《国家中长期人才发展规划纲要(2010—2020 年)》中指出创新人才是具有较强创新意识、创新思维、创新精神和创新能力的人才,是能进行创新性劳动,在某个领域有所发明、有所创造,对社会做出较大贡献的人。

二是从应该具备的素质的角度。黄楠森(2000)指出,创新人才的最根本的品质是具有自觉的创新意识,缜密的创新思维和较强的创新能力。冷余生(2000)认为,创新型人才是指具有创造精神和创造能力的人。刘宝存(2003)

认为,当代社会的创新人才,应该具备以下几方面的素质:① 博、专结合的充分的知识准备;② 以创新能力为特征的高度发达的智力和能力;③ 以创新精神和创新意识为中心的自由发展的个性;④ 积极的人生价值取向和崇高的献身精神;⑤ 强健的体魄。

三是从综合的角度。朱洪波(2004)认为,创新型人才是指那些具有优良品质,富有创新意识,具备创新能力和创新精神,在科学研究和社会实践活动中,通过创新实践取得杰出创新成果,为人类不断认识和改造世界,为社会、经济和科技的发展进步做出积极贡献的人。梁拴荣、贾宏燕(2011)对创新人才做出解释,他们指出创新型人才是指极少数能以其博、专兼具的知识和经验,超强的创新能力、创造性思维及创新和自由发展的个性为社会和人类做出持续而巨大贡献的人才。

2.1.2 创新型人才的特征

国内外研究一致认为,创新型人才的特征涉及人的性格、行为、思维等多个方面。比较而言,国外学者对于创新型人才特征的研究结论更为具体和清晰,更具可测量性,国内研究结论相对抽象和概括。

1)国外对于创新型人才特征的研究。

吉尔福特(1976)提出了关于创新型人才的 9 个特征,包括有高度的自觉性和独立性、有旺盛的求知欲、有强烈的好奇心、知识面广、善于观察、工作讲求理性准确性和严格性,有丰富的想象力、富有幽默感和意志品质出众。

2)国内对于创新型人才特征的研究。

王凤科、周祖成(2006)将创新型人才的特征分为四个部分,包括意识、知识、能力和个性。王树祥(2008)认为,创新型人才应具有创新知识和技能,创新意识和激情,富于探索精神,理论基础深厚并具有渊博的知识和开拓性思维,观察力敏锐,以及具有奇异的想象力。杨名声(2010)认为,创新型人才应具有创新的意识、思维、能力和人格;较强的学习能力、研究能力、操作能力及综合信息的能力;良好的心理素质。《国家中长期人才发展规划纲要(2010—2020 年)》指出,创新型人才通常表现出灵活、开放、好奇的个性,具有精力充沛、坚持不懈、注意力集中、想象力丰富及富于冒险精神等特征。

2.1.3 本课题对于创新人才概念的界定

创新人才包括狭义和广义的理解。从狭义上讲,创新人才从事研发、技术创新(尤其是从事 R&D 和技术创新活动)、生产实践活动,具有强烈的创新意识、较高的创新素质和创新能力,并取得显著创新绩效,对科技进步、经济发展、效益提升做出突出贡献的优秀和杰出的专业技术人才和高技能人才。从广义上讲,创新人才除包括狭义人才外,还包括从事经营管理活动,对经济社会发展做出突出贡献的各类经营人员、管理人员、企业家等优秀和杰出的复合型专业技术人才和高技能人才。本课题采用的是广义的创新人才概念，创新人才培养的范围既包括在职的人才，也包括在校大学生（未来的创新型人才）；既包括体制内的人才，也包括体制外的人才。

2.2 创新人才培养

创新人才的培养，从层次上看，可分为素质培养和能力培养；从环节上看，包括人才观念、人才选拔、人才评价、人才培训、人才使用、人才激励等；从培养主体上看，包括政府、高校和用人单位等。

2.2.1 高校的视角

高等学校人才聚集，有良好的基础设施、自由的学术氛围和众多交叉的学科，是产生新知识、新思想的沃土，是培养科技创新人才、生产和传播科技知识的主要基地。

刘复兴、崔岳（2009）通过分析创新人才成长的环境和条件，对比发达国家的经验指出，应从以下几个方面着手培养创新人才：① 确立学生的主体地位；② 改革课程教学体系；③ 加强师资队伍建设，培养创新型教师；④ 改变传统的评级体系，建立有利于创新人才成长的评价体系；⑤ 建设宽松和谐的学习氛围，注重学生心理素质培养。

应中正、姬刚等（2011）指出，创新人才培养必须遵循学生成长的基本规律，重基础宽口径，鼓励学生向跨学科、复合型人才的方向发展，同时与国家的发展战略一致。培养过程中，尤其要强调学术道德修养。

吴松强（2010）通过人力资本论分析，指出高校必须优化人力资本发展环境，要形成"以制度激励人，以学术氛围吸引人，以资源保障人"的让人才健康成长的优良环境。要鼓励创新，支持冒尖，形成鼓励人才干事业，支持人才干成事业，帮助人才干好事业的良好氛围。

黄江涛、毕正宇（2012）通过对美国名校创新人才培养模式的经验和我国各门学科的创新现状分析，指出高校培养创新人才，必须深化教学改革，突出学生的个性发展，改进教学方式和教学评价制度，同时也要加大对学生心理健康的关注程度。

2.2.2 用人单位的视角

创新人才最终要服务社会，参与到不同的组织，发挥自己的创造力。企业是创新人才培养的另外一个重要场所。从企业的视角培养创新人才可以从以下几个方面入手：

一是对人力资源实行的有效约束激励，建立培训机制。江卫东（2000）指出，如何通过工作设计与再设计来满足知识型员工的需要是激励他们努力工作，提高创新能力的核心。他认为，以团队为基础的工作注重员工授权，能够有效地激励员工的创新性。李晓宇、戴大双（2002）指出，在企业中应该建立起对人力资源的有效约束激励和培训机制,为员工提供有挑战的发展前景和工作机遇,使知识型人才得以持续发展,不断增值,有效地提升企业人才的创新能力。

二是通过有创新氛围的企业文化来引导员工创新。许庆瑞等(2004)指出,企业文化对企业创新行为有重要影响。他们通过对海尔集团的案例分析,指出以企业家精神为核心,倡导全员创新、鼓励冒险并且容忍失败的企业文化能够有效促进企业的技术创新。

三是通过畅通的沟通交流促进组织创新。安克纳和考得威尔(Ancona & Caldwell,1992)指出,团队成员与外界沟通得越频繁、沟通渠道越畅通,研发团队的绩效越好。马红燕、常振芳(2010)建议构建企业间的人才交流模式,加强企业间人才的交流与合作,使得创新人才可以交流经验共享所得,从而减少企业人才使用成本,促进创新人才的成长。

四是从人才发展纲要中提出实施产学研合作培养创新人才政策,建立政府指导下以企业为主体、市场为导向、多种形式的产学研战略联盟,通过共建科技创新平台、开展合作教育、共同实施重大项目等方式培养高层次人才和创新团队。

五是在人才成长的不同阶段给予不同的支持方式。王丹(2015)指出,在成长初期,创新人才在挑战性工作中初步显露对行业技术问题的敏感、悟性和职业兴趣,显示出不同的思路和解决问题的能力。此时,最需要企业及时扶持、给予科技创新人才更多锻炼的机会和基本的生活条件保障;在发展时期,创新人才需要进行正确引导,正确处理组织平台与个人作用之间的关系,团队与个人的关系,此时应给科技创新人才创造良好的工作环境,尽量减少行政事务的干扰,给予资源配置的权力和各种与国内外同行交流的机会;在稳定与衰退时期,需要对科技创新人才加以保护和尊重,充分发挥其在行业中的影响力,在决策中充分听取其意见。应特别注意发挥各学科和各专业的老一辈科技创新人才的作用,以老带新,适当延长职业生涯。

3　镇江与周边城市人才发展指标的比较分析

通过对镇江市与周边城市人才发展的比较研究,可找出制约镇江市人才发展的短板与瓶颈,为镇江吸收和借鉴相关城市人才发展的经验,更好地为创新人才引进和培养提供数据支持。经过课题组讨论研究,考虑选择南京、苏州、无锡、常州、扬州五个城市与镇江做对比研究。南京、苏州、无锡、常州与镇江同属苏南板块,人才发展具有协调效应,而扬州属于宁镇扬一体化的一员,与镇江一样毗邻南京。

在比较内容上主要选择人才队伍发展指标、人才投入和产出、人才发展环境三个因素。

3.1 人才队伍发展指标的比较

3.1.1 人才规模比较

2014 年镇江与宁、苏、锡、常、扬五市人才规模比较见表 1。

表 1 2014 年镇江与宁、苏、锡、常、扬五市人才规模比较

项目	镇江	南京	苏州	无锡	常州	扬州
万人人才拥有量/人	1 660	2 586	2 000	1 949 (2012)	1 391 (2010)	1 463
与镇江比例关系		1.56	1.20	1.17	0.84	0.88
万人就业人员科技活动人员数/人	325	465	399	308	366	225
与镇江比例关系		1.43	1.23	0.95	1.13	0.69
万人就业人员 R&D 全时当量/人年	73	54	102	89	94	44
与镇江比例关系		0.75	1.40	1.22	1.29	0.61
万人在校大学生人数/人	266	981	198	176	269	168
与镇江比例关系		3.69	0.74	0.66	1.01	0.63
万人就业人员引进高端人才总数/人	8.57	12.53	10.31	14.72	10.15	5.67
与镇江比例关系		1.46	1.20	1.72	1.18	0.66
万人就业人员培养高端人才总数/人	5.53	26.23	2.88	4.19	3.64	4.07
与镇江比例关系		4.74	0.52	0.76	0.66	0.74

注：引进高端人才包括"千人计划"专家、"双创"人才、江苏特聘教授、江苏特聘医学专家、资助引进高层次人才、海外留学回国人员;培养高端人才包括院士、"973 计划"项目首席科学家、"长江学者奖励计划"特聘教授、国家杰出青年基金获得者、省自然科学基金杰出青年基金获得者、省自然科学基金青年基金获得者、国务院特殊津贴专家、国家有突出贡献中青年专家、百千万人才工程国家级人选、省有突出贡献中青年专家、省科技企业家、市科技企业家、第四期"333 工程"人才。

2014 年镇江市万人人才拥有量达到 1 660 人,在苏南五市中排名第四,高于常州和扬州,仅相当于南京的 64%。2014 年,镇江市万人就业人员科技活动人员数达到 325 人,在苏南五市中排名第四,略高于无锡,显著高于扬州(达到扬州的 1.45 倍),但仅相当于南京的 70%。2014 年,镇江市万人就业人员 R&D 全时当量达到 73 人年,在苏南五市中排名第四,高于南京和扬州,仅相当于苏州的 71%。2014 年,镇江市万人在校大学生人数达到 266 人,在苏南五市中排名第三,与常州基本相当,高于苏州和无锡,仅相当于南京的27%。2014年,镇江市万人就业人员引进高端人才数达到8.57人,在苏南五市中排名最后,但高于扬州。2014年,镇江市万人就业人员培养高端人才总数达到5.53人,在苏南五市中排名第二,仅次于南京,高于苏州、无锡和常州。

3.1.2 人才素质比较

2014年镇江与宁、苏、锡、常、扬五市人才素质比较见表2。

表2　2014年镇江与宁、苏、锡、常、扬五市人才素质比较

项目	镇江	南京	苏州	无锡	常州	扬州
高层次人才占人才总量的比重/%	6.19		7.32	7.06	4.54	7 (2012)
与镇江比例关系			1.18	1.14	0.73	1.13
科技活动人员中大学本科以上学历比重/%	44.67	55.98	41.43	47.08	36.85	43.67
与镇江比例关系		1.25	0.93	1.05	0.83	0.98
万人就业人员中高技能人才/人	658	674	673	659	689	481 (2013)
与镇江比例关系		1.02	1.02	1.00	1.05	0.73

2014年,镇江市高层次人才占人才总量的比重达到6.19%,高于常州,低于苏州和无锡。2014年,镇江市科技活动人员中大学本科以上学历比重达到44.67%,在苏南五市中排名第三,高于苏州和常州。2014年,镇江市万人就业人员中高技能人才数达到658人,在苏南五市中排名最后。

3.1.3 人才流动

2014年镇江与宁、苏、锡、常、扬五市人才流动比较见表3。

表3　2014年镇江与宁、苏、锡、常、扬五市人才流动比较

项目	镇江	南京	苏州	无锡	常州	扬州
人才流入比	1.03	2.63	1.58	1.15	1.09	0.93
与镇江比例关系		2.55	1.53	1.12	1.06	0.90
本科生流入比	0.93	3.34	1.59	1.07	1.02	0.87
与镇江比例关系		3.59	1.71	1.15	1.10	0.94
研究生流入比	0.91	3.45	2.72	1.64	1.24	0.75
与镇江比例关系		3.79	2.99	1.80	1.36	0.82

由表3可知,2014年,镇江市人才流入比达到1.03,在苏南五市中排名最后,但高于扬州。2014年,镇江市本科生流入比达到0.93,在苏南五市中排名最后。

2014 年,镇江市研究生流入比达到 0.91,在苏南五市中排名最后,但高于扬州。

3.2 人才投入与产出的比较

3.2.1 人才投入的比较

1）人力资本投入

2014 年镇江与宁、苏、锡、常、扬五市人力资本投入比较见表 4。

由表 4 可知,2014 年,镇江市人力资本投资占 GDP 的比重达到 13.47% ,仅次于南京。与常州基本相当。

表 4 2014 年镇江与宁、苏、锡、常、扬五市人力资本投入比较

项目	镇江	南京	苏州	无锡	常州	扬州
人力资本投资占 GDP 的比重/%	13.47	14.15	13.01	12.85	13.47	12.94
与镇江比例关系		1.05	0.97	0.95	1.00	0.96

2）科技投入

2014 年镇江与宁、苏、锡、常、扬五市科技投入比较见表 5。

表 5 2014 年镇江与宁、苏、锡、常、扬五市科技投入比较

项目	镇江	南京	苏州	无锡	常州	扬州
R&D 经费支出占 GDP 的比重/%	2.5	2.98	2.62	2.73	2.61	2.2
与镇江比例关系		1.19	1.05	1.09	1.04	0.88
公共财政支出中科学技术支出所占比重/%	3.81	4.85	5.81	4.74	4.5	2.62
与镇江比例关系		1.27	1.53	1.25	1.18	0.69

由表 5 可知,2014 年镇江市 R&D 经费支出占 GDP 的比重达到 2.5% ,在苏南五市中排名最后,但高于扬州。公共财政支出中科学技术支出所占比重达到 3.81% ,在苏南五市中排名最后,但高于扬州。

3）教育投入

2014 年镇江与宁、苏、锡、常、扬五市教育投入比较见表 6。

由表 6 可知,2014 年镇江市公共财政支出中教育支出所占比例达到 17.61% ,在苏南城市中排名第一,但低于扬州。

表 6 2014 年镇江与宁、苏、锡、常、扬五市教育投入比较

项目	镇江	南京	苏州	无锡	常州	扬州
公共财政支出中教育支出所占比重/%	17.61	14.86	15.64	15.11	15.68	18.05
与镇江比例关系		0.84	0.89	0.86	0.89	1.02

3.2.2　人才产出的比较

1）专利

2014 年镇江与宁、苏、锡、常、扬五市专利比较见表 7。

表 7　2014 年镇江与宁、苏、锡、常、扬五市专利比较

项目	镇江	南京	苏州	无锡	常州	扬州
万人就业人员专利申请数/件	131	124	149	140	135	86
与镇江比例关系		0.95	1.14	1.07	1.03	0.65
万人就业人员专利授权数/件	66	50	79	72	65	45
与镇江比例关系		0.76	1.20	1.09	0.99	0.68
发明专利申请量在专利授权量中的占比/%	10.03	23.09	9.62	10.04	9.32	3.96
与镇江比例关系		2.30	0.96	1.00	0.93	0.39

由表 7 可知,2014 年镇江市万人就业人员专利申请数达到 131 件,在苏南五市中排名第四,高于南京,显著高于扬州;万人就业人员专利授权数达到 66 件,在苏南五市中排名第三,高于南京、常州,显著高于扬州;发明专利申请量在专利授权量中的占比达到 10.03%,在苏南五市中排名第三,与无锡基本相当,显著高于扬州。

2）高新技术产值

2014 年镇江与宁、苏、锡、常、扬五市高新技术产值比较见表 8。

表 8　2014 年镇江与宁、苏、锡、常、扬五市高新技术产值比较

项目	镇江	南京	苏州	无锡	常州	扬州
人均高新技术产业产值（X321）/万元	12.3	6.99	12.87	9.4	10.23	8.67
与镇江比例关系		0.57	1.05	0.76	0.83	0.70
高新技术产业产值占规模以上工业产值比重（X322）/%	48.14	43.36	44.61	41.18	42.93	41.04
与镇江比例关系		0.90	0.93	0.86	0.89	0.85

由表 8 可知,2014 年镇江市人均高新技术产业产值达到 12.3 万元,在苏南五市中排名第二,仅次于苏州,显著高于扬州;高新技术产业产值占规模以上工业产值比重达到 48.14%,在苏南五市中排名第一,显著高于扬州。综合判断,镇江市高新技术产业产值占规模以上工业产值比重与南京、苏州、无锡、常州、扬州相比具有较小优势。

3.3 人才发展环境的比较

3.3.1 经济发展环境

2014 年镇江与宁、苏、锡、常、扬五市经济发展环境比较见表 9。

表 9 2014 年镇江与宁、苏、锡、常、扬五市经济发展环境比较

项目	镇江	南京	苏州	无锡	常州	扬州
人均 GDP/元	102 652	107 545	129 925	126 389	104 423	82 654
与镇江比例关系		1.05	1.27	1.23	1.02	0.81
近五年 GDP 年平均增长速度/%	13.10	14.51	10.50	9.09	12.64	13.49
与镇江比例关系		1.11	0.80	0.69	0.97	1.03
近五年人均 GDP 年平均增长速度/%	12.41	13.30	8.71	8.21	11.60	13.51
与镇江比例关系		1.07	0.70	0.66	0.93	1.09

由表 9 可知,2014 年镇江市人均 GDP 达到 102 652 万元,在苏南五市中排名最后,但显著高于扬州;镇江市近五年 GDP 年平均增长速度达到 13.10%,在苏南五市中排名第二,但略低于扬州;近五年人均 GDP 年平均增长速度达到 12.41%,在苏南五市中排名第二,但显著低于扬州。

3.3.2 创新创业环境

2014 年,镇江与宁、苏、锡、常、扬五市创新创业环境比较见表 10。

表 10 2014 年镇江与宁、苏、锡、常、扬五市创新创业环境比较

项目	镇江	南京	苏州	无锡	常州	扬州
万人创新平台数/个	4.64	4.46	4.92	5.14	5.19	4.22
与镇江比例关系		0.96	1.06	1.11	1.12	0.91
万人创业平台数/个	0.110 4	0.104 7	0.105 6	0.116 9	0.123 5	0.071 5
与镇江比例关系		0.95	0.96	1.06	1.12	0.65

注:创新平台包括上市公司、省重点企业研究机构、企业院士工作站、企业博士后科研工作站、企业博士后创新实践基地、企业研究生工作站、校企联盟、省级以上企业工程技术研究中心、省级以上企业技术中心、省级以上工程中心、技能大师工作室、高技能人才公共实训基地、国家重点实验室(企业)、省级重点实验室(企业)、高新技术企业、科技公共服务平台。

创业平台包括国家级高新技术产业园区、省级高新技术产业园区、国家经济技术开发区、省级经济技术开发区、全省省级以上孵化器总数、省级以上留学人员创业园、国家级文化产业示范基地、省级文化产业示范基地。

由表 10 可知,2014 年镇江市万人创新平台数达到 4.64 个,在苏南五市中排名第四,略高于扬州;万人创业平台数达到0.110 4个,在苏南五市中排名第三,显著高于扬州。

3.3.3　教育发展环境

2014年镇江与宁、苏、锡、常、扬五市教育发展环境比较见表11。

表11　2014年镇江与宁、苏、锡、常、扬五市教育发展环境比较

项目	镇江	南京	苏州	无锡	常州	扬州
万人高等学校数/个	0.022 1	0.065 8	0.023 6	0.016 9	0.019 2	0.017 9
与镇江比例关系		2.98	1.07	0.77	0.87	0.81
万人专任教师数/个	131	158	109	122	121	140
与镇江比例关系		1.21	0.83	0.93	0.92	1.07

由表11可知,2014年镇江市万人高等学校数达到0.022 1所,在苏南五市中排名第二,显著高于扬州。

3.3.4　医疗居住生活环境

2014年镇江与宁、苏、锡、常、扬五市医疗居住生活环境比较见表12。

表12　2014年镇江与宁、苏、锡、常、扬五市医疗居住生活环境比较

项目	镇江	南京	苏州	无锡	常州	扬州
万人医生数/人	23.65	29.29	23.95	24	24.27	21.22
与镇江比例关系		1.24	1.01	1.01	1.03	0.90
万人病床数/个	34.01	47.08	46.1	46.73	38.07	32.12
与镇江比例关系		1.38	1.36	1.37	1.12	0.94
万人拥有三级医院数/家	0.012 6	0.025 6	0.006 6	0.021 5	0.021 3	0.008 9
与镇江比例关系		2.03	0.52	1.71	1.69	0.71
城市居民人均住房面积/平方米	44.2	36.3	44	44.8	43.7	42.1
与镇江比例关系		0.82	1.00	1.01	0.99	0.95
城镇居民人均可支配收入/元	35 752	42 568	46 677	41 731	39 483	30 322
与镇江比例关系		1.19	1.31	1.17	1.10	0.85

由表12可知,2014年镇江市万人医生数达到23.65人,在苏南五市中排名最后,略高于扬州;万人病床数达到34.01个,在苏南五市中排名最后,略高于扬州;城市居民人均住房面积达到44.2平方米,在苏南五市中排名第二,高

于扬州;城镇居民人均可配收入达到 35 752 元,在苏南五市中排名最后,显著高于扬州。

总体来看,在人才发展各项指标的对比中,镇江处于苏南板块的中下游,除个别指标较具有竞争力(如人均 GDP、教育支出、高新技术产值等)以外,其余指标均处于中下水平,尤其是人才流入比处于苏南最后,仅略高于扬州。

4 镇江市创新人才培养的 SWOT 分析

4.1 优势(S)

4.1.1 经济发展缓中趋增

2015 年,镇江地区生产总值、一般公共预算收入分别达到 3 500 亿元和 300 亿元,年均同比分别增长 11.3% 和 16.8%,增速均高于全省平均水平;工业增加值达到 2 036 亿元,工业应税销售达 3 053 亿元,同比分别增长 10.0% 和 3.0%;人均地区生产总值 11 万元,达到上中等收入国家和地区水平;全市规模以上工业实现主营业务收入 8 533.25 亿元,比上年增长 7.8%;实现利税 889.68 亿元、利润总额 575.67 亿元,比上年分别增长 11.3% 和 12.4%。规模以上工业销售利润率、成本费用利润率分别为 6.7% 和 7.2%,比上年分别提高 0.3% 和 0.2%;规模以上工业企业全员劳动生产率为 31.54 万元/人,比上年增长 7.1%。全年"六大战略性"新兴产业(新材料、高端装备制造、新能源、航空航天、生物技术与新医药、新一代信息技术)实现销售收入 3 927.24 亿元,比上年增长 10.4%,占规模以上工业销售收入比重的 46.2%;高新技术产业全年完成总产值 4 270 亿元,比上年增长 11.3%,占规模以上工业产值比重达 48.6%,提高了 0.5%。经济发展的缓中趋增为创新人才的培养提供了更为广阔的空间。

4.1.2 政府高度重视创新人才工作

近几年,镇江市对人才建设尤其是创新人才的培养和使用高度重视,先后出台了一系列加强高层次和紧缺人才开发引进的政策,如成功实施"331"人才引进工程等,为我市新材料产业发展提供了有力的人才保障。2016 年 6 月 26 日,镇江全市创新人才大会召开,会议上强调"聚焦创新、人才为本"的导向,传递了"加快建设名副其实的人才高地"的信心,推出实施"人才新政"、构建"1+4"人才新布局等重大举措,为建设"强富美高"新镇江提供强大人才支撑。随后,由江苏科技大学、镇江市人才工作领导小组办公室共同组建镇江创新人才发展研究院,江苏省首个致力于创新人才研究和服务的专业化新型智库正式揭牌运行,研究院以人才制度创新、人才队伍建设等为主要研究内容,为党委政府及有关部门提供决策咨询,为园区、企业、高校院所等用人单位提供智力服务,致力建成全省乃至全国知名的一流智库。这表明,镇江市政府对于创新人才的培养和使用从政策、组织机构、经济资助等方面都给予了高度重视。

4.1.3　人才工作取得较好成绩

《2014年江苏省人才发展统计公报》显示,2014年江苏省省辖市人才综合竞争力可分为三个梯队:南京、苏州、无锡处于第一梯队,综合竞争力指数在0.6以上,具有较强的人才综合竞争力;第二梯队有5个,依次为常州、南通、镇江、徐州、扬州,指数在0.35~0.6之间,具有一定的人才综合竞争力,其中镇江人才综合竞争力位列全省第六,人才素质竞争力和人才创新贡献竞争力指数位列全省第五,人才资本结构和新技术、新产品、新发现指数位列全省第四。

截至2014年底,镇江市共集聚国家"千人计划"81人,入选省"创新团队"15个,其中包括迄今为止全省唯一一个被评为国际先进水平的A类科技创新资助项目;入选省"双创计划"243人,高层次人才数量规模保持全省前列。镇江市创新人才的储备、培养和使用已经取得了不错的成绩,为更好地开展有关创新人才的培养和使用创造了良好的基础条件。

镇江自己的人才培养计划"169工程"前四期,共有学术技术带头人152人、科技骨干548人、乡村优秀科技人才810人。最新一期"169五期工程"的目标是:到2019年,重点培养140名左右省内各学科、各行业有一定知名度和声望,并在国内有一定影响的市学术技术带头人;600名左右市内各学科、各行业有一定知名度和影响力,能承担重大项目、重要课题的市科技骨干;900名左右市乡村优秀科技人才。

镇江全市累计新增工程技术研究中心等省级以上研发机构154家,引进国家"千人计划"人才81人、省"双创人才"250人、市"331"计划领军人才(团队)442个,新增省级以上高新技术企业超过300家,一批重大科技成果取得突破,镇江已经发展成为长三角地区重要的制造业基地,部分重点产业在全国具有重要地位和影响。

校企地共建研发分中心13个、专业研究院所10个,江苏大学国家新农村发展研究院、江苏科技大学镇江海洋装备研究院等平台对全市科技进步起到有力的支撑作用;成立省级产业技术创新战略联盟4家、市级产业技术创新战略联盟1家,建成航空配套产业、船舶与海工关键配套产业、智能电气产业领域共3个江苏省产学研协同创新基地。镇江作为江苏省地域和人口体量最小的地级市,在人才工作中取得如此成绩,实属不易。

4.1.4　企业对创新人才的引进、储备和使用日益重视

近年来,镇江境内的企业日益认识到创新人才对企业发展的重要性,在创新人才的引进、储备和使用等方面做了很多的努力,也取得了很大的成效。

如恒神碳纤维通过对口引进,汇聚了全国碳纤维领域的高端创新人才,打造突出的创新人才优势;巍华合金通过引进美国、英国、捷克等国各学科高端创新人才,形成了创新人才高地;豪然喷射成形由我国喷射成形学科带头人领衔创办,成为国内首家实现喷射成形合金材料的高科技企业。尤其是新材料领域内的企业十分注重自主研发和科技创新。新材料企业中,共设有省级以上企业技术中心、工程技术中心、博士后工作站等8个,重点企业大多拥有自主知识产权和自主研发平台,如江苏宏达的"江苏省有机硅工程技术中心""科技部国际合作基地",江苏恒神的"PAN基碳纤维工程技术中心"等。同时,中亚玻纤、康祥集团、海通化工、爱邦电子、新宇化工、东方生工、忆诺唯合金等企业都通过与科研院所合作,研究开发各类纤维材料、医用材料、电子信息材料等。

4.2　劣势(W)

镇江是一个历史悠久、文化繁荣、旅游发达、区位优越的城市,有着良好的人文社会气息和经济发展基础。近年来,尽管镇江经济仍然不断地进步发展,但是与同处江南的苏、锡、常相比,已有较大差距。

从工资收入来看,镇江相对于苏、锡、常,工资收入偏低,这是吸引创新人才的一个软肋。经济因素是引起人才流动的最重要的一个动因,企业人才流失的最广泛因素是薪酬制度和福利制度不合理。

从发展机会来看,镇江的大企业、好企业数量相对于苏、锡、常少,因而创新人才的工作机会也比苏、锡、常要少。

从城市吸引力来看,镇江城市定位不准确,没有充分发挥出自己的比较优势,城市形象相对于苏、锡、常不够鲜明和有吸引力。

从产业发展来看,镇江传统产业层次偏低,经济增长过度依赖资源和资金投入,目前镇江的重点和创收大户企业主要是一些高污染、高能耗的传统企业,新能源、新材料行业虽然有所发展,但相比于前者,影响力和重要性仍有待提高。

从招商引资的综合价值来看,镇江市的招商引资不管是质量、经济效益、环境保护和社会效益方面都和苏、锡、常有一定的差距。

镇江城市综合竞争力较弱,一定程度上成为引进、培养和留住创新人才的不利之处。

4.3　机会(O)

《国家中长期科学和技术发展规划纲要(2006—2020年)》提出,要增强我国的自主创新能力,在未来的几年里把我国建设成为创新型国家,就需要一大批符合要求的创新人才来承担此重任。因此,从整个国家大环境来看,创新是必然,创新是发展最重要的推动力,而创新人才则是创新型国家建设最重要的资本。

"十二五"期间,镇江润州高新区创成国家级高新区,镇江进入苏南国家自主创新示范区板块。苏南国家自主创新示范区是我国首个以城市群为基本单元的自主创新示范区,是党中央、国务院赋予江苏的新使命,对破解苏南发展瓶颈、促进经济转型升级、探索实现区域现代化的路径具有重大而深远的意义。镇江正在抢抓苏南国家自主创新示范区、镇江国家高新区建设的叠加战略机遇,建立健全创新驱动发展体制机制,励精图治建设"强富美高"新镇江。利用苏南国家自主创新示范区建设机遇,坚持市场化导向和产业化方向,建立以城市为基础的创新单元,实现创新资源有效整合和开放共享,实现这一目标的首要任务是大力实施创新驱动发展战略,集聚各类人才资源,充分重视创新人才的培养和使用,充分发挥创新人才的积极性和创造力,引领经济社会转型升级。

创新驱动发展战略的实现必须充分重视创新人才的培养和使用,而这项工作又是一项创造性的工作,在各个环节、各个方面都要加强研究谋划、加强创新引领。镇江作为国家创新型试点城市,苏南国家自主创新示范区建设的主体之一,应支持丹阳市、扬中市、句容市、丹徒区等符合条件的地区创建省级高新区,推进科技创新工作重心下移,加快创新型市(区)和创新型乡镇建设,大力促进人才、项目、成果等创新要素向基层集聚流动,不断激发基层创新驱动发展活力。这些为镇江创新人才的培养和使用提供了重要契机,无论是政府部门,还是企业、创新人才都应该充分珍惜这次重要契机,努力从各自角度出发为创新驱动发展,为建设"强富美高"贡献自己的力量。

4.4 威胁(T)

近年来,镇江创新人才的创新意识和创新能力不断增强,但自主创新的基础并不牢固,科技的战略转型还没有完成,形势十分严峻。在观念层面,适应新形势、新要求的科学人才观尚未形成,还是过分地强调学历、职称,忽视综合素质,晋升制度还是过多地强调年龄和学历,平均主义现象没有得到根本改变,这极大地影响到自主创新人才的迅速成长。在教育层面,高等教育与经济社会发展相脱节的难题并没有多大改观,高等教育忽视学生创新精神和能力的培养,很难培养出创新人才。在体制层面,科研、教育机构过于行政化,在知识与权力间失衡的现象仍然存在。在评价政策方面,重视科研数量、轻视质量的倾向比较严重,急功近利的浮躁心态十分普遍。在创新主体方面,企业还没有成为自主创新的主体,企业中专业技术人员的比例较低。为此,镇江的创新人才队伍建设要进行一系列深层次改革,要从市场和制度改革等方面入手,创造适合创新人才的良好工作环境和氛围,培养一支数量足、质量高的创新人才队伍。

5 镇江市制约创新人才培养的主要因素

5.1 创新人才有效供给不足,结构化矛盾明显

镇江人才资源总量和结构与经济发展阶段极不协调。截至 2014 年底,虽然镇江人才数量竞争力位居全省第六位,但是人力资源总量只排第十三位。全市高层次人才仅有 3.26 万人,但能够以创新、创业引领带动产业发展的领军型人才十分紧缺。人才总量不足,固然有镇江人口规模小的因素,但从结构上看,人才资源分布极不均衡。全市高层次人才约 50% 集中在机关事业单位和教育、卫生、农林、文化等行业部门,由于体制等原因的束缚,人才创新动力不足。与此同时,工程技术、科技管理、农业技术、经营管理等领域的创新型和应用型人才总量不足,生产一线的技能型人才总量偏低。近几年,在政府的大力推动下,高端人才引进长效显著,但过于注重科技型人才的引进,在企业经营管理、营销、金融等领域人才引进却稍显欠缺。

5.2 企业用才主体地位仍然不突出

5.2.1 镇江企业人才吸引力较弱

与苏南其他城市相比,镇江的企业对人才的吸引力不强,企业创新创业的活力和动力不足。大多企业仍处于依赖低端技术进行生产的状态,以依靠人才创新带动技术创新和产品创新的企业较少,人才管理方式还较为粗放。镇江市不少企业还处在仿制生产、简单组装、贴牌代工等低端加工阶段,在高端装备、核心部件、控制系统等领域缺乏关键技术和自主品牌。加之镇江产业集聚度不高,区域产业分工雷同,人才集聚优势不明显,人才引进难、留住难,特别是高层次人才流失率较高,因而成为人才进入苏南地区发展的跳板。科教资源丰富的优势发挥得不充分,驻镇高校毕业生留镇率不足 10%。中小规模民营企业人才整体待遇偏低,没有真正体现人才应有的市场价值。

5.2.2 企业对创新人才培养的热情不高

人才是企业生存和发展的基础和保障,是企业拥有竞争优势的关键所在。而创新人才是新知识的创造者、新技术的发明者、新产业的开拓者,是企业竞争力的决定性因素。因此,对创新人才的培养至关重要。创新是发展的驱动力,但创新失败的概率也比较高,企业由于资金实力、技术门槛、科研人才匮乏等多种原因,不敢去冒险,舍不得投入,缺乏冒险意识和探索精神,这种氛围对于创新人才培养工作的开展非常不利。一些镇江企业普遍认为,企业最重要的目标就是盈利生存,创新人才的培养工作相对这一点而言重要性偏低,创新人才培养的周期较长、投入大、风险高,这在一定程度上会影响企业日常工作的正常开展,并且曾有企业出现过花了很长时间和很大精力培养的创新人才跳槽的现象,给企业带来负面的影响。因此,虽然企业知道创

新人才培养的重要性，但碍于各种主客观原因，在实际工作中对创新人才体现出的却是"重使用，轻培养"。

5.3　市场配置资源的决定性作用未能充分释放

5.3.1　人才市场和知识产权市场建设相对滞后

制约人才合理流动的体制障碍和政策羁绊仍然存在，人才流动和科技成果顺利转化的瓶颈依然存在，激发人才市场活力尚有很大的提升空间。政府主办的人才服务机构仍处主导地位，人才市场和知识产权市场培育不足，人才服务产业园建设刚刚起步，集聚辐射效应尚未形成。镇江缺乏民间资本和社会力量参与的人力资源服务机构，各类人才中介服务机构数量偏少，服务质量参差不齐，服务功能单一、服务水平较低，缺乏权威的人才价值评估、投融资咨询、信用评价等机构。

5.3.2　科技创新成果转化率不高

科技成果转化为生产力，需要一个长期的过程。从成果初步应用，到形成产品，直至达到规模化、产业化阶段，都可以算作科技成果转化过程。本课题组调研的绝大部分创新人才认为，科技成果从实验室走向市场，面临技术、团队、市场、资金等方面的困难，引进的部分资助项目存在不同程度的缺少生产场地、缺少生产设备、缺乏经营人才、缺少基础性人才团队支撑现象，导致部分科研成果转化难，影响创新人才的积极性。很多科研人员和科技企业还是"盯着政府要投资"，而不是面向市场要资源、要发展，这一定程度上影响了创新人才成果转化的成功率。

5.4　政府的创新人才制度体系有待完善

5.4.1　人才评价机制不科学

在我国，论文一直是职称评审的"硬指标"，科研考核评价标准单一，偏重于论文的数量、刊物的级别，甚至唯论文是从。评价指标设置的不科学，直接导致了"重研发，轻转化""重基础，轻应用""重论文，轻专利"等问题，造成科研难以形成长期有效积累和突破。同时，科研单位也难以结合实际，自主组织开展战略性、前沿性、长期性的研究。只有针对不同科研单位、不同科研岗位、不同科研项目的特点，分类设置考核指标体系，才能更有效地引导科研工作开展。

5.4.2　支持创新的产业针对性不强

2008年8月开始，镇江市委、市政府正式启动实施《镇江市引进培育创新创业领军人才三年行动计划》（简称"331计划"，现改为"金山英才计划"），市县两级财政共设立1亿元的专项资金，用于为创新领军人才提供创业扶持、安家资助和学术交流。到目前为止，"331计划"已经先后资助了8批次创新领军人才，资助的领域涉及新能源、新材料、电子信息、生物医药、互联网等新兴产业,占项目总数的95%以上,但总体上呈现行业领域多、产业类型多、同质同类项目不集中的特点,发展重点不明确,各区域、各企业的研发成果不能集成联合,难以实现集中集聚发展。镇江市政府的创新人才支持政策在产业针对性方面不强,影响了创新人才集成联合创造更多、更有价值的产学研成果。

5.4.3 科技创新服务工作欠缺

现实的政策环境、金融环境、市场环境使得大批创新成果转化困难重重。产、学、研有效衔接是一个接力赛跑的过程,选手可能很多,持续的时间也会很长。从目前的情况来看,镇江市缺乏的是从高校、研究机构到企业的中介,也就是科技服务。在许多科技发达的国家,科技服务业已经成为现代服务业中最具活力的部分,它为企业、科研院所等各类创新主体提供设计、检测认证、信息咨询、知识产权、金融支持、市场推广等服务,一棒接一棒地接力使科研成果步步转化,直至形成最终产品。镇江市缺乏科技服务行业协会等对产学研有重要中介作用的机构,一定程度上影响了科技服务资源整合、从业机构良性互动及科技成果的转化和产业化,也影响创新人才取得更多的创新成果。

5.4.4 创新人才环境竞争力较弱

习近平同志指出:"环境好,则人才聚、事业兴;环境不好,则人才散、事业衰。"人才环境是指造就人才、吸纳人才、充分发挥人才作用的各种物质条件和精神条件的总和。创新人才环境在创新人才工作和创新人才队伍建设中具有长期性、根本性的作用。爱才敬才的社会环境、有为有位的工作环境、引才聚才的政策环境、拴心留人的服务环境对于创新人才的引进、使用和培养有着重要的意义。最新研究显示,镇江市人才平台竞争力指数为0.439,居江苏省第八位,其中人才投资平台指数0.3,居江苏省第十位;人才产业平台指数0.27,居江苏省第九位。在人才生活环境竞争力方面,镇江市医疗卫生及人居环境指数0.50,居江苏省第十一位;教育环境指数0.43,居江苏省第十二位。镇江市创新人才环境竞争力较弱,一定程度上影响了创新人才的引进、培养和储备。

6 镇江创新人才培养的战略构想

镇江人才发展存在的问题是创新人才的有效供给不足,无论是人才数量还是人才质量,与镇江经济社会发展的需要相比,仍然存在较大差距。创新人才尤其是行业领军人才明显不足,现有的人才规模还不足以支撑产业发展的需要。为此,提出以下几点构想:

6.1 盘活人才存量

一是要积极推进人才管理体制和人才运行机制改革。打破体制坚冰和编制壁垒,冲破学历、资历和户籍等的限制,树立"创新面前一律平等"的理念,对体制内外人才一视同仁,真正实现按能力"论功行赏"。通过制度创新释放现有人才活力,激发人才的创新激情,产出创新成果。

二是真正"使市场在资源配置中起决定作用和更好发挥政府作用",通过市场机制配置人才资源。打通政府、企业和事业单位的人才流动通道,使人才通过市场配置到最能发挥其才能的岗位上去,达到盘活人才存量的目的。

6.2　扩大人才增量

要继续改善镇江的人才发展环境,吸引更多高素质的人才来镇江创新创业。不断提升企业的市场竞争力,壮大企业规模和实力,提高企业人才待遇,吸引和留住人才,尽快从数量上弥补人才供给缺口。密切镇江企业与高校的联系,提高产学研合作的深度和广度,结合产业发展实际联合培养人才。

6.3　优化人才结构

摒弃"人才培养是政府的事"的固有观念,明确各个培养主体的功能定位,逐步突出用人单位(企业、事业单位)是人才培养主体的观念,激发企业对人才培养的热情。创新人才培养的范围,促进镇江经济社会各个领域和各个层次的发展,抓住镇江建设国家级产业园区和"一带一路"、苏南自贸区建设的机遇,结合镇江未来发展的城市定位和产业发展趋势,利用镇江的区位优势,发挥市场配置效率,依托优势教育资源,扩充人才培养路径,提升人才培养的数量和质量,改善人才结构,最终形成经济社会发展和人才发展的良性互动。

7　镇江创新人才培养的主体功能定位和培养路径

创新人才的培养是一项系统工程,需要地方政府、用人单位(企业、高等院校、科研院所等)、人才自身、各类人才中介组织和人才服务载体密切合作,相互协调,形成合力,遵循人才成长规律和人才资源的市场配置规律,本着"人才以用为本"的理念,不断深化人才培养意识,依靠思想创新和制度创新,推进人才管理体制改革、转换人才培养机制。市场是各类主体活动的场所,也可以说,人才资源市场是创新人才成长的环境。无论是政府的政策引导,还是市场的人才配置,最终目的都是为了让创新人才找到能够发挥自身价值的岗位,让用人单位找到其需要的创新人才,实现人岗匹配,发挥创新人才的最大价值。因此,必须明确各个人才培养主体在培养体系中的功能,明晰各自在市场中的分工和角色定位。

7.1　各类培养主体的功能定位

7.1.1　政府是创新人才培养的引导主体

在市场经济条件下,政府基本上将用人权完全交给用人单位,让其凭借自身能力在市场中赢得创新人才。政府对创新人才的培养功能主要是优化人才的生存环境,为创新人才培养提供政策性服务。政府要遵循"有所为,有所不为""有进有退"的方针,明确政府的功能和权力界限,转换职能,侧重从宏观上强化培养手段。在创新型人才培养过程中,政府起到对高校、企业和科研院所进行宏观引导的作用,通过制定产业政策、财税政策、科技政策、人才政策等多种政策,形成要素合理流动和资源优化配置的制度环境和支持平台,充分发挥各方主体的内在协同动力,引导和推动创新型人才的协同培养。政府应在高校、科研院所、企业等多方利益主体之间,起到协调的作用,建立产学研合作的动力机制,找出各主体间利益的诉求点及合作的结合点,充分发挥各主体的优势,尽量通过制度保障消除合作中可能存在的障碍,为创新型人才培养提供必要的经费保障与物质基础,以实现学科链、产业链、资金链的顺利衔接。

7.1.2 高校是创新人才培养的培育主体

从能力培养的角度考虑,人才成长过程经历了"准人才—潜人才—显人才—领军人才"四个基本阶段。要从一个普通的学生过渡到具有创新能力的科技创新人才,必须经过五个阶段,即创新意识萌芽阶段、创新思维形成阶段、创新学习提高阶段、创新能力涌现阶段和创新人格顶峰阶段。前阶段的人才开发是后阶段的基础,后阶段的人才培养则是前阶段的发展。高校只是负责人才培养的前期阶段,侧重理论知识的灌输,没有这些基础的理论知识作为铺垫,就不会有后来的专门人才的成长。按照人才成长规律,从本科生到硕士生,再到博士生或博士后,他们所学的内容实际是从"博"到"专"的过程,基本涵盖了准人才到潜人才阶段,这一阶段极少有显人才和领军人才。因此,大学培养的人才都是具备专业知识和通识知识的人才"毛坯",还需要用人单位进行后续的专项培养。同时,由于历史的原因,中国把研发的重心放在大学和科研机构。大学的首要职责是培养人才和基础研究,学生在大学从事的研究开发活动,大多是基础性的、原发性的革新和创造,存在着单纯的技术导向倾向,注重技术参数、指标的先进性,但对市场需求和规律缺乏把握,其成果往往不具有市场潜力。

7.1.3 用人单位是创新人才培养的实践主体

市场经济条件下,企业是经济活动的主体,技术创新活动本质上也是一个经济过程,只有将企业作为创新主体,才能坚持市场导向,反映市场需求。企业具有连接市场和创新技术的功能,可以把凝聚创新智慧的成果转化成可供销售的产品,同时抓住产业的发展脉搏,及时调整产品开发方向,适应市场需求,实现收益。

创新驱动使企业更具核心竞争力。创新是时代赋予企业的使命,企业的创新是企业所拥有的人才通过创新活动实现的。企业是人才使用的主体,也是创新人才培养的主体,因为在知识不断更新的今天,企业只有不断地加大创新投入,不断地加大对创新人才的培养力度,才能实现技术创新和产品创新,才会得到创新成果,获取利润。技术创新的过程同时也是创新人才培养和使用的过程,人才通过技术创新过程得到锻炼,增长创新能力。按照终身学习理论,企业要对新进员工担负起继续培养的责任,将大学培养的"坯料"培养成显性人才乃至领军人才。另外,企业和人才之间也是市场行为,企业通过给予创新人才相应的工作岗位、工作任务和可供支配的资源,通过各种薪酬方案激励人才的创新行为;人才通过自身的创新能力,完成自身担负的使命和责任,展示自身才华,实现自身价值,同时获取相应回报（包括物质和精神层面的回报）。

7.1.4 人才自身是创新人才的培养内在主体

习近平总书记指出,"创新驱动实质上是人才驱动","要用好科学家、科技人员、企业家,激发他们的创新激情"。创新型人才的基本特征就是具有创新能力,人才运用自己所具有的知识、技术、经验等要素,通过实践创造性地开发出创新成果。创新是人才的本质特征。培养创新型人才的关键在于有效提高人才的创新素质和创新能力。创新型人才素质主要包括创新精神、创新能力和创新人格等诸多方面。社会需要的创新型人才主要是指那些能够进行产品技术革新、市场拓展、经营管理创新等方面的人才。无论哪方面的人才,都要经历自我挑战、自我超越、自我成长的过程。外界只能提供人才成长的环境、条件、资源和机会,创新成果的产生最终还是要依靠人才自身的主观努力,以实现人才自身的价值,从这个意义上讲,创新人才都是自我培养起来的。

7.1.5 各类中介组织是人才培养的重要载体

人才的创新行为从一个观念到最终的成果,单单依靠个人力量是无法完成的,它需要资金、设备、场地、技术支持、团队协作和研发平台,也需要提供专业化的金融、法律、知识产权保护等服务。这就需要各类中介组织介入,各类信息服务机构、产学研基地、知识产权机构、资产评估机构、投融资机构、技术服务机构、人才载体（孵化器、加速器）和基金（风险投资基金、天使基金）为创新活动提供各类服务和保障。

7.2 镇江复合型创新人才培养的路径

依据镇江现有的人才状况,需要建立政府、用人单位、高校共同参与的复合型创新人才培养路径,以达到改善用人环境、增加创新人才数量、提升创新人才质量、优化创新人才结构,最后支撑和引领镇江经济社会发展的目的。

7.2.1 高校培养路径

创新人才的成长是一个综合培养、循序渐进的过程,首先要从教育源头抓起。学校教育培养创新人才,是根据经济和社会发展目标的需要,有计划地培养不同类别的各种人才,形成一个专科、本科、研究生不同层次人才分类培育、逐级提高的"金字塔式结构",以实现人才队伍的协调发展。高校(包括高职高专)对人才的培养不仅包括对全日制在校学生的培养,还包括继续教育阶段的成人教育,比如夜大、函授及与企业合办的教育培训项目等。高校不仅是科技创新人才培养的摇篮,也是很多科技创新的发源地。镇江有丰富的教育资源,立足于镇江本地,发挥好江苏大学、江苏科技大学、镇江高等专科学校和各类职业教育学校的优势,可为镇江发展培养更多的专业技术人才和技能型人才,缓解人才供给的数量缺口和结构化矛盾。高校应当重视以学生为中心的教学活动,改革和完善高等学校的课程设置,更新教学内容,重视理论与实践相结合,培养学生的创新精神和能力。研究生教育(包括硕士和博士)是培养高层次创新人才的重要途径,应积极支持研究生参与科技创新,参与校企合作,在学习前沿科技理论的同时注重工程实践能力的培养,提高把科技成果转化为工程应用的能力。

7.2.2 创新人才自我培养路径

创新是思前人未思、做前人未做之事,是一项具有探索性的、艰巨复杂的实践活动,需要人才具有无私无畏的品质,在创新实践中不畏艰难、勇于探索。创新型人才既要有敢为人先、不怕打压、坚忍不拔的创新勇气,还要具备独立自主的精神,不盲目追从,能独立思考判断,只有这样才能取得非凡成绩。创新人才的这些性格特征需要通过自我培养途径来实现。同时要求创新人才"德才兼备",不断增强自身的思想道德修养,树立正确的人生观和价值观,端正工作态度,恪守职业道德和学术规范;逐步培养自我认识、自我定位、自我约束的能力,强化创新人格和创新意识,更好地在工作中发挥自己的主观能动性。同时,创新人才要把握国家的战略发展趋势和科技进步前沿,不断更新自己的理论水平,提升自己的科技创新能力。

7.2.3 企业终生教育路径

企业对创新人才培养应树立"终生培养"的意识,高度重视人才的知识更新,努力营造终身教育途径。各类创新人才每年都应参加继续教育,了解和掌握科技前沿的最新理论和技术。有条件的企业应建立自己的继续教育机构,加强知识培训,夯实创新人才的理论基础,提升工作能力,以适应科技变革和企业发展的要求。企业应面向未来,根据人才的专业技术需求和科技发展的趋势,拟定人才培养规划和人才成长通道,有目标、有计划、有组织地对青年科技创新人才进行培养,实施关键人才接续计划,保证企业发展与人才培养协调一致。另外,"干中学"即在实践中锻炼也是培养人才的一条现实途径,在实际工作中,可根据每个人不同的专长和不同的经历,进行不同方式和不同岗位的培养和锻炼,使之能够尽快成长。

7.2.4 产学研一体化的项目式培养路径

创新理论必须与创新实践相结合,创新人才培养要以企业为主体,市场需求为导向,遵循产学研一体化的培养路径,通过项目引领,校企共同开发,在协作中培养锻炼创新人才。校企的密切合作,能让学生和企业科技人员实现优势互补,教学相长,充分发挥高校的理论优势和企业的工程实践经验优势。虽然这种培养途径是相对短期的培养方式,但经过合作项目的实践锻炼,可使创新人才积累实际经验,掌握工作方法,培养自身的工程实践能力。经过产学研一体化的项目培养,可以造就一批既有理论功底又能解决实际问题的创新人才。

以上的培养路径都不是单一的,而是要形成几条路径同时实施的复合型人才培养路径。其中前三种路径是人才培养的基础路径,是每个创新人才成长都要经历的过程。镇江的创新人才培养离不开上述人才培养路径,具有较为明显的路径依赖。镇江要达到创新人才培养的目的,就必须吸引更多、更优秀的高校毕业生来镇江就业,就必须更好地留住企业自主培养的创新人才,而这些都需要政府和企业下大力气改善镇江的人才发展环境。而人才的自我培养途径能否顺利实施取决于人才体制改革力度和各项人才培养和激励机制转换程度。运转良好的人才体制机制是激发人才创新活力的制度保障,可以使人才看到希望,成就事业,是提高镇江人才质量的关键环节。产学研一体化的项目式培养是近年来发展迅速的人才培养模式,是阶段性的人才培养途径,对于镇江的创新人才培养而言潜力巨大。产学研一体化项目式的培养路径,可以针对一些关键技术和产业发展方向,有针对性地组织企业、高校、科研院所进行联合攻关,是通过项目培养和人才集聚,密切人才和产业发展关系的重要途径,也是优化人才结构的重要手段。镇江具有优越的地缘优势,借助宁镇扬同城化和苏南一体化的契机,依托各类高新产业园区、大学创业园等载体积极展开与南京及周边高校的合作。

8 顺利实施镇江创新人才培养路径的对策

8.1 政府要主导创新人才发展环境建设

在市场经济条件下,政府的任务是进行宏观的创新人才培养,主要手段是体制创新和政策引导。在经济新常态背景下,镇江市委、市政府在创新人才培养工作中的主要职责是优化镇江的人才发展环境,具体包括优化人才发展的制度环境、经济环境和文化环境。同时,重点强化以下几方面工作:

8.1.1　制度环境

1）破除人才流动障碍,实现人才自主有序流动

破除人才的身份限制,构建体制内外人才双向流动的制度通道。加强体制改革,逐步打破人才壁垒。在专业技术人才队伍中全面推行人员聘用制、专业技术职务岗位竞聘制、人才租赁制度等。

完善社会保障机制,探索党政机关、企业、事业单位等不同性质单位的社会保障平衡机制,保障人才流动后的医疗、养老保险、公积金等社会保障水平不受较大影响。

加强政策调控,引导人才有序流动。建立人才结构调节机制,紧密结合供给侧结构改革和镇江社会经济发展趋势,制定实施战略产业人才政策和重点人才工程,引导人才向战略产业、重大项目和急需技术领域集中,推动人才资源的合理布局。结合《镇江制造 2025 行动纲要》,制定产业技术发展路线图,有针对性地引进和培养急需技术和科研项目的人才和团队,围绕产业发展重点,凝聚产业创新人才,实现精准引才、育才。

完善引才政策。引进人才与本土人才享受同等的国民待遇。结合"苏南国家自主创新示范区"和"宁镇扬一体化"建设,制定区域人才信息共享、资格互认、网络互通等政策,推进全方位开放的人才交流与合作。大力实施新一轮"金山英才"引进计划、企业博士集聚计划,多渠道、多方式招引高端技术人才、高层次管理人才、高级金融人才及精英团队和导师团队。制定出台灵活多样的人才居留政策,吸引更高层次的人才在镇江长期居住和创业。鼓励企业到高校或科研院所聘用专业技术人员,或共建博士后工作站。鼓励高校教师离岗创业和参与企业科研攻关。

2）突出用人单位的人才培养主体地位

进一步转变政府职能,"简政放权",为人才"松绑"。把对人才评价、激励的权力真正下放到用人单位。充分发挥用人主体在人才培养和使用评价中的主导作用,全面落实国有企业、高校、科研院所等企事业单位和社会组织的用人自主权。政府退出以职称评审为核心的人才评价的具体过程,顺应时代发展和不同专业的实际需求,进一步改革专业技术职称评审制度。实行"谁用人、谁评价",发挥用人单位的主体作用,实行岗位管理,让单位按照岗位职责需求使用人才、评价人才、激励人才,真正实现分类评价、按能力贡献评价和按评价激励。改变单纯凭论文和著作晋升职称的传统做法,真正把品德、能力尤其是业绩作为主要评价标准。

3）完善用人单位为主体的创新人才培养体系

鼓励企业加大对人才培养的投入。对产业发展紧缺人才的培训费用,由政府、企业（单位）和个人共担;采取以奖代补、税收杠杆等政策,鼓励和引导

企业和用人单位按照工资总额或生产经营总值的一定比例提供经费,专项用于人才教育培训;把人力资源培训投入作为评选创新型企业、人才奖励项目的重要依据,引导用人单位加大投入力度;实行人才培训、考核与使用、报酬相挂钩,激发人才自我开发的动力。

健全培养开发体系,提高教育培训实效。探索市场化培训机制,充分整合镇江的社会教育资源,建立人才培训市场准入制度和人才培训项目招标制度,制定科学规范的质量评估和监督办法,提高人才培训效益。充分利用驻镇高校和远程教育网络等教育资源,分层分类实施人才教育培训计划。建立健全政府调控、行业指导、社会参与、单位自主的继续教育运行机制。

进一步加强人才培养开发载体建设,构建"政产学研"紧密结合的培养模式。继续加大对科技创业园、大学科技园、产学研合作基地等载体的支持力度;制定相关政策,充分利用镇江的地缘优势,鼓励驻镇高校、科研机构、企业相互开放,共建重点实验室、研究基地。继续强化产学研人才培养基地建设,明确各主体在"政产学研"合作中的职责,完善评价标准和运行机制,规范基地建设。探索建立大中专院校、科研院所、企事业单位人才培养的共建机制。

4)积极推动人才立法工作

建议出台《镇江市人才开发条例》,通过立法把人才工作的实践经验上升到法律层面,将人才政策转化为实践中具体指导和规范人才工作的行为准则,规范人才培养、引进、流动、评价、服务、保障、激励等人才开发的各个关键环节,为人才开发工作提供法律保障,充分发挥人大、政协和政府各部门在人才强市战略实施过程中的引导、调控和规范作用。以立法形式明确人才开发财政资金的科学投入和增长机制;建立人才诚信档案制度,实行人才诚信激励、举报监督和失信惩戒机制;建立重要人才特殊保障制度和市级人才荣誉制度;建立产学研合作机制等。

8.1.2 经济环境

1)大力发展人才服务业

一是完善人才市场和知识产权市场体系。人才流动、人才创新和创新成果的市场化密不可分,要高度重视人才市场和知识产权市场的建设,尤其是知识产权市场的建设和维护尚有很大的提升空间。发展专业人才市场,促进用人单位通过市场自主择人和人才自由进入市场并自主择业;大力发展知识产权市场,加大对专利、商标等知识产权的保护力度;放宽市场准入条件,鼓励民间资本等投资人才市场,促进人才市场主体的多元化发展。

二是积极培育各类专业化人才中介组织和服务机构,实现人才服务的市场化、专业化和系统化。建立知识产权托管服务中心,为企事业单位提供专业化的知识产权服务,在严格保守企业商业秘密的前提下,企业可委托服务机构管理其知识产权相关事务,为企业量身定制一揽子服务,包括信息分析、专利申请文件撰写、专利申请流程服务、制度建设、专利运营、权利维护等内容。

三是加强人才市场监管。加强人才市场化配置的政策法规建设,建立强有力的监督机制,规范人才流动和引进秩序。

四是加强人才工作信息化建设,构建人才信息网络共享平台,形成人才信息和公共政策信息共享机制。

五是制定鼓励人才服务业发展的政策。成立市场化运营公司,承接原本由党委政府承担的人才项目受理、人才工作评价、人才教育培训等多项工作职能。整合政府和社会服务资源,建立统一的人才业务受理咨询服务平台,使之成为各类人才交流沟通的互动中心,形成区域性的重要人才公共服务基地,营造高效、便捷的人才服务环境。

2)建立多元化的人才资金筹措机制

进一步加大人才投入和统筹力度,加大财政在人才培养培训、教育科研等方面的投入力度。人才工作经费要纳入各级政府财政预算,并建立定期增长机制,着重加大对人才公共服务基础设施和人才开发重点项目的投入。加大财政资金引导力度,以财政资金撬动社会资本,进一步完善金融手段支持创新创业人才研发和产业化的财政支持模式,构建政府、用人单位、个人和社会多元化人才投入机制。发挥财政资金的杠杆作用,撬动社会资金,建立天使基金、风险投资基金,提高资金的使用效率。鼓励担保机构开展科技创业企业融资担保服务,鼓励社会创投机构投资人才项目。创新"苏科贷""镇科贷""镇保贷""人才贷"等的服务方式,推动创投、银行、保险、担保、小贷等与人才对接。

8.1.3 文化环境

1)打造宣传鼓励创新的舆论环境

政府要在全社会大力宣传"宽容失败就是鼓励创新"这样的一些新理念、新观点,鼓励创新人才的价值创造,重奖创新典范,建立一种"鼓励冒险、崇尚创新、宽忍失败"的创新文化环境,努力营造创新人才辈出的文化氛围。大力弘扬尊重劳动、尊重知识、尊重人才、尊重创造的理念,倡导敢为人先、敢冒风险、宽容失败的新风尚,鼓励和宣扬"名利双收"和"一夜暴富",在人才投入、人才企业存活上,营造更加包容的人文环境。

2)打造人才自管理组织

成立领军人才俱乐部、人才发展协会、众创空间联盟、金山英才俱乐部等,开展学术研讨、举办各类培训、辅导和讲座活动,为各类人才提供交流合作平台,激发灵感,合作共赢。

3) 大力弘扬"企业家精神"和"工匠精神"

"企业家精神"是指成功的企业家至少要具有不畏困难的开拓进取的创业精神、不断与时俱进的创新精神、面对重大机遇和挑战时的冒险精神和敢于担当的社会责任。"工匠精神"是专注产品品质、坚持不懈、精雕细琢的精神。要鼓励企业开展个性化定制、柔性化生产,培育精益求精的工匠精神,增品种、提品质、创品牌。

8.2 企业要构建创新人才培养和激励机制

企业在设计创新人才培养和激励机制时,需以人为本,充分把握创新人才成长的规律,通过一套符合科技创新人才特点的制度设计,采用物质激励和精神激励相结合的方式,着力激发创新人才的创新动力、创新激情。通过激励手段约束创新人才的创造行为,使企业培养内化为人才的自我培养过程,才能激励众多的人才成长为各领域、各学科、各专业的骨干力量,创造更多的创新性成果和价值。

8.2.1 扩充创新人才队伍,完善人才管理体系

从素质、能力和业绩等多个维度构建创新人才信息库,为创新人才的引进、选拔、任用和培养提供标准和依据。拓宽人才引进渠道,丰富人才使用形式,完善人才培养手段和方法,为创新人才后备队伍不断输送优秀人才,增加人才发展后劲。完善人才评价选拔体系,改革传统的人才评价体系,"不以成败论英雄",不单纯依赖结果来评价人才。建立健全鼓励创新人才创新的分配制度和激励机制,坚持向关键岗位和优秀创新人才倾斜的政策。

8.2.2 建立创新人才职业发展通道,规划职业生涯

按照"双因素"理论,工资和福利只是保健因素,事业的成功和能力被认可带来的自豪感、成就感才是激励因素。通常创新人才薪酬待遇都不低,单纯的物质激励并不一定能收到成效,因此加大精神层面的激励尤为必要。应建立与创新人才匹配的职业发展通道,激励其立足岗位,发展成才。打破仅靠职务晋升才能提升岗级的单一通道,建立与"管理序列"并行的"研究序列"职业发展通道,使两者之间可以互联互通。通过科技攻关团队建设,在科研实践中锻造英才,建立涵盖各级别创新人才岗位、素质和能力要求的培养方案和职业生涯规划,增强科研培训的针对性和有效性。统筹考虑科技攻关团队建设的重点和方向。依托重点实验室和重大科研攻关项目、校企联合科技项目等,加强企业科研基础和科研平台的建设,在大项目、大成果培育的过程中,锤炼和锻造创新人才。尤其要注重对青年才俊的支持和辅助,要敢于给年轻人锻炼的机会,既要激励成功也要宽容失败。

8.2.3 创新多元化分类激励,培养创新人才和团队

注重采用工作激励、特殊福利、技术创新一次性奖励等激励手段,满足创

新人才的个性化激励需要。可以采取股票、期权激励、薪酬激励、职位和情感激励等方法,调动创新人才的工作热情。形成分配激励、事业激励、荣誉激励相结合的多元化激励体系,充分调动科研人员的积极性、主动性和创造性。健全与创新人才职业发展相匹配的特殊奖励体系,设立团队绩效奖励基金,注重发挥各种特殊津贴对创新人才的精神与物质双重激励作用,并通过特殊奖励体现公司尊重人才、尊重知识的导向。提供自由灵活的特殊福利,如提供荣誉激励,为科技领军人才和优秀科研专家建立科研工作室,配备助手、项目经费和场所,鼓励扶持科技领军人才和优秀科研专家建立科技攻关团队。

8.2.4 建立多层次的科研绩效评价机制

要建立多层次、多类别的绩效评价机制,逐步增加评价指标体系中创新指标的权重,并结合公司科技创新工作适时调整。遵循科研基本规律,完善考核指标体系。对基础性、前瞻性科研工作,注重过程性考核;对应用型科研工作,加强结果性考核;对试验检测、产品开发、技术服务等工作,注重平衡过程和结果、工作效率与效果、客户满意度等多种指标考核。针对创新人才的绩效考核机制,着重完善绩效管理制度,突出考核创新人才的创新能力、科研贡献、领衔作用、人才培养和团队建设等方面的内容。

8.3 强化高校对创新人才素质和能力的开发功能

8.3.1 更新传统的教育观念

现代社会需要的是全面发展的人才,需要的是有创造精神和创新意识的人才。而创新精神和创新意识恰恰是现代社会所需要的品质,教师、学校应该更新教育观念,注重知识、能力和素质的协调,全面发展的同时,更加尊重学生的个性化培养。全面培养具有创新人格、创新意识、创新品质和创新思维的人才是时代赋予高校的使命。

8.3.2 改革课程体系和教学内容

袁贵仁指出:"教育创新,核心是教育内容、方法和手段的创新。教育活动直接作用于学生的是其内容、方法和手段。教育创新,要在教育内容、方法和手段的创新上下功夫。"课程体系和教学内容改革也是人才培养模式着力需要去改革的环节。要努力开掘教学内容的文化蕴涵,帮助学生认识科学发展的规律、趋势,帮助学生掌握探究、发现的教学方法,帮助学生领略人文社会科学中的科学精神和自然科学中的人文社会精神,增强他们热爱科学、研究科学的兴趣和能力。教师在教学中,要有目的性的引入科学研究,注重在教学中培养学生的科研意识和科研精神,积极引导学生参与科研项目。另外,为适应产学研协同创新中心跨学科培养人才的要求,设置跨学科的课程体系,适应学生的学习需要。

8.3.3　改革教育教学方法

学思结合。倡导启发式、探究式、讨论式、参与式教学,帮助学生学会学习。激发学生的好奇心,培养学生的兴趣爱好,营造独立思考、自由探索的良好环境。适应经济社会发展和科技进步的要求,推进课程改革,加强教材建设,建立健全教材质量监管制度。深入研究、确定不同教育阶段学生必须掌握的核心内容,形成更新教学内容的机制。充分发挥现代信息技术作用,促进优质教学资源共享。

知行统一。坚持教育教学与生产、社会实践相结合。开发实践课程和活动课程,增强学生科学实验、生产实习和技能实训的成效。充分利用社会教育资源,开展各种课外、校外活动。加强学生社团组织指导,鼓励学生积极参与志愿服务和公益事业。

因材施教。关注学生不同特点和个性差异,尊重学生的多元智能,发展每一个学生的优势潜能。推进分层教学、走班制、学分制、导师制等教学管理制度改革。建立学习困难学生的帮助机制,多渠道资助学生完成学业。改进优异学生培养方式,在跳级、转学、转换专业及选修高一学段课程等方面给予支持和指导。

在新形势下借助于产学研创新这种形式培养拔尖创新人才,强调探究式和启发式的教学方法,尊重学生的个体差异,为每个学生制订合适的人才培养计划,促进学生的成长与成才。

8.3.4　继续深化产学研联合培养模式

镇江驻地高校经过多年的实践,已经建立了多种产学研的合作模式,为创新人才培养积累了丰富经验。借助产学研协同创新平台培养拔尖创新人才,是创新人才培养,尤其是对拔尖人才培养的重要途径。创新能力和实践能力是高素质人才必须具备的两个方面。为了培养学生的创新能力和实践能力,一是要建立产学研相结合的教育教学实践基地,二是要通过推进高校协同创新,打造产学研合作创新平台,形成成熟的人才培养模式。研究推进高校与企业共同培养创新性人才的培养模式。将行业高级技术人员引入高校当导师,在校学生培养实行双导师制。这一方面为企业及产业培养和储备了技术人才,另一方面也推动了高校人才培养质量的提升。

课题组单位：镇江市交通运输局
课题组成员：翟胜勇

县域建立集聚高层次人才长效机制研究

——以扬中市为例

1 绪 论

1.1 研究背景

治国兴邦,人才为重;执政兴业,唯在人才。随着我国经济社会发展进入"新常态",以追求增长速度、大量消耗资源为特征的粗放型经济发展模式已不能适应我国发展需求,以互联网、智能化、新经济为代表的新一代高新技术产业已崭露头角。高新技术产业的快速发展进一步凸显了我国人才资源缺乏的困境,如何进一步优化人才体制机制,吸引高层次人才回国创新创业成为我国新时期全面深化改革过程中亟待破解的难题。

"致天下之治者在人才"。人才是衡量一个国家综合国力的重要指标,一支宏大的高素质人才队伍,是全面建成小康社会的重要资源。十八大以来,习近平总书记多次在不同场合、不同会议上强调了人才的重要性,他指出:创新是引领发展的第一动力。抓创新就是抓发展,谋创新就是谋未来。适应和引领我国经济发展新常态,创新驱动实质上是人才驱动。要学会招商引资、招人聚才并举,择天下英才而用之,广泛吸引各类创新人才特别是紧缺型创新人才。2016年3月,中共中央印发了《关于深化人才发展体制机制改革的意见》(以下简称《意见》),其作为全面建成小康社会进入决胜阶段之际我国第一个针对人才发展体制机制改革的综合性文件,为今后很长一段时期的人才工作指明了方向。

相对于大城市,县域在社会环境、教育医疗资源、文化体育设施、交通住宿、休闲娱乐等方面,还有较大差距,不仅对外面的高层次人才缺乏吸引力,就连土生土长的本地人才,也常常走向"高处"。以扬中市为例,扬中市每年有高中毕业生1 000余人,但扬中籍毕业生每年回扬中工作的人数只有不到500人,有近一半的扬中籍人才都落户他乡。县域缺乏对人才的吸引力,导致县域人才工作陷入"引不进、留不住"的窘境。人才是"候鸟",哪里的环境适宜就往哪里聚。县域硬件不足,就必须把软件做好,就更需要深化人才体制机制改革。《意见》的出台,对扬中市来说无疑是一个巨大的政策红利,要抓住《意见》出台的契机,加快建立集聚高层次人才的长效机制,让扬中市能够"引得进、留得住"高层次人才。

本课题在借鉴前人研究的基础上，立足于扬中市实际，对扬中市高层次人才引进培养机制进行了深入的研究探讨。本课题共分为四个部分。第一部分，主要阐明课题的研究背景和意义，对国内外研究现状进行综述，设定课题研究的主要内容和研究方法，探讨课题重点、难点及可能的创新点；第二部分阐述了扬中市建立集聚高层次人才长效机制的战略机遇；第三部分对当前扬中市人才工作的现状及制约因素进行分析；第四部分是对扬中市建立集聚高层次人才长效机制的思考，在前文分析研究的基础上，提出扬中市建立集聚高层次人才长效机制的路径。

1.2　国内外人才机制现状

1.2.1　国外人才机制现状

近年来，各地区区域竞争力差距的不断扩大已成为不争的事实。联合国开发计划署公布的《2015年人类发展报告》显示，中国人类发展指数（0.727）排全世界第90位，与发达国家相比差距巨大，究其原因是区域竞争力有待进一步提高。区域创新能力是区域综合竞争力的重要标志，是地区获得竞争优势的决定性因素。区域创新能力的提升与人才集聚度息息相关，没有大量高层次人才的集聚，就不会有区域创新能力的提升。如何吸引人才在区域内聚集，区域发展水平、产业结构固然重要，但更重要的是对人才的评价、管理、培养、激励等机制的完善。

1）人才评价机制

美国实行动态的同行评价，对升职评价、终身教授评价等采用校内和校外同行相结合的评价方式，注重听取外部同行专家的意见，形成动态机制，激发科研人才的科研精神；英国实行"研究卓越框架"（REF）评估体系，REF的评估方向主要有科研成果、科研影响力和科研环境三个方面，成果形式也不全是以学术论文为准；日本强调团队合作，在考核方面注重长期业绩并实行分层考核，如直接领导考核—中层主管考核—高层考核，最后再进行总结分析确定结果，以计分评价制100分为基准，评价原则客观而细致。

2）人才管理和培养机制

美国大学人才管理实行"非升即走"，一般要求任教者每5年上一个台阶，如果到时间仍然不能评上更高级的职称，任教者就会被解聘，美国同时也注重人才培养，尊重个性发展和创造力培养，教育与市场紧密配合；德国采用"双元制"培养模式，一方面在企业接受职业培训，另一方面在学校进行理论学习，高校通过与企业联合办学，培养既具有理论知识，同时也具备专业技能和实践能力的高层次人才；韩国政府主导创新人才培养，启动创新人才培养计划，重视科研机构和科技园区建设，鼓励产学研三方的积极合作；以色列重视人才从孩童时代开始培养，让创新思维深深根植在每一个人的大脑中。

3）人才激励机制

德国政府为科技人才积极创造公平合理的创新环境,并建立了德国基于其市场经济制度的集中协调型科技体制;美国政府对科技人才的创新成果实施采购政策,并建立了健全的创新体系,完善科技人才的职业发展通道,职业保障与退出机制等;日本采用重金招揽人才的方法吸引国外优秀人才,如购买吞并外国企业,以购买或资助的方式占有美国名牌大学的实验室等。

4）引才用才机制

美国出台《竞争力法案》与《美国创新战略》,把人才引进列为比美元、军事和民主制度更重要的国家核心战略;欧盟国家,如德国实施"绿卡工程",法国实施"优秀人才居留证""外派职员临时居留证制度",英国实施"记点积分制"等,旨在吸引高层次人才留欧;新加坡推行国外人才居住计划、个人化就业许可证等政策吸引顶尖学生及人才留新。

1.2.2 国内人才机制现状

在改革开放以前,中国实行的是一种计划式的科技体系,这种体制在当时环境下对于解放生产力,发挥科技人才的潜力发挥了重要的作用。从 1985 年开始的科技管理体制改革,经历了三个主要阶段。近 10 年来我国不断出台有关科技人才的规划和宏观管理的相关文件,对科技人才的投入力度不断增加,同时大力加强人才引进,在全社会营造"尊重人才,尊重科技"的舆论氛围。这些措施取得了积极效果,调动了科技人才的积极性,促进了创新的发展。

十八大以后,人才工作被提高到了空前的高度,各省市纷纷出台各项人才政策,很多县域也出台了相应的人才政策,但这些政策大多集中在人才引进资助、税收优惠等方面,只注重对人才的资金支持,而忽略了对高层次人才在创新创业过程中需要的"全过程",甚至"私人订制"式的服务,尤其是对本地上下游产业技术需求、创新创业团队、国际国内技术合作交流,以及利于潜心创新创业的配套服务等,更有甚者,有些地方存在资金相互攀比的现象,导致各地之间的人才政策恶性竞争。除了人才政策本身的问题外,还存在着政策执行不到位的问题,一方面是因为政策宣传不到位,相关政策不配套,操作程序较复杂;另一方面是因为督促检查不够,对出现的问题,没有及时总结分析,并制定针对性措施等。综上所述,目前的人才工作机制仍存在着一些问题,需要县域主动研究集聚高层次人才的长效机制,提高县域对人才的吸引力,吸引更多人才落户县域。

1.3 研究内容

本项目研究的主要思路、框架设计如下:

第一部分,主要阐明本课题的研究背景和意义,对国内外研究现状进行综述,设定课题研究的主要内容和研究方法,探讨课题重点、难点及可能的创新点。

第二部分,阐述扬中市建立集聚高层次人才长效机制的战略机遇。

第三部分,对当前扬中市人才工作的现状及制约因素进行分析。

第四部分,对扬中市建立集聚高层次人才长效机制的思考,在前文分析研究的基础上,提出扬中市建立集聚高层次人才长效机制的路径。

1.4　研究意义

县域经济是国家经济最基本的区域经济单元,是城镇经济与农村经济的结合部,是工业经济与农业经济的交汇点,是宏观经济与微观经济的衔接处,是国家经济新的增长点,是最重要的基础和动力源泉。俗话说"郡县治,天下安",可见,县域经济对整个国家经济社会的发展具有重要意义。县域经济要实现跨越式发展,人才是关键性因素。人才资源作为科技进步的主要资源,是县域经济发展的不竭动力,是发展县域优势产业,形成县域发展优势的必要条件。本课题是在深刻领会并贯彻落实《关于深化人才发展体制机制改革的意见》的基础上,以扬中这样一个经济相对发达,人才工作基础较好的县级市为例,专题开展县域建立集聚高层次人才长效机制的研究,既可以为扬中市在更大范围内集聚高层次人才提供理论支撑,同时也为我国下阶段人才长效机制的制定开辟一条新路,从而更好地指导县域人才工作,提高县域对人才的吸引力。

1.5　研究方法

本课题以扬中市为例,通过查阅全国各地关于人才工作机制方面的文献资料,运用多学科综合研究的方法,就县域人才工作背景下人才工作机制改革进行全方位的分析、研究和设计,力图为县域在进一步完善人才工作机制上提供解决方案。

1）实地访谈法

在扬中市各镇区及重点企业进行走访,召开座谈会,听取基层一线的意见和建议,收集课题研究的相关资料。

2）问卷调查法

在扬中市相关镇区部门和企事业单位发放调查问卷,全方位了解各部门对人才工作的评价和建议,为课题研究的进一步深入和对问题的反思提供依据。

3）数据分析法

以调查问卷得出的数据为基础,进行科学的定性、定量分析。

4）对比分析法

对比扬中与省内外地区人才工作的开展情况,以更广阔的视野解决问题。

5）经验总结法

从已有的关于对策的成果中,筛选提炼出规律性的经验,用于指导对策实践,提高研究效果。

6）文献研究法

查阅国内外有关人才工作的相关文献,了解最新的研究动态,融合相关理论,为本课题的研究提供理论依据。

1.6　重点、难点及可能的创新点

目前,对于人才机制的研究基本上以国家、省市为主,很少涉及县域,本课题以县域人才体制机制为重点,从县域人才工作出发,研究县域人才的评价和激励机制,完善引才配套政策,培育识才、爱才、敬才、用才文化,重点研究以下四个方面的内容:

（1）在完善集聚人才长效机制的同时科学布局人才载体平台建设,结合县域自身的特点,具体问题具体分析,按照县域的功能定位谋划布局人才载体平台建设,同时配套人才任职、社会保障、户籍、子女教育等一系列解决方案;

（2）在实施人才新政的同时有效突出品牌示范带动作用,重视品牌建设,打造县域人才品牌,宣传县域重才文化,以重点引才工程为统领,实施一系列人才新政的解决方案;

（3）在制定县域集聚人才长效机制的同时谋划增强县域产业支撑能力,产业是强市的基础,也是实力的象征,新时期的县域人才战略要提供助推三次产业协调发展（主导产业规模发展、现代服务业提速发展、现代农业特色发展）的解决方案;

（4）县域集聚人才长效机制要着力培育县域特色,充分体现县域经济、社会、人文的特质,体现人在城市发展中的主体作用,充分发挥人的主体作用,彰显人的创新活力,打造活力之城,为城市文化注入现代内涵。

2　扬中市建立集聚高层次人才长效机制的战略机遇

人才体制机制改革是政府加快产业转型升级、企业提高产品科技含量、高校院所加速科技成果转化的必经途径。虽然扬中在人才机制方面还存在着渠道单一、机制单调、不够灵活等制约因素,但是只要顺势而为、抢抓机遇、因势利导、奋起直追,就能赢来人才工作的"春天"。

2.1　多重叠加的机制改革"红利"

十八大以来,国家从战略层面相继推出了科技计划（专项、基金等）管理改革、院士制度改革、促进科技成果转移转化、重大科研基础设施向社会开放、大众创业万众创新、人才发展体制机制改革等一揽子改革措施,地方人才

工作最大的难题——科技成果转化正逐步得以解决，长期在高校院所"束之高阁"的科研成果的使用权、处置权和收益权将全部留归单位，科技人员科研成果转化奖励由 20% 提高到 50%，极大地激发了科研成员参与科技成果转化的热情。人才工作最核心的部分——产学研合作＋政府，形成了政产学研，加入了政府的引导和规划，即结合我市产业发展和企业技术需求构建政产学研合作的联络网、关系图和路线图，有利于企业快速捕捉转型发展机遇。

2.2 来之不易的转型升级机遇

当前，世界经济正在进行新一轮深度调整，我国经济也进入了"新常态"，原有的发展动力和竞争优势不断减弱，新增长动力和新竞争优势尚未形成，我国经济只有通过技术创新、产品创新和商业模式创新加快转型升级、打造竞争新优势，才能在未来市场中具有竞争力。人才引进是技术创新、产品创新的捷径，也是经济转型升级的关键环节。要紧紧抓住扬中市企业转型升级、创新发展的历史机遇，鼓励企业与科研院所、高等学校建立长期稳定的合作关系，依托科技人才项目，大力引进高端人才和创新团队，努力提升企业自主创新能力和产业科技附加值。

2.3 基础雄厚的特色产业优势

扬中市拥有智能电气、新能源、装备制造三大主导产业，其中，智能电气产业的竞争优势和规模优势十分明显，占全国市场份额的 20% 左右，有全国知名的大全集团、中电电气、有能集团等工程电气企业，是全国闻名的"工程电器岛""国家火炬计划电力电器产业基地""中国工程电气名城"。新能源产业已形成了"硅料提纯—铸锭切片—组件封装—集成应用"等较为完整的产业链，涉及上、中、下游五个环节 10 多个产品。2014 年，三大主导产业规模超过 1 000 亿元。高集聚度的产业特点为政产学研合作提供了难得的合作机会和广阔的合作空间。

3 扬中市人才工作现状及制约因素

3.1 扬中市人才工作取得的成绩

从"星期日工程师"到"高端人才柔性引进"，从"供销员经济"到"技术员经济"，从"乡镇企业、小作坊"到"高新技术企业"，在改革开放 30 多年的实践中，扬中市始终秉承着不求人才为我所有，但求人才为我所用的政产学研合作理念，这个理念支撑了扬中市本土企业的高速发展，也支撑了扬中市经济社会的快速转型。截至 2015 年底，全市共引进国家"千人计划"21 人，省"双创计划"78 人，为全市企业的转型升级提供了必要的智力支撑（见图 1）。

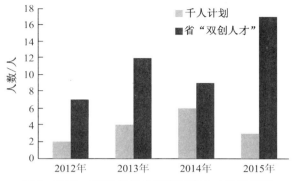

图 1　2012—2015 年扬中市高层次人才引进情况

3.1.1　"政产学研"一体化的发展理念日趋成熟

通过政府、产业、大学、研究机构四方在创新过程中共同参与、密切合作、相互作用、协同作战,形成源源不断的创新流,实现多方共赢发展(见图 2)。

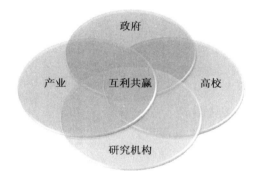

图 2　"政产学研"一体化发展

1)政——政府协调引导作用持续发力

注重将政府引导与市场运作相结合,充分发挥政府统筹规划、协调指导、服务保障的作用,促进技术创新资源的整合与优化配置。通过经济手段促进创新人才、技术成果和资本等创新要素的结合,进一步激发创新活动。通过多年实践探索,扬中市"政产学研"协同创新机制不断健全,形成了"政产学研"一体化的创新发展理念。

2)产——企业引才主体观念不断增强

新常态下,企业面临着生存环境压力、产业升级转型、市场竞争激烈、生产成本高等诸多因素的挑战,所以企业对高层次人才、科技团队、高新技术的合作期盼意识明显增强,投入也逐年加大。企业通过政产学研合作,特别是通过共建企业技术中心,共办高科技实体,加快了科研成果转化和转型升级步伐,增强了企业的自主技术创新能力,推动了企业技术进步,也为企业的发展壮大提供了坚强后盾。

3）学——高校与企业合作互动日益频繁

随着高校服务地方经济发展的功能不断强化,高校与企业的交流互动也越发频繁,产学研合作越来越紧密。目前,我市80%以上的企业与高校院所建立了稳定的合作关系,每年有100多项先进技术成果产业化。高校院所在突破重大技术瓶颈,掌握核心技术,引领高新技术发展等方面发挥着重要支撑作用。

4）研——研究机构技术创新渐成趋势

一方面,企业自身的研究机构数量不断增多,创新能力不断增强,如大全集团、金海新源、荣德新能源等企业研发机构都由博士团队甚至"千人计划"专家团队领衔;另一方面,校地共建的研究机构越来越受到重视,如新成立的智能电气研究中心就是由华北电力大学和扬中市共建,服务于扬中市智能电气产业的专业性研究机构,研究中心的成立受到了各方的高度关注。

3.1.2 "四张清单一张网"的工作机制独具特色

近几年,扬中市在工作实践中摸索出了一套带有扬中特色、行之有效的工作机制——"四张清单一张网"工作机制（见图3）。

1）产业需求清单动态管理

每年摸排汇总形成产业发展重点项目技术需求和人才需求,形成产业需求清单,在此基础上对外发布当年引才公告。现今清单再度扩容,由过去单独关注工业领域转向涵盖一、二、三产在内的重点产

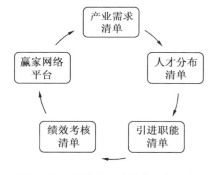

图3 "四张清单一张网"工作机制

业领域,并建立了动态产业需求数据库。目前,此项清单已完成了需求摸排工作并编印成册,2016年度产业人才引进公告也于4月底对外公开发布。

2）人才分布清单每月报送

注重分析人才分布状况,坚持六式引才——挂职、活动、项目、载体、异地、问诊,并坚持"四排四个一"每月报送机制,实时了解人才分布情况。举办多种多样的产学研对接活动,对接全国各地高校院所高层次人才,2017年以来已举办扬中—厦门大学对接会、扬中—南昌大学对接会、扬中国际能源互联网峰会、北京科技人才江洲行四场产学研对接活动。

3）引进职能清单优化调整

为实现产业发展与人才集聚同频共振,镇江"金山英才"计划对产业部门在人才引进工作中的职能提出了新要求。策应这一新变化新要求,扬中市也

调整了人才工作领导小组,并强化了成员单位中产业部门的工作职责。目前,已基本织成一张市镇联动、部门协同的政产学研联动网,这张网在坚持政产学研协同、保护专利产权、促进人才与金融融合等方面将会打出更为有力的"组合拳"。

4）绩效考核清单量质并举

坚持"量质并举"的工作理念,把人才落户率、技术转化率、成果产出率作为跟踪人才工作绩效的"指挥棒",继续开展人才项目"第三方绩效评估",实现人才效益最大化。同时,将政产学研合作工作加入全市人才工作要点,并进行详细的目标任务分解,列入党建口和经济口双向考核。

5）赢家网络平台创新领航

以互联网思维为领航,自主研发并运营了国内首个政产学研合作平台"赢家",并与河北工业大学国家中心合作,引入 TRIZ 创新方法,成立了双创平台研究院,2017 年 4 月 23 日已经揭牌。双创平台研究院以市场化服务外包的方式对企业技术需求进行深度剖析,为企业提供精准订单式引才整体解决方案,同时开展创新工程师培训,从源头解决企业创新能力不足的问题。

3.1.3　多元、灵活、创新的合作模式遍地开花

扬中市的政产学研合作模式已由简单的技术转让向合作开发、委托开发、共建研究开发等方面转化。

1）构建企业孵化平台,提升"支撑效应"

目前,扬中市已经建成了包括扬中市科创中心、扬中市新坝科创服务有限公司 2 家国家级科技企业孵化器在内的孵化平台 31.9 万平方米,入孵企业超过 200 家,创办了"众创空间"3 家,为人才创新创业提供从入驻到毕业全过程"保姆式"的服务,全力打造人才创新创业高地。

2）实施嫁接共赢工程,放大"互补效应"

积极发挥政府有形之手的作用,推动兆伏新能源、星河集团等本土传统企业分别与德国 SMA 公司、以色列哈姆雷特公司等世界知名企业成功嫁接,实现优势互补,在吸引国外资本投资的同时,也成功打入了国际市场。

3）建立博士后科研站,拓展"引领效应"

在全市有条件的企业设立博士后工作站,为企业吸纳高层次人才。目前,全市共建成 6 家博士后工作站、4 家博士后创新实践基地,先后吸引了 19 名博士后入驻,博士后在站期间为企业解决了多项技术难题。

4）承担重大科研项目,做强"带动效应"

与高校科研院所合作申请重大科研项目,建立科研平台,带动企业技术创新、产品升级。以 2016 年为例,扬中市企业先后申请科技项目达 48 项,获批省级项目 13 项,其中 4 项省科技成果转化计划获得资金资助 3 800 万元,

立项数、资金数占镇江市的 50%（见图 4）。

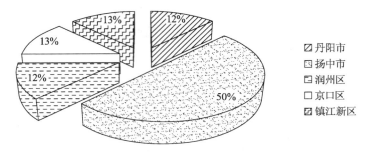

图 4　2016 年省科技成果转化计划分布图

5）对接高校科研机构，凸显"科技效应"

全面深化与高校院所、科研机构的交流与合作，帮助企业提升自主创新能力、提高产品科技含量、解决技术难题。先后与华北电力大学签署了"全面合作协议书"，建设了华北电力大学扬中智能电气研究中心，与河北工业大学成立了双创平台研究院等。

3.1.4　覆盖面广、针对性强的扶持政策全面落地

坚持强化政策和资金的服务保障措施，积极帮助和引导有条件的企业申报国家、省、市等各级各类项目和资金政策，为企业科技创新、产业升级提供各类扶持资金。

1）因地制宜出台本土个性政策

在认真落实国家、省、市等各级各类政策的基础上，先后制订了《关于实施"江雁计划"的意见》《关于完善加快高层次人才集聚的政策意见》《加快科技创新促进转型升级专项激励政策》《关于支持江苏省扬中高新技术产业开发区加快发展的意见》等一系列推进政产学研合作的政策文件，使政产学研合作成为扬中市转变发展方式的重要举措，成为产业结构由适应性调整向主动性调整的行动共识，成为扬中经济发展由"苦苦追寻"向"弯道超车"转变的关键手段。

2）全力以赴加大科技创新扶持

对新兴产业落实扶持发展机制，充分发挥"苏科贷""镇科贷""江雁贷"的作用，全力加快产业化进程，大力引入天弘基金、北鹏基金等风险投资，构建扶持科技成长型企业和新兴产业"投、保、贷、中介"四位一体的科技金融服务体系；对工业和服务业经济充分发挥政策引导作用，鼓励企业加大自主创新和技改研发，切实做好奖励政策兑现，坚持"稳心留根"与"保优退低"两手抓，"壮大规模"与"扶优育强"两促进。

3）全面有序推进企业上市工作

按照"上市一批、辅导一批、储备一批"的思路,积极推进企业开展上市工作,制订了《关于进一步鼓励企业上市的若干意见》,目前已有和成显示、通灵股份、海天微电子、天辰新材料等 11 家企业实现挂牌上市,注册资本达 6.5 亿元,其中新三板企业 7 家,上股交 Q 版 3 家,E 版 1 家。

3.2 扬中市人才工作的制约因素

3.2.1 本地高校资源匮乏,成果转化难度高

扬中市境内没有高校,镇江市境内只有 2 所本科院校,而且普遍存在着人均科研经费投入少、课题小、成果质量不高等问题。同时,国家对高校院所科技成果产业化要求不高,易导致科研人员政产学研合作动力不够,影响到合作的顺利开展。虽然近期出台了一系列促进科技成果转化的政策,但效果尚未显现。

3.2.2 信息获取渠道单一,沟通交流机会少

高校院所与企业间沟通交流机制不完善,信息获取渠道单一,双方交流了解的机会不多,有些项目由于没有有效地沟通交流,往往会出现一些沟通不及时和脱节的问题。另外,扬中市具备较强创新意识和创新能力的企业总体不多,部分企业积极性不高,也导致双方沟通交流不畅,政产学研合作困难。

3.2.3 科技成果转化率低,高新产品规模小

有些可以转化的成果,因其专业不是扬中市优势产业,难以在本地实现转化;有些企业受资金、场地和市场等因素制约,已拥有的专利成果短期内难以实现产业化,无法产生经济效益,高新技术产品的市场占有率较低,产品规模偏小,企业整体核心竞争力不强。

3.2.4 合作机制比较单调,合作模式创新少

目前的产学研合作主要是购买技术成果、解决技术难题、合作实施政府科技项目等,共建研发机构、创立创新联盟、组织前瞻性研究等方面较少,有些产学研合作仅停留在高校院所科研人员的个人行为上,普遍存在着成果搁置现象,产业化水平比较低。

4 扬中市建立集聚高层次长效机制的思考

当前,全球新一轮的科技创新竞争风起云涌,资本、人才、信息等创新要素在全球范围内加速流动,国内各区域间的竞争愈演愈烈,必须更大力度地深化人才发展体制机制改革,创新政产学研合作模式,努力为科技人才创新资源向扬中市聚集构建畅通、高效的绿色通道。

4.1 构建产业集群发展机制,凝聚产业发展共识

人才的空间分布很大程度上取决于产业的空间布局。当前,扬中市正处

在长江经济带、长三角城市群规划、苏南自主创新示范区、江苏"一中心一基地"建设等多重战略叠加的重大历史机遇期,产业集群发展正当其时。

1)建立特色产业抱团发展机制

充分发挥企业主体作用,通过政产学研合作,引导产业链上的重点骨干企业实现并购"嫁接",外资企业增资扩股、扩大生产规模,外贸企业订单共享、联动发展,私营个体企业出让股权连锁经营。通过特色产业"抱团取暖",实现产业链的拓展延伸,增强特色产业的快速发展。

2)健全产业链协同发展机制

全面分析全市现有产业链发展面临的机遇、挑战、优势与劣势,围绕支柱和优势产业、产品,制定产业链发展规划,推进基于产业链的协同创新发展,加速现有产业的链化延伸,补缺、做大规模,做优配套。坚决摒弃碎片化、单独化招商模式,逐步建立以延链、补链、强链为主导的"集群式"招商,进一步带动产业集群化发展,形成特色产业集群化布局。

3)探索产业分工协作机制

扬中市三大主导产业已经初具规模,上下游产业链已初步形成,但相互分工协作的产业网络体系尚未建立,有些下游企业舍近求远采购外地上游材料,且不愿开拓本地市场,造成了资源的浪费。要探索建立产业分工协作机制,就近采购、销售上下游材料,倡导本土企业之间相互协作、互利共赢,共同推动产业集聚集约发展。

4)完善产业循环发展机制

大力发展循环经济,全面节约和高效利用资源,建设节约、集约循环利用示范区,力求实现零污染、零排放,引导产业链向生态链延伸,形成产业的良性循环发展。

4.2 优化人才服务保障机制,打造便民服务平台

完善的人才服务体系是人才创新创业的基础,要尽快转变政府管理职能,变万事不管的"甩手掌柜"为服务至上的"店小二"。

1)大力发展科技中介服务

大力发展技术市场、技术转移、科技信息、财务管理等中介机构和中介组织,做大、做强双创平台研究院,提升人才服务的精准度。同时,也鼓励其他社会力量参与科技中介服务体系建设,共同促进人才服务向纵深开展。

2)完善科技服务保障体系

全面落实各级科技扶持政策,努力做好校企间信息沟通和合作对接的服务工作,营造更加浓厚的创新创业氛围。把人才创新创业打造成为全市战略性新兴产业、高新技术产业集群发展和创新体系建设的重要平台,提升全市自主创新能力和核心竞争力,加速科技和经济紧密结合。

3）建立政产学研合作服务平台

充分发挥"赢家"政产学研合作平台服务功能,建立来扬专家信息库和技术需求数据库,探索实现政产学研线上"一对一"交流、线下"点对点"合作模式,为企业和专家教授提供便捷、实时的沟通交流渠道。

4.3 完善创新创业金融机制,实现"资智"无缝对接

"人才+资本"创业模式已是现阶段高层次人才创业的主流,吸引高层次人才来扬创新创业,建立人才集聚高地,必须完善人才金融机制。

1）成立创业投资基金

成立以"江雁投+江雁贷"为主的人才创业投资基金,逐步建立从初创企业的免费入驻、创业贷款到高成长企业的资本运作、上市辅导的全方位金融服务体系,为人才来扬创新创业提供初创资金,降低创业风险。

2）完善风险投资制度

政府、担保公司、银行三方共同出资成立"风险池",借鉴天使投资模式,为初创企业提供资金支持。同时,盘活各部门产业投资基金,建立跟投机制,优先投资接受过风险投资的初创企业,最大限度地发挥金融对科技的支撑作用。

3）优化人才资金投入

改变以往政府主导资金投入机制,建立市场化运作机制,鼓励民间资本进入科技创新领域,投资创新创业企业。探索通过"基金+财政"的模式,改无偿资助为股权、债权投资,充分发挥基金的带动和示范作用,实现财政资金的放大效应。

4.4 深化载体特色发展机制,谋划园区差异布局

"不栽梧桐树,难引金凤凰",特色载体平台建设至关重要。要建立载体平台特色发展机制,鼓励各个产业园区走特色发展之路,错位竞争、差异发展,打造一批特色鲜明的"产业小镇"。

1）高新区突出"高精尖特"

充分发挥高新区技术创新优势,以发展高新技术产业和战略性新兴产业为主导方向,大力发展新材料、新能源、新一代信息技术、节能环保、高端装备制造等"高精尖特"产业,全力打造全市高端产业集聚区、科技引领先行区、创新创业示范区、人才生态最优区。

2）经开区突出"资智对接"

经开区以资本密集型和外向型产业为主,重点发展智慧型、平台型、总部型项目,兼顾一批龙头企业,吸引一批中小型配套企业落户。

3）其他园区突出"特色发展"

油坊镇做大、做强光伏产业,建设光伏"梦想小镇";八桥镇大力发展临港

产业,建设港产城融合发展先行区;西来桥镇建设对接苏南板块的"最美南大门";三茅街道集聚总部资源,做大"城市经济",各个产业园区差异化布局,为人才工作夯实产业之基。

4.5 建立"扬中特色"创新机制,探寻自身发展路径

"梦想小镇"的成功,离不开"阿里系""浙大系";深圳光启的成功,绕不过"民办官助"的管理模式。所以,创新模式的发展不能"盲目从众",要因地制宜、"量体裁衣"。

1）探索协同创新发展

探索校企共建研发平台、共用创新资源、共享创新成果,以资本、股权和联盟关系为纽带,进行协同创新和开放式创新,利用基金的股权投资,共同做强、做大相关产业。

2）拓宽创新合作渠道

一方面,借助股份制公司型、合伙型、战略合作型和技术外包型等不同形式,进一步深化创新合作范围,拓展合作的空间。另一方面,探索建立更多的产业技术研究中心,如智能电气研究院,对扬中的主导产业进行点对点的技术创新,促进主导产业的转型升级、创新发展,进一步做大主导产业。

3）搭建特色创新平台

广泛开展产学研活动,进一步强化"江洲博士百人工程"活动品牌,加强与高校院所的联系交流,切实增强高校院所服务经济社会发展能力。探索把创办科技型企业纳入考核体系、制定鼓励科技人员创新创业政策,引导支持高校院所专家教授来扬创办科技型企业,形成一批科技型中小企业群。

课题组单位：扬中市委组织部

课题组成员：朱　阳

镇江市基础性人才激励政策研究

2016年3月21日,中共中央印发了《关于深化人才发展机制体制改革的意见》。意见指出,人才是经济社会发展的第一资源。人才发展体制机制改革是全面深化改革的重要组成部分,是党的建设制度改革的重要内容。

镇江市委、市政府一直非常重视人才体制机制改革工作,在"十二五"期间,就提出了"人才兴市"发展战略,系统性地制定了一系列政策措施,并不断推进,取得了明显成效。截至2015年底,全市人才资源总量57.2万人,每万人口(按全市常住人口317万计算)拥有人才1 804人,全市拥有享受国务院特殊津贴专家87人,省有突出贡献中青年专家59人(均不含驻镇单位),市有突出贡献中青年专家411人。全市建立国家级企业博士后科研工作站21个、省级博士后创新实践基地28个。"十二五"时期全市累计新增国家"千人计划"96人、省"双创团队"20个80人,省"双创人才"170人(含高技能人才2人),省"博士计划"107人,镇江市"331计划"人才(团队)442个。人才工作总体处于全省第一方阵。

2017年2月,市委、市政府召开了全市创新人才大会,市委夏锦文书记亲临大会并提出"打造名副其实的人才高地"的目标,再次为镇江市吹响了实施新一轮人才发展战略的号角。4月,市政府印发了《镇江市国民经济和社会发展第十三个五年规划纲要》,明确了镇江市未来五年的经济社会发展战略,将现代新兴产业列为镇江市未来五年产业发展的重点,并制定了具体的发展路线图。

从世界发达国家的成功经验看,产业发展离不开强大人才队伍的支撑,既要有高层次、领军型创新创业人才的引领,也要有一支高素质的基础性人才队伍为重要保障。

从我国人力资源发展状况来看,人口老龄化步伐不可阻挡,人口红利正在逐步消失,人力资源供应将日趋紧张,这从近一阶段宏观经济显著下行而就业情况相对平稳的事实中可得到证实。一旦经济发展渡过低谷进入上行期,人力资源供给必将出现紧张局面。

基础性人才是人力资源大军中的主力部分,是各行各业发展的动力源泉,我们必须未雨绸缪,积聚、储备一大批基础人才,努力创造基础人才自然流入的态势,才能使我市在下一轮大发展中占得先机。因此,在日新月异的新形势下,有必要对镇江市基础性人才激励政策开展调查研究,结合当前的经济和社会事业发展状况,提出政策改进的思路和建议,为政府进一步制定完善基础性人才激励政策提供参考。

1 关于"基础性人才"的界定

2014 年 9 月 16 日,市委办、政府办印发了《关于成立镇江市人才兴市领导小组的通知》(镇办发〔2014〕63 号,以下简称《通知》),明确领导小组下设"三组一办",即领军人才引领组、基础人才保障组、人才科技服务组和办公室。其中,基础人才保障组的日常工作由市人社局负责。从《通知》对人才工作任务的分工看,除了领军人才以外,其他各层次的人才工作基本都由人社部门负责牵头。

结合不同层次和类别的人才在经济和社会生活中所起的作用及所处的角色来分析,暂将"基础人才"的范围概括为除了国家、省、市"百千万""千人计划""双创计划""331 计划""169 计划"等重大人才工程确定的高层次、领军型人才,以及具有博士以上学历、正高级以上职称人员以外的其他各类人才,主要包括硕士及以下学历的各类大中专院校毕业生、各类职业院校毕业生、具有副高及以下专业技术资格的专业技术人员、持有职业技能证书的技能型劳动者。基础人才队伍可再分为三个层次:一是具有较高知识理论水平,以实用性科研及创新为主业的人员,主要是具有硕士研究生学历或副高级专业技术资格的人员;二是具有一定专业理论知识,从事各类管理和生产实践工作的人员,主要是具有大专、本科学历,或具有初、中级专业技术资格的人员;三是接受过一定专业训练,熟练掌握某项操作技能,具有中专、中技等职业教育学历或初级以上岗位技能资格,在一线岗位从事具体技能型工作的人员。

如果把整个人才队伍比喻成一座金字塔,那么高层次人才就是金字塔顶端,而基础性人才就是塔身和塔基,是经济社会发展的基石。

2 镇江市基础性人才队伍现状

基于上述对基础人才的界定,由于顶端的领军型人才队伍的绝对数量有限,所以基础性人才队伍就基本涵盖了全社会的各类人才,基础性人才数量应与人才资源总量相当。据统计测算,截至 2015 年底,全市人才资源总量57.2 万人,每万人口拥有人才 1 804 人。

江苏人才发展战略研究院发布了《江苏省省辖市人才竞争力报告(2015)》(以下简称《报告》),较客观地反映了 2014 年全省 13 市人才竞争力的总体状况。

人才综合竞争力又被分为三大类:第一类为 A 类,人才综合竞争力指数在 0.6 以上,显示这些城市具有较强的人才综合竞争力;第二类为 B 类,人才综合竞争力指数在 0.35 ~ 0.6 之间,显示这些城市具有一定的人才综合竞争力;第三类为 C 类,人才综合竞争力指数在 0.35 以下,显示这些城市人才综合竞争力相对 A、B 类较弱(见表 1)。

表 1　江苏省省辖市人才综合竞争力排名

排序	城市	人才综合竞争力指数	人才综合竞争力分类	排序	城市	人才综合竞争力指数	人才综合竞争力分类
1	南京市	0.877	A	8	扬州市	0.388	B
2	苏州市	0.861	A	9	泰州市	0.332	C
3	无锡市	0.711	A	10	盐城市	0.306	C
4	常州市	0.576	B	11	连云港市	0.244	C
5	南通市	0.533	B	12	淮安市	0.228	C
6	镇江市	0.447	B	13	宿迁市	0.192	C
7	徐州市	0.389	B				

《报告》还发布了各省辖市人才单项竞争力排名指标。

人才竞争力一级指标包括人才数量竞争力指标、人才素质竞争力指标、人才投入竞争力指标、人才平台竞争力指标、人才生活环境竞争力指标、人才创新贡献竞争力指标。表 2 是江苏省省辖市人才竞争力一级指标得分及其排序。

表 2　江苏省省辖市人才竞争力一级指标得分及其排序

城市	综合竞争力		B01 人才数量竞争力指标		B02 人才素质竞争力指标		B03 人才投入竞争力指标		B04 人才平台竞争力指标		B05 人才生活环境竞争力指标		B06 人才创新贡献竞争力指标	
	得分/分	排序	得分/分	排序	得分/分	排序	得分/分	排序	得分/分	排序	得分/分	排序	得分/分	排序
南京	0.877	1	0.941	1	0.936	1	0.839	2	0.754	2	0.899	1	0.889	2
苏州	0.861	2	0.887	2	0.759	2	0.912	1	0.917	1	0.847	2	0.938	1
无锡	0.711	3	0.632	3	0.635	3	0.748	3	0.704	3	0.766	3	0.812	3
常州	0.576	4	0.496	6	0.489	4	0.631	5	0.58	4	0.636	5	0.675	4

续表

城市	综合竞争力		B01 人才数量竞争力指标		B02 人才素质竞争力指标		B03 人才投入竞争力指标		B04 人才平台竞争力指标		B05 人才生活环境竞争力指标		B06 人才创新贡献竞争力指标	
	得分/分	排序	得分/分	排序	得分/分	排序	得分/分	排序	得分/分	排序	得分/分	排序	得分/分	排序
南通	0.533	5	0.599	4	0.405	6	0.669	4	0.544	5	0.646	4	0.613	5
镇江	0.447	6	0.336	9	0.416	5	0.479	8	0.405	7	0.495	7	0.522	6
徐州	0.389	7	0.516	5	0.397	7	0.5	6	0.42	6	0.546	6	0.251	9
扬州	0.388	8	0.395	8	0.375	8	0.448	9	0.384	8	0.487	8	0.363	7
泰州	0.332	9	0.328	10	0.282	9	0.435	10	0.355	9	0.454	10	0.317	8
盐城	0.306	10	0.409	7	0.269	10	0.481	7	0.32	10	0.47	9	0.225	10
连云港	0.244	11	0.285	11	0.224	11	0.342	12	0.22	12	0.389	12	0.214	11
淮安	0.228	12	0.275	12	0.201	12	0.354	11	0.243	11	0.433	11	0.149	12
宿迁	0.192	13	0.253	13	0.193	13	0.326	13	0.178	13	0.327	13	0.107	13

　　人才数量竞争力指标、人才素质竞争力指标，是城市潜在的、未来可能拥有的人才竞争能力要素，反映城市人才创新创业、作用发挥的核心竞争力。

　　人才投入竞争力指标、人才平台竞争力指标、人才生活及环境竞争力指标，是城市将潜在的人才竞争能力转化为现实以获得竞争优势的能力，反映城市人才创新创业的外部影响（创新创业条件、生活条件、环境等）因素，对核心竞争力起到正向（激扬、促进）或反向（压抑、制约）作用。

　　人才创新贡献竞争力指标，是城市现实的人才竞争能力，表征人才竞争力现状，反映人才对城市国民经济和社会发展的贡献和促进作用。

　　江苏人才发展战略研究院同时发布了《江苏省县（市）人才竞争力报告（2015）》，对全省县（市）人才竞争力进行了评价（见表3）。

表3 江苏省县(市)人才综合竞争力排名

序号	人才综合竞争力排序	人才综合竞争力指数	人才综合竞争力分类	序号	人才综合竞争力排序	人才综合竞争力指数	人才综合竞争力分类
1	昆山	0.872	A	23	沭阳	0.361	B
2	江阴	0.769	A	24	宝应	0.349	B
3	张家港	0.725	A	25	兴化	0.336	B
4	常熟	0.707	A	26	建湖	0.323	B
5	宜兴	0.695	A	27	邳州	0.321	B
6	太仓	0.611	A	28	沛县	0.288	C
7	丹阳	0.591	A	29	新沂	0.284	C
8	海安	0.574	A	30	泗阳	0.267	C
9	如皋	0.561	A	31	东海	0.266	C
10	启东	0.561	A	32	盱眙	0.264	C
11	海门	0.543	A	33	阜宁	0.263	C
12	溧阳	0.511	A	34	金湖	0.262	C
13	扬中	0.502	A	35	滨海	0.258	C
14	靖江	0.484	B	36	射阳	0.245	C
15	泰兴	0.468	B	37	泗洪	0.239	C
16	如东	0.462	B	38	睢宁	0.227	C
17	句容	0.450	B	39	丰县	0.225	C
18	金坛	0.428	B	40	洪泽	0.204	C
19	大丰	0.420	B	41	涟水	0.197	D
20	东台	0.399	B	42	灌南	0.190	D
21	仪征	0.387	B	43	响水	0.182	D
22	高邮	0.382	B	44	灌云	0.174	D

从综合指标看,镇江市以人才综合竞争力指数0.447,排名全省第6位,处于B类,具有一定的人才综合竞争力。而三个县市在全省同级县市比较中,丹阳、扬中、句容分列第7,13,17位,排名相对靠前。其中丹阳、扬中人才综合竞争力指数在0.50以上,均处于A类,显示具有很强的人才综合竞争力;句容处于B类,也具有较强的人才竞争力。

而从单项竞争力指标排名看,镇江市人才数量竞争力指数排名第9位,相对综合指标更加靠后,反映了镇江市人口基数最小这一关键因素对人才总量成长的制约,以及镇江市在基础人才投入方面的不足。人才素质竞争力指数排名第 5 位,相对综合指标更加靠前,反映镇江市高层次人才竞争力强于基础性人才。

综合以上数据分析,并结合调查研究获取的信息,我们认为,与周边地区相比,我市基础人才队伍建设还存在一定的差距,主要表现在:

1)人才资源总体规模偏小

截至 2015 年底,我市人才资源总量约 57.2 万,按常住人口计算,每万人口中人才数 1 804 人,处于省第一方阵,但是人才资源总量只排全省第 11 位;全市高层次人才仅有 3.55 万,特别是能够以创新、创业引领带动产业发展的人才十分紧缺。

2)人才分布不均衡,结构不合理

一是新兴行业人才紧缺。现有的基础型人才主要分布在传统行业,先进制造业、新能源、新材料、航空航天、绿色环保、生态农业、现代服务业等新兴行业急需的掌握一定专业理论知识和熟练操作技能的创新型人才紧缺。二是应用型、技能型人才总量不足。实体产业领域的工程技术、科技管理、农业技术、经营管理等应用型人才总量不足,生产一线的技能型人才总量偏低。三是高层次人才分布不合理。较高层次的基础型人才约 50% 集中在机关事业单位,社会生活各领域的不同经济性质企事业单位分布比例不大。

3)人才环境还有待优化,企业用才主体地位不突出

与苏南其他城市相比,镇江市对人才的吸引力不强,经济环境和产业结构存在差距,工作和生活娱乐配套设施不够健全,创新创业的活力和动力不足,人才引进难、留住难,特别是高层次人才流失率较高,成为外省人才进入苏南地区发展的跳板;科教资源丰富的优势发挥不充分,驻镇高校毕业生留镇率不足 10%;企业对引进人才的关怀和培养重视程度不够,中小规模民营企业人才整体待遇偏低。

4)基础人才开发投入不足,人力资源服务业发展滞后

市级人才资源开发专项资金盘子太小,且主要用于高层次人才引进培养,对基础人才队伍建设长期缺少有效投入;政府、社会、用人单位和个人等多元化的投入机制亟待建立;政府举办的人力资源服务机构仍处主导地位,人力资源市场培育不足、层次较低,人力资源服务产业园建设刚刚起步,集聚辐射效应尚未形成,民间资本参与人力资源服务业比重偏低,国际化、专业化的知名人力资源服务机构还没有入驻我市。

3 基础性人才职业行为的主要特点

相对于处在金字塔上层的高层次领军型人才,基础性人才是人才队伍中规模最大、分布最广、对经济社会波动最敏感、对生产经营管理活动影响最直接的群体,在其就业选择及职业发展过程中有着自身的特点。对这个群体的职业行为特点进行研究分析,能够为我们准确把握他们的真切需求,从而制定有针对性的政策措施提供帮助。

近年来,经济社会环境变化巨大,受国际经济危机和国内经济下滑影响,传统产业和服务业经济领域发生重大变革,同时国家去产能等宏观调控政策对就业层面的影响逐步显现,经济结构面临转型,各行各业不得不重新洗牌。同时新兴产业层出不穷,各类新经济现象、各种职业神话不断冲击着职场,促使人们的就业观念迅速调整变化。年轻的职场人士对社会变化的认知尤为敏感,对新生事物接受更快,反映在职业观念上,会表现出更多的特性。

为更加客观地了解基础性人才群体的职业行为特点,我们采取访谈和问卷的形式进行了广泛的调查了解。一是通过现场访谈调研,重点对高校毕业生就业部门工作人员、用人单位人事经理、人力资源服务从业人员、市场求职者等几个群体进行访问了解;二是采取网上问卷调查的办法,就各类人才最关心的事项、个人职业观念、对就业城市的选择标准、对镇江人才政策和环境的感受等几方面进行调研,从以往不同的角度获取第一手数据。同时,参考社会上专业人力资源工作机构的研究报告,对访谈和问卷调查得出的初步结果进行验证分析,力求获取客观真实的答案。

综合调研访谈和问卷调查的情况,我们对基础性人才这个群体有了以下几方面印象:

1)更加注重工作过程中的职业感受

他们往往不会为了一份工作而长期忍受较为恶劣的工作氛围或人际关系,轻松愉快的工作环境成为留在某一单位长期工作的重要因素。超过60%的人在面对不喜欢的工作氛围、苛刻的领导、吝啬的公司或不友好的同事关系时,会选择另谋职业。几乎所有人都认为愉快的职业感受是促使其努力工作、取得良好业绩的最佳保证。

2)薪酬待遇仍是求职时的首要关注点

除了稳定性得到普遍认可的政府公务员和事业单位可以让不少人愿意把薪酬待遇暂时放在次要考虑因素以外,其他岗位最吸引人才的,仍然是薪酬待遇及相关社会保障水平。随着我国对劳动者保护法律法规的完善,人才的维权意识显著增强,用人单位能否提供完善的社会保障及相关待遇成为必须考虑的因素。

3) 更加重视职业的安全感

面对几个不同的就业岗位,如果没有明显的薪酬待遇差别,影响求职者选择的,首先是能够带来长期安全感的职业稳定性(39%),其次是该岗位给予其职业生涯的发展空间(31%),再次则是个人对于该岗位的兴趣(28%)。

4) 职业忠诚度随着年龄的增长而增强

新入职1~3年以内是职业变换最多发的时间段,随着年龄的增长,跳槽频率逐步降低,职业忠诚度得到增强。30~40岁左右逐步进入稳定期,但存在一定合理的流动率。40岁以后,随着个人职业生涯发展路线基本形成,事业进入黄金成长期,主动性的工作变动越来越少,跳槽变得十分谨慎。

5) 家庭稳定对职业稳定的影响巨大

调查发现,促进人才长期留在某一城市工作的最大因素是家庭。对10~15年前从外地引进到我市工作的高校毕业生的跟踪调查发现,70%左右早已经离开镇江,其余留在镇江的人才,主要是因为已经在镇江结婚生子,受家庭影响从而打消了再赴外地择业的念头。

6) 院校毕业生求职心态变缓

在人口红利逐步消失的背景下,基础性岗位供需出现逆转。前程无忧在上半年发布的《2016应届毕业生求职到位率调查报告》显示,2016年大学应届毕业生的就业市场并未受到经济放缓的影响,尽管目前工作签约率不高,但大多数毕业生不缺少就业机会,很多毕业生仍在从容考虑职业机会的选择和进入职场时间,这与往年毕业生急于在春节前后集中签约形成鲜明的对比。

7) 工作地点是人才择业时的重要考虑因素

调查发现,人才在择业时,往往首先考虑的是工作地点在哪里,其后才考虑其他诸如待遇、发展等因素,而且首次择业和二次择业对期望工作地点的兴趣也有所区别。首次择业时,选择城市类型的排序为一线大城市、家庭所在地城市、经济发达地区的二三线城市和省会城市、就读高校所在地城市、其他省会城市、经济发达地区的三四线城市、其他地区二三线城市、其他地区三四线以下城市。排序与不同类型城市的人才竞争力排名相似,反映了初次就业人员对将来工作生活地点的愿景。而在二次择业时,对城市的选择显得更加实际和成熟,选项主要集中在目前工作所在同一城市、一线大城市、家庭所在地城市、周边发达城市等几个主要选项,选择其他省份非一线城市及周边三四线以下城市的人数极少,城市间的冷热对比更加突出。这也反映了人才在具备了一定社会阅历后,对职业选择不再盲目,更加愿意在熟悉的地点环境再次就业,希望获得更多的职业发展机会,不愿回到低起点、环境陌生的地方重新开始职业生涯。这一现象在前程无忧发布的《2015典范企业人才招聘状况报告》中也得到验证:"由于资本密集地投向可以互联网化的领域,人才需求高度集中在网络最发达和用户最多的一线城市和沿海区域。在三四线城市寻找合适的人才非常困难,从发达市场派遣员工去较为边远的区域也困难重重"。

8)潜意识中更加渴望职业自由

职场中流行的各种规则、压力、不确定因素等时刻困扰着身在其中的人们,更多的人为了生计不得不放弃个人的理想、专业、特长,心有不甘地在并不喜欢的岗位上工作,与并不融洽的社会关系周旋,身心疲惫。当前"大众创业、万众创新"的社会氛围,各级政府、部门单位鼓励创新创业的政策措施,以及社会上广泛宣传的人才创业成功的事例,极大地激发了各类人才投身创新创业的热情。尽管真正付诸实践的人只占极少数,但是在一大部分人才的心中,都埋藏着一颗随心追求自由职业、自己决定命运的种子。

9)初次择业者与二次以上择业者在择业观念、择业动机、择业方法等方面有着较大差异

初次择业者缺少社会阅历,对职场认知比较片面,对自身价值判断不准确,择业目标和方向不够清晰,对期望薪酬的设定比较随意,就业心理准备不足,就业决策易受偶然因素影响,职业选择往往深受家庭环境影响。而再次或多次择业者,已经具备了一定的职业经验,对社会环境有了较为深入的了解,对自身的职业定位逐渐清晰,择业目标更加明确,就业决策更加现实和理性。

研究基础性人才的职业行为特点,可以为更加有针对性地制定基础性人才激励政策提供参考。

4 部分重点城市主要人才政策概览及镇江市现行人才政策探析

本课题的主要任务是对镇江市基础性人才激励政策进行研究。由于基础性人才是全体人才队伍不可分割的一部分,所以要研究基础性人才政策,就不可能脱离宏观上的人才政策环境,就有必要对人才激励政策进行全面的了解。首先对省内外部分发达城市的人才激励政策作一个面上的了解,再对镇江市的基础性人才激励政策进行研究分析,重点探究其中值得完善和改进的空间。

4.1 国内部分重点城市人才政策概览

我们搜集了北京、上海、广州、深圳、杭州、武汉、南京、苏州、无锡等国内部分经济发达城市的人才政策,从高层次人才激励政策、大学生激励政策、财政投入政策、金融服务政策、住房保障相关政策等几方面进行对比研究,通过对比分析归纳出以下几个特点:

1）各大城市都非常重视人才队伍建设

研究的几个城市均为国内一、二线重点城市,知名度高,经济社会发达,影响力巨大,已经具备了强大的人才资源集聚能力。但是他们依然非常重视人才工作,舍得投入大量行政和财政资源,不遗余力地进行优秀人才的引进与培养,其力度和投入规模均非其他三、四线及以下城市可比。

2）普遍侧重高层次领军型人才激励,对基础性人才着墨不多

样本城市的人才政策均偏重于对顶尖型、高层次、创新创业领军人才的激励,鲜有对普通基础性人才引进的优惠措施,个别一线城市甚至还存在限制性政策。出现这种情况主要是因为这些城市均属国内一、二线发达城市,本身已经具有很强的人才聚集能力,基础性人才供给充裕,暂不存在基础性人才短缺的问题。而在三、四线及以下城市,对高层次人才的吸引力急剧下降,其实际引进对象主要还是集中在基础性人才群体,人才激励政策的重点应该有所区别。

3）区域间人才激励政策近似度较高,同质化倾向明显

综合分析各地的人才激励手段,一般可分为资金补贴、税收优惠、住房保障、子女教育、创业支持、金融服务、政府服务等几类,其中的税收优惠措施由于受国家法律法规约束而逐渐淡出,其他优惠政策由于相互间的学习借鉴,相似度越来越高。仅以政府补贴一类来说,就有补贴个人、奖励引进人才企业、资助人才投资项目、补贴毕业生就业见习、补贴人才落户购房租房、为人才创业贷款担保贴息、补贴创投基金资助人才等,优惠措施大而全,但是缺少地方特色,地区间的差异仅剩补贴金额的区别,成为地方财政投入实力的比拼,一定程度上扰乱了人才市场的秩序,导致市场化配置功能下降。

4）政府补贴成为政策标配且标准不断上涨

政府补贴一定程度上会误导人才流动行为,迷失人才激励政策的初衷。动用政府财政资金进行补贴成为各地人才政策最常用的激励方式,而且补贴标准随着地区间人才竞争的加剧而水涨船高。节节攀升的补贴水平,常常导致有关人才在决定就业方向时过多地考虑地方补贴金额,而不是客观、全面地对各类因素进行综合分析,进而影响就业决策。同时,政府补贴的盲目攀比,也催生了一批以骗取政府资金为目标的掮客,导致政策实施的效率大幅下降。

5）不同规模城市间的先天条件决定了其人才激励政策的力度和实施效果

一、二线城市本身已经具备了强大的人才集聚能力,在人才的博弈中稳占主导地位,再加上其雄厚的财政实力,支持其“奢侈”的人才激励政策,实施效果一定是事半功倍。而三、四线及以下城市的环境因素、经济实力和投入

能力与一、二线城市是无法比拟的,根本不可能与之比拼财政支持力度,即使参照他们的模式制定实施人才激励政策,其效果也只能是事倍功半。这些城市只有另辟蹊径,根据自身的特点量身定做最适宜的政策措施,才能与之进行错位竞争。

4.2 镇江市现行的主要人才政策简要情况

我们对镇江市近年来发布的基础性人才激励政策进行了梳理,其中以高层次领军型人才激励为主的政策主要有 3 个:

(1)《镇江市"十二五"创新创业领军人才集聚计划》(镇办发〔2011〕28号)。发文机关:中共镇江市委办公室、镇江市人民政府办公室。

主要内容:"十二五"期间,按照产业发展规划,重点围绕新能源、新材料、电子信息、航空制造、海洋工程五大战略性新兴产业及生物医药、低碳环保、现代服务业等新兴产业,力争引进培育 30 名国家层面的创新创业领军人才、300 个创新创业领军人才团队和 1 000 名海外创新创业领军人才(简称"331计划")。此计划到 2015 年底已经实施结束。

(2)《关于建设镇江市"人才特区"的实施意见》(镇发〔2013〕17 号)。发文机关:中共镇江市委,镇江市人民政府。

主要内容:紧紧围绕现代化建设发展目标,抢抓苏南现代化示范区建设和宁镇扬同城化发展两大机遇,充分发挥政府引导和企业主体作用,制订1 +14"人才特区"政策体系。"1"指主体文件(含 6 项主要措施、20 项优惠扶持),"14"指具体实施细则,包括每项实施主体、适用对象、奖励措施、申报审批程序等。此计划到 2015 年底已经实施结束。

(3)《镇江"金山英才"计划》(镇办发〔2016〕10 号)。发文机关:中共镇江市委办公室、镇江市人民政府办公室。

主要内容:作为原"331 计划"的升级版,"金山英才"计划共划分为顶尖人才、镇江制造 2025、现代服务业、现代农业、高技能人才 5 个子计划,并留下了进一步拓展其他行业领域人才计划的空间。计划从 2016 年开始,用 5 年时间,重点引进和支持 15 名(个)左右顶尖人才(团队),240 名(个)左右带技术、带项目、带资金的制造业领军人才(团队),150 名(个)左右现代服务业领军人才(团队),60 名(个)左右现代农业领军人才(团队),150 名(个)左右高技能领军人才(团队)。

上述人才政策主要以引进培养高层次人才为主要目标,同时也惠及部分重点产业领域或紧缺专业基础性人才。

以基础性人才引进培养为主的政策主要有 9 个,按发布时间顺序排列如下:

(1)《镇江市区三新企业吸纳高校毕业生就业补贴办法》(镇政人发

〔2009〕228 号。发文机关：镇江市人事局。

（2）《关于进一步加强高技能人才队伍建设的实施意见》（镇政发〔2012〕12 号）。发文机关：镇江市人民政府。

主要内容：全面加强高技能人才队伍建设，通过"十二五"的努力，行业、企业培养高技能人才的主体地位得到进一步强化，职业院校培养高技能人才的基础作用充分体现，高技能人才培养培训体系基本完善，评价和使用机制科学规范，高技能人才总量显著提高，人才结构明显改善。"十二五"末，镇江市高技能人才总量达到 11.73 万人，力争达到 12 万人，高技能人才占技能劳动者比例达 30%，建立 100 个企业高技能人才实训基地，20 个与产业转型相匹配的技能大师工作室，评选产生 1 000 名企业首席技师和 10 名"镇江市首席技师"，全市在岗职工技能提升培训达 35 万人以上。

（3）《关于镇江市百千万人才工程实施意见》（镇政办发〔2012〕128 号）。发文机关：中共镇江市委办公室，镇江市人民政府办公室。

主要内容：2012—2015 年，全市实施"百千万人才工程"，即每年培养提升 100 名以上优秀创业企业家，培养引进 1 000 名以上企业经营管理人才，培养培训 10 000 名以上高技能人才。

（4）《镇江市人民政府办公室关于人才安居政策的意见（试行）》（镇政办发〔2014〕152 号）。发文机关：镇江市人民政府办公室。

主要内容：鼓励各类人才在镇购房。对于在镇江市区购房的领军型人才和基础性人才，分为 7 个层次，分别给予不同标准的购房补贴、税收优惠、贷款、落户等不同政策待遇。

（5）《镇江市"万名大学生就业创业促进工程"实施意见》（镇政办发〔2014〕95 号）。发文机关：镇江市人民政府办公室。

主要内容：提出了扶持政策落地、就业岗位拓展、就业见习深化、大学生创业园建设、人才与产业融合、驻镇高校毕业生留镇、市场配置提升、公共就业人才服务进校园、未就业和困难家庭毕业生就业帮扶和就业创业技能培训十大行动计划。

（6）《关于加强技能人才队伍建设促进产业转型升级的实施意见》（镇政办发〔2014〕125 号）。发文机关：镇江市人民政府办公室。

主要内容：分为工作目标、主要任务、扶持政策和组织保障等四个部分。其中第二部分从大力开展企业职工技能提升培训、着力提升职业（技工）院校技能人才培养能力、广泛开展职业技能竞赛活动、建立完善公正权威的技能人才评价体系、加大高技能人才引进力度 5 个方面进行了阐述。第三部分明确提出加大投入力度、完善激励政策、加强多元职业培训体系培育 3 项扶持举措。

（7）《驻镇高校毕业生留镇计划实施方案》（镇人社办发〔2015〕16号）。发文机关：镇江市人力资源和社会保障局办公室。

主要内容：2015—2017年，全市每年组织100家以上规模重点企业进入驻镇高校开展推介活动，安排1 000名驻镇高校毕业生进入镇江重点企业和项目见习实习；开展各类大学生创业教育培训5 000人以上，其中创业模拟实训1 500人以上，网上创业实训500人以上，帮扶创业实践500人以上；推进"订单式"人才培养，与驻镇高校合作，为镇江优先发展产业培养输送紧缺专业技术人才200名以上。力争通过3年时间的努力，实现驻镇高校毕业生留镇人数增长20%以上。

（8）《镇江市大学生创业引领计划实施方案》（镇政办发〔2015〕5号）。发文机关：镇江市人民政府办公室，市人社局、市发改委、市教育局、市科技局、市经信委、市财政局、市国税局、市地税局、人行镇江市中心支行、镇江工商局、团市委联合制定。

主要内容：通过各方共同努力，使大学生的创业意识和创业能力进一步增强，支持大学生创业的政策措施和服务体系更加完善，大学生创业的规模、比例持续扩大和提高。2014—2017年，全市新建和完善12个大学生创业载体，遴选100个大学生优秀创业项目，培养树立50名大学生创业典型，组织大学生创业培（实）训8 000人，引领大学生创业4 000人，创业带动就业2万人以上。

（9）《镇江市新兴产业紧缺型基础人才引进培养行动计划》（镇办发〔2016〕10号）。发文机关：中共镇江市委办公室，镇江市人民政府办公室。

主要内容：自2016年起到2020年止，聚焦全市高端装备制造、航空航天、新材料、新能源、新一代信息技术、生物技术和新医药、现代服务业、现代金融、文化创意、现代农业等战略性新兴产业，每年引进培养紧缺专业本科以上毕业生4 000名，具有高级工以上职业资格的技能人才2 000名，5年分别累计引进培养20 000名和10 000名。通过实施引进培养行动计划，吸引各类人才向镇江汇集，为新兴产业相关企业发展提供基础人才保障，基本形成一支适应未来新兴产业发展需要的高素质基础人才队伍。

4.3　镇江市现行基础性人才激励政策存在的局限和不足

通过对镇江市现行人才激励政策及其实施情况的研究分析，我们认为，这些人才激励政策的持续实施，对于镇江市培养引进各类人才，建成一支规模庞大、素质优秀的人才队伍，起到了至关重要的作用。

但是随着时代变迁和经济社会环境的变化，有些政策的时代局限性逐步显现，且有些政策已经不太适应当前区域间人才竞争的态势、经济社会发展方向和国际国内的宏观形势，需要及时进行调整改善。

1）人才激励政策缺少法律层面的顶层设计

分析镇江市现行人才政策，最高发文机关为市委、市政府，其次为市委办、政府办联合印发，一般仅限于"人才特区""331计划""金山英才计划"等高层次、领军型人才的激励政策。再次是由政府办印发的有关部门制定的政策，还有政府部门间联合印发的综合性人才政策，最多的是部门单独印发的各类具体的激励政策。其中以基础性人才激励为主的相关政策，基本上都是由部门制定发布，极少数由政府办印发，仅今年新出台的新兴产业紧缺型基础人才引进培养行动计划，与"金山英才计划"一起由两办印发同时出台。目前为止，所有人才激励政策均以政府文件形式出台，对全社会的约束力有限。

2）政策的制定缺少系统性规划

同一政策文件中的激励措施往往来源于其他不同的政策依据，不同的政策文件中又出现相同或相似的激励措施，还有的不同时期出台的政策措施出现执行标准不一或相互矛盾的情况，各类激励措施呈碎片化状态。造成这一情况的原因，主要是没有进行中长期政策规划，缺少系统性的制度设计，常常根据暂时性的形势需要而仓促制定和出台政策。

3）激励措施聚焦人才切身利益不够

对基础性人才真正关注的焦点问题缺少解决办法，针对性不强。例如，外来人才居住生活的问题，随迁子女就近入学和择校问题，享受市民同等待遇问题，新入职人才劳动保障问题等方面着力不够。这主要由于这些问题涉及其他不同部门职责或权力关系，在部门层面难以统筹协调，只能先从能够把控，易于解决的问题入手来制定政策。

4）激励办法和措施缺少竞争力

如前所述，长三角地区经济实力较强的大中型城市，人才激励政策趋同的现象十分明显。镇江市的基础人才激励政策所推介的优惠措施也与周边地区存在不少相似点，但在财政支持力度、城市影响力、综合经济社会环境等方面不占优势，激励政策又缺少地方特色，导致我市基础性人才政策竞争力不强。

5）部分激励政策的操作性不强

有些有吸引力的政策，被设置了较高的门槛，导致符合条件能够享受的人才寥寥可数，甚至从未有人享受过；有些优惠措施条件设定复杂，申请程序繁琐，兑现困难；有些政策实施时效偏短，缺少延续性，未能充分发挥引导作用。

6）财政投入是影响激励政策落实情况的关键

对于一些需要政府财政扶持、奖励类的政策措施，能否正常实施取决于地方财政的支持力度。有些激励政策在出台的当年能够确保财政投入，但是第二年以后政府预算发生变化,不能保证扶持资金到位,影响了政策兑现。

7)相关部门和社会机构对人才激励政策参与度不高

基础人才激励政策制定实施主体单一,现行政策基本上都由组织、人社部门起草制定和推动实施,政府其他部门单位和社会机构参与程度较低,对一些新兴产业领域、特色行业需要的基础性人才缺少有针对性的专门激励手段,不能形成全社会共同关心人才队伍建设的氛围。

5 对进一步规划完善镇江市基础性人才激励政策的几点思考

由于镇江市人口基数在全省处于末位,导致我市长期面临人力资源供给吃力的局面,这也促使镇江市人才工作部门格外重视基础性人才队伍建设。经过多年的努力,镇江市的基础性人才激励政策已经初步形成体系,具有一定的特色,在全省走在前列。但是由于历史的原因和现实环境的变化,在当前愈演愈烈的区域性人才争夺战中,一些传统的办法、手段已经不太适应新的形势,需要不断地进行完善和创新,以应对未来基础性人才严重紧缺的局面。

制定完善基础性人才激励政策不是一朝一夕的事,需要结合地方特色、产业方向、经济社会发展情况、人才队伍现状、现有政策体系等情况统筹考虑、系统规划、分步实施、适时修订。

5.1 未来基础性人才激励政策规划方向的设想

1)加快推进人才工作法制化进程

通过立法,把人才工作真正提升到城市发展战略层面,以法律手段,来保证包括基础性人才激励政策在内的各项人才激励政策措施得到有效落实。珠海市在2013年7月,就由人大常委会通过了《珠海经济特区人才开发促进条例》,为全市的人才规划、培养、引进、评价、流动、保障、激励和区域合作等人才开发活动提供了法律保障,有力地促进了当地人才队伍建设。

2)加强激励政策体系的系统性建设

重新审视现行各类基础性人才激励政策,对相关激励措施进行梳理,清理已经过时、不适应当前形势,或者无法落实的内容。从宏观层面搭建政策体系的框架结构,在系统框架下进行增补修订,逐步形成条理清晰、结构合理、特色显明的政策体系。

3)注重激励手段和措施的差别化竞争

要认清国内外人才竞争形势,综合分析镇江市在产业、经济、社会、区位、环境、历史人文等方面的优势和劣势,改变过去一味"补短板"的思维模式,与周边重点城市进行"错位"竞争,努力发挥自身的优势特点,使"长板"变得更"长",更加引人注目,变成吸引人才的一个个亮点,达到事半功倍的效果。

4）发挥政府各部门和相关社会组织的作用

人才工作仅靠组织、人社部门单打独斗是不够的,基础人才广泛分布在经济社会生活的方方面面,各行业领域专业人才队伍建设必须依靠行业主管部门或协会组织。中共中央《关于深化人才发展体制机制改革的意见》明确提出,要"将行业、领域人才队伍建设列入相关职能部门'三定'方案",也就是要充分发动各行各业和全社会的力量,使其共同参与到人才队伍建设中来。

5）制定激励政策要短期、中期、长期兼顾

人才工程是一个长期的工程,是一个城市的活力源泉,既要解决当前最紧迫的问题,也要考虑长远发展的需求,既要参考当前国内、国际形势,也要预测未来形势的变化。因此,我们既要制定能够在当前直接产生效果的激励政策,也要研究具有战略意义的、产生长远效果的激励政策。

6）增强激励政策的针对性

要真切关注基础性人才的内心需求,了解他们最迫切需要政府和社会帮助解决的难题,以最真心的态度和最简便的程序予以解决,消除他们的后顾之忧,让他们安安心心地留在镇江就业创业。

7）采取有效措施解决基础性人才队伍建设投入的问题

针对当前高层次人才、基础性人才投入不均衡的情况,人才工作相关部门要引起高度重视,会同财政等部门进行统筹考虑,全方位、多渠道协调解决资金需求。要采取措施引导、鼓励社会组织和资本积极参与基础性人才资源开发,并从中获取应得的利益。

5.2 对补充完善基础性人才激励政策体系的几点具体建议

1）提请市人大制定出台地方性人才法律

例如《镇江市人才开发促进条例》,从法律层面统领全市人才开发工作,为全市人才工作提供强大法律保障。

2）研究制定基础性人才长期供给相关政策

例如把握国家全面放开二孩政策的契机,及早出台鼓励育龄夫妇生育二孩的地方性政策,不断提升我市人口基数,应对将来人口老龄化带来的基础性人才供给不足问题。

3）研究制定解决外来基础性人才基本生活问题的政策

制定完善外来人才住房保障办法,促进各类园区、开发区等企业集中区生活配套设施的建设和完善,落实外来人才子女教育、医疗卫生、社会保障等方面的市民待遇,让他们能够在镇江安居乐业。

4）关心外来青年人才情感生活

事实证明,婚姻和家庭是留住人才的最强锁链。妇联、工会、共青团、民政等相关部门可研究制定政策措施,创造更多机会让外地青年人才尽快在镇江安家落户,促使他们长期留在镇江发展事业。

5)出台保护外来人才的地方性法律法规

依法保护外来人才在镇江的合法权益,为他们提供便捷高效的法律救济渠道;提高基层一线人才保障水平,使他们在政治上受重视、社会上受尊重、经济上得实惠,尽快融入镇江社会,成为新一代的镇江市民。

6)出台促进人力资源服务业发展的政策

鼓励各类社会机构和资本进入人力资源服务业,吸引国内外有影响的专业人力资源服务机构来镇江落户,为用人单位和各类人才提供更加专业高效的服务。

7)探索提高基础性人才社会保障水平

研究通过养保、医保、退休等政策措施,提高对基础性人才的社会保障水平,逐步从过去单一的、阶段性的保障激励,向全方位、多层次、贯穿一生的保障服务深化。

8)建立对优秀基础性人才的奖励制度

除了对做出突出贡献的顶尖优秀人才奖励以外,也要重视对优秀基础性人才的精神激励,对做出一定贡献或产生重大影响的优秀基础性人才、团队,以及重视基础性人才引进、培养、使用的用人单位,可授予荣誉称号,给予一定的精神和物质奖励。

课题组单位：镇江市人社局
课题组成员：林承光

利益相关者视角下镇江"科技镇长团"实施绩效评价研究

1 绪 论

1.1 研究背景

创新是引领发展的第一动力,因此如何有效提升创新能力就成为学者和政策制定者关注的焦点。产学研合作创新可以实现企业、科研院所及高等院校之间的有效合作,发挥不同主体在创新研发方面的优势,促进技术创新所需的各种生产要素的有效组合。特别是近年来以知识经济和信息技术为标志的第三次科技革命的兴起,高等院校在科技进步乃至经济发展过程中扮演着越来越重要的角色,高校职能逐步从单一的人才培育、科学研究向社会服务延伸,高等教育、科技、经济一体化的趋势越来越强,高校正成为社会经济发展的重要动力来源。斯坦福大学在硅谷奇迹中的作用就是最典型的案例。通过产学研合作将企业、高校等创新主体的资源进行有效整合是一国技术创新体系的重要内容,对一国或地区的技术创新及经济增长具有重要的影响。

在建设"创新型国家"大背景下,2008 年 9 月,江苏省委、省政府开始尝试产学研合作模式的创新——"科技镇长团"工作。从教育科技部门和全国高校选拔人才组成"科技镇长团",赴基层和企业进行挂职帮扶,力图通过加快人才引进实现地区技术提升和高校科技成果的转化,着力构建区域技术创新体系、切实提高基层自主创新能力。科技镇长推动政府科技管理工作重心下移,打通科教资源与县域经济发展的"隔膜",有效提升企业自主创新能力和产业竞争力。从 2008 年下半年江苏在全国率先推出"科技镇长团"开始,已有共计 4 382 人到各乡镇、街道和开发区挂职。截至 2015 年,科技镇长团已经实施了 8 个批次,基本覆盖了江苏省的所有县。镇江市从 2010 年开始接收科技镇长团,成为较早招收科技镇长的省辖市,科技镇长团的人数逐年增加,科技镇长取得的成绩也逐步显现。"科技镇长团"是镇江推动产学研合作的重要举措,是实施人才强市战略,实现创新驱动发展的有力措施。经过七年的探索,镇江科技镇长团工作积累了不少经验,取得了不少成绩,同时也需要对其效果进行评估和总结,以改善镇江科技镇长团的管理,更好地发挥科技镇长团的作用。

1.2　研究意义

1.2.1　理论意义

在理论上,提出并构建基于利益相关者视角的"科技镇长团"绩效评价体系,对于完善"科技镇长团"绩效评价理论具有重要作用。"科技镇长团"工作是江苏省率先尝试的一项产学研合作新模式,这项工作无论是运行过程还是成果评估在理论上都需要不断探索和完善,才能促进该政策工作的持续有效运行。本文将在绩效评价理论的基础上,从总体上明确利益相关者视角下镇江"科技镇长团"绩效评价体系的基本理论,这有利于形成符合江苏省情的"科技镇长团"绩效评价理论范式,同时也为政府评估"科技镇长团"工作绩效提供理论支撑。

1.2.2　实践意义

(1)全面调研镇江"科技镇长团"绩效现状,从个人及团队两个方面了解"科技镇长团"工作进行的基本情况及实际工作困难和政策需求,为政策制定提供第一手资料。

(2)有利于利益相关者针对绩效现状改善"科技镇长团"工作,从科技镇长的选拔任用、政策支持、分配合理等方面提出优化措施,这对于改进"科技镇长团"绩效具有重要意义。

(3)有利于协调科技镇长及镇长团的工作。通过绩效评价可以使每一位科技镇长及每一个镇长团充分了解各利益相关者的利益诉求,明确自身在哪一方面存在不足及改进的方向,从而在实际工作中不断提升绩效水平。

1.3　创新点

(1)研究问题着眼于利益相关者视角下的镇江"科技镇长团"绩效评价。以往学者研究"科技镇长团"绩效问题,在地域范围上是从整个江苏省进行研究,对区域地区的"科技镇长团"绩效问题缺乏探讨;在绩效评价的视角选择上,有的只是单一的从专利视角进行绩效分析,有的从企业、地方、派出单位等视角进行了分析,但并未结合利益相关者理论构建一套合理的绩效评价指标体系。基于此,本文从镇江这一个市切入,分析利益相关者视角下的"科技镇长团"绩效水平。

(2)将"科技镇长团"绩效评价的主体分为源主体和执行主体。从理论上讲,受到镇江"科技镇长团"工作实施影响的利益相关者,都应该对"科技镇长团"绩效有所要求,都应该成为企业的绩效评价主体,本文将他们称之为"源主体"。但从实践来看,让这些"源主体"都来设置企业绩效评价体系既不现实也无可能。因此,从客观、公正和准确的角度来看,将第三方机构作为镇江"科技镇长团"绩效评价的"执行主体"更为合适。

2 基于利益相关者视角的"科技镇长团"绩效评价体系的构建

2.1 基于利益相关者视角的"科技镇长团"绩效评价体系的结构

"科技镇长团"绩效评价指标体系是企业为了实现企业绩效评价目的,按照系统方法构建的、由一系列反映企业各个层面相关因素的指标集合而成的系统结构。本文从"科技镇长团"是由多利益主体构成的复杂系统出发,以利益相关者理论为基础,构建由"评价主体""评价指标""指标权重"三部分构成的"科技镇长团"绩效评价体系,如图 1 所示。

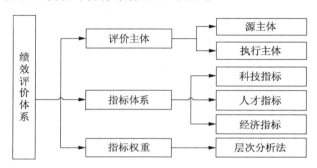

图 1 "科技镇长团"绩效评价体系图

2.2 "科技镇长团"绩效评价的主体

评价主体即进行评价活动的行为主体,一般是指与评价客体的利益密切相关,关心评价客体绩效状况的各利益相关者。由利益相关者理论可知,镇江"科技镇长团"工作是多方利益相关者缔结的一项合约,他们都对该政策的实施运行进行了专用性投资并承担了相应的风险,因此都有对"科技镇长团"绩效进行评价的动机。但如果让所有利益相关者都作为"科技镇长团"绩效的评价主体,既不现实也无可能。因此,本文将利益相关者视角下企业绩效评价的主体分为"源主体"和"执行主体"两部分。

2.2.1 源主体的确定

从"科技镇长团"绩效评价来看,"源主体"是指那些关心绩效好坏的利益相关者。"科技镇长团"政策的实施对于推动政府科技管理工作重心下移,打通科教资源与县域经济发展的"隔膜",全面提升企业自主创新能力和产业竞争力具有重要作用;同时,对科技镇长的派出单位而言,科技镇长的选拔任用使得这些单位的资源,包括科研、人才、资金等得到充分利用,加快高校、研究院等单位的科研成果市场化进程。因此,根据实际情况与分析,科技镇长挂职地的政府、企业及派出单位为"科技镇长团"绩效利益相关者,从整体来看,各利益相关者的利益要求是一致的,即科技镇长能够在任职期间做好地方政府、企业的参谋,充分发挥在派出单位与挂职单位之间桥梁纽带作用,促进各方主体的交流互动。

利益相关者视角下的镇江"科技镇长团"绩效评价体系应在对各利益相关者利益要求进行分析的基础上,将政府绩效、企业绩效、派出单位绩效同时纳入企业绩效评价体系之中,使镇江"科技镇长团"利益相关者的价值达到最大化,从而有利于政策的稳定运行及各方的可持续发展。

2.2.2 执行主体的确定

前面对镇江"科技镇长团"的利益相关者,即"科技镇长团"绩效评价的源主体进行了分析,但如果由这些"源主体"直接对"科技镇长团"进行绩效评价,一是由于信息的不对称,"源主体"对整体实施情况不是特别了解,很难设计出既满足自身需要又符合"科技镇长团"实际情况的评价体系,而且让所有的利益相关者都来参与"科技镇长团"绩效评价也不符合成本效益原则;二是源主体都站在自己的立场上,从自利行为原则出发各设一套,很可能与"科技镇长团"政策的整体效益目标相违背。因此,从实践来看,让所有利益相关者都作为"科技镇长团"绩效的评价主体,既不现实也无可能,这时候就需要一个执行主体来设置一套从各利益相关者利益要求出发的、符合"科技镇长团"工作整体目标的、各利益相关者也都能接受的绩效评价体系。

本文认为从准确、客观、公正出发,第三方机构担任企业绩效评价的执行主体更为合适。第一,专业性的人才。从事企业绩效评价的中介机构可以通过团队的形式掌握管理学、经济学、统计学等方面的专业知识,这些专业人才通过专业的评价工具对"科技镇长团"绩效进行评价。第二,独立性的立场。第三方机构可以站在客观的立场,更加公正地看待不同利益相关者对"科技镇长团"工作的影响程度,以及"科技镇长团"对利益相关者利益要求的满足程度,得到更加客观的评价结果。从这两点来看,第三方机构担任"科技镇长团"绩效评价的执行主体较为合适。

2.3 "科技镇长团"绩效评价的客体

在确定利益相关者视角下"科技镇长团"绩效评价的客体时,是从利益相关者利益要求出发对企业绩效进行评价,以有利于利益相关者做出合理正确的决策,有效提升"科技镇长团"绩效。基于利益相关者理论与实际情况分析,挂职地政府、企业及派出单位是镇江"科技镇长团"的利益相关者,而各利益相关者利益要求是不同的,这就需要对他们的要求进行分解,以确定出能够反映其利益需求的指标体系,进而根据绩效资料对这些指标进行量化处理。

本研究在系统分析镇江"科技镇长团"绩效利益相关者的基础上,从系统性、客观性、可操作性的原则出发,提出了由企业绩效、政府绩效和派出单位绩效 3 个维度构成的绩效评价指标体系。企业绩效由引进人才数、校企平台数、校企签订协议数、走访企业数、科技项目数、科技项目资金数、技术攻关次数和专利申请次数 8 个二级指标组成；政府绩效由专题讲座次数、校地平台数、参与政策制定次数和校地协议数 4 个二级指标构成；派出单位绩效则由校企平台数、校企签订协议数、校地平台数和校地签订协议数 4 个二级指标构成。

2.4 "科技镇长团"绩效评价的方法

层次分析法（AHP）是由美国著名运筹学家、匹兹堡大学 saaty 教授于 20 世纪80 年代创立的。层次分析法的基本原理是根据问题的性质和达到的总目标，将问题分解为不同的组成因素，并按照因素间的相互关联影响及隶属关系将组成因素按不同层次聚集组合，形成一个多层次的分析结构模型，从而最终使问题归结为最低层供决策的方案、措施等相对于最高层总目标的相对重要权值的确定或相对优劣次序的排序。AHP 模型的整个分析过程是将人们的思维过程结构化、层次化、系统化的过程。这种过程主要是通过相同层次的相关因素间两两横向比较，再通过不同层次间的纵向比较，最终确定方案的优劣。人类对复杂问题，通常难以一次性地洞悉问题的全部细节。层次分析法就是评价者通过分析复杂系统所包含的因素及其相互关系，采用将问题或对象系统分解为多个层次，然后由粗到细、由表及里，从全局到局部逐步深入进行分析的方法。

层次分析法的步骤如下：

（1）明确问题，建立递阶层次结构。通过对研究对象的深刻认识，提出评价指标体系，并将指标体系层次化，形成递阶层次结构图。

（2）建立判断矩阵。同一层次的指标对上一层次因素而言进行两两比较，构造判断矩阵。判断指标间相对重要程度的最常用方法是萨提的 1 – 9 标度法，见表 1。

表 1 判断矩阵元素重要度的萨提 1 – 9 标度法

标度	含 义
1	表示两个因素相比，具有同样的重要性
3	表示两个因素相比，一个因素比另一个因素稍微重要
5	表示两个因素相比，一个因素比另一个因素明显重要
7	表示两个因素相比，一个因素比另一个因素强烈重要
9	表示两个因素相比，一个因素比另一个因素极端重要
2,4,6,8	表示上述相邻判断的中间值
倒数	两个因素 i,j 相比较，得到的判断值 $b_{ji} = 1/b_{ij}$

（3）进行层次单排序。根据判断矩阵,确定本层次各元素以上一层的某一个元素为标准的重要次序的权值,即计算判断矩阵的最大特征值及对应的特征向量,特征向量归一化处理后形成本层次各指标的权数。

判断矩阵的最大特征值和特征向量采用方根法计算,求得的特征向量就是各因子的权重排序。其计算步骤为:

① 计算判断矩阵每一行元素的乘积

$$M_i = \prod_{j=1}^{n} a_{ij}(i = 1,2,\cdots,n) \tag{1}$$

② 计算 M_i 的 n 次方根

$$\overline{w_i} \sqrt[n]{M_i}(i = 1,2,\cdots,n) \tag{2}$$

③ 将向量 $\overline{w_i} = [\overline{w_1},\overline{w_2},\cdots,\overline{w_n}]$ 归一化,则

$$w_i = \frac{\overline{w_i}}{\sum_{i=1}^{n} \overline{w_i}}(i = 1,2,\cdots,n) \tag{3}$$

故 $\boldsymbol{w_i} = [w_1,w_2,\cdots,w_n]^{\mathrm{T}}$ 即为所求的特征向量。

④ 计算矩阵的最大特征根

$$\lambda_{\max} = \sum_{i=1}^{n} \frac{(AW)_i}{nW_i} \tag{4}$$

其中,$(AW)_i$ 表示向量 $\boldsymbol{AW}$ 的第 i 个分量。

（4）检验判断矩阵的一致性。

（5）计算各层指标对系统目标的合成权重,进行总排序,以确定递阶结构图中最底层单项指标的重要程度。

该方法将人们的主观判断进行了科学的整理和综合,其权数体现评价者对各指标的主观价值判断大小,所需定量信息较少,但要求评价者对评价本质、包含的要素及其相互之间的逻辑关系掌握得十分透彻;对指标结构复杂且缺乏必要数据的情况下的评价非常实用,它能大大提高综合评价的有效性、可靠性和可行性。

2.5 "科技镇长团"绩效评价权重确定

按照层次分析法的步骤确定权数。

1）根据各因素的因果层次关系,建立阶梯层次结构模型

根据所研究方案中涉及的各主要因素的关联度,对这些因素进行分层即建立层次结构,这是应用层次分析法研究问题的首要一步。这种结构包括3个大的层次。第一层,是最高层,也叫目标层,这一层只有一个因素构成,它是所研究方案的最终结果或预期目标。第二层,也叫中间层,或准则层,这一层主要包括与目标层密切相关的因素,是为实现目标所涉及的主要中间环

节。在这一层中往往根据研究、分析方案的需要，对某个因素所涉及或关联的其他子因素进行再次分层，而且这种分层可视所研究对象的复杂程度再进行若干次分层，这些层次分别成为次准则层或子准则层，它的层次数一般是不受制约的。第三层，也叫最低层、方案层或措施层，主要是为了实现总目标而可供选择的各种具体方案和措施，这也是这一层名字的由来。根据上文分析的各利益相关者的绩效的评价指标体系，建立各因素的层次结构见表2。

表2　镇江"科技镇长团"绩效评价指标体系

目标层	决策层	实施层
"科技镇长团"绩效 X	企业绩效 Y1	引进人才 Z1
		校企平台 Z2
		校企签订协议数 Z3
		走访企业数 Z4
		科技项目个数 Z5
		科技项目资金 Z6
		技术攻关次数 Z7
		专利申请次数 Z8
	政府绩效 Y2	专题讲座次数 Z9
		校地平台 Z10
		参与政策制定次数 Z11
		校地协议个数 Z12
	派出单位绩效 Y3	校企平台 Z13
		校企签订协议数 Z14
		校地平台 Z15
		校地协议个数 Z16

2）构造各层次的两两比较判断矩阵

当层次结构被建立之后，下一步要做的就是如何确定某一层次各元素与其对应上一层次中对其起支配作用的相关因素的权重。本文按照层次分析法的基本原理，请了5位专家根据1-9的标识，通过指标之间的两两比较对指标的重要程度进行评分，然后将5位专家的打分进行综合，得到最终的评分结果，并构造判断矩阵。表3至表6给出了专家综合的最终打分结果，构造了各层次的两两比较判断矩阵。

3）计算各层次因素的权重

进行层次单排序及一致性检验,计算各层相对于总目标的排序权重,并进行一致性检验。

因素之间进行两两元素的比较是为了确定它们对上一准则层或目标层的重要排序。为了对各方案进行有效排序,必须得到方案层中各方案相对于各准则层及目标层的排序权重。这种总排序权重通常是自上而下进行的,即由目标层到方案层,逐层计算各层次中的各相关因素相对于目标层的权重。通过层次分析法,我们计算了各指标的权重,而且判断矩阵一致性比例都小于0.1,符合层次分析法的要求。表3至表6最后一列分别表示了各指标权重的层次分析法计算结果。

表3 "科技镇长团"绩效指标权重

X	Y1	Y2	Y3	W_i
Y1	1	3	2	0.539 6
Y2	1/3	1	1/2	0.163 4
Y3	1/2	2	1	0.297 0

判断矩阵一致性比例为0.008 9。

表4 企业绩效指标权重

Y1	Z1	Z2	Z3	Z4	Z5	Z6	Z7	Z8	W_i
Z1	1	1/4	1/3	3	1/3	1/2	1	1/2	0.062 0
Z2	4	1	2	7	2	3	4	3	0.283 7
Z3	3	1/2	1	6	1	2	3	2	0.180 5
Z4	1/3	1/7	1/6	1	1/6	1/5	1/3	1/2	0.028 7
Z5	3	1/2	1	6	1	2	3	2	0.180 5
Z6	2	1/3	1/2	5	1/2	1	2	1	0.107 1
Z7	1	1/4	1/3	3	1/3	1/2	1	1/2	0.062 0
Z8	2	1/3	1/2	2	1/2	1	2	1	0.095 5

判断矩阵一致性比例为0.0142。

表5 政府绩效指标权重

Y2	Z9	Z10	Z11	Z12	W_i
Z9	1	1/4	1/2	1/3	0.095 3
Z10	4	1	3	2	0.466 8
Z11	2	1/3	1	1/2	0.160 3
Z12	3	1/2	2	1	0.277 6

判断矩阵一致性比例为0.011 6。

表6 派出单位绩效指标权重

Y3	Z13	Z14	Z15	Z16	W_i
Z13	1	2	1/3	1/2	0.160 3
Z14	1/2	1	1/4	1/3	0.095 3
Z15	3	4	1	2	0.466 8
Z16	2	3	1/2	1	0.277 6

判断矩阵一致性比例为 0.011 6。

从上述各表格给出的数据来看,每个层次中的所有判断矩阵的一致性比率小于 0.1,符合整个模型的一致性要求。因此,其计算结果是可以接受的。最后,对单项指标对准则层的权重进行归一化处理,求解各单项指标对目标层的权重,结果见表7。

表7 指标层的层次总排序

	Y1(0.539 6)	Y2(0.163 4)	Y3(0.297 0)	Z层的层次总排序
Z1	0.062 0			0.033 5
Z2	0.283 7			0.153 1
Z3	0.180 5			0.097 4
Z4	0.028 7			0.015 5
Z5	0.180 5			0.097 4
Z6	0.107 1			0.057 8
Z7	0.062 0			0.033 5
Z8	0.095 5			0.051 5
Z9		0.095 3		0.015 6
Z10		0.466 8		0.076 3
Z11		0.160 3		0.026 2
Z12		0.277 6		0.045 4
Z13			0.160 3	0.047 6
Z14			0.095 3	0.028 3
Z15			0.466 8	0.138 6
Z16			0.277 6	0.082 4

层次分析法求得的综合权重值越大,对"科技镇长团"绩效的影响越显

著。从表3中可以得出利益相关者各因素对镇江"科技镇长团"绩效的影响程度。由此,可根据各个指标的权重做出最后决策。

4)计算绩效得分结果

镇江"科技镇长团"绩效评价的最终结果用如下公式计算

$$C_j = \sum_{i=1}^{n} b_n d_n \tag{5}$$

式中,C_j 为某待评估的"科技镇长团"绩效的最终得分;b_n 为相应指标的权重;d_n 为相应指标的实际数据;i,n 为每一层指标合成时下层指标的个数。

3 镇江"科技镇长团"绩效信息调查与评价

3.1 镇江"科技镇长团"绩效信息获取

在绩效信息搜集获取阶段,得到镇江市第八批科技镇长团考核总结材料,进而根据材料文字与数据描述整理出镇江市第八批53名科技镇长的各指标原始数据,以保证数据来源的真实性与准确性。获得的原始数据见表8。

表8 镇江53名科技镇长各项指标原始数据

序号	引进人才/人	校企平台/个	校企签订协议数/个	走访企业数/个	科技项目数/个	科技项目资金/万元	技术攻关次数/次	专利申请次数/次	专题讲座次数/次	校地平台/个	参与政策制定次数/次	校地协议数/个	校企平台/个	校企签订协议数/个	校地协议数/个
1	50	3	0	246	15	0	0	577	10	2	0	1	3	0	1
2	12	1	0	20	3	0	0	0	0	2	0	0	1	0	0
3	8	0	0	30	0	0	0	0	0	0	0	3	0	0	3
4	15	1	0	60	0	1 200	0	623	0	0	0	0	1	0	0
5	6	0	0	11	3	0	0	0	0	0	0	2	0	0	2
6	7	0	1	0	0	0	0	0	0	0	1	0	1	1	1
7	2	0	0	0	0	0	0	0	0	0	0	0	0	0	0
8	0	0	0	0	0	0	0	0	0	0	1	0	0	0	0
9	3	0	0	3	0	0	0	0	0	0	0	0	0	0	0
10	6	0	0	4	0	0	0	0	0	0	0	0	0	0	0
11	7	1	0	80	0	0	0	110	0	2	0	0	1	0	0
12	4	0	0	5	1	350	0	0	0	0	4	0	0	0	0
13	18	1	1	0	0	0	0	0	0	3	0	1	1	1	1
14	25	0	0	28	0	0	0	2	0	0	0	0	0	0	0
15	1	0	1	120	1	0	0	0	0	0	1	0	0	1	0

续表

序号	引进人才/人	校企平台/个	校企签订协议数/个	走访企业数/个	科技项目数/个	科技项目资金/万元	技术攻关次数/次	专利申请次数/次	专题讲座次数/次	校地平台/个	参与政策制定次数/次	校地协议数/个	校企平台/个	校企签订协议数/个	校地协议数/个
16	13	0	2	78	3	0	0	0	0	0	0	0	0	2	0
17	5	2	0	115	0	0	0	0	21	1	0	0	2	0	0
18	4	0	0	100	0	0	0	0	2	1	0	1	0	0	1
19	0	0	0	7	0	0	0	0	0	0	0	0	0	0	0
20	2	1	1	0	15	875	0	0	0	4	1	3	1	1	3
21	3	2	0	0	0	0	3	0	0	0	0	0	2	0	0
22	7	2	12	320	6	310	0	0	2	0	0	0	2	12	0
23	0	0	0	200	0	0	0	0	0	3	0	0	0	0	0
24	7	5	0	55	0	0	4	0	0	4	1	1	5	0	1
25	0	0	0	0	0	0	0	0	0	0	10	0	0	0	0
26	0	0	4	40	0	0	0	0	0	1	2	0	0	4	0
27	5	0	15	96	0	0	0	0	2	1	0	0	0	15	0
28	1	0	0	0	1	0	0	0	0	1	0	0	0	0	0
29	20	3	50	120	15	1 500	0	2 770	10	0	0	0	3	50	0
30	2	0	2	4	0	0	0	0	0	0	3	0	0	2	0
31	0	0	0	10	0	0	1	0	0	0	0	0	0	0	0
32	1	2	1	60	0	0		0	5	0	0	0	2	1	0
33	5		4	12	5	120	1	0	1	0	0	0	0	4	0
34	0	1	1	0	0	0	0	0	0	1	0	0	1	1	0
35	0	0	0	40	0	0	0	0	0	0	0	0	0	0	0
36		4	205	168	0	0	0	0	16	1	0	6	4	205	6
37	1	0	0	0	0	0	1	0	0	1	0	1	0	0	1
38	5	0	4	35	0	0	0	0	4	1	0	0	0	4	0
39	0	2	1	31	0	0	2	2	0	2	0	0	2	1	0
40	0	0	1	0	2	0	0	0	1	0	0	0	0	1	0
41	20	0	2	30	0	0	0	109	0	1	0	1	0	2	1
42	53	0	105	2 663	4	8 317	0	0	0	4	0	0	0	105	0
43	0	0	0	11	7	1 600	0	0	0	0	0	0	0	0	0
44	11	2	0	270	4	5 268	0	0	0	2	0	0	2	0	0

序号	引进人才/人	校企平台/个	校企签订协议数/个	走访企业数/个	科技项目数/个	科技项目资金/万元	技术攻关次数/次	专利申请次数/次	专题讲座次数/次	校地平台/个	参与政策制定次数/次	校地协议数/个	校企平台/个	校企签订协议数/个	校地协议数/个
45	26	0	5	10	0	0	0	0	0	0	0	0	0	5	0
46	0	0	0	0	3	0	0	0	2	0	2	0	0	0	0
47	4	0	0	50	6	0	0	0	0	1	0	2	0	0	2
48	0	0	0	50	0	0	0	0	0	0	1	0	1	6	1
49	1	1	0	30	5	0	0	0	0	2	0	0	1	0	0
50	0	0	0	0	5	0	0	0	0	2	0	0	0	0	0
51	16	1	3	0	0	65	0	0	0	1	0	0	1	3	0
52	0	0	0	4	0	0	0	0	0	1	1	0	0	0	0
53	5	2	4	0	3	750	0	0	0	0	0	0	2	4	0

3.2 企业视角的镇江"科技镇长团"绩效评价

首先为了统一量纲,将企业视角下各指标数据对53个科技镇长绩效评价因素数据进行标准化处理,以利于各个评价对象进行量化比较。根据标准化公式 $X_{ij} = \dfrac{z_{ij} - \beta_{ij}}{\alpha_{ij} - \beta_{ij}}$ 求出标准化值,其中 z_{ij} 为指标原始值, α_{ij} , β_{ij} 分别为指标的最大值和最小值。然后,根据标准化后的数据(为方便计算比较,所有指标数据的标准化值都乘以100)和前面求出的在企业视角下各指标权重来计算53个评价对象的得分。

利用绩效评价得分公式(5)进行计算,其中 b_n 为企业视角下的各指标权重, d_n 为企业视角的各评价因素标准化后的值($n=8$)。为更清晰地描述企业视角下的镇江"科技镇长团"绩效,主要对53名科技镇长的得分进行相关的统计描述,见表9。由表9可以看出最高分为53.43,最低分为0,平均分为9.17。整体来看,得分在0~20分的人占大多数,高达81.13%,且仍有2人绩效得分为0,而大于60分没有一人,说明企业视角下镇江"科技镇长团"的绩效水平普遍处于较低水平。

表9 企业视角的镇江"科技镇长团"的绩效得分统计描述

分值/分	0	[0,20)	[20,40)	[40,60)	≥60	最高分	平均分
						53.43	9.17
人数/人	2	43	5	3	0		
占比/%	3.77	81.13	9.43	5.66	0.00		

3.3 政府视角的镇江"科技镇长团"绩效评价

政府视角的镇江"科技镇长团"的绩效得分统计描述见表10：最高得分为62.16，最低分为0，且有12个人得分为0，比例达到22.64%，平均分为13.61，53名科技镇长的绩效得分存在较大差距。分数在[0,20)之间的人数达到半数以上，占比为50.94%，总体而言，得分在40分以下的人为绝大多数，比例共达到92.45%，说明对政府而言，各科技镇长的绩效普遍处于偏低水平，且绩效为0的人数较多，表明部分科技镇长未充分重视政府方面的绩效。

表10　政府视角的镇江"科技镇长团"的绩效得分统计描述

分值/分	0	[0,20)	[20,40)	[40,60)	≥60	最高分	平均分
						62.16	13.61
人数	12	27	10	3	1		
占比/%	22.64	50.94	18.87	5.66	1.87		

3.4 派出单位视角的镇江"科技镇长团"绩效评价

派出单位视角的镇江"科技镇长团"的绩效得分统计描述见表11。从表中可以看出，派出单位视角的各科技镇长的绩效得分差距较大，最高得分为67.34，大于60分的有3人，最低为0且有11人，平均分为14.79；得分为0的占比20.75%，说明有1/5的人没有为其派出单位做出相应的绩效贡献，而绩效得分低于40分的人数占比达到90.56%，说明对于派出单位而言，大多数科技镇长的绩效较低。

表11　派出单位视角的镇江"科技镇长团"的绩效得分统计描述

分值/分	0	[0,20)	[20,40)	[40,60)	≥60	最高分	平均分
						67.34	14.79
人数	11	29	8	2	3		
占比/%	20.75	54.72	15.09	3.77	5.66		

3.5 镇江"科技镇长团"绩效合成评价

以上已经分别从各个利益相关者的视角对镇江市第八批科技镇长团进行了绩效评价，并从整体上做了相关统计分析，但为了更全面地反映镇江市"科技镇长团"的绩效成果，应当从所有利益相关者的角度对各科技镇长进行综合评价。因此，根据绩效评价得分公式(5)计算，此时b_n为所有利益相关者视角的各单项指标对目标层的权重，d_n为所有利益相关者视角的各评价因素原始数据经过标准化后的值（为便于计算比较，所有标准化值都乘以100），其中，$n = 16$。

根据原始数据计算各个指标标准化后的值后分别乘以各指标权重,计算出每一位科技镇长的绩效得分,如下:

$$C_1 = 94.34 \times 0.033\ 5 + 60 \times 0.153\ 1 + 0 \times 0.097\ 4 + 924 \times 0.015\ 5 +$$
$$100 \times 0.097\ 4 + 0 \times 0.057\ 8 + 0 \times 0.033\ 5 + 20.83 \times 0.051\ 5 +$$
$$47.62 \times 0.015\ 6 + 50 \times 0.076\ 3 + 0 \times 0.026\ 2 + 16.67 \times 0.045\ 4 +$$
$$60 \times 0.047\ 6 + 0 \times 0.028\ 3 + 50 \times 0.138\ 6 + 16.67 \times 0.082\ 4 + 39.78$$

同理,计算出其他科技镇长的绩效得分。下面对镇江"科技镇长"的绩效综合评价得分进行相应的统计分析,见表 12。

表 12　镇江"科技镇长"的绩效综合评价得分统计描述

分值/分	0	[0,20)	[20,40)	[40,60)	≥60	最高分 48.06	平均分 11.57
人数	0	44	5	4	0		
占比/%	0	83.02	9.43	7.55	0		

从统计可知,整体上镇江"科技镇长"的综合绩效处于比较低的水平,得分大多集中在 [0,20] 分这个区间,占比高达 83.02%,且大多处在 0~10 分的区域内;最高分仅有 48.06 分,远低于 60 分,平均分为 11.57 分,高于平均分的只有 16 人,不到总人数的 1/3,说明各科技镇长的绩效普遍处于较低水平。

4　镇江"科技镇长团"绩效对比分析

4.1　派出单位的绩效对比分析

根据调查信息,镇江市"科技镇长团"成员的派出单位性质主要有两类,一类是高校,还有一类是事业单位。因此,按派出单位性质来区分其对镇江市"科技镇长团"绩效方面的影响,见表 13。

表 13　按派出单位性质区分其对镇江市"科技镇长团"绩效方面的影响

派出单位性质	高校类	事业单位类
平均得分/分	12.04	10.38
吸引人才数平均占比/%	1.740	2.256
校企平台数平均占比/%	2.347	0.721
校企协议数平均占比/%	1.880	1.902
走访企业数平均占比/%	0.961	4.233
科技项目数平均占比/%	1.647	2.491
科技项目资金数平均占比/%	0.547	5.281
技术攻关次数平均占比/%	2.412	0.555
专利申请数平均占比/%	2.632	0.000
专题讲座次数平均占比/%	2.498	0.337

续表

派出单位性质	高校类	事业单位类
校地平台数平均占比/%	1.870	1.925
参与政策制定次数平均占比/%	1.368	3.200
校地协议数平均占比/%	2.126	1.283

从上表可知,高校和事业单位两类派出单位的平均得分分别为12.04分和10.38分,显然高校类科技镇长的绩效得分高于事业单位类科技镇长。由各类指标的平均占比可以看出,高校类科技镇长在校企平台数、技术攻关次数、申请专利数、专题讲座次数和校地签订协议数指标上的占比具有优势,分别为2.347%,2.412%,2.632%和2.126%,都明显高于事业单位类科技镇长,联系实际可知,高校类科技镇长依赖的是高校资源,而高校在技术、科研、专利等方面拥有丰富成果和资源,科技镇长将这些资源引入企业和地方的同时也实现了高校的成果转移转化;从事业单位类科技镇长的指标数据占比可以看出,他们在科技项目个数、科技项目资金及参与政策制定上的成绩明显突出,比例分别达到2.491%,5.281%和3.200%。

4.2 派出区域的绩效对比分析

将53名镇江市"科技镇长团"成员按派出区域进行划分,可分为江苏省内和省外成员,因此,按派出区域来对比区分其对镇江市"科技镇长团"绩效方面的影响见表14。

表14 按派出区域来对比区分的绩效平均得分和各指标的平均占比

派出区域	省内	省外
平均得分/分	11.02	12.23
吸引人才数平均占比/%	1.936	1.825
校企平台数平均占比/%	1.398	2.478
校企协议数平均占比/%	1.528	2.320
走访企业数平均占比/%	2.590	1.038
科技项目数平均占比/%	2.416	1.246
科技项目资金数平均占比/%	3.269	0.217
技术攻关次数平均占比/%	1.149	2.778
专利申请数平均占比/%	2.882	0.684
专题讲座次数平均占比/%	1.091	2.848
校地平台数平均占比/%	1.762	2.036
参与政策制定次数平均占比/%	2.483	1.167
校地协议数平均占比/%	1.857	1.924

从平均得分可以看出,派出区域为省外的科技镇长平均绩效得分要高于省内,分别为12.23分和11.02分,说明就第八批镇江"科技镇长团"而言,省外科技镇长的平均绩效要略高于省内科技镇长,从各类指标的绩效占比可以分析出省外与省内科技镇长在哪些指标方面绩效突出。在各类指标的平均占比方面,省内科技镇长走访企业、科技项目、科技项目资金、专利申请和参与政策制定指标占比明显高于省外科技镇长,分别为2.590%,3.269%,2.416%,2.882%和2.483%,这五方面比省外科技镇长高了1%以上,在人才引进方面省内也略高于省外科技镇长;而省外科技镇长则在校企平台、校企协议、技术攻关、专题讲座、校地平台和校地协议方面高于省内科技镇长,分别为2.478%,2.320%,2.778%,2.848%,2.036%和1.924%,原因可能有二:一是因为省外科技镇长的引进能促使"科技镇长团"工作开放式进行,突破封闭式的工作模式,能够带来更为丰富的人才、知识、技术和信息等资源的交流共享;二是省内资源有限,镇江只是江苏实施"科技镇长"工作的其中一个城市,不可能把所有资源都投入在镇江。

4.3 各利益相关者绩效对比分析

上文分别对科技镇长在各利益相关者视角下的绩效得分进行了计算,并分别对它们做了相关的统计描述,初步分析各自视角下的绩效情况,但并未对各利益相关者的绩效进行对比分析,以判断镇江市"科技镇长团"在这三个利益相关者层面上的绩效高低情况。以下是各利益相关者的科技镇长绩效平均分对比,见表15。可以看出,三个利益相关者的绩效平均得分存在差距,其中最低的是企业视角的绩效平均得分9.17分,最高派出单位绩效的平均分为14.79分,政府视角的绩效平均得分为13.61分,可见第八批镇江"科技镇长团"在企业方面的绩效要远低于政府和派出单位方面的绩效,而所有利益相关者的综合绩效得分为11.57分,说明科技镇长必须要兼顾三者的绩效利益,在重视派出单位和政府绩效利益的同时不应忽视企业方面绩效的提升,只有同时满足三者的利益诉求,才能使镇江"科技镇长团"的综合绩效得到提高;同时也可知,各利益相关者的平均绩效与最后的综合绩效都处于较低水平,这主要是因为大部分科技镇长在这三个利益相关者的绩效得分都较低,最终导致整体平均得分较低。

表15　各利益相关者的绩效平均分

利益相关者	企业	政府	派出单位	综合
平均得分/分	9.17	13.61	14.79	11.57

4.4 各团绩效对比分析

原始数据以团划分,则镇江各科技镇长团的绩效评价得分见表16,可以看出,整体上无论是各利益相关者绩效还是综合绩效,各团平均得分都处于较低水平。而各利益相关者视角下的各团绩效存在差别,企业绩效平均得分中京口团最高,为11.87分,最低为润州团的1.73分;各团中政府绩效平均得分最高的为丹阳团,最低的为新区团,分别为24.20分和3.39分;各团中派出单位绩效最高得分为丹阳团的25.23分,最低为新区团的4.80分。而从最后的综合绩效得分可知,最高为丹阳团的17.57分,最低为润州团的3.77分。从整体来看,润州团在三个利益相关者视角下的绩效平均得分都很低,致使其最后的综合绩效平均得分也很低,而丹阳、扬中团在政府和派出单位视角的绩效平均得分都较高,使得它们的综合绩效平均分分列第一、第二位,说明只有兼顾各利益相关者的权益,才能保持"科技镇长团"的绩效水平。

表16　镇江"科技镇长团"各团绩效综合评价得分

团名	京口团	润州团	丹徒团	丹阳团	新区团	扬中团	句容团
企业绩效平均得分/分	11.87	1.73	4.34	11.34	11.64	10.59	10.58
政府绩效平均得分/分	14.01	6.50	11.38	24.20	3.39	21.37	12.41
派出单位绩效平均得分/分	15.86	5.97	11.06	25.23	4.80	24.64	13.93
综合绩效平均得分/分	13.41	3.77	7.49	17.57	8.26	16.53	11.87

5　镇江"科技镇长团"绩效提升策略分析

根据前面的各利益相关者绩效和综合绩效的计算和分析发现,如果利益相关者绩效都处于高水平,则"科技镇长团"综合绩效也处于较高水平,反之则相反;如果多数利益相关者的绩效水平处于平均数以上,其整体绩效也会较高。可见,镇江"科技镇长团"绩效的提升实质上是各利益相关者绩效的提升,且不能只关注某个利益相关者的绩效,而忽视其他利益相关者的绩效。因此,在此基础上分别提出三个利益相关者视角的镇江"科技镇长团"绩效提升策略。

5.1　企业层面的镇江"科技镇长团"绩效提升策略

1)找准短板,提升服务的全面性

各科技镇长及镇长团应在保持目前一些指标取得成果的同时在其他绩效不足指标上实现突破,如大多数团都在引进人才、走访企业和签订校企协议方面取得成果,但在技术攻关、科技项目资金、专利申请等指标上的成果却相对较为匮乏,因此,各科技镇长和团队应该利用团队优势协调促进团队所有成员绩效的共同提升,如果只有某个成员绩效良好,而其他成员绩效处于低水平,那整个团队的绩效也会处于低水平。

2）重视企业自身的创新能力建设

企业方面应深度挖掘自身技术创新需求,重视企业自身的创新能力建设,明确自身的创新目标。企业是发展创新型经济的主体,也是高校服务经济发展的核心对象。校企合作需要企业具有一定的研发实力,能够消化科技成果,将科技成果运用到产品或工艺改造中去,并能充分发挥科技成果的作用。要引导大中型工业企业普遍建设研发机构,进一步强化企业的技术创新主体地位。

3）要加强企业层面的绩效考核力度

从以上分析得知,企业视角下的个人绩效和团队绩效平均得分都低于政府和派出单位的平均得分,这说明相对于政府和派出单位而言,第八批镇江"科技镇长团"在企业方面缺乏绩效成果,并未很好地兼顾企业层面的绩效。因此,地方政府应主动根据自身需求制定一些激励政策与措施,鼓励科技镇长团为企业服务,且要细化到对不同的绩效指标进行区别化的激励,如急需引进人才的企业在引进人才方面的激励就应大于其他指标,而需要校企合作或项目资金支持的企业则在这些指标上的激励力度应大于其他指标。

5.2　政府层面的镇江"科技镇长团"绩效提升策略

各科技镇长应全面提高政府绩效下的各指标成果。从政府绩效的各指标原始数据可以发现,四个指标在成果产出方面数量都不多,且处于较低水平,严重影响了政府层面的镇江"科技镇长团"绩效的提升。政府在科技镇长的选拔任用、团队配置等方面充当了重要角色,鉴于此,政府应做好以下几方面工作:

1）严格审查科技镇长的申请资格和条件

在选拔任用时应严格审查科技镇长的申请资格和条件,充分了解本区域及企业经济生产及需求情况,要坚持基于"双向选择,按需选派"的科技镇长选派原则;在选派团员时要结合团员自身及派出单位特点,努力实现与地方产业特点及人才需求的高效结合,最大限度地发挥科技镇长团的作用。如根据地区和企业是急需项目资金支持还是技术攻关、校企合作来决定派往该区域的科技镇长是事业单位类还是高校类;同时需要科技项目与资金支持的区域应尽可能选拔任用省内科技镇长,而需要合作平台建设、协议签订的区域与企业选拔任用省外科技镇长则会带来更大绩效。

2）科学合理配置镇长团成员

对各区域科技镇长团进行团队成员配置时应全面考虑当地实际情况和科技镇长能力水平,科学合理配置镇长团成员,既要考虑派出单位性质,又要兼顾派出区域,即应高校类和事业单位类、省内与省外科技镇长混合组成。由于科技镇长的专长和能力是有限的,一个科技镇长无法兼顾完成所有的绩效指标,如果团队成员只有高校类,则该团队会在科技项目和资金方面成果不足;如果只有省内成员,则在合作平台和协议签订的成果方面可能处于落后状态。而根据实际情况可知,一个区域和企业的利益需求是多方面的,要实现科技镇长团绩效的全面提升,就需要对团队成员进行科学合理的配置。

3)强化"科技镇长团"监督和激励机制

加强对"科技镇长团"的监督和考核,进一步规范"科技镇长团"的工作行为:在日常监督方面,应建立健全地方党委组织部门的监督主体责任机制,要求"科技镇长团"所在地的组织部门切实肩负起日常监管职责,对"科技镇长团"团长和团员的出差、请假、上班等考勤情况进行常态化监管,并要求"科技镇长团"严格落实周例会、月汇报等规章制度,定期检查工作开展情况,并将检查结果报告上级部门,尽可能避免"科技镇长团"不履职、不作为情况的发生;在激励方面做好科技镇长团的服务保障工作,落实必要的待遇,对在科技成果转化和引进高层次创新创业人才方面成绩显著的科技镇长团成员给予奖励,充分调动科技镇长团成员工作的积极性。

5.3 派出单位层面的镇江"科技镇长团"绩效提升策略

1)加强校地合作

各科技镇长应重点提高校企、校地平台数和校地协议签订数这三个指标绩效。从原始数据可以看出,这三个指标的成果数量远低于校企协议签订数指标,从而影响科技镇长个人和团队绩效,最终影响派出单位的绩效水平。

2)派出单位改革绩效考核方式

派出单位作为科技镇长的就职单位,应在科技镇长申请、绩效评价等方面采取一定的激励措施。如对申请并成功担任科技镇长的人员实行一定的奖励措施,调动申报科技镇长的积极性,使申报人员知识技能更加多样化;此外,还可以将挂职科技镇长期间的工作绩效纳入原单位的绩效考核范围内,将科技镇长的工作绩效与原单位的工作绩效挂钩,推动科技镇长在挂职期间充分发挥作用,提高绩效水平。

3)适当延长挂职时间

科技镇长应自觉提高主动性,要对各利益相关者负责,积极投身于为所在区域提供科技、咨询等服务中。为此,可以考虑的一项措施是适当延长每届团员的任职时间。从检验结果看,科技镇长团政策的实施效果具有一定的滞后性,而目前一般团员的任职时间仅为一年,一方面不利于科技镇长团政策的发挥,另一方面使科技镇长产生"一年后就离开,想做实事没有时间"的想法,从而消磨了他们的积极性、主动性。所以,可将任期适当延长至两年,同时加强与上届团员及其派出单位的联系,保证科技镇长团政策及其实施效果的有效延续。

6 结 论

本文从利益相关者理论角度构建了一套合理的、可操作的利益相关者视角下的镇江"科技镇长团"绩效评价体系,然后从利益相关者权益绩效的角度利用相关数据对镇江"科技镇长团"绩效进行评价,从不同派出单位性质、派出区域、各利益相关者和各科技镇长团四个层面对绩效进行了对比分析,并从各利益相关者层面提出镇江"科技镇长团"绩效提升策略。总结得出:首先,无论是各利益相关者视角的镇江"科技镇长团"绩效还是整体的综合绩效,得分都在 30 分以下,且各科技镇长绩效得分之间存在较大差距,可见有些科技镇长还未完全发挥作用,镇江"科技镇长团"的绩效在个人、团队和整体等多方面都有待加强;其次,如果只关注某个利益相关者的某一两个指标成果,而其他指标成果滞后,会影响该利益相关者的绩效,同样如果只关注某个利益相关者,而忽视其他利益相关者,最终就会影响其整体综合绩效水平;科技镇长的派出单位性质和派出区域通过对不同指标因素进行影响使得最终绩效水平产生差距,因此在对科技镇长进行选拔时应尽量使其与该区域需求相匹配。除此之外,还应对各区域的科技镇长团成员进行合理配置,优化科技镇长团成员结构。

课题组单位:江苏科技大学
课题组成员:崔祥民

荟萃人才　集聚要素　迸发活力

——丹阳市打造人才创新生态系统路径研究

人才是推动发展的"第一资源",创新是引领发展的"第一动力"。国内外实践表明,一个地区的综合竞争力在一定程度上取决于其是否拥有有利于人才创新创业的生态系统。对于一个县(市)而言,如何打造出有利于人才创新创业的生态系统、提升区域人才综合竞争力,是需要优先考虑的战略问题。课题组以"全国科技进步先进市""国家知识产权示范城市""江苏省人才工作先进县(市)"镇江丹阳为例证,根据丹阳市人才、产业、技术、产学研平台等县域创新经济的现实基础,对该市打造人才创新生态系统的具体路径、建设现状、存在问题进行了梳理与归纳,给出优化改进的对策建议,并在参考学习其他地区的基础上,提出了人才创新生态系统的具体内涵、评价体系。课题组研究认为,丹阳市的实践可以为其他县域地区建设人才高地、提高人才工作科学化水平提供现实参考,为人才领域的研究提供经验借鉴。

1　深刻认识人才创新生态系统的内涵

1.1　人才创新生态系统的具体内涵

熊彼特经典创新理论认为,创新是"建立一种新的生产函数",把一种从来没有的关于生产要素和生产条件的"新组合"引进生产体系中去,以实现对生产要素或生产条件的"新组合"。类比自然生态系统,创新也在特定的生态系统中。

人才创新生态系统是对人才创新创业活动及相关环境的一种综合的描述,是创新创业人才与政府、企业、研发机构、相关社会组织等多种参与主体共处的制度、政策、市场、文化等环境所构成的有机整体,是各要素相互影响并共同演进的一个动态平衡系统。人才、企业、高校等各类主体输入或输出与创新相关的物质和信息,积极主动地进行创新活动。各种创新主体与创新环境之间,通过技术、信息、资金、人才流动相互影响、相互制约,形成了一个协同演化、创新开放的复杂系统。同时,伴随着创新主体数量由少到多,主体种类由单一到多样,主体间关系由简单到复杂,其辐射范围逐步向外扩展,网络效应明显增强,整体产生的经济效益远大于单个组织效益之和。美国被认为是全球最具创新活力的国家,这不仅得益于其发展较为完善的国家创新体系,更来源于长期以来自上而下构建人才创新生态系统的不懈努力。

自然生态系统是生物赖以生存的支撑系统,由各种生物与非生物要素构成。与之类似,人才创新生态系统也有着相似的构成要素。课题组认为,人才创新生态系统(以下简称"生态系统")主要由创新主体和创新环境构成。创新主体主要指具有创新能力、从事创新活动的人或社会组织,创新环境为创新主体提供外部支持,各要素面临共生的基础条件,相对稳定和独立的同时又相互依赖。人才创新生态系统具体包含以下 8 个要素:

1)人才是根基、"种子"

习近平总书记指出:"人才是创新的根基,创新驱动实质上是人才驱动"。一切创新的动力,都源于人才的活力。仔细探察创新的内在机理,无一例外不是靠人才的作用发挥,仰仗着人才的驱动力量。在这个生态系统中,人才始终是"第一资源",是创新的"种子"。

2)企业是核心主体

企业是实现科技和经济紧密结合的重要力量,是生态系统中最主要的创新者之一,也是创新决策、研发投入、成果转化的主体。企业生产和销售创新产品或服务,使创新价值得以实现,促进技术创新在系统内的转移扩散;通过与高校建立合作关系,挖掘创新所需信息和人才,实现信息、人才的流动;通过与金融、中介等服务机构建立合作,实现资源的流动。

3)高校和科研机构是"源头"

高校和科研机构扮演着原始创新主体和人才培养主体的角色,为生态系统提供创新来源、新技术和高级人才,是创新的重要动力源、技术转移的引导者、产业化发展的辐射源。

4)产业平台是"土壤"

"鸟无定栖,林茂则赴"。很多高端人才选择创新创业,不仅仅是因为物质利益,更多的是为了将自己的学术知识转化为生产力,而产业集聚就是人才实现自身抱负的有效载体,产业链、项目源就是最具吸引力的"着力点"。各类开发园区、双创载体、众创空间、孵化器是促进创新的重要平台,有助于优化局部环境,促进企业的成长与高新技术的发展,在生态系统中发挥着重要作用。

5)政府是"园丁"

政府作为制度创新者,为各创新主体发挥作用提供保障和支撑:设立创新基地、提供配套基础设施,为生态系统的发展提供物质支撑;优化创新软环境,提供公共服务平台,引导各个主体的相互联系作用,增强系统的稳定性;提供政策支持,运用财政手段,激发各个主体从事创新活动的积极性,刺激对创新产品的消费需求,进而促进产业聚集。

6）中介服务机构是纽带、"润滑剂"

技术交易中心、猎头公司、行业协会和事务所等各类中介机构提供专业知识和技术服务,是整合连接企业、人才、科研院所、政府等创新主体并使之有效发挥作用的"经络",帮助其开展沟通、融入环境,推进科技成果的转移与转化,提高系统的创新效率。

7）金融资本是"活水"

金融是现代经济的"血液",是创新驱动的一个重要条件。当金融资本与科技资源碰撞、科技创新与金融创新融合,就能推动产业和技术实现飞跃;没有资本的强有力支持,科技成果很难完成从科学研究、试验开发到推广应用的"三级跳"。

8）社会环境是"气候"

"环境好,则人才聚、事业兴;环境不好,则人才散、事业衰。"这里的环境不单单指自然生态环境,也指适宜人才创新创业的社会环境,社会环境的优劣已经成为地区创新发展的关键要素。只有在良好的社会环境下,人才、资金、技术等要素才能发生"聚变",才能源源不断地释放创新创造的潜能。

1.2 美国和上海、浙江、中关村的有益借鉴

1.2.1 美国:发布新版《美国国家创新战略》

2015 年 10 月,美国总统奥巴马在其任内第三次发布关于支持创新的国家级战略性文件《美国国家创新战略》,特别提出了支持美国创新生态系统的新政策。新版创新战略分为六大部分,包括投资创新生态环境基础要素、推动私营部门创新、打造创新者国家等三大创新要素,以及创造高质量就业岗位和持续经济增长、推动国家优先领域突破、建设创新型政府等三大战略举措。奥巴马政府希望通过三大战略进一步激活三大要素,由此创造一个良好的创新生态系统。美国创新生态系统在各个关键环节上都具有明显优势,有处于世界领先水平的研究型大学,是知识密集型产业和技术密集型产业比例最高的国家,也是全球风险投资的主要目的地。

1.2.2 上海:加快建设具有全球影响力的科技创新中心

上海作为中国乃至全球的科技创新中心的实力和地位已经初步突显,其人力资本和研发机构的集聚水平、创新投入的强度、知识创造的规模、技术成果扩散的溢出效应、对周边地区的辐射能力均遥遥领先于其他地区。上海处在了改革开放的最前沿,不仅在环境改善指数上遥遥领先,还在科研方面取得重大突破,排名不断上升,连续五年排在全国综合科技进步水平第一位。2015 年,上海提出"两步走"规划,即 2020 年前形成科创中心基本框架体系,2030 年形成科技创新中心城市的核心功能,跻身全球重要创新城市行列。

1.2.3　浙江:"五位一体"打造人才生态最优省份

浙江省紧紧围绕人才资源集聚、人才作用发挥、人才平台提升、人才政策创新和人才创业服务,引进省"千人计划"1 684 人,入选国家"千人计划"660 人,带动 10 万余名高层次人才来浙江创业发展,形成了以高校系、阿里系、海归系、浙商系为代表的创业创新"新四军",以"互联网 +"为代表的新业态、新经济、新模式、新产业不断涌现。据统计,浙江引进的"千人计划"人才,70% 以上分布在生物医药、电子信息、环保、新能源等行业,共创办企业 326 家,已上市 6 家,近 3 年内准备上市 60 家。

1.2.4　中关村:2015 年实施国际人才创业创新生态系统建设工程

中关村创业创新生态系统包括六大要素:领军企业,高校和科研机构,人才,科技资本,创业服务体系建设,中关村特色的创业文化。如今,这套创业生态系统已经成为中关村的核心竞争力,成为中关村独特的环境要素。截至 2015 年底,中关村聚集"千人计划"人才 1 091 人,占北京市的 82% ,占全国的 21% ;"海聚工程"人才 424 人,占北京市的 70% 。

1.3　人才创新生态系统的评价体系

1.3.1　评价体系的参考依据

2013 年 6 月,由全球化研究中心、社会科学文献出版社、武汉工程大学人才发展研究中心联合发布了《中国区域人才竞争力报告(No. 1)》。该报告基于我国各区域人才竞争力发展的海量数据,建立了中国区域人才竞争力评价的方法(包括评价体系及评价模型)。自 2014 年起,江苏省人才创新创业促进会每年发布《江苏区域人才竞争力报告》,该报告以《国家中长期人才发展规划纲要(2010—2020)》中所列的"人才发展主要指标"为核心指标,在全国首次构建了县域人才竞争力的评价指标体系,为各地人才竞争力评价提供了可资借鉴的数据和模型参考。

1.3.2　评价体系的结构框架

借鉴国内外先进经验,在实践调研的基础上,课题组认为,人才创新生态系统的评价体系结构包括内在要素、外在要素和效能要素。

(1)内在要素:反映人才创新创业、作用发挥的核心竞争力,包括人才数量、人才素质等方面。

(2)外在要素:反映人才创新创业的外部影响(平台、工作生活条件等)因素,对核心竞争力起到正向(激扬、促进)或反向(压抑、制约)作用,包括投入、平台等方面。

(3)效能要素:反映人才创新创业对经济社会发展的贡献和促进作用,包括创新贡献、社会环境等方面。

1.3.3 评价体系的具体内容

（1）人才数量：反映不同类型、层次人才资源的绝对数量，体现人才的规模效应。

（2）人才素质：反映人才资源在质量和结构方面的优劣，即人才相对数量差距和人才空间配置合理性。

（3）创新投入：反映地区在调动创新积极性、激发创新潜能方面的优劣，体现发展后劲。

（4）平台载体：反映地区在为创新事业提供发挥作用的"用武之地"及长足发展的通道方面的优劣。

（5）创新贡献：反映人才科技的经济产出，常见于"专利申请量""专利授权量""人才贡献率""高新技术产业发展"等数据。

（6）社会环境：主要指在上述平台载体之外的、影响人才生活的购物、社交、休闲、旅游、教育、医疗及影响人才发展的市场、法治、政策等。

2 打造人才创新生态系统对丹阳长远发展意义重大

2.1 深入实施创新驱动战略的客观要求

从全球来看，世界经济结构深度调整，新一轮科技革命和产业革命蓄势待发，工业4.0、"互联网＋"迅猛发展。深入实施创新驱动发展战略，需要以科技创新为核心，充分调动科技人员和企业家创新积极性，发挥企业在创新中的主体作用，进一步增强自主创新能力，加强集成创新和引进消化吸收再创新，推进科技成果向现实生产力转化。

2.2 延伸产业链、提升价值链的必然选择

与周边发达地区相比，丹阳的经济发展规模还不够大、综合实力不够强、转型升级步伐不够快，部分产业处于2.0和3.0之间，中低端加工等传统产业比重偏大，创新成果转化率不高，创新要素贡献率较低，结构性矛盾依然突出。从国内来看，经济新常态下，保持中高速发展，经济发展和人才发展的关联性更高，丹阳要在强化科技创新链条、拓展人才创新空间上加大力度。

2.3 提升城市综合竞争力的有力举措

培育以人才为核心的科技创新力体现为城市的根本动力，是提高城市综合竞争力的关键所在。面向未来，丹阳既要缩短差距，又要支撑建设现代化工贸名城、加快发展城市经济等重大决策部署，这就迫切需要加大人才创新突破力度，创造新的比较优势。

2.4 推动经济社会开放共享的有益探索

一座城市的对外开放，必须首先推进人的对外开放，特别是创新人才的开放共享。加快融入长江经济带、苏南自主创新示范区、宁镇扬同城化等区

域发展大格局,优异的人才创新生态系统成为下一阶段开放竞争的重点领域。人才是财富和价值的创造者,是引领产业发展、推进创新创业、带领群众致富的"领头羊",引进一名人才,就可以激活一个企业、带动一个产业,让更多群众感受到创新带来的"获得感"。

3 丹阳市打造人才创新生态系统的实践路径

近年来,丹阳市大力实施人才强市战略,积极探索人才发展体制机制改革,持续创新创业"软环境"建设,助力人才效用最大化发挥,有效服务产业结构转型升级,逐步形成人才引领创新、创新推动产业、产业集聚人才的良性互动。丹阳市被认定为首批县级国家知识产权示范城市,连续 9 次被评为全国科技进步先进市,连续 7 次被评为全省人才工作先进县(市),人才综合竞争力稳居镇江市县(市)第 1 名。

3.1 先行先试,推进人才发展机制政策创新

坚持党管人才原则,创新党管人才方式方法,注重管宏观、管政策、管协调、管服务,把各方面积极性调动好、发挥好,形成合力。

1)加强统筹领导

健全人才工作领导小组工作机制,构建党委统一领导,组织部门牵头抓总,有关部门各司其职、密切配合,社会力量广泛参与的人才工作新格局;实行党政领导科技与人才目标责任制,把人才工作列入市委"五位一体"考核体系;成立镇(街道、开发区)人才服务中心,推动人才工作力量向一线倾斜。

2)注重顶层设计

系统谋划生态系统的"四梁八柱",出台《关于深入推进"人才强市"工作的意见》《丹阳市"十三五"人才发展规划(2016—2020)》《中国制造 2025 丹阳人才队伍建设实施方案》,制订科技金融"1 + 6"政策体系,使全市创新型企业在初创期、成长期和成熟期都可以得到相应的政策和资金扶持。

3)推动政策落地

设立人才发展专项资金,每年投入 2 500 万元,有力支持人才工作重大项目开展和各类人才队伍建设;完善人才绩效考核评价机制,引进前从严遴选甄别、把好"入口关",引进后加强跟踪管理,把好"过程关",将政策兑现和绩效评价捆绑、荣誉奖励和责任追究同步,着力提高财政资金使用效益。在八批次高层次人才集聚计划中,扶持项目 144 个,有 20 个被缓拨、停拨资金。

3.2 靶向发力,着力招引集聚一批高端人才

着眼新兴产业发展和传统产业升级需要,重点引进和支持智能制造、航空航天装备、新材料、医疗器械、现代服务业、现代农业等领域人才,以人才结构优化引领产业结构优化,以产业的发展需求定制人才需求。

1）聚焦高端引才

2008 年至 2015 年,丹阳市实施八批次高层次人才集聚计划,扶持 144 名高层次创业创新人才;2016 年,又启动实施"丹凤朝阳"人才计划,计划用 5 年时间引进和支持 200 名以上海内外高层次人才来丹创新创业,对世界一流、国内顶尖的人才和团队,资助 1 000 万元,特别突出的,资金上不封顶,截至目前,有 26 名院士在丹开展科研活动和项目合作,拥有国家"千人计划"专家 22 人、省"双创计划"人才 86 人、镇江市"331 计划"人才 89 人、镇江市"金山英才"人才 19 人,其中 2 人入选镇江"金山英才"顶尖人才专项计划。

2）着眼实用育才

坚持代表性、贡献度与示范性相统一,择优选拔一批学术技术带头人、科技骨干和乡村优秀科技人才,拥有省"333 工程"培养对象 19 人、镇江市"169 工程"培养对象 249 人;实施"企业家精英工程",先后组织企业家赴斯坦福大学、多伦多大学、清华大学、浙江大学等海内外名校研修,共计培训 500 多人次,有省"产业教授"5 名、省"科技企业家"12 名、镇江市"科技企业家"10 人。统筹推进现代农业、医疗卫生、文化教育等人才队伍建设,近 5 年新增专业技术人才 1.1 万人,培养专业人才 2.6 万人。

3）创新机制用才

坚持"不求所有,但求所用",建立健全人才、智力、项目相结合的柔性引进机制;设立 16 个企业院士"千人计划"工作站,举办"大院大所"丹阳行活动,亲自海内外近百名专家教授齐聚丹阳,达成 30 多个合作项目;深入实施科技镇长团、科技副总、产业教授等工程,引导人才智力资源向基层和企业流动。

3.3 多措并举,深度挖掘释放创新创业活力

坚持围绕产业发展,力促人才与产业深度融合,努力把人才优势转化为发展强势,把创新动力转化为发展活力,形成"人才引领产业、产业助推发展"的良好态势。

1）推进产业集聚

形成眼镜、汽车零部件、木业、纺织家纺、五金工具五大传统产业和新材料、先进装备制造、新能源、新医药及新型医疗器械、电子信息五大新兴产业;成为汽车零部件制造及出口基地、全国优质汽配生产基地,以高性能合金、锂电池、碳纤维材料为代表的新兴产业集群初具规模,"眼镜之都""钻头王国""灯具世界""木业航母"已成为丹阳的代名词。丹阳还是国家火炬计划新材料产业基地、江苏省首家军民融合式发展示范基地,生产众多军工产品的核心部件。

2）推进企业转型

全面实施"中国制造 2025"丹阳"5＋2"行动计划,促进新兴产业加快发

展,2016年高新技术产业产值1 106亿元,占规模以上工业产值的比重为45.2%,全市拥有各类企业15 000多家,其中规模以上793家,高新技术企业175家,各类上市挂牌企业41家,一批新产业、新业态、新模式蓄势待发、蓬勃发展,鱼跃医疗是国内家用医疗器械行业的龙头企业,恒宝股份在国内IC卡销售中位列前三,以宏福物流为代表的智能物流,尚阳科技为代表的服务外包,天工、万新为代表的品牌经营管理,仅一、淘镜为代表的个性化订制等均处于行业领先地位。

3)推进技术革新

2016年研发经费支出27.38亿元,比上年增长6.3%,占GDP比重达2.41%;全年专利授权数3 006件,其中发明专利576件,同比增长63.6%,万人发明专利拥有量达13.5件;掌握了一批"第一、唯一"技术,20多项国际领先、160多项填补国内空白的高精尖技术正在落地生根、开花结果;主持制订了近20项国家和行业标准,拥有30多个国家级品牌;2016年受丹阳市委、市政府表彰的规模纳税企业中,前50强有40家企业是高科技型企业。

3.4 搭台筑巢,凸显创新平台载体支撑作用

丹阳市致力于人才创新创业平台建设,使之成为优秀人才加速汇聚的强力磁场,为人才的成果转化提供孵化场地,为人才的项目落地打造承接载体,为人才的资源对接营造交流空间,为人才的梦想实现搭建事业舞台。

1)搭建园区平台

推动创新资源向产业园区集聚,建成省级经济开发区、高新区各1个,高新区被认定为"江苏省大众创业万众创新示范基地";现有丹阳经济技术开发区科技创业园和云阳高新技术产业园2个孵化基地,其中丹阳经济技术开发区科技创业园被认定为国家级科技孵化器,孵化总面积68万平方米,已经吸引22个博士团队、85家科技型企业入驻,就业人员达4 500人;高新区现有各类优质企业338家,形成收入百亿级产业集群3个、销售收入超30亿企业4家。

2)搭建科技平台

与中科院排名前10位的研究所中的7家建立了战略合作关系,40多名院士在丹阳担任特别顾问,建有省级重点实验室2个、省级工程技术研究中心51个、博士后工作站13个、研究生工作站42个,北京航空航天大学、南京师范大学、燕山大学、沈阳航空航天大学、哈尔滨理工大学、江苏理工学院先后建立研究院或技术转移中心。

3)搭建金融平台

大力发展人才金融、科技金融,举办"资智直通车"人才金融对接活动,设立科技型中小企业信贷风险补偿资金池,全真光学、飓风物流与镇江市领军

人才创投基金、镇江国控集团签订合作协议,恒神股份、图南合金、飓风物流、唯益换热器等多家领军人才企业在新三板成功挂牌。

4）搭建交流平台

先后成立江苏省人才促进会丹阳代表处、党外知识分子联谊会、工程师学会、青年商会等协会组织,探索政府与社会团体合作新模式,发挥专业优势和桥梁纽带作用,搭建了高端人才与地方政府、高新企业的合作交流平台。

3.5 优化服务,营造拴心贴心、宜居宜业环境

坚持"服务人才就是服务发展"的理念,探索运用灵活的市场手段,建立务实高效的综合扶持机制。

1）全程化创业服务

针对人才创新创业的不同阶段,打造独具特色、功能互补、一体运行的发展平台,构建"创业苗圃 + 孵化器 + 加速器（中试基地）"的创业孵化载体、"政府扶持资金 + 企业债权融资 + 股权融资 + 上市融资"的金融支持体系,为人才创业提供全链条、精细化服务,提高人才创业成功率。

2）"一站式"政务服务

整合多方资源,加快建设"一站式"政务服务平台,建立人才项目审批"绿色通道",推动人才政务服务的"一体化"和高层次人才服务的"一对一",近2年登记注册企业数保持了高位增长;畅通党政领导干部直接联系优秀人才渠道,深入开展"企业服务月""三解三促"等活动,帮助企业和人才解决实际困难100多个。

3）多维度生活服务

实施"人才安居安心计划",建成300套人才公寓,帮助8名高层次人才解决子女入学问题,向5名人才发放146万元购房补贴;每年举办名家讲坛、"迎中秋·庆国庆"联谊会等活动,组织人才参加国情教育、省情研修、素质培训、休假疗养等,营造亲才爱才、惜才助才的浓厚氛围。

4 制约丹阳市人才创新生态系统发展的四大因素

丹阳市人才创新生态系统建设仍处在初级阶段,基本要素已经具备,但资源要素的结构不优、配置效率较低,受外部因素影响较大,创新主体之间互动性、创新链条内部承接性、产业链与创新链之间衔接性都不够完善,仍然面临不少问题和困难,还未真正形成一个具有强大内生动力的生态体系。

4.1 人才"存量"不足,"增量"不够

科技人才资源总量一直偏小,在南京师范大学中北学院丹阳校区建成之前,丹阳没有大学,科研基础比较薄弱,只能花大代价从外招引人才。

1）高层次人才相对匮乏

招引人才的政策力度还不够,具备较强自主创新能力、能带动产业提档升级的高层次人才,特别是世界一流、能突破关键技术、填补国内空白的战略性新兴产业顶尖人才较为紧缺。

2）紧缺型专业人才数量不足

偏重制造业人才的引进培养,现代服务业、高效农业、高技能等领域人才还难以满足产业转型升级需要。金融、财务、法律等复合型管理人才数量不多,专业结构不合理的矛盾较为突出。比如,在 2014 年以来的区域金融风险中,部分企业因内部管理不善和专业管理人才短缺,付出了较大代价。

3）乡土人才开发深度不够

培养形式比较单一,扶持资金相对较少,统筹推进农业、教育、医疗等领域人才队伍建设的力度有待提高,"土专家""田秀才"的带动示范作用不够明显。

4）"新生代"企业家后继乏人

在接下来的 10 年中,第一代企业家将逐渐退出舞台,大量的企业面临交班的问题,而"新生代"企业家成长环境相对优越,人生的历练相对简单,尚未能"独当一面",很多人甚至不愿意接班。

4.2 产业结构不优,平台建设薄弱

1）传统产业转型任务艰巨

现有规模以上工业企业主导产业仍是以传统产业为主,初加工产品、大众产品多,深加工产品、精品产品少,缺乏科技含量高、附加值高的核心产品和核心技术。一些研发活动与市场脱节,中试力量薄弱、重大技术商品化缺乏吸引力等问题仍较为突出。

2）平台载体集聚吸纳能力不强

各类校地、校企合作基地和技术转移中心数量、层次、合作深度有待提升,借助"外脑"推动发展还不到位。比如,就现有的国家级、省级科技企业孵化器而言,开发区科创园建设较早、入园企业较多,但项目整体质量、层次不高,服务功能有待完善;高新区还在建设之中,需进一步加快基础设施建设。

3）市场化配置程度不高

引进高层次人才较多依赖于"政府招、专家审","市场选、企业引"模式尚未完全建立,缺乏专业市场、行业协会、猎头公司等高层次引才机构,科技中介服务体系不完善,科技咨询服务、科技中介机构数量少。

4）创业资本和金融产品不丰富

一方面,风投、创投机构数量少,专业化和市场化程度不高;另一方面,银行提供的科技、人才金融产品门槛较高、灵活性不够,不利于有技术、缺资金

的企业成长,影响其技术研发和产业化进程。

4.3　双创氛围不浓,配套服务滞后

技术、人才、资金等创新要素的保障机制不健全,知识产权的侵权成本仍然较低,而维权成本相对较高。对人才认识不足,重物轻人的思想仍然存在,对人才的激励资金缺乏宽容度,评价、激励机制还需完善,高层次人才的价值、贡献、效益与分配还不够合理。人文环境和生活环境在还比较脆弱,商贸服务、医疗保健、文化生活、教育资源等不能完全满足需求,人才流失现象时有发生。在 2016 年《江苏县(市)人才竞争力报告》中,丹阳市"医疗卫生及人居环境"得分在 42 个县(市)中排第 35 名,极大地拖累了生态系统的建设。

4.4　"溢出效应"递减,"虹吸效应"愈强

丹阳地处长三角经济带,离南京、苏州、上海都很近,许多引进的项目、资金也都来自这些地区,这种"溢出效应"在一定时期内起到了很大的正面作用,但效果已逐年降低。同时也要看到,在城市发展过程中,一线超大城市"虹吸效应"圈层外扩,竞争力最强的城市将不断把资源和人口从其他城市中争夺过来。以愈演愈烈的"人才争夺战"为例,上海先后发布"科创 22 条"、人才"20 条"和人才"30 条",三次升级人才发展体制机制;南京实施"紫金人才计划",每年投入 10 亿元,重点资助 10 名顶尖人才、100 名领军人才、1 000 名急需紧缺人才;苏州实施"姑苏人才计划",每年投入 6 亿元,引进培育 200 名领军人才和 2 000 名高层次人才。因此稍不留神,千辛万苦招来的人才、资金、项目就被大城市给"吸"走了,多年建立起的生态系统也将随之瓦解。

5　优化丹阳市人才创新生态系统的对策建议

5.1　引进和集聚人才的理念要更加开放

推进人才招引市场化,变"大兵团式网罗"为"小分队式攻关",鼓励和支持企业个性化引才,推动企业成为招才引智的主力军。重点培育一批高水平专业市场、行业协会、中介机构,加大对猎头公司等高层次引才机构的引进扶持力度,加强与海外科技、学术和人才资源的对接,畅通国际化引智渠道,提高人才招引的针对性、实效性。坚持"不求所有,但求所用",打破户籍、地域、身份、人事关系等制约,建立健全人才、智力、项目相结合的柔性引进机制,创造条件让科研人员在企业、高校、科研机构流动起来,打通科研和市场的"旋转门",使创新资源从实验室流向市场,把更多科技成果转化为现实生产力。鼓励企业高管和企业家"二次创业",吸引驻丹、驻镇高校及长三角周边地区高校师生来丹创新创业。

5.2　产业转型、科技创新的步伐要迈得更快

坚持以供给侧结构性改革为主线,以"中国制造 2025"丹阳行动计划为抓

手,优化产业项目布局,继续壮大主导产业,积极培育新兴产业,努力提升传统产业,加大有效投资,增强发展后劲。充分发挥政策的引导作用,加大科技优惠政策宣传力度,全面落实研究开发费用加计扣除等优惠政策,让企业科技创新真正得到实惠。集中优势资源,以重点产业为突破口,利用科技计划项目引导企业加大科技创新投入,为提升产业创新能力提供科技支撑。加强与著名高校、科研院所及知名企业的横向联系,通过合作办学、在丹建立科研机构等方式,建设高层次、综合性、开放式的新型产学研示范实体,推进企业与高校院所建设产业技术联盟,形成产学研用相结合的协同创新队伍。

5.3 优质服务、社会氛围的叠加优势要更加彰显

推动各项科技人才政策和服务举措落实到位,彻底清除阻碍创新的"堵点"、影响创业的"痛点"和监管服务的"盲点",全面提升"服务留人"的工作水平。鼓励首购首用,支持财政性资金优先采购和推广应用人才企业创新产品。建立多元便利的融资渠道,注重运用创投基金、天使投资、创业贷款贴息和担保等手段,广泛开展企业与创投、风投和各类金融机构对接活动,着力形成政府投入为导向、用人单位为主体、社会资本为补充的多元机制。加强与人才的思想交流、感情联络和暖心服务,提供医疗、子女就读、配偶就业等配套服务,加大对优秀人才和创新企业的表彰奖励力度。完善法治保障,加强知识产权保护,加强社会诚信体系建设,大兴识才、爱才、敬才、用才之风,全面优化政策环境、工作环境、学术环境和文化环境,进一步形成鼓励创新、宽容失败的社会环境。

课题组单位:丹阳市委组织部
课题组成员:王国华

符合新经济特点的人才金融体系构建研究

——以镇江市为例

人才金融是指围绕人才创业创新等需求所提供的金融服务。建立健全人才创新创业金融支持体系,推动金融要素与人才要素的有效融合,既是发展人才经济的需要,也是金融回归实体经济的本质要求。本文以镇江市为研究对象进行分析探讨。

1 背景和意义

1.1 人才是最大的发展变量,区域竞争归根到底是人才竞争

功以才成,业由才广。当今世界,新一轮技术革命和产业变革正如火如荼,比以往任何时候都更加需要强有力的科技和人才支撑。把发展构筑在人才资源的坚实基础上是江苏取得成就的重要法宝。正如省委原书记李强同志强调的,与30多年前相比,江苏产业发展有了巨大变化,但发展的基因和底色没有变,就是靠人才在支撑、在引领。能否顺利实现"两聚一高",能否在新一轮竞争中占据先机、赢得优势,根本上取决于能不能充分发挥人才第一资源的作用,通过创新实现发展的转型升级凤凰涅槃。

创新驱动,实质上是人才驱动。在聚力创新、转型升级引领发展的大背景下,区域之间的竞争,归根到底是人才的竞争。人才的高度,决定了产业的高度和未来创新的高度。没有人才优势,创新优势、科技优势、产业优势等就都不能实现。现在,各地政府都前所未有地将招才引智上升到战略高度,一场没有硝烟的人才争夺战已呈愈演愈烈之势。

(1)无锡在2017"圆梦太湖·创赢无锡"高层次人才创新创业无锡交流大会上向世界发出人才召唤:面对新的形势任务,无锡对人才的渴求比以往任何时候都更为强烈。"太湖人才计划"实施,世界物联网博览会一系列招才引智活动精彩纷呈。

(2)常州提出"种好常州幸福树,各类人才是根系"。围绕人才强市建设,实施新的人才战略,创新人才招引机制、政策,统筹推进人才"六支队伍"建设,提升人才队伍整体素质和能力,打造"星期六工程师"升级版,让幸福树的人才根基更加牢固。

(3)扬州提出"兴城先兴人",强调研究出台人才政策,"看得要准、出手要狠",要推动全市人才工作走在全省前列。

（4）镇江制定了"金山英才"计划，强调要树立苏南眼界，坚持苏南标准，着力优化拴心留人的创新生态系统，以更加主动的作为引进人才，以更加优良的环境留住人才。

1.2 打造人才"强磁场"，金融要素保障至关重要

创新创业生态系统理论认为，企业、高校、金融、服务、氛围构成创新创业六大要素，也有理论将其归结为三个要素，即资本、专利、创新精神。无论哪一种理论阐述，金融都是其中极其重要的一个方面。

"融资难"客观存在。大多数地区融资渠道狭窄，主要依赖银行。而银行融资，一方面更多地倾向于政府融资平台、运行良好的大中型企业，客观上存在"嫌贫爱富"现象；另一方面对抵押资产较好者，往往愿意与之合作，而对于抵押有限的对象，即使放款也是以高利率弥补高风险。人才的优势在于拥有知识、专利、技术，难点在于创业初期资产少，抵押担保融资能力有限，因此落地发展首先面临的问题是第一笔投资从哪里来。地方要想把人才引得来、留得住、干得好，就需要想人才之所想，急人才之所急，促进人才链与资金链的有效对接。

成功的案例启示我们，科技资本是推动人才集聚发展的强大动力。中关村是我国创业服务业发展的风向标，形成了科技金融机构和科技中介机构集聚的态势，聚集了一大批科技银行、天使投资人、风投公司、创投基金、信用中介机构、知识产权中介机构、产权交易机构等金融机构和科技中介机构，活跃着全国最大的天使投资人队伍，创业投资持续活跃，创业投资案例数、投资额约占全国的1/3。IDG、联想投资、今日资本、北极光创投、启迪创投等一批境内外知名投资机构是中关村的合作伙伴。据媒体报道，京东创始人刘强东在中关村起步时，每天找投资人融资，一天最少四五个，一个星期能见42个，也从一个方面说明了中关村投资人之丰富。

1.3 新经济背景下，金融服务存在与时俱进新要求

2016年政府工作报告首次明确提出了发展"新经济"的要求："当前我国发展正处于这样一个关键时期，必须培育壮大新动能，加快发展新经济。"新经济是指在经济全球化条件下，由信息技术革命和产业革命所催生的新产品、新服务、新产业、新业态、新模式等的综合。新经济的核心技术基础包含互联网＋、大数据、云计算、物联网、智能化、传感感应技术等，新经济当前已经从技术变革层面拓展到企业运行、产业融合、社会生活、人类交往的各个维度，正在展现它推动产业融合、经济转型升级和社会变迁进步的巨大能量。

新经济时代的来临和新经济形态的兴起，必将对现有金融的发展和运作经营理念带来重大的影响，甚至催生革命性变化。以银行为例，银行业在新经济浪潮初期遭到了经济结构调整和新技术跨界竞争的冲击。银监会公布

的商业银行不良贷款率从 2012 年一季度的 0.94% 上升至 2015 年三季度的 1.59%,资产质量持续承压;金融机构年新增人民币存款由 2012 年的 57 100 亿元降至 2015 年的 44 000 亿元,融资脱媒情况突出。在多重外部压力下,商业银行净利润增速从 2012 年的 18.9% 下降为 2015 年上半年的 1.5%,盈利形势十分严峻。

深入研究新经济环境下金融环境的变革,融合新理念、打造新流程,吸纳新技术、创造新产品,发展轻便、快捷、多元、普惠的"新金融",推出更贴近经济需求的服务,满足包括人才在内的各类个性化金融需求,在服务中实现双赢发展,是金融业迫切需要面对的现实课题。

2 态势和问题

2.1 多重"机遇"叠加,但短板不容忽视

1)机遇一:南京都市圈机遇

南京争创"国家中心城市""宁镇扬一体化"发展格局,必将引领包括镇江、扬州在内的"南京大区"建成承接上海、覆盖江苏、辐射皖赣、延伸全国的具有持续创新能力、专业特色和国际化特征的"泛长三角"区域金融中心。

2)机遇二:政策机遇

2017 年 9 月 1 日召开的全省金融工作会议指出,建设金融强省是未来发展的重要战略取向,要把握先机、及早谋划,做好金融引进来工作,集聚国际金融机构和金融资源,抓住机遇打造区域金融中心,推动江苏加快由金融大省向金融强省迈进,把江苏打造成新金融高地。会议不但明确了目标指向,而且提出了具体措施,要求各地要结合实际,争取和推进改革试点,形成自己的特色,主攻产业基金、资产管理、股权交易等以金融与产业深度融合为特色的新金融,促进金融业更好发展,努力实现"三强一优":支撑服务能力强、改革创新活力强、产业发展实力强和金融生态环境优。

金融是现代经济的核心和血液,发展的"热度"离不开金融的"温度"。当前镇江经济金融发展中的问题也是客观存在的。

(1)产业不强,区域金融集聚能力较弱。镇江市产业规模较周边地区,尤其苏南发达地区有较大的差距。镇江市 2015 年地区生产总值仅是苏州的 24.15%,南京的 36.03%,无锡的 41.12%。受市场需求不振、部分行业产能过剩的影响,工业投资增长乏力。2017 年 1—3 月,全市工业投资增长 1.5%,同比下降 11.5%,新兴产业投资和工业技改投资同比下降 4.2% 和 1.4%。实体经济增长动力不强,直接影响了银行授信规模的增长和资金的流入。

(2)金融资金供给结构不合理。部分传统产业融资需求持续低迷,新兴产业和领域的融资需求明显上升,但是当前的金融供给结构难以满足这部分

需求,供需之间存在结构性的不匹配。全市信贷资金流向基建和房地产领域的趋势明显,2013 年、2014 年、2015 年、2016 年,两个领域新增贷款占全部新增贷款的比例分别为 39.75%、72.96%、83.50%、100.91%,2017 年一季度为100.73%。

（3）局部地区金融生态不优。部分县域企业诚信意识淡漠,"反向跟风",不转贷、不付息、不续保,甚至出现"抱团"逃废债现象,对当地信用环境造成不良影响,资产质量大幅下降。2017 年 3 月末,丹阳地区账面不良贷款率升至 4.02%,高居全市前列,且仍有部分风险贷款尚未暴露;据丹阳农商银行反映,部分借款人具有偿债能力,但拒不转贷付息,或者通过转移资产、更换企业名称、变更法定代表人或股东等方式逃废债务,涉及金额 20.13 亿元。受信用环境影响,部分银行信贷投放信心不足。据全市一季度经济形势分析暨重大项目推进会反映,丹阳地区 5 个重点产业项目融资缺口达 16.2 亿元,主要是受丹阳地区不良贷款影响,银行资金无法落实。

2.2 "地利"优势突出,但竞争日趋激烈

人才、金融是人才金融体系的一体两面,相互促进,共生共长。镇江对接南京人才资源,打造人才新高地,具有得天独厚的优势。

1）宁镇扬同城化加快

镇江与南京地理相邻,无论是 2016 年 11 月江苏省第十三次党代会,还是2017 年刚刚闭幕的江苏省"两会",宁镇扬一体化都成了大会的关键词。宁镇扬以一体化交通为目标,形成高快结合、公铁结合的全天候、复合型城际运输通道,主枢纽站半小时通达,主城区之间一小时通达。宁镇扬同城化还包括在公共服务领域实现更高水平的同城一体,包含更高层级的教育、医疗、就业、社保、居住、公交、生态、旅游的一体化,市民卡会实现真正意义上的互联互通。这为镇江市承接南京科教资源破除了区域壁垒、身份壁垒和制度壁垒,增加了流动自由度,降低了人才流动成本。

2）镇江与南京人文相亲

京口瓜洲一水间,钟山只隔数重山。镇江与南京一衣带水,水同源、山同脉、路相连、情相牵,共同的历史渊源、文化习俗,使"宁镇扬"同城化具有内在的文化联系。"宁镇扬"文化的相亲相融必然在市民心理层面形成一种认同感,增加了人才流动主观意愿度。

3）南京科教资源丰富

一方面,南京作为全国重要的科教中心城市,高等院校科研院所云集、高端人才密集,科教资源优势显著;另一方面,虽然拥有众多的科教资源,但与苏州和无锡相比,南京在科技成果转化及产业竞争上并不具有优势,其空间限制、成本约束等都严重制约了科技成果的转化效率。随着高等院校科研院

所成果转化压力的增大,南京的科教资源溢出的可能性越来越大。镇江毗邻南京,既有位置优势,又有一定的土地资源承载能力和相对低成本优势,是对接承载南京人才资源的第一方阵、桥头堡。

但是,人才争夺激烈,优势稍纵即逝。在新旧动能转换、深入实施供给侧改革的关键时期,一场前所未有的人才争夺战正在全国打响。在这场人才争夺战中,上至各省市,下至各区县,无不参与其中,力度不断加大,"招式"不断出新。很多外地城市纷纷主动与南京高校、科研院所联姻,以获取高质量的人才资源。如2017年5月8日,南京航空航天大学与常州市政府、溧阳市政府分别签署了战略合作框架协议、合作办学框架协议。根据协议,三方将建立长期全方位多层次合作关系,并建设南京航空航天大学溧阳校区。

2.3 "人和"氛围浓厚,但亟待系统推进

2017年7月11日,中共镇江市委七届四次全会发出"动员令",旗帜鲜明地提出:当前,镇江处在了一个战略机遇叠加的新的"窗口期"。面对长江经济带、扬子江城市群、宁镇扬一体化发展的历史机遇,镇江要以时不我待、只争朝夕的紧迫感,提升发展热度,对标苏南加油干。全市深入实施创新驱动发展战略,围绕"产业链"打造"人才链",以高端人才集聚引领创新驱动发展,聚焦发展、聚力引才,氛围浓厚。

系统推进人才金融服务,就是要最大范围、最大限度地为不同发展模式、不同成长阶段的人才量身定制个性化金融产品和工具,让人才项目与金融资本能够实现无障碍对接、快速化聚合,迅速推动"智 + 资"生根开花。相对于系统推进,存在的主要问题如下:

(1)部门之间缺少整合,各自为战,距离工作力量 1 + 1 > 2 还有差距。

(2)服务存在顾此失彼现象。如引进人才时,资金激励、金融保障到位比较及时,但对存量人才的金融服务,相对比较滞后,存在碎片化、应景式现象。

(3)各项工作之间存在不平衡。如与苏南其他地区相比,我市财政基础薄弱,在政府资金投入这一块能级有限;吸引知名资本关注镇江不够,社会资本的积极性没有充分调动起来,多元化投资机制尚未成形。

3 方向和路径

3.1 抓住机遇,谋定而动

1)锚定目标

以人才金融体系构建为引领,在宁镇扬区域金融中心建设中打好先手拳,打造人才"强磁场",形成全方位的"拼抢"优势,推动人才落户创业形成"井喷"之势,对镇江来说,正当其时。镇江构建人才金融体系,不但要破解难题,而且应坚持苏南定位、苏南标准,站在宁镇扬区域金融中心建设的大坐标

中找准位置、锁定追求,建立走在前列、有示范引领作用、真正具有远程号召力的人才金融体系。

2)厘清认识

认识误区一:人才金融就是政府花钱买单。建立人才金融体系,政府是关键,投入必要的财政资金撬动社会资金是必需的,但这不是做公益活动,本质上来讲,也是一种市场行为,是有预期收益的,追求的是地方和人才的"双赢"。淘宝、腾讯、京东的战略投资人,最终都是赚得盆钵盈满。

认识误区二:金融创新风险大,不宜推动。任何一项创新性金融服务的推出,都有被滥用的风险,关键在于要通过有效监管来预防和应对,寻求以创新提升效率和防范风险隐患之间的平衡。与此同时,金融创新是在前期探索和实践基础上的有序理性创新,必须坚持问题导向,有的放矢、对症下药。

认识误区三:没学历就不是人才。对于人才的概念,李强同志指出,什么是人才,用人单位愿意花大价钱去雇佣他,这就是人才;不管什么出身、不管从事什么职业,只要身上有本事、手里有绝活,就是人才。

3.2 拓展思路,构建模型

构建符合新经济特点的人才金融体系,需要强化工具创新,拓宽各类资本进入人才领域的渠道,打通产融对接的"最后一公里",同时要提升效能,优化资源配置效率。同时,该体系是一个需要不断完善优化的有机整体,"三化"贯穿其中。

1)产品系列化

以商业银行为重点,加强与创投、证券、保险等金融机构合作,推行"拨 + 投""拨 + 贷",发展投贷联动、投保联动、投债联动,推出"人才投""人才贷""人才保"等一系列符合新经济特点的金融产品,为人才企业的快速发展提供多样化、差异化选择。

2)服务平台化

政府设立服务平台,建立全市人才动态数据库,为人才、资本和产业的有效对接提供"全方位、一站式"投融资信息服务。服务引导符合条件的人才企业在主板、中小板和创业板发行上市或到"新三板"、江苏股权交易中心挂牌。

3)资金池塘化

设立镇江人才创新创业风险补偿资金池,用政府资金撬动金融机构或社会资本对人才项目及企业的金融支持,落实投资种子期、初创期科技型企业的税收支持和风险分担政策。无锡案例可供参考借鉴:2017 年上半年,为推动物联网产业发展,无锡市属金融国资平台——无锡市金融投资有限公司与北京赛伯乐绿科投资有限公司共同发起无锡市物联网产业基金,基金总规模达到了 50 亿元。双方协议,赛伯乐投资集团计划 5 年内总投资 100 亿元,围绕物联网基础设施建设、智能制造、云计算、大数据、人工智能、教育、健康医疗、互联网金融等领域与无锡展开合作。

3.3 综合发力,重点突破

1）整体联动发力

一方面,政策上要配套联动发力,综合解决"首贷"难、"首投"难,融资成本高,直接融资比例低等问题。另一方面,政银之间要联动发力。党委政府部门要发挥好牵头作用,为银企合作搭建桥梁,及时向金融部门推送人才金融需求信息,鼓励金融机构积极开展人才企业金融服务,开发针对性金融产品、创新暖心服务模式,对成效显著、服务优良、流程高效的金融机构给予表彰及奖励。金融机构要加强企业调查和方案营销,有针对性地为人才客户群创新推出个性化金融产品服务方案。对重点项目融资问题集中过堂,人才企业谈需求,银行谈方案,切实加大对人才项目的金融支撑。

2）拓展融资渠道

金融支撑是全方位的,不仅需要银行发力,更需要多种金融资源的跨界支持。唯有打通信贷市场与资本市场的连接点,对创投、保险、证券、担保等机构主体的金融资源进行全方位融合,实现直接融资与间接融资之间的灵活转化,才能吸引更多金融资本支持新经济,为人才发展提供更多、更宽的融资渠道。要通过金融小镇、在镇江举办高峰论坛等形式,形成声势,扩大镇江的影响力,吸引知名资本,如高瓴资本(京东早期投资人)关注镇江,促进人才和资本的对接联姻。2017年7月6日,2017世界石墨烯创新大会在常州召开,大会邀请了10余家金融机构参加,搭建金融创新合作平台,推动资本与技术成果嫁接"联姻"。

3）引培金融人才

人才需要金融,金融需要人才。在金融人才的引培上,镇江起步比较晚,金融人才缺乏。如"金山英才"计划,仅包括"镇江制造2025"领军人才计划、现代服务业领军人才计划、现代农业领军人才计划、高技能领军人才计划,而没有金融人才计划。伦敦市政厅每年公布的《伦敦在全球金融中心中的竞争地位》研究报告,就将优秀人才列为对金融中心的形成和发展具有决定性影响的首要因素。金融的竞争归根到底是人才的竞争、"智力资本"的竞争,要想在未来新经济竞争中取得一席之地,必须要从现在起加大对"智力资本"的投资,广泛吸纳多门类的高端金融人才,并给予优厚的待遇,使其能安心地为参与金融业竞争贡献自己的智慧。

课题组单位：镇江市委研究室

课题组成员：赵　军

区域人才的协同发展

——基于宁镇扬一体化视角

江苏省第十三次党代会上,省委书记李强在报告中明确提出:顺应以城市群为主体形态推进城市化的大趋势,发挥南京特大城市带动作用,推动宁镇扬等板块一体化。宁镇扬板块可以说意义重大,承南起北,可以带动江苏从"南高北低"的发展不平衡格局升格为南北均衡、齐头并进、特征各具的全面发展局面,甚至对邻近的安徽省许多城市都有巨大的辐射作用,直接影响"长三角"地区的经济一体化进程,是参与扬子江城市群建设的主要着力点。

《中国城市竞争力报告 NO.15》研究表明:区域一体化中大中小城市能够通过互补和共享在经济上保持活力。现阶段,绝大多数城市群经济增速高于全国水平。区域一体化的法宝就是协同发展,即通过区域分工发挥区域的聚集作用,最大限度地优化配置区域间的物质流、资金流、信息流和人才流等各项资源①,而一体化的"一体"不应单纯界定于交通、商贸、旅游、通信等狭窄领域,本课题组认为,人才作为第一资源,是区域一体化的主导和关键力量。因此,在宁镇扬一体化进程中,不仅要解决好三市的产业协调与分工问题,更值得关注的是人才的协同发展。如何建立区域内人才协同发展机制,提高人才使用效率,驱使人才价值增值,实现区域优势互补,促进区域经济社会的发展,就成为宁镇扬一体化面临的重要课题之一。

本课题组分别赴宁镇扬三市学习考察,先后邀请三市多个市直部门交流座谈、集思广益,并且借力镇江人社部门、市创新人才发展研究院在镇江全市范围内开展问卷调查,集中民智,从而形成了该调研报告,希望能为宁镇扬的一体化建设献计献策。

1 宁镇扬人才协同发展的基础条件

宁镇扬一体化范围是南京、镇江、扬州三市全域,面积 1.7 万平方公里,范围内有南京、镇江、扬州 3 个地级市。

1.1 地缘相邻、交流便捷

宁镇扬三市地缘相邻,人才资源、教育资源因为空间上的接近,交流更为快捷便利。三市已经开通了城际公交线,目前正在加快推进连镇铁路南延

---

① 李一凡.京津冀人才一体化的推进难点及错位发展思路.经济论坛,2014(12).

（镇宣铁路）、龙潭至高资城际轨道、南沿江城际铁路、扬马城际铁路、宁句城际铁路、233 国道和 462 省道等重点交通工程。借助轨道交通的发展,目前宁镇扬一小时都市圈已经建成,从南京到镇江,乘坐高铁最快只需 19 分钟;南京到扬州,乘坐动车,最快只需 48 分钟。到 2020 年,宁镇扬主枢纽站间半小时通达、主城区间 1 小时通达,以及主城区与邻近县市、近远郊城镇之间实现通勤化交通联系。

1.2　人缘相亲、区域认同

在"是否支持宁镇扬同城化发展"民意调查统计中,南京、镇江、扬州被调查的各界人士中,支持率分别为 91.17% ,92.54% 和 94.35%。① 相似的历史脉络和文化渊源使得宁镇扬三市之间交往一直较为频繁,彼此具有高度的认同感和包容性,这也奠定了区域人才协同发展的坚实根基。

1.3　经济相当、产业关联

宁镇扬三市经济实力较强,2016 年全国 GDP 74.4 万亿元,宁镇扬三地 GDP 高达 1.88 万亿元,占比达 2.5%。根据世界银行最新的收入分类标准,宁镇扬人均 GDP 均超过 8 万元,已经属于国际标准的中高收入水平,而且三市产业结构的互补性较强,在相关产业上的错位布局和功能分工十分明确。如围绕软件和信息技术产业,《宁镇扬同城化发展规划》明确"着力打造南京高端软件与新一代信息服务基地,扬州光电高技术特色产业基地和'新兴软件名城',镇江信息技术应用特色产业基地"。经济的合作、产业的关联,对人才协同发展有着强有力的引领和推动作用。

1.4　人才相依、互补合作

宁镇扬地区教育资源丰富,南京的优质高等教育资源和高端人才密集丰富,拥有 53 所高校、8 所重点高校,同时拥有超过全省 90% 的两院院士。镇江和扬州的高校数分别为 7 所和 8 所,在全国同等城市中也是名列前茅。近年来南京贯彻落实人才强市战略,以新一轮人才计划实施为契机加大引培力度;镇江、扬州也实施了一系列招才纳智的措施,如镇江的"331 计划""金山英才计划",扬州的"6+1 人才培育体系"等,人才队伍建设取得新的进展,而且三市人才联合开发已经形成互动优势,2015 年宁镇扬智库联盟揭牌仪式在南京举行,优化了人才协同发展的环境。在调研中,课题组也发现,宁镇扬三市从业人员行业结构差异:南京从事第三产业的人数最多;镇江第二产业吸纳劳动力所占比例最大;扬州第一产业就业比重在三市中最大②。三市人才恰好能形成互补优势,可以通过错位发展与分工合作,推动三市人才资源的

---

① 姚云霞. 整合人才资源　携手共绘宁镇扬同城化远景. 中共南京市委党校学报,2015(2).
② 参见《江苏年鉴 2016》.

整合和有效利用。

2 宁镇扬一体化进程中人才协同发展的困境研究

2.1 行政壁垒仍是桎梏,人才协同积极性不高

宁镇扬三市的合作并不是靠市场自发的资源配置,而是主要依赖政府推动。正如有些学者指出的"当前我国行政体系的运行结构以自上而下的权力运作为主,这可以有效实现纵向的行政指令传递与高效控制,但却难以解决横向的平行政府之间的协调与衔接问题。"①当前,宁镇扬一体化的管理只是通过江苏省省政府的牵头或是例行检查和会议,通过宁镇扬市长联席会议协调和沟通,缺乏权威性的、实质性的、跨行政区的协调机构。宁镇扬三市各自依附于原有的行政区划,为维护地方政府的利益,地方本位利益第一,人才协同意识不强,同时三地均存在对合作引发本区域人才流失的担忧,目前也尚未有相应的机制来解决,从而导致参与人才协同的积极性不高,很多推进工作也只停留在表面。

宁镇扬一直致力于建立区域一体化人才市场,但是当前人才中介行政色彩浓厚,2/3 中介机构由政府主导;三市至今还未形成统一的人才信息网络,人才资源还未在区域内实现共享,这给推进区域人才协作带来了交流障碍;三市的企业对人才协同发展关心度不够、参与度不高,还心存疑虑,有的即使参与也是被动应付,区域人才合作难以向深层次推进。

2.2 政策制约问题严重,人才难以自由流动

2016 年镇江人社部门、市创新人才发展研究院针对以江苏大学、江苏科技大学、镇江高等专科学校三所高校大三、大四学生的抽样调查显示,就"毕业后是否愿意留在镇江就业或者创业"的问题,驻镇高校中镇江生源毕业生中 55.7% 的选择"愿意",仅有 8.86% 的学生选择"不愿意",但 2016 年就业统计数据显示,平均只有 41.20% 的镇江籍毕业生真正留在了镇江。对大学生的问卷调查结果显示,"政府就业创业政策宣传不足、落地效果不明显"是制约其留镇的重要因素。针对镇江战略新兴产业、生产制造企业、规模以上企业及毕业生需求相对集中的其他类型的 103 家企业发放的调查问卷,45.63% 的企业认为镇江人才政策对产业和企业的针对性不强、倾斜度不够。镇江的这项调查研究或许有一定的代表性,宁镇扬三市都存在人才政策制约问题。2016 年,南京、扬州、镇江高校毕业生留在本地工作的比例分别是 18.25%,24.54%,12.73%。② 由于人才政策不合理、宣传不到位、办理流

---

① 黄晓军,黄馨.基于制度性集体行动的同城化合作机制研究.现代城市研究,2016(8).
② 通过江苏省招生办公室提供的当地当年高校毕业生及留在本地毕业生数据计算所得.

程繁琐、落实周期过长、金融扶持力度不够等因素，人才吸引力未能充分释放。

人才流动是人才实现有效配置、发挥其作用的有效途径。据美国经济学家摩尔根指出，要适应社会化大生产的需要，人才资源的流动率应该保持在 10% ~ 15%。宁镇扬三市的专业人才特别是国企事业单位的人才流动率较低，人才资源受到很多政策制度的制约，比如户籍制度、社会保障和子女升学等，目前在宁镇扬区域内这些政策，三市口径不一、政出多门、相互衔接较难，根本无法实现区域内的自由流动，给人才协同发展带来了不同程度的阻碍。

2.3 教育投入存在不足，人才结构不合理

据统计，在国家财政性教育投入上，目前世界平均水平为 7% 左右，其中发达国家达到 9% 左右，经济欠发达的国家也达到 4.1%。有专家指出，国家财政性教育经费占国内生产总值 4% 的投入指标是世界衡量教育水平的基础线。这些数据远远高于宁镇扬目前的教育投入水平。

表 1　2016 年宁镇扬三市教育支出情况分析表①

地区	教育支出/亿元	公共预算支出/亿元	GDP/亿元	教育支出占 GDP 比值/%
南京	198.62	1 173.79	10 503.02	1.89
扬州	84.92	484.25	4 449.38	1.90
镇江	65.85	360.10	3 833.84	1.71

宁镇扬专业技术人员缺乏，特别是中高层次人才缺乏，同时，专业技术人员老龄化现象也颇为严重。比如，镇江市现有高层次人才 3.26 万人，仅占人才总量的 6.19%。在南京，有将近一半的高技能人才年龄超过 45 岁；在镇江，优秀专家人才队伍中 60 岁以上占 32.61%，50 ~ 59 岁占 30.85%，39 岁以下仅占 1.97%。另外，高层次人才多集中于党政机关和事业单位，企业拥有的此类人才较少。随着宁镇扬一体化的迅速发展，对高层次人才资源的需求将不断增加。并且南京作为"长三角特大城市"和"东部重要中心城市"，为人才提供了更多的发展机会和更广阔的发展空间，镇江、扬州人才支持力度及创业环境都与南京存在较大的差距，将致使大批的高端人才，尤其是科技型人才呈现出流向南京的现象。这种不平衡的人力资源分布，将会制约区域经济一体化的发展。

---

① 数据参见三市统计局官网 2016 年统计公报.

2.4 产业错位水平太低,人才引导不通畅

产业作为人力资源依附承载、施展的基础,对人才资源起着引导、分流和利用的作用。根据江苏省政府印发的《宁镇扬同城化发展规划》,宁镇扬三市的产业布局,应该坚持错位分工与协调发展,合力建设具有国际竞争力的产业体系。但是目前的问题在于,三市之间为了自身的利益,各自为政,缺乏有效沟通,重复建设,产业趋同。据统计测算,三市产业结构的相似系数在0.8以上,每个城市都去构建自己的一套完整的产业体系,但每套体系都不够强大;并且在招商引资或是基础建设的过程中,三市都存在争项目、争人才、争资源、争资金等同质竞争的现象。这种水平低下的区域产业错位发展,不仅导致重复建设,使区域内有限的资源得不到集中、高效利用,而且无法对人才资源进行合理的引导与利用,甚至造成同行恶性竞争。

3 宁镇扬区域人才协同发展的对策探讨

宁镇扬一体化发展已经被赋予了前所未有的战略高度,但究竟如何才能真正实现1+1+1>3的效应呢?本课题组提出要积极构建区域人才协调发展机制,以人才协同发展促宁镇扬一体化,形成以产引人、以人促产、人产融合的良性发展格局。

3.1 构建协同机制,加强互信互利

宁镇扬一体化建设需要参与方统一思想认识,去除地方保护主义,建立起平等、互利、互信的协同机制,并始终将其贯穿于一体化建设的各项具体工作之中。

3.1.1 建立人才协同发展工作机制

目前宁镇扬一体化工作机制主要体现为"联席会议",其中区域人才协同工作又往往只是人力资源部门间的合作。而人才协同涉及诸多问题,如户籍迁移、人才认证、社会保障等问题,如果仅靠人力资源部门自身,很难有效解决,这需要公安、教育等多部门的支持与参与。本课题组提出,区域人才合作开发需要宁镇扬三市共同组建一个强有力的人才协同机构,全区域的人才协同发展规划及资源整合中的重大问题都由这个机构负责。这个机构要建立科学完善的议事决策机制,坚持平等协商原则,在重大事项、重要议题和核心利益问题上,三市都有独立的表决权和否决权,一旦行使否决权,该议题必须搁置再议,直到一致通过为止。同时,为了保障区域人才的协同发展,必须做好顶层设计,提供政策指导,形成规范的法律性文件。

3.1.2 建立利益共享与保护机制

"在社会主义市场经济体制下,各地域单元的联系,往往是以利益为纽带

的,利益一体化是区域一体化的内在驱动力和核心"。① 区域一体化的目的就是为了实现经济利益的一体化和最大化。但是目前以分税制为主要特征的财政体制,使得区域参与主体为了增加本地区的财政税收而限制产业的转移及人才的流动。为了打破这种障碍,关键是要建立区域的利益共享和保护机制。一是探索建立区域人才协作利益分享机制。三市人才合作中,科学合理价值评估,根据要素贡献大小确定收益的分配比例,通过税收分成的形式实现对成果的共享。二是探索建立人才协作基金,对于区域人才合作共建项目和科研成果的异地转化项目,从其税收收入中提取一定比例作为区域人才协作基金,用以人才引进、培养等。三是探索建立区域人才协同利益补偿机制。短期内区域人才合作可能对某地方利益造成一定损害,从而影响相关单位和地方在区域人才协同发展中的积极性。三市地方政府要统筹考虑,为受损的单位和地方提供适当的利益补偿。

3.1.3 推进民间交流合作组织建设

鼓励企业参加科技协会;鼓励创建机构合理、门类齐全的科技中介服务体系;建立技术需求库,依托各级政府、行业协会,梳理产业需求,聚焦企业资源,汇聚企业技术需求,进行分类、筛选、评估,通过中介结构为企业和人才牵线搭桥等。

3.2 整合人才政策,营造留人环境

树立人才"不求所有、但求所用"的理念,主动梳理、协调三市人才政策,对人才的引进、培养、鼓励等方面制定有利于区域人才协同的政策,促进人才在宁镇扬区域高效、自主发挥作用。

3.2.1 创新人才引进和培养方式

一是采用柔性流动方式引进人才。以项目为纽带,采取项目聘用、技术合作、管理入股、兼职等柔性流动方式引进人才,鼓励把"招商引资"与"招才引智"相结合。

二是采用科研合作方式引进人才。充分发挥院士、博士后工作站和流动站的平台作用,积极开展产学研合作,通过与国内外企业、科研机构的合作,引进和培养高层次人才。

三是注重发挥本地高校、周边高校资源优势,努力培养本土型技能人才,加快促进高校科研成果转化为现实生产力。

四是合作共引人才。三市共享高层次人才信息资源,共建海外人才联络站或者工作站,搭建海外引才招智的合作平台等。

---

① 邸晓星,徐中. 京津冀区域人才协同发展机制研究. 天津师范大学学报(社会科学版),2016(1).

3.2.2 健全人才评价机制

健全科学合理的评价机制是引进、选聘人才的基础和关键。在人才选用过程中,积极创新人才评价机制,坚持"谁使用谁评价原则",建立一整套以业绩为核心、以贡献为标尺的人才评价机制。此外,还要建立统一的职业资格认证和人才质量保证体系。

3.2.3 落实人才激励政策

借鉴发达国家的做法,对取得重要成果的创新型人才给予如技术入股、分红权等多种形式的股权与期权奖励;在人才引进和激励上给予财政税收方面的优惠;与社会组织、团体和重点领域企业共同建立多元化的投入机制;有效整合发改、科技、招商等各类优惠政策,为人才创新创业提供全方位扶持等。激励人才、让人才价值得到充分尊重和实现,是留住人才的重要途径。

3.3 共享教育资源,实现人才开发

坚持人才的供给侧改革思维,推进人才结构战略性调整,以需求为导向,提高人才供给结构的适应性和灵活性,优化人才结构,突出"高精尖缺",实施重大人才工程。

3.3.1 优化基础教育

可采取教育集团、学校联盟、结对帮扶、委托管理、开办分校等方式,联合开展教师培养培训、课程教学改革、教育信息化合作等,充分利用南京的优质资源,大力提升镇江、扬州两地的基础教育质量,促进基础教育均衡发展。

3.3.2 整合高等教育

在明确三地产业布局规划的基础上,将相应的院校、专业、学科进行合理的布局调整。充分利用市场机制推动高等教育资源和要素在三地的自由流动和优化配置;探索高校资源共享、优势互补模式,各高校间开发图书及教学资源共享网络平台,实现图书及教学资源的通借通还,建设三市高校共用的教学基地、大学生科创中心等;除了常规化的交流合作之外,探索高校间的必修课及选修课资源共享,互相承认学分,互相推免研究生等;鼓励高校与企业合作建设实习实训基地,强化学生创新创业能力培养等。

3.3.3 做强职业教育

以重点职业学校为核心,整合职业教育资源,共同打造职业教育品牌。建立宁镇扬区域职业教育联盟,搭建职业学校交流和学习平台。积极推进职业教育创新发展试验区建设,鼓励三市职业院校加强合作办学,扩大双向招生规模。

3.4 深化行政改革,完善共享机制

人才资源无法实现区域内自由流动,这成为宁镇扬一体化人才资源系统最大的政策"短板"。因此,只有深化服务理念,打破制度障碍,才能最大限度

地吸引人才和提高人才的发展力。

3.4.1 改革户籍制度

立刻废除户籍制度，快速推进区域一体化进程的做法难度较大，从当前的条件来讲也并不现实。所以目前我们所能做的便是努力消除户籍制度对人才流动的阻碍，营造有利于人才在区域内自由流动的相关制度环境。一体化中经济相对发达的城市应该打破原有行政区域的限制，对一体化区域内的市民包括新移民和农业转移出来的市民统一发放相同的人口登记证，均等地享受城市社会福利和公共服务。

3.4.2 完善社保制度

宁镇扬三地的经济发展水平存在差异，南京、镇江、扬州三市企业的参保基数存在很大差别。宁镇扬的一体化，要求建立完善的省级统筹制度。同样，宁镇扬三市在医保方面还存在较大的差异，尤其镇江作为全国医改"两江"试点，其医保的制度体系和经办模式与宁扬区别很大。一体化要求统一三市的医保待遇水平，最终实现三市参保人员一体化。

3.4.3 搭建服务平台

加强宁镇扬三市公共人力资源市场信息化和流动人员档案管理电子化建设，满足信息资源交换共享需求；推动建成覆盖宁镇扬三地的智慧民生服务平台、政务服务平台和社会管理平台，形成重点领域大数据开放平台；利用数据，综合研判就业形势，准确掌握人力资源流动状况，增强人力资源配置前瞻性服务；完善人才资源共享的监督机制，加强对人才资源主体综合素质的考评跟踪，注重对人才资源的诚信记录进行考察等。

3.5 加强产业布局，优化配置人才

一个区域的经济实力，取决于该区域的产业集聚水平。而产业发展的规模、前景，将直接影响相关人才的集聚水平。因此，重点规划好地区的产业布局，是实现人才优化配置的前提。

3.5.1 政府规划，项目带动人才聚集

宁镇扬三市产业同质化现象比较严重，但是相融性和互补性也强，在石油化工、船舶制造、汽车及零部件、新能源、旅游、信息服务等产业方面，有着广阔的合作空间。宁镇扬三市应该进一步明确自身产业定位，统筹规划，进一步发展优势产业，加强产业错位发展。产业错位发展最理想化的结果是实现区域内经济水平的共同提升，最终形成"优势互补、资源共享、垂直分工、产业融合的城市群产业生态体系"。通过重大工程项目带动高层次人才集聚，突出人才竞争的比较优势，突出"引以致用"，在产业链上招才引智，重点对接与主导产业关联度高的紧缺型人才、创新人才和创业人才，实施人才和项目双向选择，提高引才的实用性和对接的成功率。

3.5.2 市场主导,企业助力人才汇聚

企业作为市场的主要行为主体,更多时候追求的是自身利益的最大化。政府进行科学有效的资源配置,企业必然会进行产业的梯度转移。因此要发挥企业用人主体作用,鼓励规模以上企业加大就业岗位开发力度,吸纳毕业生留下就业;开辟见习实习岗位,为高校大学生提供实习实践机会;主动走进高校宣传推介,动态发布企业需求信息;引导企业在高校设立冠名奖学金助学金,增强高校学生对企业的认可度等。

课题组单位:镇江市委党校

课题组成员:张　雯　王会明　孙文平

李　东

专　题　篇

镇江市京口区人才发展
第十三个五年规划

为加快建设京口"三区三高地",聚焦创新富民,夯实人才基础和智力支撑,根据国家、省、市、区《国民经济和社会发展第十三个五年总体规划纲要》和《关于深化人才发展体制机制改革的意见》,制定本规划。

1 现有基础、存在问题和面临挑战

1.1 现有基础

1.1.1 人才队伍规模不断扩大

"十二五"期间,京口区有科级党政人才334人、企业经营管理人才6 756人、专业技术人才16 950人、高技能人才15 284人、持证社会工作人才240人。"十二五"末,京口区新增本科及以上学历人才3 948人;新增高技能人才5 305人;新增持证技能人才13 155人,人才队伍规模不断扩大。

1.1.2 人才队伍素质不断提高

"十二五"期间,共引进国家"千人计划"14人,省"双创计划"个人23人,团队3个,市"331计划"74人,高层次人才引进成绩显著。引进硕士以上学历人才占比达7.1%,本科以上人才占比达62.77%,人才队伍的素质明显提高。

1.1.3 人才发展环境不断优化

"十二五"末,京口区基本形成了由初始创业补贴政策、社保补贴政策、创业担保贷款政策、租房补贴政策、收费减免等政策构成的引才政策体系;同时深化实施"金凤凰"计划,专项资助一批国家"千人计划"专家和青年人才,对于认定的人才给予特别资助和一定的贷款贴息支持,专项培育一批创新创业明星企业;专项扶持一批人才高新企业,实施相应奖励政策,精准对接解决实际问题,推行人才服务做到"家"的服务模式,将人才服务工作做到实处。

1.1.4 人才工作体系不断完善

区委2013年开始实施"金凤凰"计划,2015年出台《创新开展"金凤凰"活动实施方案》并将其确立为全区重点工作之一,成立区委书记担任组长的人才工作领导小组,形成党管人才的格局;同时建立了人才工作月督查通报制度,区人才办根据各街道、园区结合职责分工及年度目标任务,每月编发

《关于"金凤凰"活动月推进情况的督查通报》,及时掌握工作动态,发现并解决问题,督促街道、园区紧盯目标任务不放松,有力推动了人才工作的加速落实。

1.2 存在问题

1.2.1 在人才引进方面,主要依靠政策拉动,内生动力不足

人才引进的动力应来自于政府、企业和人才三方合力,但京口区高层次人才引进主要依靠政策拉动,人才优先发展理念尚未得到用人单位普遍认可。调查显示,企业主动引进的高层次人才仅占京口区高层次人才总量的7%,企业积极性不高,对政府政策的依赖性较强。从企业发展需求出发,依据人才供求关系和市场规律,主动引才的机制尚未形成。

1.2.2 在人才载体方面,载体之间关联度不高,缺乏具有影响力的规模载体

京口区目前拥有大禹山创意新社区、金港创客工厂、镇江创业园等人才载体,人才载体数量众多,但是比较分散,每个载体各自为政,载体与载体之间缺乏相应的经济联系和信息沟通,载体之间没有形成良性互动和互补,没有形成完整的产业链条;载体资源分散,层次较低,多而品质不高,难以形成规模效应和品牌效应。

1.2.3 在人才企业方面,人才企业黏性不够,搬迁风险严重

京口区地域狭小,产业集聚效益不明显,致使区域向心力不够强大,大量吸收、主动汇集的人才磁场没有形成,人才集聚困难;周围大城市的虹吸效应,致使人才外流严重,导致企业人才短缺,部分人才企业已将业务转移外地。调查显示,有点儿想离开京口到外地发展的高层次人才比例达到23%,企业注册地与经营地分离现象严重,企业搬迁风险加剧。

1.2.4 在人才效能方面,人才与产业两张皮现象突出,人才与城市发展融合度不高

一方面,京口区高性能材料、粮油及城市服务业等支柱产业高层次人才引进数量不多,与产业地位不相符;另一方面,人才企业缺乏产业基础,缺乏产业链的协同,缺乏人才集聚优势,人才与京口协同发展的机制尚未形成,人才对产业的贡献度还需进一步提升,人才与城市的融合度还需进一步提高。

1.2.5 在党政人才方面,专业技能型人才缺乏,老龄化倾向严重,后备干部不足

金融、规划等专业技术型党政人才短缺,党政人才素质无法满足京口经济社会发展需要。由于公务员招考数量限制、干部调任政策限制及市级机关干部抽调等原因,京口区党政青年人才补充速度较慢,致使年轻人才短缺,老龄化问题严重,51岁及以上正科职占比高达37.2%,党政人才后备干部不足,党政人才梯队建设困难。

1.2.6 在社会工作人才方面,身份复杂,专业能力较弱

社会工作分工较细、岗位繁杂、专业性较强,由于历史原因,导致身份复杂,组织多样。由于待遇较低,职业发展空间较小,致使社会工作人才呈现出年龄偏大、学历层次较低、专业性较弱等特征。

1.3 面临挑战

1.3.1 人才流动障碍逐渐消失,人才争夺更加激烈

随着交通和通讯的日益通达和方便,人才流动的交通障碍逐渐消失,人才竞争变得更加激烈;随着市场化改革的不断深入和区域一体化进程的加快,人才流动的体制性障碍正在逐渐消失,一个有序的全国性人才市场已基本形成,市场对人才配置的基础性作用不断增强,高层次人才稀缺性问题日益突出,各地人才引进政策不断优化,各地人才争夺日益激烈。

1.3.2 科教资源配置重新调整,人才供给递减风险更加突出

京口区的人才密度虽然在镇江市各区中居于领先地位,但是由于京口区科教资源面临重新调整的问题,江苏大学京江学院、江苏科技大学、镇江高专近年将搬迁至丹徒区大学城,京口区政府与上述高校的合作、交流的便利性将面临下降的可能性,校地合作活动实施成效面临着更多的不确定性,对京口区政府而言会失去不少科教资源和人才资源,人才密度会急剧下降,人才供给递减风险更加突出。

1.3.3 经济社会发展加快,人才工作任务更加艰巨

"十三五"时期,京口区在全面建成小康社会的战略目标统领下,确立了"三区三高地"战略定位,积极推进"五个迈上新台阶"和"强富美高"新京口建设任务,京口区将进入经济社会发展的快车道。人才集聚是经济社会快速发展的前提,人才资源是推动经济高速发展的第一资源,是社会全面进步的动力源泉。经济社会发展速度越快,对人才的需求就越大,对人才质量的要求就越高,人才工作任务就更加艰巨。

1.3.4 经济结构转型升级,人才结构调整优化更加迫切

聚力创新,大势使然,创新是引领发展的第一动力。京口区的资本密集型产业、技术密集型产业和现代服务业与苏锡常有一些差距,再加上越来越严格的知识产权保护和技术、绿色壁垒限制,京口区低成本竞争优势将逐渐丧失,京口区经济结构调整面临着十分严峻的挑战。京口区目前的人才结构已经不能满足新兴产业的发展、传统产业升级及服务业的需要,因此京口区必须加快人才结构调整优化,为推进经济结构的战略性调整提供人才支撑。

2 指导思想、基本原则、战略定位和战略目标

2.1 指导思想

高举中国特色社会主义伟大旗帜，以邓小平理论和"三个代表"重要思想为指导，深入贯彻落实科学发展观，坚持党管人才原则，全面贯彻党的十八大和十八届三中、四中、五中、六中全会精神，深入学习贯彻习近平总书记系列重要讲话精神，特别是视察江苏时的重要讲话，认真落实中共中央《关于深化人才发展体制机制改革的意见》，服务于"两聚一高"发展目标，立足于京口社会经济发展的客观需要，从京口区"三区三高地"战略定位出发，按照实施人才强区战略的总体部署，以人才与产业的深度融合为基础，以政策建设为保障，以重点工程实施为载体，努力协调推进人才工作，为完成京口"十三五"战略目标提供有力的人才支撑。

2.2 基本原则

2.2.1 坚持产才深度融合

紧紧围绕京口产业发展重点需求，以京口产业发展需求为导向制定人才发展规划，做到人才发展规划与京口重大战略、调整产业布局同步谋划、同步推进。要把立足产业聚人才、引领产业育人才、做强产业留人才作为人才工作的主导方向，解决人才供给侧的突出矛盾，补齐产业升级转型中的人才短板，促进人才规模、质量、结构与经济社会发展相适应、相协调，将人才工作与产业发展捆绑运作，成功实现引进一个高端人才、带来一个创新团队、催生一个新兴产业、培育一个经济增长点。

2.2.2 坚持统筹协调推进

突出高端引领、整体开发，以高层次创新创业人才和经营管理人才为重点，统筹推进党政人才、社会工作人才、专业技术人才、高技能人才队伍建设，促使各支人才队伍建设不断取得新的成效，呈现协调推进的态势。要使不同专业特长、不同职业岗位、不同成长经历、不同能力水平的人才都能各得其所，都能为京口社会经济事业发展建功立业。坚持人才引领发展战略，统筹推进人才引进、人才培养、人才激励、人才载体、人才服务、人才环境等各项工作，注重人才工作各环节之间的衔接与协同，以发挥人才工作的整体效能。

2.2.3 坚持遵循两个规律

坚持党管人才的原则，遵循人才成长规律和社会主义市场经济规律，根据人才意愿和市场需要推动人才合理有序流动，促进人才链、创新链、产业链、市场需求有机衔接。充分发挥市场的决定性作用，减少对人才工作的行政干预，政府机关要转变角色定位，跳出行政化的思维模式和管理模式，由人才的"管理者"转换为"服务者"，切实增强为人才服务的意识和服务功能，从

事业上支持人才,生活上关心人才,价值上肯定人才,使京口真正成为人才"兴业的福地,宜居的乐土"。

2.3　战略定位

"十三五"期间,京口区人才发展的战略定位是"三区一体",即将京口区建成"特色产业人才集聚区、校地人才合作示范区、人才管理创新先行区,实现人才与城市命运共同体发展目标"。

2.3.1　特色产业人才集聚区

依托区内特色优势产业和丰富的高校科教资源,采取差异化的人才集聚战略,通过分层分类的政策体系、系统的人才服务体系、具有产业特色的品牌形象等策略,重点在新材料、高端装备制造、航空航天、新一代信息技术、现代物流、电子商务、泛娱乐、粮油加工、木材加工及贸易等领域寻求人才竞争新优势,力争高性能铝材料、核防护材料、电子信息技术等达到国内、国际领先水平,进而由点及面,不断集聚人才,形成知识共享、知识溢出、知识转化等集聚效应,打造特色产业人才集聚区。

2.3.2　校地人才合作示范区

充分发挥京口区科教资源优势,以共建、共赢为出发点,从"校企合作、校产合作和校地合作"三个层次展开,通过"校地联合引培领军人才、校地合作夯实产业技能人才、校地融合优化基础人才"等策略打造金字塔式的人才互动体系,通过"搭建公共服务平台、深入开展政产学研合作、加强知识产权交流、大力整合科技孵化器"等措施实现校地资源共享,使京口区与高校能够实现良性互动、共同发展的新体系、新机制、新格局。

2.3.3　人才管理创新先行区

以《中共中央关于深化人才发展体制机制改革的意见》为指导,结合京口创新型城区建设的任务,按照"先行先试、科学谋划、重点突破、稳妥推进"的原则,重点在"人才管理体制创新、促进体制内外人才双向流动、人才贡献积分制管理"等方面获得重大突破,破除束缚人才发展的思想观念和体制机制障碍,解放和增强人才活力,构建科学规范、开放包容、运行高效的人才管理体系,形成具有竞争力的人才制度优势。

2.3.4　城市人才命运共同体

在人才与城市"共建、共赢、共享、共荣"理念的指导下,通过制度设计和宣传引导,推进城市、企业和人才的共同发展,通过用好人、留住人,使人才与京口共呼吸、同命运,在共同奋斗、共历艰辛、共创未来中实现责任共担、利益共享,进而将城市命运、企业命运和人才命运紧密联系在一起,在一个命运共同体中"同舟共济,协同发展",服务于京口区建设发展大目标。

2.4 战略目标

培养和造就规模适宜、结构优化、布局合理、素质优良、效能显著的人才队伍，确立京口区人才竞争比较优势，进入镇江市人才强区行列，为在2020年京口区实现创新驱动发展战略奠定人才基础。

2.4.1 人才资源总量稳步增长

人才资源总量稳步增长，队伍规模不断壮大。到2020年末实现人才资源年均增长8.0%，其中科级及以上党政人才350人、企业经营管理人才9 926人、专业技术人才21 917人、高技能人才19 468人、持证社会工作人才458人，更好满足京口区发展新型经济和社会服务的发展需要。

2.4.2 人才素质大幅度提升

入选中央"千人计划"和"万人计划"等国家级重大人才工程的人才持续增加，入选江苏"双创计划"和镇江市"金山英才"等重大人才工程的人才达到155人以上，享受国务院政府特殊津贴专家队伍实现年轻化，区域内形成领军人才、拔尖人才、高层次产业人才、学科技术带头人、优秀企业家等覆盖面广、梯队合理的优秀人才队伍。

2.4.3 人才结构进一步优化

人才结构不断优化，逐渐向年轻化、专业化和高层次化方向转变。其中，党政人才队伍专业型人才数量不断增多，持证社会工作人才队伍不断壮大，企业经营管理人才素质水平不断提高，高层次创新创业人才不断集聚。

2.4.4 人才效能显著增强

人才使用效能明显提高。2020年末实现全区每万人发明专利拥有量达80件，专利总量和论文数量继续保持全市前列。重点人才工程入选企业中，销售超千万元8家，高新技术企业10家，境内外挂牌上市2家。

3 人才队伍建设主要任务与措施

3.1 建设高层次创新创业人才队伍

3.1.1 发展目标

适应京口区产业布局的需要，满足企业日益增长的高新技术的需求，充分发挥京口区科教资源密集的优势，以引进与利用并举的方式，促进高层次人才到京口创新创业，人才创新创业高度活跃，创新创业促进经济转型升级的作用更加明显。2020年末实现全区高层次创新创业人才队伍总量达到155人，领军人才数量稳步提升。

3.1.2 主要举措

1）探索地方与高校联合人才引进模式

充分发挥高校在引才方面具有的工作稳定、社会地位较高等优势，从"专职教授、产业教授、客座教授"三种类型出发,在对京口产业发展有较大影响的人才领域与高校开展引才合作,在职责清晰、任务明确的基础上,形成协调一致、资源共享、优势互补的"双赢"局面,共同努力为京口的发展提供人才与科研的支持,同时为大学的人才培养、产学研创的发展提供条件。

2)搭建科技公共服务平台,促进科技资源开放共享

按照开放性和资源共享性原则搭建科技公共服务平台,为京口企业提供仪器设备共享、技术交易、政策咨询等服务,以整合京口区内科技资源,促进区域科技创新,推动科技进步,更好地为京口企业提供专业性技术服务。科技公共服务平台建设要坚持市场化运作的原则,鼓励具有科技服务经验的中介机构参与其中。从运作模式上,建立线上咨询和线下推送的服务模式,拉近与企业的距离,主动为创新创业者提供服务。

3)招商与引才联动,提升引才实效

从单纯引才、单纯招商,向"人、财、项目"打包引进的模式转变,形成"团队+技术+资本"的招商新模式,在引进资金、项目的同时,引进人才、技术、品牌,实现人才和项目的最佳组合,达到引资与引智的"双赢"。编制"招商+招才"政策汇编,集成现有人才政策和招商政策,实现人才政策和招商政策共同推介,在重大招商项目上可按照一事一议的原则进行定制化人才政策设计。在管理上,实行任务同步分解,活动同步参与,考核同步实施,服务同步推进、资源信息同步分享的策略。

4)成立产业发展基金,为创新创业者提供要素支撑

成立产业发展基金,重点支持文化创意泛娱乐、高性能材料、电子信息、粮油木材加工四大重点产业的创新创业,为特色产业人才集聚提供要素支撑。产业发展基金要按照"政府引导、科学决策、市场运作、防范风险"的原则进行投资运作,发挥市场在资源配置中的决定性作用。要发挥产业发展基金的引导和放大作用,通过与金融资本、社会资本的合作,撬动更多的资本投入。

3.2 建设企业经营管理人才队伍

3.2.1 发展目标

为适应产业结构优化升级的需要,重点在特色产业领域培养造就一大批具有市场开拓精神、管理创新能力、社会责任感的优秀企业家和一支高水平的企业经营管理人才队伍。人才规模与企业发展需要相适应,整体素质进一步提升,结构进一步优化。2020年末实现企业经营管理人才总量达到9 926人。

3.2.2 主要举措

1)实施啄木鸟行动计划,提升企业经营管理人才队伍创新意识

实施啄木鸟行动计划,开展"管理专家进企业公益巡诊"活动,让企业认识到企业经营的潜在风险,意识到人才引领、创新驱动的重要性,激发企业家

创新意识，增加转型升级的紧迫感，提高自发开展人才工作的积极性。

2）实施企业家培训计划，促进企业家能力提升

实施企业家培训计划，采取"走出去、引进来"方式，组织企业管理人员参加大学院校专题研修培训，组织企业管理人员到国内优秀企业、标杆企业参观考察及赴境外学习交流，聘请专家教授来京口区授课辅导，开阔眼界、拓宽思路，提高企业家及企业经营管理层的综合素质和科技人才意识。同时，加大对成功案例的宣传报道，凸显人才经济社会效益，形成示范引领效应。

3）打造资本对接平台，提升创新创业企业融资能力

鼓励创投公司、担保公司、保险公司、证券公司等金融机构和企业落户京口、生根京口、投资京口，完善京口金融体系。搭建创新创业企业与创投机构交流对接平台，创新创业企业与传统企业交流对接平台，探讨创业投资如何服务实体经济、科技金融产品和服务创新等热点问题，提升创新创业企业融资能力，助力京口实体经济平稳健康发展。

3.3　建设专业技术人才队伍

3.3.1　发展目标

适应京口区经济社会发展需要，以提高专业水平和创新能力为核心，以教育、文体、旅游、卫生人才为重点，打造一支高素质专业技术人才队伍。2020年末实现专业技术人才总量达到 21 917 人。

3.3.2　主要举措

1）深入实施基础教育系统"名师计划"

深入实施基础教育系统"名师计划"，通过设置专项资金计划引进 3～5 名名校长、名教师，并充分发挥知名校长和教师的带动效应，着力打造一批师德高尚、教育理论素养深厚、教育教学艺术精湛、综合素质强的名师、名班主任和名校长。

2）深入实施基础卫生人才培养计划

加强基础卫生人才培养，构建多层次全科医师培训体系，到 2020 年，基本实现城乡每万人口有 4 名以上合格的全科医生，每千人执业（助理）医师数、注册护士数分别达到 2.5 人和 3.14 人，每千常住人口公共卫生人员数达到 0.83 人，基本建成以全科医生为骨干的基层卫生人才队伍。加强社区中医药人才培养，完善中医师承、中医类全科医师规范化培训。到 2020 年，社区卫生服务中医类别全科医师占全科医师总数的比例不低于 20%；中医类别人员占本单位医师数 20% 以上，中医药继续医学教育覆盖率达 100%。

3）深入实施文体旅游人才引培计划

通过"百姓课堂"系列公益培训、"出彩京口人"、全民艺术普及系列活动等方式，引进、遴选培养一批业余文化辅导员、社会体育指导员、旅行策划师，

逐步建立招募、培训、活动登记、星级志愿者评定等制度,规范文体志愿者管理机制,提升基层文体旅实用人才素质和能力。

4)深入实施大学生引培计划

大学生是专业技术人才的重要来源,深入实施大学生引培计划,为专业技术人才培养奠定坚实基础。认真落实大学生租房补贴、就业补贴、创业补贴等政策,简化大学生引进流程,提高大学生就业服务质量,提升镇江人才吸引力。实施会计师、律师、建造工程师等京口区急需的专业技术资质补贴政策,鼓励大学生向专业技术人才转型,夯实京口区专业技术型人才队伍的基石。

3.4 建设高技能人才队伍

3.4.1 发展目标

适应新型工业化道路的要求,以提升职业素质和专业技能为核心,努力建设一支数量充足、门类齐全、梯队合理、技艺精湛的高技能人才队伍,塑造有利于工匠精神养成的良好氛围,2020年末实现高技能人才总量19 468人。

3.4.2 主要举措

1)举办技能大赛,为高技能人才脱颖而出提供机会

构建技能大赛平台,积极营造"想干事业有机会、能干事业有舞台、干成事业有前途"的良好氛围。拓展技能比赛领域、丰富比赛内容、创新比赛载体,吸引人才积极参与,通过各种形式的技能大赛让人才脱颖而出。组织开展首席技师评选活动,让具有良好职业道德,在本行业(领域)具有精湛技艺、高超技能和较强创新能力的高技能人才,或是掌握绝技绝活的非物质文化遗产传承技术技能人才能够脱颖而出。

2)鼓励和支持职工参加技能培训

着力提升重点技工学校、技师学院、高职学校等技职院校培养高技能人才的水平,逐步形成政府、企业和社会相结合的高技能人才开发经费投入体系,加强高技能人才培训基地的建设。围绕产业结构调整、转变经济发展方式的需要,以提升企业职工整体素质为重点,对区内各类企业组织开展职工职业培训给予支持,鼓励职工参加职业技能培训,通过大力实施企业职工职业培训工程,增强企业自主创新能力和职工创新创业能力。

3)鼓励和支持职工师徒传承

建立技能大师工作室,推行企业首席技师、特级技师制度,采取师徒传承方式,开展"薪火传承拜师会"活动,充分发挥各行业高层次、高技能人才引领支撑经济社会发展和带徒传技、技术创新方面的作用。

4)形成具有品牌的高技能人才队伍

服务于京口经济社会发展需求,采取品牌化的战略,在培养基地建设、技能大赛举办、首席技师评选等环节实施政策优先策略,依靠镇江高专的护理

专业优势,重点打造育婴师、养老护理师等护理型技能人才队伍。依托新闻媒体,大力宣传首席技能人才的先进事迹和突出贡献,营造"尊重劳动、尊重知识、尊重人才、尊重创造"的良好社会氛围。"十三五"要能形成一支在业内和全市具有一定影响力、竞争力和知名度的人才队伍。

3.5 建设党政人才队伍

3.5.1 发展目标

按照加强党的执政能力建设和先进性建设的要求,以提高领导水平和服务能力为核心,重点培育金融、城市治理、城市规划等高素质专业型的党政人才队伍。2020年末实现科级党政人才总量350人,全区党政人才队伍总量相对稳定,结构更加合理,专业化水平明显提高。

3.5.2 主要举措

1)实施大事记管理制度,激发党政干部工作热情

实施大事记管理制度,将党政人才在任职期间的工作成绩、工作事迹、受到的各种荣誉表彰详细记录,并编撰公示与保存,以增强党政人才的荣誉感与历史责任感,激发党政干部工作激情,并为总结工作、岗位调整和职位晋升提供依据。

2)探索职务与职级并行制度,鼓励向专业型党政人才转型

建立科学的职务与职级并行制度,让职级变成一种反映行政工作专业水平的等级体系,摆脱对行政职务的依赖,建立独立的等级体系,把职级的优势充分发挥出来,引导基层公务员努力提高行政工作的专业水平。

3)完善党政人才培养机制,提升党政人才专业化水平

"十三五"期间,从高校毕业生中招录50名,从现有党政干部中遴选50名金融、工程技术、规划类人才作为培养对象。制订有效的后备干部培养计划及岗位轮换计划、兼职计划、助理式在职培养等人才培养与开发计划,进一步建立和完善党政人才培养机制,合理地挖掘、开发、培养包括村干部在内的后备干部队伍,构建科学合理的党政人才梯队。建立线上线下相结合的学习制度,有效缓解党政干部的工学矛盾,通过充分发挥现代网络学习平台信息量大、覆盖面广、传播快捷的特点和优势,建构起多层次、全覆盖的学习平台,将线上学习与线下讨论相结合,将线上学习与线下考评相结合,将线上学习与线下实践相结合,有效提高学习效率,确保党政干部工作、学习两不误。

4)实施专业型党政人才培育专项计划,提升党政人才专业水平

针对熟悉行政事务的人才多,懂经济、善经营的人才少,单纯执行型的人才多,熟悉资本运作、产业规划、城市治理、交通规划的专业型人才少的现状,应加强培养,重点打造一支专业型的党政人才队伍。在培养规划上,应确定每个培养对象的专业方向;在培养方式上,可采取公派学习、挂职锻炼、参观交流等多种方式;在培养激励上,应设置专业型党政人才专项培养资金,干部

提拔应优先考虑专业型党政人才。

3.6 建设社会工作人才队伍

3.6.1 发展目标

围绕加强社会管理,构建社会主义和谐社会的目标,以人才培训和岗位开发为基础,以培养中高级社会工作人才为重点,培养造就一支职业化、专业化的社会工作人才队伍。理顺社会工作人才的组织关系,解决社会工作人才职业发展通道问题。2020 年末实现持证社会工作人才总量 458 人,新增持证社会工作人才占总社会工作人才的比例达到 32% 。

3.6.2 主要举措

1)实施"职业资格、注册管理、岗位配置"职业化制度设计

分层分类实施社会工作人才的职业资格认证制度,职业资格实行注册管理,对社工服务机构的职业资格进行相应的比例要求;对社工服务机构参与的招投标、公益创投活动实行职业资格比例要求。

2)理顺关系,用统一规范的薪酬体系留住人才

规范社会工作者的薪酬体系,将来自条口的工资或补贴统一纳入街道或社区收入,无论何种身份人员,按照以岗定薪的原则,按劳付酬,由街道或社区统一发放工资,实现同工同酬的目标。完善社会工作专业人才评价和激励机制,对社会工作专业人才开展职业评价,做好绩效考核,探索建立薪酬保障和人才激励制度。

3)项目引领,在社会服务中培育人才

完善社会工作专业人才使用机制,重点在城乡社区、公益性事业单位和社会组织中加大专业岗位开发力度,积极拓展社会工作服务领域,在社区中推进社区融入、社区矫正、就业辅导和心理疏导等服务;在农村社区针对空心村落、空巢家庭和留守人员,开展生活照料、精神慰藉等服务;在社会福利、社会救助、慈善事业、优抚安置、灾害救援、社会事务等领域实施特色服务项目,打造品牌项目。在明确服务重点、推进项目的过程中,提高社区服务人员的业务能力。

4)优化社会工作人才队伍结构,提升专业化水平

充分发挥京口区人才资源,优化社会工作人才队伍结构。一是完善社会工作专业人才培养机制,加快构建教育培训长效制度,鼓励社会工作者参加职业水平考试,不断加强专业教育,大规模开展专业培训尤其是做好继续教育培训。二是建立健全社区社会工作专业人才引领志愿者服务机制,利用江苏大学、江苏科技大学等高校资源,鼓励壮大社工志愿者队伍,鼓励高校教师、青年学生下社区、进社团,到社会工作机构中参与社会服务实践;构建高校平台,加快培养一批社会工作急需的各类专门人才。

4 创新人才管理体制机制

4.1 改进完善人才管理体制

4.1.1 树立大人才管理观,构建人才管理网格

树立大人才管理观,将职能管理部门纳入人才管理重要主体,实现人才环境建设、人才载体建设、人才氛围建设与人才招引工作齐头并进,协调发展。构建人才管理网格,形成区、街道(园区)、企业的三级联动,实行人才工作联络员制度,建立完善的人才信息系统。

4.1.2 实施人才联系制度,做实人才服务工作

依据分层分类的原则,实施领导联系人才制度。通过挂钩联系、走访座谈、咨询服务、开展工作交流等各种活动,与各类人才保持密切联系。联系人要了解人才的思想、工作、学习和生活情况,积极帮助解决人才的实际困难。要经常向人才宣传党的路线方针政策,介绍京口区政治经济、社会发展形势及实施人才强区战略的情况。经常听取人才对经济社会发展及人才工作的意见和建议,对他们反映的带有普遍性的热点、难点问题,及时研究处理。

4.1.3 建立人才管理权力清单与责任清单

在构建人才管理网格的基础上,制定各局委、街道办事处的人才管理权力清单和责任清单,内容涵盖政策制定、队伍建设、人才培养引进、子女入学、职称评定、交流合作等人才工作各个领域,以明确的条文确定各相关单位和部门在推进人才工作中的权限和责任,有利于整合利用行政资源更好地开展人才服务。

4.1.4 加快人才智库与人才协会建设,发挥非盈利组织功能

加快建设高水准的人才智库,结合京口经济社会发展情况,开展人才理论和应用研究,向有关部门、用人单位提供人才培养、引进、评价、培训、交流、预测、规划和宣传等方面的服务和咨询。

支持成立京口创新创业人才协会,搭建高层次人才交流互动的平台,为人才、社会与政府之间交流搭建桥梁。吸引有资源、有渠道的社会人士加入促进会,成为京口"引才大使",充分发挥促进会以才引才的功能。吸纳有经验的投资人、企业家加入协会,成为京口"创业导师",充分发挥促进会互帮互助的功能。

4.2 创新人才工作机制

4.2.1 实施多元化人才投入机制改革,为人才发展提供保障

优化财政支出结构,优先保障人才投入,建立区财政人才投入正常增长机制。发挥财政资金杠杆作用,建立人才创新创业投资引导基金,吸纳创业投资机构专业基金和社会资本,构建产业人才投资、人才融资担保、创业风险补偿、天使投资补偿等金融支持体系,完善人才项目阶段参股跟投机制。构

建传统企业与创业企业的互动交流机制,引导资本与项目的有效对接。引导企业加大人才投入,鼓励企业设立人才发展专项资金,专户用于人才开发,落实企业研究开发费用税前加计扣除政策。

4.2.2 "评定与认定"相结合的人才引进资助机制,创新人才资助方式

为降低门槛,提高人才基数,降低单纯依靠事前专家评审的风险,在继续坚持评定机制的基础上,降低人才标准,在完成创业企业注册或企业研发合作合同后对人才进行备案,根据企业经营状况或项目的进展,以"过程资助和后期资助"的方式进行认定式资助。

4.2.3 "资助与规制并重"的人才引进监管机制,提高人才项目效能

为确保人才项目的真实性,预防弄虚作假、骗取扶持资金现象的发生,通过"优先资助获得风投的项目、优先资助前期投入多的项目"的方式引入市场评判机制,构建诚信承诺、社会公开、失信惩罚等制度,追究滥用资助资金的法律责任,提高人才项目效能。

5 重大人才政策

5.1 实施以企业和人才为主体的人才激励制度

5.1.1 构建企业人才管理评价指标体系,开展人才管理评比与表彰活动

及时收集企业人才管理信息,完善企业人才管理信息库,从高层次人才引进和培养、人才激励、人才载体建设等方面构建企业人才管理评价指标体系,对企业人才管理状况进行综合评价,每年评出若干综合奖和单项奖,进行奖励和表彰,并在社会开展广泛宣传,引导企业重视人才工作,加强人才管理。

5.1.2 实施人才积分制管理,对人才进行长效激励

政府、企业共同设置人才发展基金,政府对基金投入额度按照财政额进行浮动。从人才层次、人才贡献、人才服务年限三个维度构建人才评价体系,对所有"高、精、尖"人才进行梳理归类,人才发展基金依据人才层次发放人才奖金,切实做到人才与区域的协同发展。

5.1.3 建立健全人才荣誉制度

建立区勋章和荣誉制度,对有卓越贡献和重大贡献的杰出人士,提请授予京口区勋章或荣誉称号。建立永久性人才激励阵地,依托现有公园和道路打造人才主题公园和人才星光大道,对其事迹进行广泛宣传,开设人才事迹网络展示馆,编撰京口优秀人才名录,增强优秀人才荣誉感和归宿感。

5.2 实施更加通畅的人才流动政策

5.2.1 鼓励科技人才的双向流动

实行科技人才机动编制管理,凡事业单位在编科技人才来京口区创新创业,可依托区人才服务中心、区生产力促进中心等,在 5 年内按区事业单位编

制管理。支持事业单位科研人员离岗创业,离岗期间,其人事关系可保留在原单位,由原单位为其代缴离岗期间单位部分的养老、医疗等社会保险,返回原单位时接续计算工龄并保留原聘专业技术职务。

落实科研人员双向流动、成果转化收益分配、股权激励等制度,支持区内高校、院所研究人员到企业挂职兼职,实现高新技术成果在区域内转化落地。支持企业以横向课题研究、联合攻关等形式柔性引进高校、院所的教师、博士后研发人员等。支持和鼓励高校与科研院所研究人员到京口区机关、事业单位、区属企业兼职、挂职。鼓励高等院校、科研院所聘请企业高层次人才担任兼职导师或指导教师。

5.2.2　加快党政人才双向流动

营造公开透明、竞争有序、规范运作、恪守诚信的环境。对于社会优秀人才可实行编制外引进、先挂职再专职、公开竞聘等方式稳妥推进社会优秀人才进入党政人才队伍。通过探索交流任职、下派挂职、跟班实习等方法,鼓励党政机关干部向企事业单位流动,实现公务员、事业干部、企业人员之间交流任职的常态化、制度化。打通体制内外人才流动的"双向道",构建各类人才互通的"立交桥",让人人都有成长成才、脱颖而出的通道,让各类人才都有施展才华的广阔天地。

5.3　建立更加健全的人才保障机制

5.3.1　建立鼓励创新的机制,保护人才的创新成果

建立鼓励发明和创新活动的新机制及相关制度,为人才的科技创新活动和科研成果的有效转化提供良好的工作环境、物质信息条件和文化氛围;完善相应的法律法规,对人才的创新成果进行有效的法律保护;建立和完善各项知识产权的奖励和分配制度,拓宽奖励范围和力度;对于为京口区经济和社会发展做出杰出贡献的各类人才给予崇高荣誉并实行重奖。

5.3.2　建立合理的收益分配和社会保障机制,切实保障人才的经济权利

从人才资本化的要求出发,打破企事业单位传统的刚性工资奖金制度,鼓励用人单位根据实际情况采取灵活的、柔性的、多元化的分配机制,实行劳动、资本、技术和管理等生产要素按贡献参与分配;加快建立以基本养老、失业、工伤、医疗等社会保险为核心的社会保障体系,完善各项社会保障制度的建设有利于人才资源合理流动的社会保障机制,为方便优秀人才办理和转移各种社会保障关系创造良好的环境和便利的条件。

5.4　实施更加灵活的用人机制

5.4.1　完善人才选拔竞争机制,创造良好的人才工作环境

建立以公开、平等、竞争、择优为导向,有利于优秀人才脱颖而出、充分施展才能的选人用人机制;以推进企业经营管理者市场化、职业化为重点,坚持市场配置、组织选拔和依法管理相结合,改革和完善企业经营管理人才选拔

任用方式;以推行聘用制和岗位管理制度为重点,按照政事职责分开、单位自主用人、个人自主择业、政府依法监管的要求,建立符合各类事业单位特点的用人制度。逐步建立完善干部能上能下、优胜劣汰机制;逐步实行按需设岗、按岗聘用、公开竞争、合同管理和单位自主择人、人才自主择业的"双向选择"办法,实现由固定用人向合同用人、由身份管理向岗位管理的转变。

5.4.2 实施多样化的用人方式,提高人才使用效能

以用好、用活人才资源为根本出发点,在政府机关和事业单位,积极推行人事代理制度,在企业积极推进非全日制用人制度和项目式、兼职式人才柔性引进制度,为"银发人才"、区域外人才的使用创造条件。

6 重大人才工程

6.1 重大载体建设工程

6.1.1 集中优势资源,打造国内具有知名度的综合性载体平台

以 E 创小镇建设为契机,在"三平台一园区"电子商务产业空间布局的基础上,加大大禹山创新创业载体资源整合力度,形成"孵化器 + 加速器"协同发展战略布局,为电子商务产业快速发展提供战略纵深空间,突出亮点,打造品牌,成为京口区"拿出去、叫得响"的特色产业和经济名片。

6.1.2 科学规划,精准定位,打造业内具有影响的专业性载体平台

围绕专业化孵化平台、专业化管理团队、特定专业领域、专业化服务体系、同类或同产业链企业等五大特征要素,以政府参与投资或政策支持的方式,鼓励企业利用存量资产开展产业孵化,鼓励社会资本参与专业性孵化器的建设。"十三五"期间,京口区重点发展长江游戏谷动漫产业孵化器、江苏核科学技术产业园、第一楼街婚庆文化创意园、新民洲木材产业园。

6.1.3 鼓励民营企业利用存量资产开展产业孵化,打造市场化运作的企业人才载体

鼓励企业联合高等院校、科研院所共同建立研发机构,鼓励企业参与兴建国家级科研院所京口分中心,鼓励企业建立技术中心、研发机构。"十三五"末,实现规模以上企业、高新技术企业研发机构 40% 以上覆盖率,行业的龙头企业通过共建、合作等方式,在工程技术中心、博士后工作站等阵地载体上实现 40% 以上覆盖率。

6.1.4 利用科教资源优势,打造在高校具有影响力的众创空间

利用京口区科教资源丰富的优势,借助高校和社会的联合力量,以"资本融合、资源融合、区域融合、技术融合、政策与服务融合、信息融合"的方式,为创业者、从业者、投资人、科研机构、技术人员、其他社会力量等搭建众创平台,把各种资源、运营资本、管理模式、创新创业经验等聚合在一起,打破各种

障碍和条框,加快众创资源的整合和集聚,实现共享、互助、互补的态势,增加创新创业活力,促进经济发展。

6.2 校地合作示范工程

构建"资源共享、优势互补、互利互惠"的校地融合机制,组建长期、稳定的校地合作联盟,逐步打通"立足本地、联系省内、辐射全国、网络全球"的校地合作通道,加快推进科研成果转化,促进产业发展。

6.2.1 设立科技人才大厦,实现科教人才空间集聚

利用空置资源,为所有与京口企业开展合作的大学教授提供办公场地,实现科教人才的空间集聚,从而营造良好的创新创业氛围。

6.2.2 鼓励外地企业在镇江设立研究机构,涵养高层次创新创业人才

为充分发挥京口科教资源优势,鼓励外地企业在镇江设立研究机构。在机构性质上,可允许设置民办非企业法人资质;在机构名称上,可允许以"研究院""研究所""研究中心"等名称命名;在扶持政策上,在享受科技创业企业政策基础上,优先享受人才奖励政策、优先支持科技项目立项。设立专项资金,吸引和带动社会投资,对研发投入持续增长、拥有自主知识产权成果并形成良好社会经济效益的研发机构进行重点扶持。

6.2.3 校地合作,打造大学科技产业园

以高校和政府共同出资的方式,成立大学科技产业园,充分利用并依托高校优势学科,进行原始创新、集成创新和引进消化吸收再创新,为高校科技成果转化、高新技术企业孵化、创新创业人才培养、产学研结合提供支撑的平台和服务。

6.2.4 实施双向挂职活动,加强与高校的深度合作

京口区和高校各自选拔优秀人才到对方相关部门以非脱产的方式开展挂职锻炼,使双方能够加深了解,互通有无,发现合作的契机。通过双向挂职活动,弥补各自知识结构的短板,通过锻炼,丰富阅历、积累经验、提高素质、增长才干。

6.3 人才引培工程

6.3.1 "引凤归巢"计划

在创新实施"金凤凰"的基础上,利用丰富的镇江籍高层次人才资源优势,发挥故乡情感对人才的感召作用,积极开展"引凤归巢"人才计划。通过建立镇江籍高端人才信息库、制定镇江籍高端人才专人联系制度,充分发挥异地商会、联谊会等组织信息广、门道熟的优势,与镇江籍高端人才保持密切联系,时刻关注他们的动态,时刻关心他们的事业,鼓励他们反哺家乡建设。

6.3.2 本土人才培养计划

根据人才专业、行业特点,制定"本土人才"培养计划,在江苏大学、江苏科技大学、镇江高专等院校建立培养基地,对党政人才实行"成长化培养计划";对企业管理人才实行"精英化培养计划";对社会工作人才实行"激励式

培养计划";对专业技术人才实行"职业化培养计划";对技能人才实行"订单式培养计划"。"十三五"期间,培养各种各类人才1 500人以上。

6.4 人才服务提升工程

6.4.1 以体验为服务核心,提升人才服务意识

以企业服务体验为核心,深入贯彻实施创新驱动发展战略,在全区开展领军人才企业"1 + 1创业助理"活动,探索并建立起领军人才企业创业助理"敲门、上门、串门"服务新模式,通过"面对面"定期上门走访、"手拉手"创业政策协调、"心连心"助力困难帮扶、"点对点"产品营销推广和"肩并肩"全程跟踪指导等360度立体式的创业助理服务机制,实现为企业提供零距离、零时差、零障碍的贴身服务,提升人才服务意识。

6.4.2 以互联网为技术支撑,提升人才服务能力

顺应"互联网 +"新形势,打造人才创新创业服务线上平台,以京口高创中心为平台运营中心,聚合校、地、企三方资源,完善平台功能,对接省生产力对接中心,建成技术转移便捷,科研资源共享,科技服务高效的多功能科技平台,融入"互联网 +"元素,以"互联网 +"的思维,搭建服务沟通平台,为人才提供更精准、更方便、更有效的服务。

6.4.3 以企业满意度为评价指标,提升人才服务效果

设计和发放调查问卷,通过调查了解企业对京口人才服务的满意度状况。对人才服务的评价需要从企业对人才服务的内心感受评价。政府应加快企业对人才服务满意度的调查研究,针对研究结果,精准实施使企业人才更加满意的服务和政策,提升企业满意度,提升人才服务的效果。

6.4.4 按照人才积分,实施分层分类的人才服务体系

按照人才积分,将人才分为塔尖人才、高层次人才、基础人才三个层次,不同层次人才分别发放凤凰人才服务金卡、银卡和普通卡,不同的凤凰人才卡具有不同的居住、医疗、子女教育等优惠政策和不同的人才服务等级。

6.4.5 成立人才俱乐部,打造人才交流平台

利用高校浓厚的学术氛围和人文气息优势,与江苏科技大学等高校合作成立人才俱乐部。俱乐部将定期举办各类学习、培训活动,不定期策划沙龙对话、主题论坛、户外拓展、外出交流等活动,为人才搭建一个交流思想、聚会联谊、共谋发展的平台。

7 组织实施

7.1 加强对人才规划实施工作的组织领导

坚持党管人才原则,发挥区委领导核心作用。完善区委统一领导,组织部门牵头抓总,人力资源社会保障、教育、科技、财政等部门各司其职、密切配

合、具体落实,社会力量发挥重要作用,适应京口经济社会发展的人才工作新格局。区委人才领导小组将人才规划的实施工作列入重要工作日程,建立各级党政领导班子和领导干部人才工作目标责任制,将人才工作履责情况作为落实党建工作责任制述职的重要内容。定期组织召开人才领导小组工作会议,听取人才工作汇报,研究人才工作问题,落实人才工作任务。加强督察、督办,重点加强对人才任务的完成情况、人才政策的落实情况、人才服务的满意情况的督察,全面推进人才规划的落实。

7.2 营造实施人才规划的良好氛围

紧紧围绕人才规划的开展实施,借助电视、报纸等传统媒体和互联网、移动网络等新兴媒体,重点对人才政策、人才工作动态、重点产业人才队伍建设、优秀人才的先进事迹等内容进行宣传,提升舆论的引导能力,积极营造"尊重、关心、支持"人才的良好氛围,扩大京口人才工作的知名度和影响力。

认真总结各支人才队伍建设实践经验、各单位的人才服务工作经验、各企业的人才管理经验,组织开展全区人才队伍建设示范单位、人才服务示范岗、人才管理示范企业的创建活动,发挥示范单位、示范岗、示范企业的引领带动和辐射作用,推动人才发展规划的全面落实。

7.3 提供资金政策保障

随着京口区财力增长,不断加大人才发展工作的投入力度,优化财政支出结构,完善人才发展投入机制,加大人才开发投入力度。实施重大建设工程和项目时,统筹安排人才开发培养经费。发挥人才发展专项资金、产业投资基金等政府投入的引导和撬动作用,建立政府、企业、社会多元投入机制。创新人才与资本、技术对接合作模式。鼓励企业、社会组织加大人才投入的政策措施。发展天使投资和创业投资引导基金,鼓励金融机构创新产品和服务,加大对人才创新创业资金扶持力度。落实有利于人才发展的税收支持政策,完善国家有关鼓励和吸引高层次人才的税收优惠政策。

附件:

1. 京口区高层次创新创业人才服务体系构建与评价研究
2. 京口区科教资源优势转化对策研究
3. 京口区社工专业人才队伍建设问题与对策研究
4. 2017年度京口区"十三五"人才发展规划实施方案及招才引智计划

课题组单位:江苏科技大学

课题组成员: 崔祥民　翟德智　陈国兴

盛永祥　黄雪丽　胡　俊

李海洪　杨　明

附件1

京口区高层次创新创业人才服务体系构建与评价研究

1　京口区高层次创新创业人才服务现状调查

本次镇江京口人才环境与人才服务问卷调查共收回调查问卷62份,有效问卷60份,有效问卷比例占97%。数据全面、详实、可靠。样本分布见表1。

表1　样本分布

人才层次	国家"千人计划"	江苏省"双创"	镇江"331"或"金山英才"	辖区人才	其他人才
比例/%	8	20	70	2	0
来镇时间	1年以内	1～2	2～3	3～5	5年以上
比例/%	8	18	35	18	2
人才类型	创业型人才		创新型人才		
比例/%	59		41		

1.1　人才政策调查

1.1.1　人才政策知晓度调查

人才发展以用为本,用好人才政策为要。政策是人才发挥作用的有效保障,创新政策是改革人才体制机制的重要前提和基础。在本调查问卷中,主要调查了人才或企业对人才引进政策、人才安居政策、人才医疗政策、子女入学与配偶就业政策、创业扶持政策、创业融资政策的了解情况。

表2是根据人才或企业的选择进行打分计算,得到的人才或企业对各人才政策的知晓程度的得分情况。

表2　各人才政策得分情况

项目	比例/%					得分	排名
	很了解	较了解	一般	较不了解	很不了解		
人才引进政策	37	53	5	3	2	4.2	1
创业扶持政策	38	42	13	5	2	4.17	2
创业融资政策	28	27	27	13	5	3.6	3
人才安居政策	19	37	27	10	7	3.45	4
子女入学与配偶就业政策	17	38	25	10	10	3.41	5
人才医疗政策	19	27	29	14	11	3.27	6
总体得分						3.68	

由表可知,人才政策的平均得分是3.68分,处于一般与较了解之间,这说明人才政策的知晓度还有进一步提升的空间。

从各项得分可以看出,各项人才政策得分较不均衡,人才引进政策和创业扶持政策知晓度高,其他政策知晓度较低。这说明区政府对人才引进政策和创业扶持政策的宣传力度强,而对其他几项人才政策宣传不到位,政府应加强对这些人才政策的宣传力度。

由图1可知,国家"千人计划"人才、江苏省"双创"人才、镇江"331"人才或"金山英才"人才,这些高层次人才总体得分与总体得分差距不大,几乎持平。但辖区人才对各人才政策知晓度得分明显低于总体水平。这说明政府对辖区人才的政策宣传力度不足,人才无法正确有效地享受到政策的优惠性、便利性。

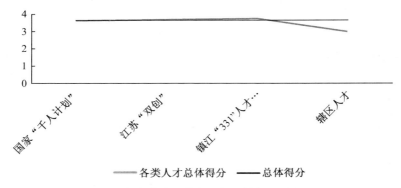

图1　各类人才总体得分与总体得分对比图

通过人才政策了解渠道调查(见表3)可以看出,其他人才介绍位于第一位,占比达40%,这是因为人才之间因为有关系资本的存在使信息的真实性显著提高,人才之间社会资本的存在使人才能够满足社会交往的需求,进而产生较强的安全感,因此,需要采取政策,鼓励人才介绍更多人才到京口发展。而企业招聘的比例最小,这说明企业主动引才的主动性不够,目前的人才引进对政策的依赖性还较强。

表3　人才政策了解渠道

项目	企业招聘	其他人才介绍	网络或报纸等媒体	市级及以上机关举办的招才活动	区、街道上门拜访
比例/%	7	40	15	27	11

1.1.2　人才政策享受度调查

任何政策的效果关键在于落实,没有落实的政策无法释放政策红利,只能是废纸一张。

由表4可知,人才政策享受度的平均得分是1.71,处于没有享受与已部分享受之间,这说明人才政策的享受度还需要进一步提升。

表4　各人才政策享受情况得分

项目	比例/%				得分	排名
	已全部享受	已部分享受	没享受	不符合条件		
人才引进政策	48	38	12	2	2.37	1
创业扶持政策	31	47	20	2	2.11	2
创业融资政策	21	10	60	9	1.57	5
人才安居政策	14	22	64	0	1.5	4
人才医疗政策	12	26	61	0	1.49	3
子女入学与配偶就业政策	5	12	79	4	1.23	6
平均得分					1.71	

从各项人才政策享受得分可以看出,这些政策之间得分不平衡,总体上呈现出人才引进政策和创业扶持政策享受度高,其他政策享受度低的状态,尤其是子女入学和配偶就业政策,79%的人都应享受而没有得到享受,仅5%的人才全部得到享受。

人才政策没有得到享受的原因(见表5)主要集中于手续繁琐、有关部门没有执行及其他一些因素,所以有关部门需要简化流程,对政策的执行情况进行调查并追究责任。

表5　人才政策没有得到享受的原因分布表

项目	政策没有吸引力	手续过于繁琐	有关部门没执行	其他
比例/%	2	21	19	58

1.1.3　人才政策作用调查

人才政策的作用调查结果见表6。人才政策作用的整体得分为3.97分,基本达到良好,但也有近20%认为作用一般或无。

表6　人才政策作用表

项目	非常大	较大	一般	较小	很小
比例/%	24	56	15	3	2

由最需要改善的人才政策调查(见表7)可以看出,人才激励政策和人才培养政策最需要得以改善。

表7　急需改善人才政策分布表

项目	人才引进政策	人才培养政策	人才激励政策	人才评价政策	流动政策
比例/%	17	33	45	3	2

1.2　人才服务调查

1.2.1　人才服务主动性调查

积极主动是体现人才服务态度的重要指标,调查结果显示,33%的人才或企业享受过的政府主动服务少于3次,7%的人才或企业从未享受过政府的主动服务(见表8)。这说明政府服务人才的主动性还需要进一步的提高。

表8　主动服务次数分布表

项目	从未有过	有过一次	有过两次	有过3次	3次以上
比例/%	7	5	21	19	48

1.2.2　人才服务满意度调查

人才服务满意度是个主观感知指标,反映的是人才得到服务之后的心理状态。调查结果显示,人才和企业对服务满意度水平非常高,非常满意和比较满意的超过90%(见表9)。

表9　人才服务满意度分布表

项目	非常满意	比较满意	一般	不太满意	完全不满意
比例/%	42	49	7	2	0

对人才服务中需要改善工作的调查发现,企业与人才对于简洁的工作流程、需求的快速响应要求较高。政府需要在这两个方面予以加强(见表10)。

表10　人才服务需改善工作分布表

项目	比例/%					得分	排名
	不需要	有点需要	一般	比较需要	非常需要		
需求的快速响应	25	16	23	16	21	2.95	1
简洁的工作流程	26	21	9	22	22	2.93	2
服务的主动性	35	18	14	19	14	2.59	3
良好的服务态度	46	12	12	14	16	2.42	4
总体得分						2.72	

对最需要提供支持的项目的调查可以发现,企业和人才对资金的需求最大,其次是人才和场地需求(见表11)。如何帮助企业解决融资难问题、招人难问题,是今后人才工作的重点。

表 11　人才服务需改善项目分布表

项目	资金支持	合适的场地	合适的中介服务	合适的人才	其他
比例/%	43	20	11	25	1

1.2.3　人才留镇发展倾向性调查

当人才对政策和服务高度不满时,将会采取"用脚投票"的方式去其他城市发展。人才留镇发展意愿调查可以预测人才留镇发展可能性,为政策和服务改进找到方向。调查结果显示,48%的人才或企业偏向于继续留在京口发展,25%的人才或企业表示"无所谓",23%的人才或企业有点儿想离开京口去其他地方发展(见表12),这提醒政府加强警惕,提供必要的政策和服务将其留住。

表 12　留镇发展倾向分布表

项目	非常想	有点想	无所谓	不太想	完全不想
比例/%	0	23	25	32	20

吸引人才的关键因素调查显示,发展空间处于第一位,人才政策和创新氛围并列第二(见表13)。由此可见,产业和城市的发展前途是留人的最关键因素,政府在做好人才政策的同时,要在产业培育和创新氛围营造上下大功夫。

表 13　吸引人才关键因素分布表

项目	工资待遇	发展空间	城市设施	人才政策	创新氛围	产业集聚	经济发展水平	政府管理	家庭成员安置	教育水平
比例/%	14	26	6	15	15	10	5	4	3	2

2　京口区高层次创新创业人才服务问题原因分析

2.1　人才需求变化较大

高层次创新创业人才具有深厚的科学理论知识和突出的科技创新能力,且大多生活在制度健全、行为规范的大城市,与三四线城市讲人情、讲圈子、讲关系的氛围有些格格不入。他们一方面不屈权贵,要求公平公正的环境,但又希望地方对他们另眼相待,处处优先。区域外人才来到京口,在个人存在、群体存在和社会存在方面均存在诸多需求。个体存在主要是生活与工作需求,包括子女就学、家人就医、配偶工作、住房等需求;群体需求主要包括技术交流、社会交往的需求;社会需求主要包括社会认可、社会荣誉等。高层次人才作为稀缺性资源成为各地争夺的对象,这在一定程度上使人才的要求越来越高,满足人才需求的难度也越来越大。

2.2　人才工作定位为兼职，而非本职

人才工作是个综合性的工作，需要各个部门的协同配合。现有的管理体制是在党管人才的前提下，组织部门作为牵头抓总的职能部门统筹协调各个部门工作。但各个成员单位大多将人才作为分外之事没有引起足够的重视，在资源、时间等与其本职工作发生冲突时往往会将工作重心向本职工作转移，人才工作就会被暂时搁置。

2.3　人才工作考核重业绩，轻服务

受完成上级人才指标压力的影响，各部门、各街道(园区)的人才工作往往重业务、轻服务，工作的中心是收集需求人才的信息，以"拉郎配"的方式促成合作，对于该人才项目在京口有没有成长的环境、有没有企业需要的人才配置等问题却不关心。对于人才需求的生活服务、金融服务、市场服务等专业性服务则更显得力不从心。

2.4　人才服务的现代化理念和技术运用较少

随着时代的进步，人才服务的理念也在发生日新月异的变化，更加强调人才需求、更加强调人才体验。随着科技的进步，大数据、互联网等技术广泛应用于人才服务之中，使人才服务更加精准、更加快捷、更加快速。这些现代化的服务理念和技术在京口人才服务中运用得还不多，人才服务的水平还需要进一步的提升。

3　京口区高层次创新创业人才服务内容

3.1　高层次创新创业人才引进服务

宣传京口高层次人才政策，拓展高层次人才引进渠道，与高层次人才保持积极沟通，在全区范围内，按照平台化、数据化、在线化模式，构建京口高层次人才信息库，对于信息库中的高层次人才，建立专人联系制度，要与高层次人才保持频繁的联系，并将联系情况详细记录在高层次人才联系记录表中(表14)，实现全区各类人才信息全面、准确、实时、动态的管理。邀请高层次人才来京口考察，鼓励高层次人才来京口创新创业。

表 14　高层次人才联系记录表

姓名：　　　　　　　　　联系电话：　　　　　　　　从事领域：

联系时间	人才动态	反映问题	问题落实情况

在高层次人才引进政策方面，进行如下改革：

1) 设置引才大使专项奖。

聘任已落户京口人才为引才大使，积极鼓励引才大使宣传京口人才环境

与人才政策,鼓励引才大使介绍高层次人才来京口创新创业。引才大使每引入一个高层次人才可给予 1~3 万元奖励。

2)调整金凤凰人才引进资助计划。

在资助对象上,应降低人才引进的层次,在特定行业形成规模优势,提升人才引进的针对性:重点支持招商引资企业的高层次人才引进;重点支持驻镇高校创新创业人才引进;重点支持四大核心产业的创新创业人才引进。

在资助方式上,应实行多样化的资助方式。根据人才积分管理办法,低级别人才仅享受个人所得税奖励、购房契税奖励等政策、一般大学生创业政策和基本服务,高级别人才可享受金融支持等专业服务及择校、家庭医生等生活服务。应尽量减少给予人才直接资助,而应发挥政府资金杠杆作用,撬动更多社会资本,让创新创业者获取更多资金支持。

在管理方式上,应以认定式取代申报式。在深入了解人才项目的基础上,对其应享受的人才政策予以认定并给予办理,认定与办理可随时进行,不需要分批次进行,提升流程的便捷性和快捷性,从而提升人才服务的满意度。

3.2 高层次人才创新服务

提供专业化的信息咨询平台,为高层次人才提供查阅学术论文、科技文献方面的服务。协助高层次人才联系实验室、实验仪器,为高层次人才创新提供实验所用的仪器、设备等方面的服务。协助高层次人才申报专业技术职称、申请各类人才培养资助和政府奖励、申报国家有突出贡献中青年专家和国务院政府特殊津贴等。

3.3 高层次人才创业服务

3.3.1 公司注册服务

为高层次人才创业搭建服务平台,提供公司选址、工商注册、税务登记、银行开户服务,协助联系风险投资机构、贷款银行、担保公司等投融资机构。联系有关机构,为高层次人才创办企业提供员工招聘、教育培训等服务。

3.3.2 资金服务

1)成立政府投资基金

依据《政府投资基金暂行管理办法》的有关规定,借鉴江苏省政府投资基金的运营经验,以政府财政资金为主,积极吸纳社会资本,积极对接上级政府投资基金,按照市场化的运营方式重点支持京口区文化创意、粮油木业加工、高性能材料、电子信息四个行业的创新创业企业。

2)创业导师制度

政府积极争取聘任知名企业家、知名职业经理人、金融机构负责人担任京口创业导师,为创业者提供必要指导,并提供必要的帮助和支持。

3.3.3 市场服务

通过建立京口高层次人才创新创业产品推介服务网络平台、在核心商圈设置京口创新创业产品展示实体平台、组团参加产品展销会等多种形式，帮助创新创业人才进行产品营销策划、商标设计，帮助创新创业人才联络商业企业和电子商务平台。

3.4 高层次人才交流与激励服务

1）人才俱乐部

利用高校浓厚的学术氛围和人文气息优势，与江苏科技大学等高校合作成立人才俱乐部。俱乐部将定期举办各类学习、培训活动，不定期策划沙龙对话、主题论坛、户外拓展、外出交流等活动，为人才搭建一个交流思想、聚会联谊、共谋发展的平台。

2）行业高峰论坛

政府支持京口优势行业举办大型专业学术研讨会，邀请国内外专家与京口创新创业人才进行交流，增加京口企业在行业内的知名度。

3）构建企业人才管理评价指标体系，开展人才管理评比与表彰活动

及时收集企业人才管理信息，完善企业人才管理信息库，从高端人才引进、高层次人才培养、人才激励、人才载体建设四个方面构建企业人才管理评价指标体系，对企业人才管理状况进行综合评价，每年评出若干综合奖和单项奖，进行奖励和表彰，并在社会开展广泛宣传，引导企业重视人才工作，加强人才管理。

3.5 高层次人才生活服务

确定专业医疗机构每年为高层次人才进行免费健康体检。联系相关医疗机构，为高层次人才及其配偶、子女的就医提供方便。协助推荐高层次人才配偶就业，帮助联系高层次人才子女入托入学。协助高层次人才办理落户、签证、工作居住证、外国专家证等手续。全面落实以下三项人才服务政策：

（1）顶尖人才和高端人才子女的择校优先权。顶尖人才和高端人才子女入学具有一次自主择校的权利，教育部门的择校指标在满足顶尖人才和高端人才后，方可进行分配。

（2）为顶尖人才和高端人才配备家庭医生。卫计委应尽快成立家庭医生队伍，提供就医、转诊、用药、医保等方面服务。顶尖人才和高端人才本人和直系亲属的家庭医生服务费用由政府承担。

（3）顶尖人才和高端人才家属工作安排。顶尖人才和高端人才家属为公务员和事业编制的，在区机关或事业单位予以安排工作，确保级别不下降、身份无变化。顶尖人才和高端人才家属为企业身份的，可协调在区国有企业安排工作或推荐到其他企业工作。

4 京口区高层次创新创业人才服务机制

4.1 利用互联网技术,建立具有互动特征的人才服务信息发布机制

以互联网技术为基础,通过京口高层次人才工作网、京口高层次人才工作公众号、京口高层次人才工作热线等平台与工具,加强人才政策信息和人才工作动态的发布和传递,通过多种方式进行人才服务公示,让高层次人才能够更加及时、全面地了解人才政策、人才服务内容、人才服务活动、人才服务设施。安排专人负责与人才的交流互动,解释政策条款,介绍服务内容,帮助人才答疑解惑,实现服务供给与服务需求的良性互动。

4.2 强化需求导向意识,建立便捷畅通的需求表达机制

为使政府供给的人才服务更加有的放矢,做到"对路子",避免陷入"供不适求"的怪圈,要积极开拓平台、创造机会让人才充分表达各自的服务需求。

一是通过开展"人才兴区"大讨论活动,集中征求人才工作意见,唤醒人才对于人才服务需求的表达意愿,激发人才参与的热情和积极性,提高人才的主人翁责任感和使命感。二是人才工作者要定期拜访人才,与人才谈心、交朋友,倾听人才的需求,征求人才的意见,并建立意见记录与反馈制度,要使人才意识到自己的意见表达会影响到决策的制定和执行。

4.3 完善人才参与的反馈及纠偏机制

由于人才服务的需求是一个动态的过程,不可能一蹴而就,这就要求在建立信息反馈的基础上进一步完善纠偏机制,对于在实施过程中发现的问题及时调整,避免出现由于方向性错误而带来的供给失效问题。人才办每年应对服务的效果进行评价、对人才服务需求进行统计,对人才服务的内容进行重新梳理,对人才服务的方式进行反思,通过建立的信息反馈和纠偏机制,根据人才的实际需求来提供人才政策和服务,提高人才服务的精准性。

4.4 完善人才服务的制度保障机制

人才服务制度建设的根本目的是最大限度地保障人才尽可能平等地享受人才服务政策和资源,遏制损害人才利益的行为发生,并最终提高人才的满意指数。在具体实施中要从以下几个方面入手:一是制定《人才服务手册》,详细规定服务的内容、方式、时间节点等内容,明确人才服务质量标准,让人才工作者有章可循;二是制定人才服务投诉制定,对于人才服务工作要有明确的部门负责监督,对于人才服务过程中出现的问题要有明确的部门进行处理。

4.5 加强人才服务的协调机制

加强人才工作办公室领导协调作用,每季度要召开一次办公会议,统筹协调、检查、督促高层次人才服务项目及各项政策的落实情况。按照"谁联

系、谁负责"的原则，人才联系专员积极主动负起协调的责任，及时反馈相关工作信息，积极主动地帮助人才解决实际困难与问题，承担人才服务的直接责任。各有关部门要按职责分工密切配合、协同协作，确保人才服务工作高效落实，人才联系专员负有监督落实的权利，对工作敷衍塞责、推诿扯皮、未能按规定完成工作任务，造成不良影响的，人才联系人有权向人才工作办公室反应，人才办公室要根据有关规定对相关部门负责人和责任人予以问责处理。

5 京口区高层次创新创业人才服务水平提升对策

5.1 以体验为服务核心，提升人才服务意识

以企业服务体验为核心，深入贯彻实施创新驱动发展战略，在全区开展领军人才企业"1＋1 创业助理"活动，探索并建立起领军人才企业创业助理"敲门、上门、串门"服务新模式，通过"面对面"定期上门走访、"手拉手"创业政策协调、"心连心"助力困难帮扶、"点对点"产品营销推广和"肩并肩"全程跟踪指导等360度立体式的创业助理服务机制，实现为企业提供零距离、零时差、零障碍的贴身服务，提升人才服务意识。

5.2 以互联网为技术支撑，提升人才服务能力

顺应"互联网＋"新形势，打造人才创新创业服务线上平台，以京口高创中心为平台运营中心，聚合校地企三方资源，完善平台功能，对接省生产力对接中心，建成技术转移便捷、科研资源共享、科技服务高效的多功能科技平台，融入"互联网＋"元素，以"互联网＋"的思维，搭建服务沟通平台，为人才提供更精准、更方便、更有效的服务。

该平台应包括京口区相关领导、京口区人才领导小组成员单位、科技合作或金融合作的组织、人才企业或人才本人。人才或人才企业任何需求均可以通过平台进行表达，相关单位应快速响应人才需求。人才办应安排专人值班，负责对不合理需求做解释，对需求满足情况进行跟踪，对各单位响应情况进行考核分析。

5.3 以企业满意度为评价指标，提升人才服务效果

设计和发放调查问卷，以调查了解企业对京口人才服务的满意度状况。对人才服务的评价需要从企业对人才服务的内心感受出发。政府应加快企业对人才服务满意度的调查研究，针对研究结果，精准实施使企业人才更加满意的服务和政策，提升企业对人才服务的满意度，提升人才服务的效果。

5.4 按照人才积分，实施分层分类的人才服务体系

按照人才积分，将人才分为顶尖人才、高端人才、高级人才、基础人才四个类别，不同层次人才分别发放凤凰人才服务钻石卡、金卡、银卡和普通卡，

不同的凤凰人才卡具有不同的居住、医疗、子女教育等优惠政策和不同的人才服务等级。人才积分的算法见表15。

表15　人才积分的算法

人才层次积分	人才贡献积分	服务年限积分
国家千人、院士级人才50分	创办企业年利税50万以上或专利技术获得市级以上技术进步奖50分	顶尖人才每服务一年加10分
世界排名前100强大学博士30分	创办企业年利税10万以上或专利技术获得国际授权得分30分	高端人才每服务一年加5分
一般大学博士20分	创办企业或发明专利技术获得授权20分	高级人才每服务一年加3分
硕士15分	其他专利或软件著作权每件10分	一般人才每服务一年加2分
本科10分		

5.5　实施人才联系制度,做实人才服务工作

依据分层分类的原则,实施领导联系人才制度,其中,顶尖人才由区委常委负责联系,高端人才由副县处级领导负责联系,高级人才由区部门负责人或街道负责人负责联系,基础人才由社区负责联系。联系人可通过召开座谈会、咨询服务、开展工作交流和高层次人才慰问等各种活动,与联系对象保持联系。联系人要了解人才的思想、工作、学习和生活情况,积极帮助人才解决实际困难。要经常向人才宣传党的路线方针政策,介绍京口政治经济、社会发展形势及实施人才强区战略的情况。经常听取人才对我区经济社会发展及人才工作的意见和建议,对他们反映的带有普遍性的热点、难点问题,及时研究处理。

5.6　提升形象,提供舒适的服务感知

人才服务者的形象(包括着装、服饰、气质等)与举止(包括服务意识、专业技能、社交技能、态度等)也会影响人才对所接受服务品质的感知,人才经常把形象与举止作为评价服务品质的标准之一。"良言一句三冬暖,恶语一声骄阳寒",当人才接触到是冷若冰霜的面孔,感受到的是爱答不理的态度,接受是无声服务时,很难有舒适的服务感知,反之,如果人才服务者精神抖擞,面带微笑,人才的感知必定大不一样。

人才办应制定服务行为与用语规范(见表16),提升人才服务者的服务意识、服务水平,切实提升人才的满意度。

表 16 人才服务行为准则

五要	五不准
要热情服务	不准冷硬顶气
要方便快捷、提高效率	不准故意刁难
要讲普通话	不准讲脏话、讲狠话
要穿正装拜访人才	不准穿便装拜访人才
要洁身自好	不准吃拿卡要

附件 **2**

京口区科教资源优势转化对策研究

1 京口区科教资源的基本状况分析

1.1 京口区科教资源总体概括

1.1.1 学科资源

江苏大学的工程学、材料科学、临床医学、化学和农业科学 5 个学科进入 ESI 排名全球前 1%；拥有动力工程及工程热物理、农业工程 2 个国家重点学科，机械工程 1 个国家重点(培育)学科，拥有动力工程及工程热物理、农业工程、材料科学与工程、食品科学与工程、新能源汽车、生物技术及其医药转化等 6 个江苏高校优势学科。

江苏科技大学拥有船舶与海洋工程 1 个江苏高校优势学科，拥有材料科学与工程和管理科学与工程 2 个江苏省重点学科，是江苏省唯一以船舶与海洋工程装备产业为主要服务面向的行业特色型大学，具有船舶特色整体性和应用性优势。

1.1.2 人才资源

江苏大学拥有功能和纳米材料方向的国家"千人计划"人才 3 名，农产品快速无损检测和纳米材料方向的长江学者 2 名，拥有流体机械、材料和农产品快速无损检测方向的国家杰青 3 名，拥有纳米材料和高效能电机系统与智能控制方向国家优青 2 名等为代表的高层次人才。

江苏科技大学拥有能源动力工程方向的国家"千人计划"人才 1 名，船舶与海洋工程方向国家优青 1 名、纳米科学与技术方向的新世纪百千万人才 1 名等为代表的高层次人才。

镇江市高等专科学校现有省"333 工程"培养对象 6 人，省"六大人才高峰"高层次人才团队 2 个，省高校"青蓝工程"学术带头人等为代表的省内的高层次人才。

1.1.3 创新平台资源

江苏大学拥有国家水泵及系统工程技术研究中心、混合动力车辆国家地方联合工程中心、国家级新农村发展研究院 3 个国家级科技创新平台；建有国家知识产权培训(江苏)基地。学校牵头成立的现代农业装备与技术协同创新中心被认定为江苏省首批高校协同创新中心。

江苏科技大学拥有中—乌(江苏)船舶与海洋工程产业国家技术转移示范机构 1 个，数字化造船国家发改委国地联合工程实验室 1 个，江苏省的高技术船舶协同创新 1 个,拥有江苏省先进焊接技术重点实验室、江苏省现代焊接技术科技公共服务平台 2 个。

镇江市高等专科学校是国家专利导航试点工程(江苏)研究基地、国家学前教育改革发展示范区师资培养基地、国家级"工业分析与检验实训基地",建有数控、自动化系统、嵌入式系统等校内实训实验室等。

1.2 京口科教资源与产业发展匹配情况分析

按照京口区的产业发展和科教资源的强弱情况,分为四大类(见表1):京口产业强,科教资源强;京口产业强,科教资源弱;京口产业弱,科教资源强;京口产业弱,科教资源弱。

表1 京口区的产业发展和科教资源的匹配情况

京口的产业发展＼京口的科教资源	强	弱
强	京口产业强 科教资源强	京口产业强 科教资源弱
弱	京口产业弱 科教资源强	京口产业弱 科教资源弱

1.2.1 京口产业强,科教资源强

在动漫、电子信息产业方面,镇江市京口区具有较强的产业基础,高校的科教资源水平也很强。京口区拥有江苏名通信息科技有限公司、镇江金钛软件有限公司、江苏易乐网络科技有限公司等涉及动漫游戏、电子商务、北斗导航、软件服务外包等企业 50 家左右,产业从业人员达 2 600 余人;创成省级电子商务示范基地和互联网产业园,页游开服数连续 3 年位居全国前四。江苏大学和江苏科技大学拥有物联网工程研究所、软件系统研究所、电子与通信技术研究所,具有先进的实验设备及多台高档工作站;培养的专业人才涉及信息产业的平面美工、新闻编辑、平面设计、门户网站开发、平台运营、C++服务器主程、游戏运营、Android 软件开发、C+软件开发、Java 开发、软件测试、网页美工、消费电子、嵌入式开发等各个方面的专业人才。

1.2.2 京口产业强,科教资源弱

镇江市京口区的铝材与核材加工等产业基础很强,但高校的科教资源水平较弱。京口区拥有镇江鼎胜铝业股份有限公司、爱励铝业(镇江)有限公司、江苏海龙核科技股份有限公司和索普集团等新材料产业,有 3 条国内最先进的冷轧线、打造国内最大的建设交通运输用和大飞机制造用高强度及大规格铝合金板带生产基地、硼铝中子吸收板填补了国内空白、索普集团为镇江市第一家主板上市公司。这些新材料产业急需铝合金材料加工技术、航空材

料、核辐射防护服、耐 LOCA 水性防火涂料、煤制乙醇、醋酸下游产品生产技术等,而区内高校的相关学科和人才基础薄弱。

1.2.3 京口产业弱,科教资源强

镇江市京口区在汽车、船舶、水泵等方面产业基础较弱,但高校的科教资源水平较强。京口区的节水灌溉装备、新能源汽车和高技术船舶和海洋工程等产业基础薄弱,而京口区内的江苏大学和江苏科技大学这方面的科教资源很强,拥有国家水泵及系统工程技术研究中心、混合动力车辆国家地方联合工程中心和数字化造船国家发改委国地联合工程实验室等优质资源,具有国家重点学科和江苏省的优势学科,长江学者、国家杰青和优青等国家级人才,以及江苏省高校首批协同创新中心。

1.2.4 京口产业弱,科教资源弱

镇江市京口区的农业和养殖业基础弱,高校的科教资源水平也弱。京口区是镇江市的主城区,耕地越来越少,土地的流转费用越来越高,农民外出机会增多,参与建设农业和养殖业的积极性不高,农业发展空间萎缩。而京口区内的江苏大学和江苏科技大学在这方面的科教资源也很弱,没有相关国家级学科和省内的优势学科,也没有培养农业和养殖业等专业的学生。

2 京口科教资源转化为发展优势的障碍和原因分析

2.1 京口科教资源转化为发展优势的障碍分析

2.1.1 京口高校科教资源利用和共享效率不高

分布在京口高校的各类重点实验室、工程(技术)研究中心、分析测试中心及大型科学设施中心等科学仪器设备没有得到充分利用,没有在企业、高校和创业者之间搭建起一座共享合作之桥;未能充分发挥京口江苏大学、江苏科技大学的动力工程及工程热物理、农业工程、材料科学与工程、食品科学与工程、新能源汽车和船舶工程等学科优势,来为京口经济的转型升级提供有力的智力支持和人才保障。

2.1.2 产学研合作的积极性有待提高

京口区一些企业领导安于现状,创新意识不强,对吸纳高校科技成果促进企业发展缺乏紧迫感。相当一部分企业由于受自身效益和发展等问题的困扰,对有些科技项目的市场化前景信心不足,对那些技术含量高但开发周期长的项目往往不愿承担风险。现行的高校管理体制和评价机制使高校与市场、企业的沟通不畅,高校的科研成果与市场、企业的需求往往存在"两张皮"的现象,有些科研人员只满足于发表论文和课题验收,有些科研成果由于供需双方在价值定位上存在较大差距,或者后续技术服务不能跟上而束之高阁。

2.1.3 产学研合作的广度和深度不够

京口企业与高校合作,大多停留在与科研人员个人合作及一次性技术转让上,与团队合作开发的较少,共建研发实体的更少,缺乏"联合攻关、风险共担、成果共享、共同发展"的长期合作机制,且合作范围较窄,驻京口高校的一些特色学科与京口企业的合作并不多。根据对京口高校实地调查,近 3 年驻京口高校科技成果转化率约为 20%,其中在本地转化的约占 20%,且存在"墙内开花墙外香"的现象。比如,江苏大学的流体力学是国家重点学科,在国内处于领先地位,在浙江温岭地区得到了很好地运用,形成了年销售超百亿元的泵业产业,而京口泵业却未得到长足发展,总体规模不大。

2.1.4 科技创新体系建设滞后

京口现有的创新服务机构不够健全、功能单一,难以适应产学研合作的需要,高校转让、企业吸纳科研成果更多的是通过政府组织的一些阶段性活动,缺乏正常的对接机制和完善的服务平台。现有的政策、资金更多地向少数大企业倾斜,而能够惠及中小型企业的创新服务体系建设缓慢。驻京口区的高校科技人员创办的高科技企业布局分散,没有能够形成高新技术企业集群和在国内外具有重要影响的科技产业集团。

2.1.5 京口高校科技成果与产业精准对接程度不够

京口高校科技成果库不够完善,仅仅录入高校最新科研成果和企业科研需求,缺少自动对接等功能,很少有企业有耐心从网上数量庞大的科技成果中找出对应需求;缺少既了解产业发展情况,又掌握技术转移规律的专业人才作为技术专员,来解决科技成果转化中高校教师和企业之间缺乏信任的问题。京口企业与高校长期有效的对接机制没有建立,无法促进京口高校的高端科研成果、科技项目在京口区企业转化应用。

2.2 京口科教资源未能转化为发展优势的原因分析

2.2.1 京口企业主体技术创新意识不强

利润最大化是企业首要追求的目标,企业需要的是"短、平、快"的技术及"即插即用"型的人才,企业不敢创新不愿创新的一个重要原因就是担心创新遭遇风险。因此,大多数企业对技术创新并无浓厚兴趣,宁愿购买现成的技术、设备,也不愿承担技术转化的风险。京口企业主体技术创新意识不强,积极性不高,被动依靠政府外力推动协同创新,无法形成对科教资源的稳定和有效需求。

2.2.2 京口高校偏好与大型国企合作

江苏大学与徐工集团、中国一拖集团、中国重汽签署全面战略合作协议,成立产业发展基金、联合申报国家级实践教学基地,成立了徐工集团江苏大学工程技术研究所,在人才培养、科研项目和科技成果转化等方面进行全面合作;江苏科技大学与江南造船集团公司、上海外高桥造船有限公司、大连船舶重工集团、上海沪东造船厂、中远川崎船舶工程有限公司等一批著名企业签订全面战略合作协议,大力推进产学研合作,深化校企深度融合,加大科技成果转化、技术转移和技术服务。而京口区地处镇江市区,企业的总体规模不大,具有一定品牌和影响力的产业领头企业数量极少。

2.2.3　高校教师创业动力不足

创业的风险和收益之间存在着巨大的机会成本,如果高校教师一门心思在体制内搞科研,本身就有不错的待遇和发展前景,比如入选国家"千人计划"、青年拔尖人才、长江学者等,能享受高额的安家费,获得科研项目启动费;尽管高校给教师保留了岗位和身份,对教师离岗创业没有什么限制,可出去容易,回来太难,一旦离开了科研岗位,几乎不可能再回来跟上学术发展的步伐。

2.2.4　京口高校、企业之间的人员交流不够畅通

高校、企业的用人模式及评价机制不同,尤其是高校人才考核评价机制仍以论文、著作、科研经费等的量化评价为主,未将科技成果转化和产业化的成果纳入绩效考核,导致青年教师看重教学工作量、科研项目、论文、学术获奖等对他们现实利益和长远发展有直接影响的方面;缺少产业教授,阻碍了高校和企业在人才、技术和文化上的沟通与交流。高校、企业之间的人员双向流动机制不够畅通,双方的权利和义务很难明确。

3　京口区科教资源优势转化为发展优势的对策

3.1　培育具有科教资源优势的产业,为科教资源优势转化提供载体

3.1.1　加大具有科教资源优势产业的招商力度

利用京口在水泵、汽车、船舶制造等行业的科教资源优势,积极与高校对外合作处联系,争取高校的配合与支持,利用高校与企业之间的关系,有针对性地开展拜访活动,以开发园区具有招商政策制定权为契机,有针对性设计税收返还、人才住房等优惠政策,加大招商引资的力度。

3.1.2　鼓励外地企业在京口设立研究机构

充分发挥京口科教资源优势,鼓励外地企业在镇江设立研究机构。在机构性质上,可允许设置民办非企业法人资质;在机构名称上,可允许以"研究院""研究所""研究中心"等名称命名;在扶持政策上,在享受科技创业企业政策基础上,优先享受人才奖励政策、优先支持科技项目立项。设立专项资金,吸引和带动社会投资,对研发投入持续增长、拥有自主知识产权成果并形成良好社会经济效益的研发机构进行重点扶持。

3.1.3　鼓励高校创建科技型企业

鼓励高校利用产业发展基金创办集研发机构、服务机构、孵化机构、培养

技术专门技能的培训机构一体化的科技型企业,以便充分利用高校、学院优质的学科资源、人才资源、财力资源和社会资源。京口区政府应设立专项产业发展基金帮助高校企业解决资金问题,应提供必要的办公及厂房帮助高校解决场地问题,应抽调国有企业经营及销售人才帮助高校解决经营与销售人才匮乏问题。针对京口高校科技型企业的一些创新项目,实行优先申报、优先推荐、优先立项,帮助科技型企业获得省及省级以上科技成果转化资金的支持;对有突出贡献科技型企业的优秀人才,确实掌握核心技术的拔尖人才,可享受京口区政府的特殊政策激励。

3.1.4 构建大学科技园的产学研合作新模式

规划大学科技园科技创新大楼和相关配套设施建设,构建以企业为主体,整合京口高校和其他地区高校优质资源的产学研合作新模式,把引智与引资、引企紧密地结合起来。对于产品市场前景好、附加值高、技术含量高、管理运营水平优秀的企业,园区可以提供长租、短租、以租代售、产权转让、定制施工等多种入驻形式供企业选择。科技园区不断为企业提供实质性的增值服务内容,不仅代办工商税务注册、环境评价、节能评估等一系列行政审批手续,而且积极协助企业申报相关资质产品认定、申报项目资金、申请政策支持等政府扶持。让进入园区的企业能更加高效地投入到生产研发等核心业务活动中,实现"产、研、食、住、行"等园内解决。为优秀入园企业提供长期的展示展览窗口,促进企业间的交流、互动与合作,开辟了管家式服务的公共服务办公室,吸引与园区建立战略合作关系的社会中介机构入驻,如专家工作站、律师事务所、专利代理机构、科技金融单位。

3.2 加强人才与企业互动,为科教资源转化创造条件

3.2.1 鼓励高校青年教师进企业,构建"双导师"制

高校与企业进行充分交流沟通,根据京口行业特色和企业主营业务特点,结合青年教师的专业特长,双向选择,有针对性地制订青年教师工程实践培训方案,在了解企业需求与发展方向的同时,一方面可以解决企业的实际问题,另一方面促进了青年教师实践能力和创新能力的提升,为京口经济发展提供新的创新动力。鼓励江苏大学、江苏科技大学和镇江高等专科学校实行"双导师制",由企业导师和校内导师共同指导,毕业设计题目结合企业的生产实际需求,既提高学生解决生产实际问题的能力,也强化了校企合作的深度和广度。

3.2.2 打造大学生京口实习(实践)基地的就业—实习—资助新模式

鼓励京口高校或者高校的相关学院事先与企业进行充分的沟通和协调,得到企业的支持和帮助,签订相关的协议,学校或学院负责实习学生的选拔和推荐,企业负责制订实习的计划,并在就业实习结束后根据实习情况选留

全部或其中的部分学生签订就业协议留在企业工作,就业实习期间通过学校、企业和学生签订就业实习协议保障各方的权利和义务。另外,企业每年在京口高校设立固定的奖助学金,资助品学兼优的学生顺利完成学业,邀请企业管理层每年到学校讲学1～2次。

3.2.3 完善共享平台,提高科教资源利用效率

以大型科研仪器开放共享为重点,整合京口高校的科技人力、物力、财力和成果等资源,采用"互联网"的模式,运用移动互联、大数据、云计算等技术,实现各类科教资源"一网打尽"、创新创业服务"一键联通"、科技政务"一站式服务",打造线上与线下结合、展示与交易结合的"科技服务云、科技政务云",着力打破信息孤岛、资源壁垒,为创新创业主体解决找资源难、选资源难、用资源难等问题。

3.2.4 尝试成立科技服务呼叫中心

联合江苏大学、江苏科技大学、京口区科技局和区内相关企业等共同发起成立科技服务呼叫中心,秉承"公益性服务、市场化运行"的发展理念,致力于在科技服务资源与企业之间搭建起科技服务供需信息的快捷通道,建设涵盖各类领域的专家数据库和覆盖众多行业的科技服务机构数据库,开通科技服务热线和官方网站,通过市场机制组织、整合、集成和优化各类科技服务资源,为企业提供"及时、高效、专业、规范"的科技服务。在科技创新的过程中,企业遇到困难时,可以随时拨打服务热线,或登录网站获取帮助。

3.3 与高校密切合作,解决关键产业人才短缺问题

3.3.1 探索地方与高校联合人才引进模式

以2017年5月4日出台的《镇江市与在镇高校合作引进培育高层次人才暂行办法》为契机,充分发挥高校在引才方面具有的工作稳定、社会地位较高等优势,在对京口产业发展有较大影响的人才领域与高校开展引才合作,在职责清晰、任务明确的基础上,形成协调一致、资源共享、优势互补的"双赢"局面,共同努力为京口的发展提供人才与科研的支持,同时为大学的人才培养、产学研创的发展提供条件。

3.3.2 探索订单式人才培养模式

订单式人才培养模式是指企业根据自身的人才需求规格向学校下达人才培养订单,学校接单后,在企业的主导和协作下按订单进行人才培养,所培养的人才经企业验收合格后即被企业录用的一种人才培养模式。

3.4 提供制度支撑,促进京口科教资源优势转化

3.4.1 探索建立京口人才共有产权房制度

争取政府相关政策支持,探索建立京口人才共有产权房制度。共有产权房将以市场价向特定人才出售,人才可购买政府所有产权;共有产权房上市

交易,溢价收益部分六成归人才,四成归政府;人才在京口区每工作一年,政府将上述收益的 5% ~ 10% 奖给人才,若房价下跌,政府以原值购回六成产权,增加京口重点企业对人才的吸引力。

3.4.2　推行科技成果"一表清"活动,提高京口院所科技成果转化和产业化率

选择江苏大学、江苏科技大学 2 所高校试点推行科技成果"一表清"活动。首先,高校梳理的科技成果必须是最近两年的,契合战略性新兴产业方向,而且成果持有人愿意出让转化;然后,京口区科技局将精准梳理出来的科技成果定向发送给该产业领域的科技企业,以后每个高校开一场对接会,企业负责人直接和高校教授面对面深度洽谈合作细节。同时,完善高校科技成果库,不仅录入高校最新科研成果和企业科研需求,而且设计自动对接等功能,精准促成更多校地合作,从而提高京口高校科技成果转化和产业化率。

附件**3**

京口区社工专业人才队伍建设问题与对策研究

1 京口区社工专业人才队伍的基本现状

1.1 京口区社工专业人才概念界定

京口区社工专业人才广泛分布于社会福利、社会救助、慈善事业、残联康复、医疗卫生、司法矫正、婚姻家庭、卫生计生、就业援助、劳动保障、安置帮扶、纠纷调解、职工帮扶、应急处置、犯罪预防、教育辅导、禁毒戒毒等社会管理和公共服务领域。经过多年的实践和探索,在部分领域初步形成了一支具有社工理念和方法、按照职业化和专业化方向发展的社工人才队伍。

我国目前尚未统一开展社工专业人才的职称评审、资格认定和注册登记,对社工专业人才尚未有明确的定义和统计口径。课题组总结前人研究,大致将社工专业人才分为以下六大类:① 在民政、劳动保障、计生、司法及工、青、妇等职能部门中,从事社会工作政策制定、执行等有关工作的人员。② 在民政、司法、教育、卫生及工、青、妇、残联等职能部门的下属事业单位中,从事社会福利、社会救助、社会慈善和社会服务等相关工作的工作人员。③ 在城镇社区居委会从事社会工作的工作人员。④ 在具有社会工作性质的公益性民间组织、民办非企业单位和工商注册企业中,为儿童、青少年、妇女、老人、残疾人等特殊困难群体提供专业社会服务的工作人员。⑤ 在社会工作社团组织中的工作人员,包括学术社团、行业性社团和专业性社团。⑥ 基于社会责任与义务,自愿贡献自己的时间、精力和技能,无偿参与社会服务的工作人员,也称"志愿者"。在以上"六大类"基础上,课题组结合京口区特点,以"目前在具有社会工作性质的单位中,具体从事社会工作的人员"为标准来界定社工专业人才,将以上六类人员合并归纳为四大类:第一类和第二类归为"职能部门以及其下属人员"、第三类为"社区工作者"、第四类和第五类归为"社会组织工作人员"、第六类为"志愿者"。由于职能部门以及其下属人员数量较少,志愿者为社工专业人才的重要补充,因此这两类人员的情况在本次课题的调查研究范围中,但未做数量统计。

1.2 京口区社工专业人才队伍基本情况

截至 2016 年 12 月,京口区共有社区工作者 438 名,登记社会组织515 个,民办非企业单位 199 个,志愿者队伍 324 个,志愿者人数 55 886 人。

1.2.1 京口区社区工作者基本情况

2016 年底京口区共有社区工作者 438 名,其中 45 岁以下工作者占比为

59.6%,男女性别比为2∶3,本科及以上学历者占比为41.78%,人才队伍的年龄、性别、学历结构较合理。

在京口区438名社区工作者中,40人拥有中级社工证,93人拥有初级社工证,占比共为30.36%。在京口区换届后的99位社区主任和书记中,13人拥有中级社工证,22人拥有初级社工证,持证率为35.35%。

1.2.2 社会组织及其人员基本情况

截至2016年12月,京口区登记的社会组织共有515个,其中,社会团体316个,民办非企业单位199个,每万人拥有社会组织达到13个以上。我区社会组织积极参与省、市公益创投项目申报。2015年,有11个公益创投项目中标,获得扶持资金82.5万元;2016年,有8个公益创投项目中标,获得扶持资金52万元,中标数和中标率在全市领先。京口区社会组织吸纳社工专业人才的能力有限,老来乐社康综合服务是京口区发展较好的社会组织,目前有38位签合同的员工。

2 京口区社工专业人才工作的实践和成效

近几年,京口区立足本地经济社会发展实际和城乡群众心理社会服务需求,坚持社工专业人才队伍建设和社会工作专业服务发展"两手抓",健全体制机制、加大引导激励、融入"三社联动"实践,进一步加快人才培养、专业化发展,努力为社会治理创新提供人才支撑。

2.1 理顺机制、出台政策,为社工专业人才培养提供制度支撑

首先京口区将社工人才工作纳入全区"十二五""十三五"人才发展规划,并明确具体目标和任务。大力推进"1315"工程,明确每个社区至少拥有3名持证社工、10家社会组织,并将其纳入年终考核指标,初步形成人才办牵头、民政局主抓、组织部考核的工作格局。同时,先后出台了一系列政策,为社工专业人才培养保驾护航。《关于进一步加强和完善社区建设工作的意见》(镇京发〔2013〕49号),对持证社工初步建立了资格准入、薪酬激励、继续教育、使用保障机制。2013年出台了《关于进一步加强社区(村)公共事务准入制实施意见》,社区协助机关部门工作事项由原来的112项减少为30项,其中有经费保障或以奖代补、项目经费申请的占50%左右。

2.2 加大引导激励,优化人才成长环境

切实加强薪酬待遇保障。对街道、社区一线持证社工兑现相应的工资或津贴,凡获得高级社会工作师职称的每月享受500元津贴,社会工作师每月享受300元津贴,助理社会工作师每月享受100元津贴。

加大政策性引导持证上岗。一方面,社会化招聘社区干部,将持证要求作为硬性条件;另一方面,鼓励街道、社区工作者参加持证考试,逐步推行社

区负责人持证上岗制度,将持证要求列入"双强"型社区班子条件,提出力争在 2020 年城市社区主任持证率达 100% 的目标,并将优秀社工纳入基层后备干部序列,纳入基层评先评优基本条件之中。

积极组织开展各类各项培训。除参加市里统一培训外,依托周边高校资源,采取专题培训、以会代训、考前辅导、考察交流、拓展训练等方式,广泛开展各类社会工作专业知识培训,特别是针对社会工作一线服务人才的培养培训;鼓励群团组织工作人员、社区工作者、社会组织从业人员极参加全国社会工作职业水平考试。在积极引导发动下,有的街道书记带头、一些机关的年轻工作同志纷纷报考,初步形成了"报考社工职称、增长基层工作才能"的共识。截至目前,全区共有 1 400 余人参加了全国社会工作职业水平考试,共有持证社工共 325 人,其中初级 248 人,中级 77 人。

2.3 融入"三社联动",在事业发展中培育人

2013 年京口区出台《京口区"三社联动"工作方案》,适应"小政府、大社会"的发展趋势,将社会组织培育与专业社工培养有机结合,推进"一门受理、全科社工",让社工在"三社联动"、民政服务、社会治理中,发挥作用、施展才华、打造品牌。

社会组织的快速发展、公益项目的成功申领,极大地促进了社工人才的汇聚、吸引了社会对社工的关注。京口区初步建立了政府购买社会服务机制,制定出台了《关于推动政府非行政职能向社会转移意见》,将社会工作服务列入购买服务清单,通过厘清职责边界,让渡服务空间,择优选择社会组织进驻社区承接服务。通过社会组织引入外部资源和社会力量,把多元服务、专业化服务提供给居民,促进了政府治理、社会调节和居民自治良性互动的同时,推动了社会工作者专业人才的培养。

以上工作都为京口区下一步加强社工专业人才队伍建设,推进社会工作职业化、专业化发展,积累了宝贵经验,奠定了良好基础。

3 京口区社工专业人才队伍建设中存在的主要问题

课题组在调研后,对近年来京口区社工专业人才队伍建设工作的总体认识是:虽然取得了较大的成效,但基础还比较薄弱,目前尚处于起步阶段,社工专业人才队伍建设还存在诸多的问题和困难。

3.1 社会工作者力量不足,专业性有待提高

3.1.1 京口区社会工作队伍人员数量不足,内部结构需要优化

首先是数量不足。在职能部门及其下属机构中,与社会工作相关的机构设置往往呈"倒金字塔"或漏斗形结构,越到上面越大,越到下面越小,到了基层甚至找不到相应的工作机构。以京口区民政局为例,配备的 2 位与社会工

作相关的工作人员,仅社会组织年审一项工作就涉及分布在养老、民办医院、托儿所等多个不同领域的 500 多家单位,人手明显不足。在社区中,京口区有 66 个社区,共有工作人员 442 人,平均每个社区有 6.7 名社区工作人员,他们不但要兼职完成街道的各项具体社会服务工作,参与街道的社会组织正常运转,还要承担各个条口的常规工作,积极响应人口普查等临时任务,商业性的拆迁任务也占据了他们较多的工作时间。从持证社工的角度,人数也明显不足,按照发达地区持证社工占总人口的比例一般为 2‰~5‰ 计算,京口区 2016 年年末户籍人口 39 万人,较理想的持证社工在 780 人到 1 950 人,但 2016 年 12 月全区持证社工 325 人(包含中级、初级),缺口较明显。即使到"十三五"末,全区持证社工达到了预期的 525 人(占全区户籍人口的 1.35‰),实现了镇江市 2013 年提出的"2020 年全市持证社会工作专业人才占全市常住人口的 1‰"的目标,但距离"人员充裕"还有较大的提升空间。

其次是社区工作者年龄性别结构需要优化。如前文所述,京口区社区工作者目前性别比、年龄比尚属合理。但在社区访谈中进一步了解到,目前社区工作者中 30 岁左右的男性较少。这也就意味着 5 年后,一方面京口区社区工作者中 50 岁以上的人员比例大大增加,年龄结构老化;另一方面 35 岁左右年富力强、经验丰富的男性工作者缺乏,人才队伍青黄不接。

3.1.2 京口区社会工作队伍的专业性有待提高

社会工作作为一种职业,具有很强的专业性。在香港等社会工作比较成熟的地区,具有高等学历和受过良好教育与培训的专业人才数量庞大。

从我们调查的情况看,首先在京口区社区工作者中所学专业为"社会工作"的人员占比仅为 2.5%,其余 97.5% 的人员均为其他专业。其次,即使在京口区社区书记层面,其社工证执证率也还不足 50%,再加上他们承担着大量的行政工作,也没有精力从事专业的服务。

3.2 培养载体不足,社会工作者发展空间有限

国(境)外发达地区社会工作的社会化程度非常高,这些地方的社会工作通常不是由政府或企事业单位支撑,而主要是由大规模的民间社会工作机构承担。以香港为例,香港的民间专业社会工作机构是开展直接社会服务的主体,占整个香港社会工作机构总数的 3/4 以上,服务单位多达 3 800 余家,承担着 80% 的社会服务工作。民间机构在提供社会服务的同时,还提供了大量的就业岗位,成为吸纳培育专业社工的主渠道,在这类机构供职的人数达 4 万余人。同在江苏的无锡市便民服务中心覆盖南长区、崇安区等 7 个城区,为超过 4.3 万户的老人群体提供定制养老服务,已初步形成了一系列服务品牌和活动品牌,目前吸纳的员工超过 300 人,自建社区连锁服务站点 40 家,整合了 148 家服务队,还纽结了近 500 名助老辅导员,在服务社会的同时,极大地发

挥出了社会组织培养社会工作者的功能。但在京口区登记的 515 个社会组织中，真正活跃的非常少，绝大多数在登记后并没有真正开展活动，处于静默状态，既没有服务群众，更不可能培养人才。即使是社会反响较好、规模相对较大的益家乐社会工作服务中心、老来乐社康综合服务中心等社会组织，也尚未将服务覆盖到全市，人才吸纳能力有限。

3.3 机制存在瓶颈，社会工作队伍招不到人、留不住人

一是待遇保障机制尚未到位。受公共财力在社会工作方面投入的制约，针对社会工作特点的薪酬指导政策、奖励政策尚未真正到位，社会工作者的工资收入、福利待遇和养老、医疗保险等不能完全反映出社会工作者的工作绩效，这在很大程度上制约了优秀人才进入、留在社会工作者队伍中。京口区大部分街道社区中，除了社区主任等有编制的岗位，绝大多数工作人员没有财政编制，2016 年每月工资在 2 500 元左右（镇江市 2015 年城镇单位从业人员平均工资已达 5 186 元），还有部分人员拿的是镇江市最低工资标准，福利待遇没有保障，工作积极性受到影响。以京口区法律援助中心为例，从 2009 年开始，按照 15 个罪犯配一个社工的标准，从招收 3 个社工开始到现在共招收了 14 个人，但由于工资待遇低，年终没奖金，也没有发展通道，现在只剩 5 个人了。

二是工作成效评价机制尚未形成，无法形成有效激励。京口区的辖区范围是城区，以小区为生活单位的特点非常突出，"小政府、大社会"的社会治理结构、"三社联动"服务群众的方式非常适合京口区的特点，一方面京口区通过开展"一区一品"、"全科社工"等具体工作确实做了大量的基层工作，另一方面由于缺少客观、公正的评价机制，社会工作处于无法评估、无从评估的"两难"境地，社工专业人才的地位和作用没有得到应有的尊重和认同，工作成果处于"隐性"状态，甚至给人"劳而无功"的感觉。京口区城市居委会一般为 5 至 9 人，人均服务人数达千人以上，承担着计划生育、低保、民调、居民服务、环境卫生等琐碎工作，每位工作人员承担 4 项左右的工作，加班加点连轴转是常事。但由于不能客观评价，他们的待遇、社会地位无法与工作绩效挂钩，很难有针对性的措施调动社工专业人才的积极性。再加上在晋升、职评、培养、使用等方面还存在着较大的体制性障碍，基本上处于一个较封闭的内部循环体系中，难以吸引和留住社会工作的专业人才。

4 京口区社工专业人才队伍建设主要问题的成因分析

4.1 对社会工作的意义认识不到位

通过调研，课题组认为京口区政府领导、管理部门、社会工作者三个层面均没有深刻认识到社会工作对和谐社会建设、社会稳定的重要性，认识上的

不到位是造成京口区社工专业人才培养出现种种问题的主因。

京口区目前出台的一系列相关政策虽然显示出政府开始认识到社会工作在服务居民方面的重要意义,但对其在和谐社会建设、稳定社会方面的重要意义在一定程度认识不到位,并没有将社会工作作为社会建设的一个重大领域来对待。目前,我国正处于改革发展的攻坚阶段,经济体制深刻变革,社会结构深刻变动,利益格局深刻调整,思想观念深刻变化。这种空前的社会变革,给经济社会发展注入了巨大的活力,但也带来了一些新问题和新情况。京口区居民思想独立,有较强的公平意识、法律意识、权利意识,拆迁、物业管理纠纷、小区停车位的分配等均会带来各类社会不稳定因素,要应对这些新情况,就必须创新社会管理的新方法,拓宽社会服务的新领域。引入社会工作的专业理念和方法,吸纳大量社工专业人才进入基层干部队伍,充分发挥专业人才从事困难救助、矛盾调处、权益维护、心理疏导、行为矫治等方面的优势,是协助党和政府做好化解矛盾、解决问题的重要抓手,是不断密切党同人民群众的血肉联系,夯实党的执政基础的重要途径。

认识上的不到位在管理部门中的主要表现是京口区社工专业人才培养上缺少具有战略性和前瞻性的总体规划。为了实现社会稳定、人民幸福的目标,京口区社工专业人才需要怎样的素质能力、数量需要是多少,目前的人才素质如何、数量多少,管理部门并没有完全做到心中有数;怎样"选进来、培育出、用得好、留得住",管理部门没有系统的思考和相应的制度设计;为支撑这些制度设计需要多少资金等方面的投入,以及制度建立后能给京口区带来怎样的实效,管理部门没有科学的测算和深入的评估。顶层设计的缺失影响京口区社工专业人才培养的精准性、效能感。

认识上的不到位在社会工作者身上的体现就是职业自豪感不足。在调研中,课题组明显感觉到,虽然社会工作者认可自己的工作成效,但总体觉得帮助了一个家庭脱贫、帮助了一个孩子走出自闭、挽救一个失足青年回归社会、给空巢老人提供了助餐服务都是"小事"、是"献爱心",并没有意识到这些"小事"是事关社会稳定大局的"大事",是社会工作者的职业行为增加了人民群众、特别是困难群众的获得感。社会工作者群体自己都没有充分的职业自豪感,也就不会理直气壮地在社会上为自己所从事的职业代言,再加上官方社会宣传和舆论引导不足,导致公众缺少对社会工作理念和意识的认知,对社会工作的职业认同感低,对社工专业人才的认知率偏低,甚至不清楚什么是社会工作、什么叫社工专业人才,导致愿意加入社会工作者队伍的青年人越来越少。人才选拔和培养需要一定数量的人做"分母",意愿加入社会工作队伍的人少了,人才选拔和培养的难度就加大了。

4.2 培养社工专业人才的资源配置不到位

4.2.1 培养社工专业人才需要的人力资源配置不到位

从宏观层面看,社工专业人才的培养需要包括激励机制、工作成效评价机制等一系列的政策来推动,要想制定出科学有效的培养政策就必须开展政策研究。全方位的政策研究不但要是常态化、周期性的,还必须涵盖调查研究、分析对比、效果研判全过程。应精准识别京口区社会工作在维护社会稳定和增强人民获得感方面能开展的项目,切实盘点社工专业人才和社会组织的客观现状,对比分析周边城市、镇江市、润州区的社工专业人才政策,科学研判实施政策需要的各类资源支持,测评可能产生的政策效果并动态监控。这些政策研究的工作都需要人来做,不仅需要在职能部门设立相关岗位、配备一定数量的专职人员,还需要公共政策、法律、心理等多方面专家的参与。从京口区目前职能部门的岗位设置和人员配置及借助"外脑"的现状看,还没有形成针对社工专业人才培养的人力资源架构。

从微观层面看,社工专业人才的培养需要体系化的培训。首先需要建立起一支专职和兼职相结合、内训和外训相结合的培训师资队伍,从目前京口区针对社会工作者和社会组织开展培训的情况来看,建立这样一支队伍还有很大的师资缺口。

4.2.2 资金配套不到位

培养社工专业人才需要相应的载体,目前京口区社工专业人才主要培养载体是街道社区和社会组织。由于编制等原因,街道社区对专职社会工作者的承载能力有限,社会组织就成为京口区培养社工专业人才的重要阵地。

发展态势良好的社会组织才能成为社工专业人才的孵化器,壮大社会组织必须从一定资金输入开始,之后社会组织才能自身造血、自我发展、培育人才,逐渐良性循环进入发展佳境。目前社会组织主要的资金来源渠道是政府购买、公益创投和慈善捐助。在这三方面京口区都不具备太多的优势。首先,京口区政府购买服务的范围和金额有限,能够争取到政府购买的社会组织非常有限。第二,目前京口区没有开展区一级的公益创投项目,社会组织都在努力争取省里或镇江市的公益创投项目。虽然省级项目金额较大,但京口区的社会组织竞争力相对偏弱,争取这类公益创投项目的难度较大。第三,京口区尚未建立政府、企业、社会组织三方获利合作共赢的慈善捐助激励机制,社会组织获得的企业捐赠非常有限。三种资金来源的不足,一是导致京口区社会组织活跃度低,二是活跃的社会组织也无法做大、走不出去,培育社工专业人才的能力非常有限。

4.2.3 技术条件和基础设施等条件配置不到位

在信息化建设方面,不同条口之间专线专机的现状限制了信息互通,使社区工作者重复劳动,增加了他们的工作量,降低了工作效率,也不利于社区工作者对社区人员状况进行综合研判,精准提供有效服务、及时将社会矛盾化解在萌芽状态。在办公场所方面,社区办公场所狭小,条件简陋,大的服务项目难以开展,很难实现在项目运作中培养人才。

5 加强京口区社工专业人才队伍建设对策

京口区社工人才队伍建设的目标:围绕加强社会管理,构建社会主义和谐社会的目标,以人才培训和岗位开发为基础,以培养中、高级社会工作人才为重点,培养造就一支职业化、专业化的社会工作人才队伍。理顺社会工作人才的组织关系,解决社会工作人才职业发展通道问题。2020 年末实现持证社会工作人才总量 458 人,新增持证社会工作人才占总社会工作人才的比例达到 32%。

为了确保京口区社工专业人才队伍建设总体目标和任务的实现,课题组提出以下对策措施:

5.1 深入学习、加强宣传,营造社工专业人才培养良好环境

5.1.1 构建学习系统,提高对社会工作重大意义的认识水平

针对认识上的不到位,要构建全方位、立体式的学习系统,持续开展学习活动。只有通过理论和实践相结合的深入学习,才能"跳出行业看意义、跳出京口看成效",才能通过"学习—实践—绩效评价"全过程将"效果检查"和"实际运用"落到工作中,才能将对社会工作重大意义的认识融入思想意识里、融入工作实践中。

在学习的内容体系上,构建以党和国家领导人对社会工作和社会管理的相关指示精神、中央 18 部门联合印发《关于加强社会工作专业人才队伍建设的意见》、中央 12 部门联合出台的《关于加强社会工作专业岗位开发与人才激励保障的意见》、江苏省"十三五"社工专业人才规划等为核心,以香港、深圳等标杆城市的经验为实例,以身边个案为抓手的立体化学习内容体系。在学习的具体方式上,采用集中学习和自学相结合、面授与网络学习相结合、理论学习和标杆对比的方式,深刻认识社会工作在稳定社会、提高人民群众获得感方面的重大意义。在标杆学习中,除了关注具体做法外,更要注重具体做法背后的设计思路和制度背景。在学习的效果检查上,通过研讨、个案分析、工作成效、绩效考评等多种方式构建出多维度的效果检查体系。

5.1.2 多层面宣传,优化社工专业人才培养条件

构建多层面的宣传体系,为社工专业人才培养创造条件。对上级管理部门,算出社工专业人才大账,用工作实效进行宣传、争取政策。《江苏省"十三五"社工专业人才发展规划》明确指出,面对现阶段社会发展中遇到的问题,

既要用行政、经济、法律的手段干预,也迫切需要发展社工专业人才队伍,用专业的手段干预。因此,对管理部门用展示工作实效的方式,从投入和产出的角度准确算出社会工作队伍在解决京口区现阶段社会问题的过程中到底有多大贡献、使用的资金等资源投入是多少、与其他方式方法相比有多大优势,是为社工专业人才培养争取资源支持的重要宣传手段。

在社工专业队伍内部,采用"树标杆、说成果",通过职业内部优秀人才的现身说法、与被帮助对象的互动沟通等多种方式开展宣传,大力提升社会工作者队伍的职业自豪感,稳定社工队伍。

对社会大众,采用群众喜闻乐见的多种形式进行宣传。充分发挥宣传部门、新闻媒体的舆论导向作用,采用网络新媒体、报纸、电视、广播、杂志等新闻媒体,积极挖典型、树典型,采用"京口好人"等具体形式,广泛宣传社会工作优秀人物、先进事迹和典型经验,深入宣传社会工作的重大意义,大力营造关心、理解、尊重社会工作专业人才的浓厚社会氛围,激励、吸引更多的优秀人才投身社会工作。

5.2 进一步优化资源配置,提升社工专业人才的能力

5.2.1 实施社工岗位开发工程,扩充专业社工队伍

1)研究建立社会工作岗位设置标准体系

按照科学合理、精简高效、按需设置的原则,在涉及社会工作的党政机关、人民团体、事业单位、城乡自治组织和公益性社会组织中研究设置社会工作岗位,其中涉及社会工作服务的事业单位,可将社会工作专业岗位纳入专业技术岗位管理范围。综合衡量不同社会工作岗位服务对象需求、工作难易程度等因素,研究设计相应岗位等级、岗位数量及配置比例,形成京口区社会工作岗位设置配备标准体系。

2)稳步拓展社会工作专业服务领域

按照"整体规划、分步推进、重点突破、加快发展"的思路,重点在社区服务、社会福利与救助、灾害预防、青少年教育、老年人服务、劳动就业、社会矫正、禁毒、残疾人服务、医疗卫生、人口计生、婚姻家庭服务等领域,设置社会工作岗位,采取吸纳引进专业人才和提升转换存量人才相结合的办法,合理配置社工专业人才,深入开展社会工作专业服务。教育局、司法局、妇联等单位必须建立一支专业的社会服务组织。

3)鼓励社工专业人才开设个性化社会工作服务机构

鼓励社会工作者利用自身技能优势,以社会工作者的名义命名工作室,为社区居民提供专业的个性化服务;鼓励公益性社会组织开展社会工作服务,开展社会工作服务的公益性社会组织社会工作专业技术岗位设置比例不低于30%。政府在采取购买服务、公益创投等措施时,优先考虑此类社会工

作服务机构。到 2020 年,创办民办社会工作服务机构 5 家以上。

5.2.2 调动资金血液,做大做强人才孵化器

对于京口区而言,从资金血液入手,激活、壮大社会组织,就是在做大做强社工专业人才的孵化器。

1)完善多元化投入的经费保障体系

一是要加强社会组织的招商工作。二是要建立健全以财政资金投入为引导、用人单位资金投入为主体、社会和个人资金投入为补充的多元化投入机制,保证重要社工专业人才项目的实施。三是要建立政府购买社会工作服务机制,加大财政对社会工作专业人才队伍建设的支持力度。

2)建立政府、企业、社会组织三方获利、合作共赢的慈善捐助激励机制

一是建立健全企业慈善信息统计和慈善评估机制,从品牌战略的高度引导企业构建慈善捐赠机制。

目前,企业由于慈善捐赠形式的单一性、盲目性,捐赠心理受一定的挫伤,做出的捐赠贡献也受到影响。所以,健全企业慈善信息统计和慈善评估机制,引导企业将慈善捐赠融入企业战略、特别是品牌战略中,才能使慈善捐助与企业发展密切相关,才能真正实现慈善捐赠的长期性和稳定性。企业可根据品牌的发展和企业文化建设,使用职能部门根据慈善信息统计和慈善评估机制提供的系统的、详尽的信息统计和评估机制,突出企业的社会公益理念、制定营销策略,将慈善理念和捐赠行为与业务、产品有机结合,并通过各种媒体的宣传,使企业的捐赠行为得到公众的认可和赞誉,从而提高企业品牌的知名度和竞争力,实现企业社会责任与经济目标的兼容,最终政府、企业、社会组织三方获利。

二是建立健全财税政策机制,对参与慈善捐助的企业加大免税力度。在 2007 年财政部和国家税务总局联合发布的《关于公益救济性捐赠税前扣除政策及相关管理问题的通知》框架下,针对京口区的企业制定出具体实施方法。我国目前关于公益救济性捐赠的税前扣除政策规定"企业公益性捐赠支出在年度利润总额 12% 以内的部分,准予在计算应纳税所得额度时扣除,超过部分缴纳 25% 的企业所得税"。京口区相关职能部门应全面盘点、准确估算,通过正确制定、准确运用税收优惠政策,肯定企业慈善捐赠行为的社会价值,积极鼓励企业参与社会慈善活动。

3)对社会组织加强考核,分类管理、分类扶持

从重要性、活跃度(参与招投标、公益创投活动的次数)、人员吸纳能力、社会服务效能等角度建立起一套社会组织评价体系,对京口区的社会组织进行测评。开展测评的目的有二:一是为了对社会组织进行考核,对于没有服务、没有或很少开展活动的组织要予以取缔,对于表现优秀的组织要予以奖

励和鼓励。二是为了识别出重点社会组织,便于进一步深度扶持。

对于与和谐社会建设、增强人民获得感密切相关的重点社会组织,如社会关系调试介入服务、助老养老服务等:一是要给予财政专项资金的扶持,帮助这类组织做大做强;二是要进一步完善京口区政府购买社会服务的机制,通过项目发包等方式,吸引这类社会组织机构通过公平竞争取得政府委托的社会管理和公共服务项目,以京口区"一街一品"为抓手,在做优做大品牌服务的过程中,促进和壮大社会组织;三是对于规模化、专业化、品牌化的社会组织要给予一定的招商优惠政策。对于其他类型的社会组织,要通过评价结果进行"倒逼",推动它们积极开展活动、主动寻找资金注入。

5.2.3 建立共享平台,整合数据资源,推进"互联网+"社会工作

1)建立社会工作专业人才信息管理平台

建成覆盖全区的社会工作专业人才信息管理系统。实现社会工作专业人才在线登记、信息查询、需求预测、就业引导、行为自律和社会监管;建设社会工作服务机构信息库和继续教育机构信息库,不断提升社会工作信息化水平。

2)建设综合业务处理平台

按照"整合资源、统一规划、集中实施、分散维护"的原则,整合各部门社会公共管理信息化项目资源,建设综合业务处理平台。依托综合业务处理平台,责任到人、前移关口、网络传递、快速反应,实现职能部门、街道社区、网格三级协同联动,充分利用信息平台及时处理各种社会管理事件,使社会管理全覆盖、不留死角盲点,使问题矛盾发现更加主动、处理更加及时,实现互动性、动态化、高效式管理,畅通政府与群众之间的联系渠道,助力社区工作者"解决纠纷在社区,化解矛盾在街道,消除隐患在萌芽"。

5.2.4 用好优势资源,发展兼职人员和志愿者

1)建立"社会服务银行",鼓励大众参与社会工作

采用类似"个人无偿献血,自己和家人免费用血"的机制,建立"社会服务银行",鼓励社会大众积极参与社会工作,形成"我为人人、人人为我"的社会工作大环境。

2)引智各行业退休人才,发展兼职人员队伍

京口区退休人员中专业人才众多,是京口区的优势资源。他们中的大多数有心有力,能够继续为社会做贡献,将他们作为重要补充,充实到社会工作者队伍中,可以缓解京口区社会工作者队伍人才缺口。一方面,退休人员参与社会工作更多的是希望老有所为,对薪酬不会过多计较,更不会提出编制、晋升等要求,这些特点恰好避开了目前京口区社会工作队伍建设中的机制瓶颈。另一方面,京口区的退休人员大多是各个领域的专业人才,他们的加入

可以提升队伍的专业性。引智各行业退休人才,发展兼职人员队伍是破解目前社会工作者人才不足的应急措施。

退休人员可以从四方面充实进京口区社会工作者队伍:一是作为"外脑"充实到政策研究岗位上;二是作为兼职人员充实到社区工作队伍里;三是为社会组织提供专业指导;四是成为培训师资体系的重要组成部分。

3）探索地校联动新思路,调动大学生志愿者

京口区辖区范围内拥有江苏大学、江苏科技大学、镇江高专等高校,专业类别丰富、人数众多的大学生是京口区独一无二的人才资源。京口区55 886名志愿者中,研究生学历者占比为23%,大学本科、大学专科和专科学校学历占比为25.8%,高学历特征显著。积极探索地校联动新思路,制定出地方与学校联动的、三方得益的制度体系,调动大学生志愿者参与到京口区的社会工作中来,是京口区需要认真思考的重要课题。

习近平总书记在2016年12月"高校政治思想会议"中指出"要培养又红又专的接班人",京口区应将参与志愿服务作为重要抓手,积极对接高校。与高校共同探讨、制定出"地校联动、三方得益"的制度体系,例如采用社会服务银行或志愿者积分的形式,学生在校期间使用积分可评优评奖优先或者替代学分,就业时可以使用积分优先在京口区就业。这些制度体系一旦实施,地方能提升志愿者队伍效能,高校进一步服务了社会、培育了接班人,学生则接触了社会、得到了锻炼、提升了能力。

5.3 实施全过程管理,加强社工专业人才队伍建设

加强社工专业人才的全面管理,从"选、育、用、留"四个维度切入,制定出切实可行的具体措施以系统提升社工专业人才素质。

5.3.1 选:选出适应社会工作新形势、新要求的专业人才

1）做细需求研判,做好人才盘点

设置专门部门或岗位,配置合适的人员,在更专业、更规范地推进社工专业人才专项组织实施管理工作的基础上,进一步开展前端人才政策法规研究及后端人才跟踪管理服务工作,实现"全链条、全方位、立体化"的组织管理与服务,推进京口区社工专业人才工作精细化、精准化。

按照社会工作职业任务要求,结合自身需求与京口区特点,明确社工专业人才,特别是高端社工专业人才、急需引进人才的能力素质要求和数量要求。

2）建立社工专业人才合理流动机制

通过建立统一的社工专业人才数据库和信息网络、设置就业指导窗口、举办社工专业人才专场招聘会、及时发布社工专业人才供求信息等形式,搭建社工专业人才聘任双向选择的平台,促进社工专业人才合理流动。对取得

研究生以上学历学位的社会工作专业人才,可作为京口区紧缺高层次人才引进,享受相关优惠政策。

3)加大引进力度,扩充高端人才

加大高端社工专业人才的引进工作,对于高端优秀社工专业人才,可优先推荐申报市一级的"金山英才"工程,或区一级的京口区金凤凰人才计划,将其纳入人才管理体系,按照相应人才政策,在住房、医疗等方面给予支持。

要将社会工作专业人才纳入现有表彰奖励范围,对政治坚定、业绩突出、能力卓著、群众认可的社会工作专业人才给予表彰奖励。注重把政治素质好、业务水平高的社会工作专业人才吸纳进党员干部队伍,选拔进基层领导班子,支持有突出贡献的社会工作专业人才参政议政。

4)建立完善社会工作专业人才选拔成长机制

按照"职业资格、注册管理、岗位配置"职业化制度设计思路,建立完善社会工作专业人才选拔成长机制。新开发设置的社会工作岗位,主要招录、招聘社会工作专业毕业生和具有资质的专业人员。具有社会管理和公共服务职能的相关部门、人民团体在招录公务员、工作人员时,同等条件下优先录用具有丰富基层实践经验、善于做群众工作的社会工作专业人才。高校毕业生从事社会工作服务视同基层工作经历。对于一定时期无法获得社工证或者京口区认可的"全科社工"资质的人员,启动退出机制,对进行"点对点"培训之后,仍然不能达到要求的人员,进入退出程序。

5.3.2 育:持续培育适应社会需要的社会工作职业人才队伍

1)落实社会工作者职业水平考试制度和执业登记注册制度

贯彻落实《社会工作者职业水平评价暂行规定》和《助理社会工作师、社会工作师职业水平考试实施办法》(国人部发〔2006〕71号),将取得职业水平证书的人员纳入专业技术人员统一管理。社会工作主管部门做好社会工作人才登记注册工作,各用人单位认真落实社会工作专业岗位资格聘任制度。

2)建设社工人才继续教育基地

借助江苏大学、江苏科技大学、镇江高专等高校平台,多方整合电大、继续教育等资源,建立人才培训基地和实训基地。争取在2020年前后,部分人才培养基地、实训基地获得省级基地称号。

在建设社工人才培养基地、实训基地过程中,各方资源互通互用,逐步构建以突出社会工作实务、突出社会工作本土化为特色的课程体系,采用理论教学、社工沙龙、专题培训和经验交流、参与社会工作服务项目等活动为载体,积极开发社会工作职业水平考试培训、社会工作者继续教育示范培训、社区干部高级研修班、社区干部业务提升培训等系列课程,并做优做大成基地品牌课程,大力培养应用型、创业型社工专业人才。

3）建立长效培训机制,提升队伍能力

探索建立社工专业人才继续教育和社会工作业务普及培训相结合的社会工作教育培训体系。京口区可逐步建立"专业教育、继续教育、业务培训"等相衔接的社会工作长效教育培训体系,实施"社工专业人才素质提升工程",有计划、分层次地加强社工专业人才的在职培训,结合目前从事社工专业人才实际,有针对性地开展培训,通过"联系实际、培训练相结合"的培训方式,在公益项目申报、心理健康和心理疏导、法律基础、紧急救助、护理知识和技能、家庭水电维修等方面开展培训,用3~5年的时间完成轮训工作,使其掌握基本的专业理论、技术和方法,促进社会组织规范化管理,提升社会组织承接政府职能转移和购买服务的能力,提高社会工作者发现社会问题、介入调解社会问题的能力和专业化服务水平。同时,各有关部门要针对社工专业人才培训计划,研究制定出台激励措施,鼓励社工专业人才参加各类社会化培训和继续教育。将社会工作知识列入党政领导干部培训课程,对全市各级社会工作专业人才队伍建设行政管理骨干定期组织培训,对相关事业单位、民办社会工作服务机构的负责人进行轮训,不断提高其推动社工专业人才队伍建设组织领导能力和社会工作服务管理水平。

4）开展针对性培训,夯实重点人才基础

一是提高社工证持证率的针对性培训。在"持证率"方面,京口区长期以来坚持社工证考前培训,在提高社工证考试通过率的同时,拓展了社工的眼界,增强了社工解决社会问题的能力,也为开展社工培训积累了丰富的经验。大力推进社区双全社工(全科、全能)培育工作。凡初入职的社会工作者均须接受岗前培训,在职社会工作者及有关人员每年均须接受社会工作业务培训。建立社会工作督导制度,聘请资深社会工作者进行全方位督导,全面提升京口区社会工作者的业务工作水平和职业道德素养。对直接从事社会服务但仍未取得相应社会工作者职业水平证书的人员,采取进修、实习、短训、函授、自学考试等形式,有计划、分层次培训,逐步从拥有"全科社工"资格转化提升为获得职业资格证书的社会工作专业人才。对直接从事社会服务、取得社会工作者职业水平证书的人员,具有高、中级职称的,每年安排不少于80学时的继续教育培训;具有初级职称的,每年安排不少于50学时的继续教育培训。加强职业道德教育,鼓励其取得更高层次的职业水平证书,不断提高专业服务水平。对获得助理、中级、高级资格证书的人员,经登记后可由用人单位解决考试费用。

二是优秀社工人才的针对性培训。除大力引进高端社工专业人才外,积极在全区困难救助、社区建设、社区矫正、职工维权、青少年事务、婚姻家庭事务、残疾人工作和人口计生等领域,采用高校教育理论培训、岗位培训、实操培训等方式,使用"学分银行"等方式鼓励在岗培训与学历教育互通,有计划、有重点地培养出一批有较大影响的优秀中青年人才,发挥社会工作领域科研领军人才和学术带头人的示范引领作用,带动各类初、中、高级社会工作研究人才梯次发展。

三是重点领域社工专业人才的针对性培训。在矛盾调解、养老服务的重点领域,设计专门课程,配备专门师资,采用周期性培训与专项培训相结合的方式,培养出一批重点领域的专门人才。

5.3.3 用:建立考评机制,在工作中培育人

一是积极推进"社会工作专业人才服务基层工程"。研究制定社会工作专业人才服务基层的政策措施。着重对街道工作人员、基层党组织干部、居民委员会成员、下派基层锻炼的干部和大学生,以及直接从事社会服务与管理的一线人员普及社会工作知识,鼓励他们参加社会工作者职业水平考试,提升理论知识水平和专业服务管理能力。加强"三社联动",采取政府购买社工服务项目等方式,推进"一区一品"品牌化工程,引导社会工作机构和社会工作专业人才更好地为基层社区服务。

二是建立社工专业人才职业晋升机制。完善社工专业人才职级体系,明确各职级的任职资格和晋升条件,为社会工作者创造合理的晋升空间,不断增强其职业认同感与成就感。学校、医院、人口计生服务机构等需要开展社会工作服务的单位,要将社会工作专业岗位纳入专业技术岗位管理范围。

三是建立社工专业人才社会保障机制。使(聘)用社会工作者的单位必须严格执行有关社会保障的政策法规和制度规定,按时足额缴纳应由本单位承担的各项社会保险费用。

四是建立社工专业人才考评机制。以"实务能力、职业操守、工作业绩"为主要考核内容,制定出职能部门、社区管理部门社会工作者的专业岗位职责规范,明确考核的标准和程序,由用人单位建立"绩效计划、绩效考核、绩效反馈、绩效结果使用"全环节的综合评价体系,考核结果用于调整薪酬待遇、提升职务等级、签订聘用合同等。通过构建准入制度,明确与服务社会相关的事业单位身份招聘、社区书记与主任的聘任必须要持有社会工作证书,老员工要通过3~5年的时间全部持证。

5.3.4 留:破解体制瓶颈,留住优秀人才

1)理顺薪酬体系

岗位为事业编制的持证社工专业人才,在现有岗位职数的基础上予以聘任,获得同职级专业技术人员工资薪酬;对取得资格证书但不能及时聘任到相应技术岗位的事业编制人员,在年终考核发放奖励性绩效时给予倾斜。在城乡社区工作和机关事业单位中企业性质的持证社工专业人才,在原有薪酬

不变的基础上，对初级、中级分别给予专业技术补贴。在公益性社会组织、社会工作服务机构等社会组织工作的社工专业人才，采取学历、资历、资格、业绩、岗位等多种指标相结合，实行以岗定薪、以绩定奖、按劳取酬，保证其薪酬不低于同等条件专业技术人员平均水平。以上专业技术津（补）贴所需经费由社会工作者实际工作所在镇（街）、部门和用人单位解决。对于社区内没有编制的社工专业人才，可以采取学历、资历、职称、资格、业绩、岗位等多种指标结合确定薪酬标准，切实改善社工专业人才的工资收入、福利待遇。对社会组织内部的社工，可以确定"以岗定薪、以绩定奖、按劳取酬"的指导性方案，以"全科社工"的方式进行资格认证。对持证社工和"全科社工"，均应在"职称薪酬补贴制度"框架下，构建具体的补贴和奖励措施加以鼓励。对志愿者，制定出体现志愿者社工专业人才价值的补贴标准。

2）建立健全社会工作者激励体系

按照"向一线社工倾斜、向社工重点领域倾斜"的思路，建立健全符合社工专业人才特点、体现工作业绩、鼓励创新工作的激励体系。以政府奖励为导向、用人单位和社会力量奖励为主体，制定具体措施在晋升、培训、体检、保险等方面建立激励体系，从物质、精神上设立各级各类表彰奖励措施，稳定社会工作优秀人才队伍。

3）完善社工专业人才表彰奖励机制

将社工专业人才表彰奖励纳入京口区人才奖励体系，与其他类型专业人才同等对待。定期开展优秀社工专业人才评选活动，对表现优秀、业绩突出的社会工作者予以表彰奖励。各部门（单位）对报考社会工作者职业水平考试的报名费、书本费根据相关规定给予报销。考试通过取得相应证书，并完成网上注册登记的，可按照等级给予奖励，各镇（街道）、部门（单位）也可结合各自实际出台激励措施，鼓励本地、本部门（单位）社工专业人才发展。

附件 4

2017 年度京口区"十三五"人才发展规划
实施方案及招才引智计划
（讨论稿）

为认真贯彻落实《镇江市京口区人才发展第十三个五年规划》,扎实推进"三区三高地"建设,聚力创新发展、聚焦转型升级,为全面建设"强富美高"新京口提供强有力的人才支撑和智力保障,现结合京口区"十三五"人才发展规划,制定 2017 年度实施方案和招才引智计划。

1 指导思想

深入贯彻落实中共中央《关于深化人才发展体制机制改革的意见》和省委提出的"两聚一高"要求,结合京口区"三区三高地"的目标定位,按照京口区"十三五"人才发展规划的总体部署,以"金凤凰"活动为抓手,加快建设各类人才队伍,大力实施三大人才工程,深入开展招才引智活动,积极创新人才管理体制机制,为完成京口区"十三五"战略目标提供有力的人才支撑。

2 目标任务

到 2017 年底,京口区"十三五"人才发展规划年度目标任务得到有效落实:人才资源总量稳步增长,企业经营管理人才 7 880 人、专业技术人才 19 086 人、高技能人才 17 570 人、持证社会工作人才 365 人;人才素质有效提升,全年引进各类人才和团队 30 人（个）以上,其中 60% 入选市级以上人才项目扶持;人才结构进一步优化,逐渐向年轻化、专业化和高层次化方向转变;人才效能明显提高,全区万人发明专利拥有量达 78 件,高新技术企业 35 家。

3 重点工作

3.1 加强人才队伍建设

3.1.1 建设高层次创新创业人才队伍

在全区所有人才项目中,甄选优质项目,挖掘优秀人才,推荐申报国家"千人计划"、省"双创计划"和市"金山英才计划"等人才项目,力争入选"金山英才计划"15 人以上,省"双创计划"3 人以上。发挥科技镇长团人脉和资源优势,采取聘请"引才顾问"等方式,建立与省内外高校的长期合作机制,引进高层次人才来京口区创新创业。编制"招商＋招才"政策汇编,集成现有的招商政策、人才政策和科技政策,推进招商与引才联动。(责任单位：区人才办、区招商服务中心、区发改和经信委;配合单位：区科技局、区人社局、区农委、各街道园区)

3.1.2　建设企业经营管理人才队伍

实施企业家培训计划,组织企业经营管理人才参加学习培训活动 3 场以上。协同市经信委开展优秀企业家赴境外学习交流活动,组织企业管理人员到国内优秀企业、标杆企业参观考察,赴清华大学等著名高校参加智能制造、电子信息等专题研修班。(责任单位：区发改和经信委;配合单位：各街道园区)

3.1.3　建设专业技术人才队伍

以省"六大人才高峰"、"333 工程"、市"169 工程"人才工程等重点人才培养工程为抓手,加大教育、卫生、文化等专业技术人才的培养开发力度。启动京口区"名师""名校长""人民满意学校"和"第三届京口区人民满意教师"评选活动,开展"师德教育"主题月系列活动和分层次专业培训。实施文体人才培育计划,大力倡导"全民健身日"活动,完善社会体育指导员信息库,做好社会体育指导员的技能再培训和晋升工作。开展社区卫生服务能力提升工程,推广基层医疗机构适宜卫生技术,完善全科医师规范化培训制度,组织开展康复技能竞赛和基层专科疾病首席医生培训。(责任单位：区教育局、区文化体育旅游局、区卫生和计划生育委员会;配合单位：各街道园区)

3.1.4　建设高技能人才队伍

推动企业高技能人才评价工作,重点加强企业职工技能培训,全年组织开展车工、钳工、育婴师等三十余工种培训 20 场以上,为我区企业培养一批"真材实料"的高技能人才。建立"层级推进、相互衔接、规范运作"的良性竞赛体系,既注重钳、焊等传统二产工种的继承和发扬,又根据各街道不同的产业布局有针对性地开展现代建筑产业、育婴师等新兴工种竞赛,全年开展综合性技能竞赛 4 场。(责任单位：区人力资源和社会保障局;配合单位：各街道园区)

3.1.5　建设党政人才队伍

积极引进符合京口区需要、专业紧缺的党政人才,全年招录公务员 23 名,引进乡科级优秀人才 3 名以上。通过统筹选配、公开调任、专项研判、"周末家说"等方式,搭建干部研判平台。建立乡科级正职后备干部 50 名左右、乡科级干部副职后备干部 200 名左右、优秀年轻干部 100 名左右、优秀党外干部 50 名左右,结构合理、严进宽出、动态管理的优秀干部人才库。建立"党校培训＋高校学习＋挂职锻炼"三段式培训模式,组织 30 名干部赴高校开展能力提升研修,60 名干部参加中青班,80 名干部参加党性修养封闭式轮训班。选派 5 名干部赴国家部委、省级机关、8 名干部赴上海黄浦区挂职学习,20 名左右年轻干部在基层一线或机关部门交流挂任实职。采用职务、职级分离的模式,打通年轻干部成长"快车道",首批拿出 3 个岗位面向全区优秀年轻公务员进行统筹选配。(责任单位:区委组织部;配合单位:区级机关部门、各街道园区)

3.1.6　建设社会工作人才队伍

组织"全科＋全能"社工培训与考核,年底每个社区"双全"持证社工不少于 2 人。组织街道、社区人员参加社会工作者职业水平考试,开展专业培训尤其是做好继续教育培训。在城乡社区、公益性事业单位和社会组织中加大专业岗位开发力度,积极拓展社会工作服务领域,健全"三社联动"和"社工＋志愿者联动"机制。对社会工作人才开展职业评价,做好绩效考核,探索建立薪酬保障和人才激励制度。建立社会工作人才注册登记制度,规范人才培养管理,提升社工队伍专业化水平。(责任单位:区民政局;配合单位:各街道园区)

3.2　实施三大人才工程

3.2.1　实施载体建设工程

打造京口工业园区左湖"双创"科技孵化器,年内完成室内装修并投入使用。整合大禹山创意新社区现有载体资源,重点发展专业孵化基地,年内引进专业化、市场化运营管理团队,推动现有载体转型升级,逐步完善创业辅导、市场开拓、科技融资、人才培训等综合服务功能。深化与江苏大学的政产学研对接,力争年内开工建设孟家湾地块"双创"孵化基地,为高校科技成果转化、高新技术企业孵化、创新创业人才培养提供支撑平台和服务。(责任单位:京口工业园区、大禹山创意新社区、江苏北固产业投资有限公司;配合单位:区科技局)

3.2.2　实施校地合作示范工程

推动企业、高校院所、社会资本协同合作,年内引进设立中科大先进技术研究院镇江分院、中山大学惠州研究院长三角环境应急处置技术中心,启动与江苏科技大学合作的科技人才俱乐部项目。聘请区内外高校专家、科技镇长团成员等高层次人才担任"引才顾问",设立 5 个以上国内外高校院所的引才联络点,力争全区校地合作高校院所达到 50 家以上。(责任单位:区科技局、区人才办、京口工业园区、正东路街道)

3.2.3　实施人才服务提升工程

积极借力市领军人才创新创业股权投资基金、人才金融产品等综合资源,举办一场"资智直通车"活动,加强人才企业与金融机构的对接交流。推行《京口区重点人才项目服务清单》,采取部门领导挂钩、责任单位跟进的方式,实行"一对一"精准服务,帮助人才企业解决一批实际问题。开展人才绩效"回头看",设计和发放调查问卷,通过调查全面了解企业对京口人才服务的满意度状况、人才作用发挥情况和存在的问题,建立动态数据库,加强跟踪管理和绩效考核。(责任单位:区人才办、区金融办;配合单位:各街道园区)

3.3 开展招才引智活动

3.3.1 开展"名校名企校地合作引才"活动

以推进产学研合作项目为主要抓手,加强企业与高校之间的人才双向互动,力争全年产学研合作项目签约数达到40项以上。组织企业参加省大院大所合作对接会、宁镇扬高校对接会,以及赴北京、南京、哈尔滨等地开展校企对接活动8场以上。通过实施"企业家高校行",推动辖区重点骨干企业与知名高校组建技术研发平台和产业技术创新联盟,合作共建博士后工作站、大学生创业苗圃、众创空间和孵化基地等,吸纳高校优秀人才入驻辖区企业开展技术交流合作。(责任单位:区科技局、各街道园区;配合单位:区人才办、区发改和经信委、区人社局)

3.3.2 开展"科研院所人才技术对接交流"活动

以军民融合为主题,围绕电子信息、高新能材料、高端装备制造等产业,开展"科研院所人才技术对接交流"活动。加强与中国核工业集团的对接,构建京口工业园区军民融合项目合作平台。组织企业走访西安航天四院和六院、成都中国核动力研究院等科研院所,开展人才、技术对接,推进长期交流合作,积极推进科技成果向我区集聚转化。(责任单位:京口工业园区;配合单位:区发改和经信委、区科技局、区人才办)

3.3.3 举办科技镇长团人才项目恳谈周

以拜访科技镇长团老团员、举办人才项目恳谈会、建立合作引才机制为主要内容。3—7月份,积极联系历任科技镇长团成员,主动上门拜访,挖掘人才项目信息,收集整理具有创新成果和创业意向的人才资源。8月份,召开"历任科技镇长团首聚京口人才项目恳谈周",邀请部分往届团员带人才、带项目、带技术来京口考察交流和洽谈合作。11月份,对热心帮助我区引进人才的科技镇长团团员,聘请担任京口"引才顾问",同时积极与科技镇长团团员所在单位建立合作交流机制,定期双向发布人才创新创业需求和相关政策,开展高层次人才定向服务活动。(责任单位:区人才办;配合单位:区科技局、各街道园区)

3.3.4 开展海外招才引智活动

重点通过举办一场境外招才引智活动、开展一场"凤还巢"创新创业对接会、设立一个境外引才联络点,为京口区广泛吸引海外各类创新创业人才。

开展赴美加招商引智活动,加强与美中商务与文化交流中心的沟通联系,力争年内设立一个境外招才引智联络点,建立海外人才联系渠道。依托已落户的具有海外关系背景的人才项目,联系邀请海外专家、归国博士、留学人员及留学生团体(协会)负责人,介绍海外人才情况、创业意向,宣传京口创业环境和人才政策,与海外人才共同分享商讨回国创业经验和计划。(责任单位:区人才办、区招商服务中心、区台办;配合单位:各街道园区)

3.4 创新人才管理体制机制

3.4.1 构建大人才管理格局

制定人才管理责任清单,从人才环境建设、人才载体建设、人才氛围建设等方面,进一步明确相关单位和部门的工作职责。建立人才工作联络员制度,形成区、街道(园区)、企业三级联动机制。构建区级部门联系服务人才企业的长效机制。(责任单位:区人才办;配合单位:区人才工作领导小组成员单位、各街道园区)

3.4.2 探索人才积分管理服务机制

根据人才层次、人才贡献、人才服务年限等关键要素,构建人才绩效评价体系。建立健全人才荣誉激励制度,对于达到一定积分、对京口区有较大贡献的人才及企业,给予一定的物质和精神奖励。根据人才积分情况,发放"金凤凰"服务卡,享受在子女教育、医疗卫生等公共服务方面的优惠政策。(责任单位:区人才办;配合单位:区财政局、区教育局、区卫生和计划生育委员会、区文化体育旅游局)

3.4.3 严格人才项目考核评价

建立人才企业数据库动态管理和人才企业需求及时采集制度。对考核评估和检查评估不通过的项目开展约谈,对运作非常不乐观或处于纠纷的项目,适当延长评价考核周期,督促企业限期整改。对整改之后没有明显进展的项目,经沟通后,由企业提出项目终止申请,打破人才项目资助"一审定终身"的认定模式及"能上不能下、能进不能出"的局面。(责任单位:区人才办;配合单位:区财政局、区科技局、各街道园区)

4 组织保障

4.1 强化统筹协调

完善党委统一领导,组织部门牵头抓总,有关部门各司其职、密切配合的人才引进培育工作格局。区人才工作领导小组办公室牵头负责人才规划和招才引智活动的组织实施。区人才工作领导小组各成员单位要根据自身职能和责任分工,落实有关工作任务。在项目申报、活动组织等工作中,各单位要加强纵向联系与横向协作,形成整体合力。

4.2 强化责任落实

将人才规划推进落实情况和招才引智活动成效纳入年度目标管理责任考核体系和"金凤凰"活动考核体系，将指标任务分解落实到各责任单位。各部门和街道、园区要切实加强组织领导，结合各部门职责和各单位的区域特点、产业特色、企业需求及在手在谈项目，制定全年推进落实的具体方案、年度计划，落实工作措施，确保人才招引和培育工作取得实效。

4.3 强化督查推进

加大人才工作督查指导力度，建立人才工作月督查通报制度，定期通报各单位落实推进情况。各责任单位每月向区人才工作领导小组书面汇报当月工作进展、存在问题及下一步打算，确保人才工作目标责任落到实处。

附表　镇江市引进高层次人才备案表

京口区人才办

（2017 年 5 月）

附表

镇江市引进高层次人才备案表

序号	项目内容	指标名称	总体目标	象山街道	谏壁街道	健康路街道	大市口街道	正东路街道	四牌楼街道	京口工业园	新民洲临港产业园	备注
一	人才引育	1. 新增领军人才（团队）数/人	30	8	4	2	2	3	2	6	3	
		2. 入选市"金山英才计划"人才（团队）数/人	15	4	2	1	1	1	1	3	2	
		3. 入选省"双创计划"人才（团队）数/人	4	1	1					1	1	省"双创计划"指标如没有值，相应分值纳入市"金山英才计划"人才（团队）数考核项目计算
		4. 入选国家"千人计划"数/人										加分项
		5. 领军人才所在企业当年上市数/个										加分项
		6. 创业领军人才企业当年销售超500万元数/个										加分项
		7. 组织开展招才引智活动/场	68	12	10	6	6	6	6	12	10	
		8. 培养引进本科以上人才/人	1 000	165	165	140	140	140	140	70	40	

续表

序号	项目内容	指标名称	总体目标	象山街道	谏壁街道	健康路街道	大市口街道	正东路街道	四牌楼街道	京口工业园	新民洲临港产业园	备注
一	人才引育	9. 培养引进高技能人才/人	550	127	102	72	72	72	72	25	8	
		10. 每万人劳动力中高技能人才数/人	762	760	765	770	768	760	765	760	760	
		11. 高技能人才重点项目申报/人	15	3	1	1	2	2	1	4	1	
		12. 新增专业技术人才数/人	900	135	135	135	135	135	135	75	15	
二	载体建设	1. 争取市级以上各类科技创新项目经费/万元	800	200	80	50	20	200	20	200	30	
		2. 产学研合作项目签约数/个	40	14	3	3	1	9	1	8	1	
		3. 博士后在站人数（创新实践基地）设站数比重（比例）	1:0.8	1:1				1:1		1:1		加分项
		4. 博士后科研工作站（创新实践基地）建设情况/个										加分项
三	创新环境提升工程	1. 实际到位科技研发投入/亿元	11.74	3.37	1.97	1.29	0.07	1.66	0.2	2.93	0.25	
		2. 专利申请总量/件	2 600	460	450	265	260	395	260	450	60	

续表

序号	项目内容	指标名称	总体目标	象山街道	谏壁街道	健康路街道	大市口街道	正东路街道	四牌楼街道	京口工业园	新民洲临港产业园	备注
		3. 发明专利申请总量/件	780	200	70	100	55	130	55	160	10	
		4. 重点产学研活动次/场次	8	2	1	1		1		2	1	若街道（园区）没有考核指标，则得该考核指标指标的基本分
		5. 高新技术产业产值占规模以上工业产值比重/%	46.5	83.3	1.9	50.5		100		94.5	100	
		6. 高新技术企业总数/家	37	13	4	2		10	1	6	1	
三	创新环境提升工程	7. 为人才企业开展服务/次										扣分项
		8. "江苏省海外高层次人才居住证"办理情况/人										加分项
		9. 新增省级以上研发机构数/个（新增该项）										加分项
		10. 提升外国人就业服务水平/人										加分项
		11. 建立本地区人才情预测体系	建立本地人才信息库，实现全区互通共享，全面开展人才需求征集，保质保量完成新兴产业人才需求、双高人才需求、毕业生需求征集，按季度发布本地区才情预测分析报告									

政 策 篇

关于深化人才发展体制机制改革的意见

中发〔2016〕9 号

人才是经济社会发展的第一资源。人才发展体制机制改革是全面深化改革的重要组成部分,是党的建设制度改革的重要内容。协调推进"四个全面"战略布局,贯彻落实创新、协调、绿色、开放、共享的发展理念,实现"两个一百年"奋斗目标,必须深化人才发展体制机制改革,加快建设人才强国,最大限度激发人才创新创造创业活力,把各方面优秀人才集聚到党和国家事业中来。现就深化人才发展体制机制改革提出如下意见。

一、指导思想、基本原则和主要目标

(一)指导思想。

高举中国特色社会主义伟大旗帜,全面贯彻党的十八大和十八届三中、四中、五中全会精神,以邓小平理论、"三个代表"重要思想、科学发展观为指导,深入贯彻习近平总书记系列重要讲话精神,坚持聚天下英才而用之,牢固树立科学人才观,深入实施人才优先发展战略,遵循社会主义市场经济规律和人才成长规律,破除束缚人才发展的思想观念和体制机制障碍,解放和增强人才活力,构建科学规范、开放包容、运行高效的人才发展治理体系,形成具有国际竞争力的人才制度优势。

(二)基本原则。

——坚持党管人才。充分发挥党的思想政治优势、组织优势和密切联系群众优势,进一步加强和改进党对人才工作的领导,健全党管人才领导体制和工作格局,创新党管人才方式方法,为深化人才发展体制机制改革提供坚强的政治和组织保证。

——服务发展大局。围绕经济社会发展需求,聚焦国家重大战略,科学谋划改革思路和政策措施,促进人才规模、质量和结构与经济社会发展相适应、相协调,实现人才发展与经济建设、政治建设、文化建设、社会建设、生态文明建设深度融合。

——突出市场导向。充分发挥市场在人才资源配置中的决定性作用和更好发挥政府作用,加快转变政府人才管理职能,保障和落实用人主体自主权,提高人才横向和纵向流动性,健全人才评价、流动、激励机制,最大限度激发和释放人才创新创造创业活力,使人才各尽其能、各展其长、各得其所,让人才价值得到充分尊重和实现。

——体现分类施策。根据不同领域、行业特点,坚持从实际出发,具体问题具体分析,增强改革针对性、精准性。纠正人才管理中存在的行政化、"官本位"倾向,防止简单套用党政领导干部管理办法管理科研教学机构学术领导人员和专业人才。

——扩大人才开放。树立全球视野和战略眼光,充分开发利用国内国际人才资源,主动参与国际人才竞争,完善更加开放、更加灵活的人才培养、吸引和使用机制,不唯地域引进人才,不求所有开发人才,不拘一格用好人才,确保人才引得进、留得住、流得动、用得好。

(三)主要目标。

通过深化改革,到2020年,在人才发展体制机制的重要领域和关键环节上取得突破性进展,人才管理体制更加科学高效,人才评价、流动、激励机制更加完善,全社会识才爱才敬才用才氛围更加浓厚,形成与社会主义市场经济体制相适应、人人皆可成才、人人尽展其才的政策法律体系和社会环境。

二、推进人才管理体制改革

(四)转变政府人才管理职能。根据政社分开、政事分开和管办分离要求,强化政府人才宏观管理、政策法规制定、公共服务、监督保障等职能。推动人才管理部门简政放权,消除对用人主体的过度干预,建立政府人才管理服务权力清单和责任清单,清理和规范人才招聘、评价、流动等环节中的行政审批和收费事项。

(五)保障和落实用人主体自主权。充分发挥用人主体在人才培养、吸引和使用中的主导作用,全面落实国有企业、高校、科研院所等企事业单位和社会组织的用人自主权。创新事业单位编制管理方式,对符合条件的公益二类事业单位逐步实行备案制管理。改进事业单位岗位管理模式,建立动态调整机制。探索高层次人才协议工资制等分配办法。

(六)健全市场化、社会化的人才管理服务体系。构建统一、开放的人才市场体系,完善人才供求、价格和竞争机制。深化人才公共服务机构改革。大力发展专业性、行业性人才市场,鼓励发展高端人才猎头等专业化服务机构,放宽人才服务业准入限制。积极培育各类专业社会组织和人才中介服务机构,有序承接政府转移的人才培养、评价、流动、激励等职能。充分运用云计算和大数据等技术,为用人主体和人才提供高效便捷服务。扩大社会组织人才公共服务覆盖面。完善人才诚信体系,建立失信惩戒机制。

(七)加强人才管理法制建设。研究制定促进人才开发及人力资源市场、人才评价、人才安全等方面的法律法规。完善外国人才来华工作、签证、居留和永久居留管理的法律法规。制定人才工作条例。清理不合时宜的人才管理法律法规和政策性文件。

三、改进人才培养支持机制

（八）创新人才教育培养模式。突出经济社会发展需求导向，建立高校学科专业、类型、层次和区域布局动态调整机制。统筹产业发展和人才培养开发规划，加强产业人才需求预测，加快培育重点行业、重要领域、战略性新兴产业人才。注重人才创新意识和创新能力培养，探索建立以创新创业为导向的人才培养机制，完善产学研用结合的协同育人模式。

（九）改进战略科学家和创新型科技人才培养支持方式。更大力度实施国家高层次人才特殊支持计划（国家"万人计划"），完善支持政策，创新支持方式。构建科学、技术、工程专家协同创新机制。建立统一的人才工程项目信息管理平台，推动人才工程项目与各类科研、基地计划相衔接。按照精简、合并、取消、下放要求，深入推进项目评审、人才评价、机构评估改革。

建立基础研究人才培养长期稳定支持机制。加大对新兴产业及重点领域、企业急需紧缺人才支持力度。支持新型研发机构建设，鼓励人才自主选择科研方向、组建科研团队，开展原创性基础研究和面向需求的应用研发。

（十）完善符合人才创新规律的科研经费管理办法。改革完善科研项目招投标制度，健全竞争性经费和稳定支持经费相协调的投入机制，提高科研项目立项、评审、验收科学化水平。进一步改革科研经费管理制度，探索实行充分体现人才创新价值和特点的经费使用管理办法。下放科研项目部分经费预算调整审批权，推行有利于人才创新的经费审计方式。完善企业研发费用加计扣除政策。探索实行哲学社会科学研究成果后期资助和事后奖励制。

（十一）优化企业家成长环境。遵循企业家成长规律，拓宽培养渠道。建立有利于企业家参与创新决策、凝聚创新人才、整合创新资源的新机制。依法保护企业家财产权和创新收益，进一步营造尊重、关怀、宽容、支持企业家的社会文化环境。合理提高国有企业经营管理人才市场化选聘比例，畅通各类企业人才流动渠道。研究制定在国有企业建立职业经理人制度的指导意见。完善国有企业经营管理人才中长期激励措施。

（十二）建立产教融合、校企合作的技术技能人才培养模式。大力培养支撑中国制造、中国创造的技术技能人才队伍，加快构建现代职业教育体系，深化技术技能人才培养体制改革，加强统筹协调，形成工作合力。创新技术技能人才教育培训模式，促进企业和职业院校成为技术技能人才培养的"双主体"，开展校企联合培养试点。研究制定技术技能人才激励办法，探索建立企业首席技师制度,试行年薪制和股权制、期权制。健全以职业农民为主体的农村实用人才培养机制。弘扬劳动光荣、技能宝贵、创造伟大的时代风尚,不断提高技术技能人才经济待遇和社会地位。

(十三)促进青年优秀人才脱颖而出。破除论资排辈、求全责备等陈旧观念,抓紧培养造就青年英才。建立健全对青年人才普惠性支持措施。加大教育、科技和其他各类人才工程项目对青年人才培养支持力度,在国家重大人才工程项目中设立青年专项。改革博士后制度,发挥高校、科研院所、企业在博士后研究人员招收培养中的主体作用,有条件的博士后科研工作站可独立招收博士后研究人员。拓宽国际视野,吸引国外优秀青年人才来华从事博士后研究。

四、创新人才评价机制

(十四)突出品德、能力和业绩评价。制定分类推进人才评价机制改革的指导意见。坚持德才兼备,注重凭能力、实绩和贡献评价人才,克服唯学历、唯职称、唯论文等倾向。不将论文等作为评价应用型人才的限制性条件。建立符合中小学教师、全科医生等岗位特点的人才评价机制。

(十五)改进人才评价考核方式。发挥政府、市场、专业组织、用人单位等多元评价主体作用,加快建立科学化、社会化、市场化的人才评价制度。基础研究人才以同行学术评价为主,应用研究和技术开发人才突出市场评价,哲学社会科学人才强调社会评价。注重引入国际同行评价。应用型人才评价应根据职业特点突出能力和业绩导向。加强评审专家数据库建设,建立评价责任和信誉制度。适当延长基础研究人才评价考核周期。

(十六)改革职称制度和职业资格制度。深化职称制度改革,提高评审科学化水平。研究制定深化职称制度改革的意见。突出用人主体在职称评审中的主导作用,合理界定和下放职称评审权限,推动高校、科研院所和国有企业自主评审。对职称外语和计算机应用能力考试不作统一要求。探索高层次人才、急需紧缺人才职称直聘办法。畅通非公有制经济组织和社会组织人才申报参加职称评审渠道。清理减少准入类职业资格并严格管理,推进水平类职业资格评价市场化、社会化。放宽急需紧缺人才职业资格准入。

五、健全人才顺畅流动机制

(十七)破除人才流动障碍。打破户籍、地域、身份、学历、人事关系等制约,促进人才资源合理流动、有效配置。建立高层次人才、急需紧缺人才优先落户制度。加快人事档案管理服务信息化建设,完善社会保险关系转移接续办法,为人才跨地区、跨行业、跨体制流动提供便利条件。

（十八）畅通党政机关、企事业单位、社会各方面人才流动渠道。研究制定吸引非公有制经济组织和社会组织优秀人才进入党政机关、国有企事业单位的政策措施，注重人选思想品德、职业素养、从业经验和专业技能综合考核。

（十九）促进人才向艰苦边远地区和基层一线流动。研究制定鼓励和引导人才向艰苦边远地区和基层一线流动的意见，提高艰苦边远地区和基层一线人才保障水平，使他们在政治上受重视、社会上受尊重、经济上得实惠。重大人才工程项目适当向艰苦边远地区倾斜。边远贫困和民族地区县以下单位招录人才，可适当放宽条件、降低门槛。鼓励西部地区、东北地区、边远地区、民族地区、革命老区设立人才开发基金。完善东、中部地区对口支持西部地区人才开发机制。

六、强化人才创新创业激励机制

（二十）加强创新成果知识产权保护。完善知识产权保护制度，加快出台职务发明条例。研究制定商业模式、文化创意等创新成果保护办法。建立创新人才维权援助机制。建立人才引进使用中的知识产权鉴定机制，防控知识产权风险。完善知识产权质押融资等金融服务机制，为人才创新创业提供支持。

（二十一）加大对创新人才激励力度。赋予高校、科研院所科技成果使用、处置和收益管理自主权，除事关国防、国家安全、国家利益、重大社会公共利益外，行政主管部门不再审批或备案。允许科技成果通过协议定价、在技术市场挂牌交易、拍卖等方式转让转化。完善科研人员收入分配政策，依法赋予创新领军人才更大人财物支配权、技术路线决定权，实行以增加知识价值为导向的激励机制。完善市场评价要素贡献并按贡献分配的机制。研究制定国有企事业单位人才股权期权激励政策，对不适宜实行股权期权激励的采取其他激励措施。探索高校、科研院所担任领导职务科技人才获得现金与股权激励管理办法。完善人才奖励制度。

（二十二）鼓励和支持人才创新创业。研究制定高校、科研院所等事业单位科研人员离岗创业的政策措施。高校、科研院所科研人员经所在单位同意，可在科技型企业兼职并按规定获得报酬。允许高校、科研院所设立一定比例的流动岗位，吸引具有创新实践经验的企业家、科技人才兼职。鼓励和引导优秀人才向企业集聚。重视吸收民营企业育才引才用才经验做法。总结推广各类创新创业孵化模式，打造一批低成本、便利化、开放式的众创空间。

七、构建具有国际竞争力的引才用才机制

（二十三）完善海外人才引进方式。实行更积极、更开放、更有效的人才

引进政策,更大力度实施海外高层次人才引进计划(国家"千人计划"),敞开大门,不拘一格,柔性汇聚全球人才资源。对国家急需紧缺的特殊人才,开辟专门渠道,实行特殊政策,实现精准引进。支持地方、部门和用人单位设立引才项目,加强动态管理。鼓励社会力量参与人才引进。扩大来华留学规模,优化外国留学生结构,提高政府奖学金资助标准,出台学位研究生毕业后在华工作的相关政策。

(二十四)健全工作和服务平台。对引进人才充分信任、放手使用,支持他们深度参与国家计划项目、开展科研攻关。研究制定外籍科学家领衔国家科技项目办法。完善引才配套政策,解决引进人才任职、社会保障、户籍、子女教育等问题。对外国人才来华签证、居留,放宽条件、简化程序、落实相关待遇。整合人才引进管理服务资源,优化机构与职能配置。

(二十五)扩大人才对外交流。鼓励支持人才更广泛地参加国际学术交流与合作,完善相关管理办法。支持有条件的高校、科研院所、企业在海外建立办学机构、研发机构,吸引使用当地优秀人才。完善国际组织人才培养推送机制。创立国际人才合作组织,促进人才国际交流与合作。研究制定维护国家人才安全的政策措施。

八、建立人才优先发展保障机制

(二十六)促进人才发展与经济社会发展深度融合。坚持人才引领创新发展,将人才发展列为经济社会发展综合评价指标。综合运用区域、产业政策和财政、税收杠杆,加大人才资源开发力度。坚持人才发展与实施重大国家战略、调整产业布局同步谋划、同步推进。研究制定"一带一路"建设、京津冀协同发展、长江经济带建设、"中国制造2025"、自贸区建设及国家重大项目和重大科技工程等人才支持措施。创新人才工作服务发展政策,鼓励和支持地方开展人才管理改革试验探索。围绕实施国家"十三五"规划,编制地区、行业系统以及重点领域人才发展规划。鼓励各类优秀人才投身国防事业,促进军民深度融合发展,建立军地人才、技术、成果转化对接机制。

(二十七)建立多元投入机制。优化财政支出结构,完善人才发展投入机制,加大人才开发投入力度。实施重大建设工程和项目时,统筹安排人才开发培养经费。调整和规范人才工程项目财政性支出,提高资金使用效益。发挥人才发展专项资金、中小企业发展基金、产业投资基金等政府投入的引导和撬动作用,建立政府、企业、社会多元投入机制。创新人才与资本、技术对接合作模式。研究制定鼓励企业、社会组织加大人才投入的政策措施。发展天使投资和创业投资引导基金,鼓励金融机构创新产品和服务,加大对人才创新创业资金扶持力度。落实有利于人才发展的税收支持政策,完善国家有关鼓励和吸引高层次人才的税收优惠政策。

九、加强对人才工作的领导

（二十八）完善党管人才工作格局。发挥党委（党组）总揽全局、协调各方的领导核心作用，加强党对人才工作统一领导，切实履行管宏观、管政策、管协调、管服务职责。改进党管人才方式方法，完善党委统一领导，组织部门牵头抓总，有关部门各司其职、密切配合，社会力量发挥重要作用的人才工作新格局。进一步明确人才工作领导小组职责任务和工作规则，健全领导机构，配强工作力量，完善宏观指导、科学决策、统筹协调、督促落实机制。理顺党委和政府人才工作职能部门职责，将行业、领域人才队伍建设列入相关职能部门"三定"方案。

（二十九）实行人才工作目标责任考核。建立各级党政领导班子和领导干部人才工作目标责任制，细化考核指标，加大考核力度，将考核结果作为领导班子评优、干部评价的重要依据。将人才工作列为落实党建工作责任制情况述职的重要内容。

（三十）坚持对人才的团结教育引导服务。加强政治引领和政治吸纳，充分发挥党的组织凝聚人才作用。制定加强党委联系专家工作意见，建立党政领导干部直接联系人才机制。加强各类人才教育培训、国情研修，增强认同感和向心力。完善专家决策咨询制度，畅通建言献策渠道，充分发挥新型智库作用。建立健全特殊一线岗位人才医疗保健制度。加强优秀人才和工作典型宣传，营造尊重人才、见贤思齐的社会环境，鼓励创新、宽容失败的工作环境，待遇适当、无后顾之忧的生活环境，公开平等、竞争择优的制度环境。

各级党委和政府要切实增强责任感、使命感，统一思想、加强领导，部门协同、上下联动，推动各项改革任务落实。鼓励支持各地区各部门因地制宜，开展差别化改革探索。加强指导监督，研究解决人才发展体制机制改革中遇到的新情况新问题。有关方面要抓紧制定任务分工方案，明确各项改革的进度安排。各地应当结合实际研究制定实施意见。加强政策解读和舆论引导，形成全社会关心支持人才发展体制机制改革的良好氛围。

关于加快直属高校高层次人才发展的指导意见

教党〔2017〕40 号

部属各高等学校党委：

为深入贯彻中央《关于深化人才发展体制机制改革的意见》，落实立德树人根本任务，推进世界一流大学和一流学科建设，全面提高高等教育质量，现就加快直属高校高层次人才发展提出以下指导意见。

一、指导思想、基本原则和主要目标

（一）指导思想。全面贯彻党的十八大和十八届三中、四中、五中、六中全会精神，深入贯彻习近平总书记系列重要讲话精神和治国理政新理念新思想新战略，认真落实总书记关于"聚天下英才而用之"等重要论述，遵循高等教育发展规律和人才成长规律，牢固树立科学人才观，坚持以立德树人为根本、以增强人才活力为核心、以深化体制机制改革为着力点，加快培养造就具有国际竞争力的高层次人才队伍，为提升高校创新能力、推动高等教育事业发展提供坚实的人才支撑和制度保证。

（二）基本原则。坚持党管人才。进一步加强和改进党对人才工作的领导，健全党管人才领导体制和工作机制，创新党管人才方式方法，突出政治标准，严把政治方向。

服务发展大局。聚焦国家发展重大需求，增强社会服务能力，发挥高校对创新驱动发展的引领支撑作用。

突出育人导向。将立德树人要求贯穿高层次人才发展全过程，充分发挥其教学示范、科研模范和师德师风典范作用。

激发人才活力。向高校放权，为人才松绑，创新高层次人才发展体制机制，促使各方面人才各得其所、尽展其长。

优化人才布局。坚持正确导向，规范人才合理流动，加大对中西部、东北地区高校支持力度。

扩大人才开放。实施更积极、更开放、更有效的人才引进政策，深化对外交流合作，提升人才国际化水平。

（三）主要目标。到2020年，高层次人才队伍建设取得重大进展，规模、结构和质量适应事业发展需求，管理体制更加科学，培养引进、评价使用、激励保障、流动共享机制更加规范有效,创新创造活力充分迸发,服务创新驱动发展战略、推动国家经济社会发展的示范引领作用进一步增强,推动形成具有中国特色和国际竞争力的高等学校人才制度体系和发展环境。

二、强化高层次人才培育支持

(四)加强思想理论教育和政治引领。深入开展理想信念学习教育,坚定中国特色社会主义道路自信、理论自信、制度自信、文化自信。坚持以德立身、以德立学、以德施教,把社会主义核心价值观融入教书育人和人才发展全过程,引导高层次人才做社会主义核心价值观的坚定信仰者、积极传播者和模范践行者。在人才引进、人才选聘、课题申报、职称评审、导师遴选等过程中,坚持思想政治素质和师德规范要求,实行"一票否决"制。

(五)加大人才发展支持力度。完善人才发展投入机制,加大人才开发投入力度。实施重大建设工程和项目时,统筹安排人才开发培养经费。落实财政科研项目和资金管理规定,扩大高校在科研项目资金、差旅会议、基本建设、科研仪器设备采购等方面的管理权限,让经费更有效地为人才的创造性活动服务。鼓励高校多渠道筹措人才发展资金,引导社会力量参与支持高校人才队伍建设。高校要优化资源配置和管理方式,围绕人才合理配置研究生招生指标、科研经费、办公实验用房等核心资源,特别向高层次人才和优秀青年人才倾斜。

(六)着力造就杰出人才、领军人才及高水平创新团队。深入实施国家"千人计划""万人计划"和"长江学者奖励计划"等重大人才工程,支持高校牵头或参与国家实验室、大科学计划、大科学工程、大科学装置和国家智库建设,培养集聚一批具有国际影响的高层次人才和高水平创新团队。统筹实施各类哲学社会科学人才计划,着力发现、培养、集聚一批有深厚马克思主义理论素养、学贯中西的思想家和理论家,一批理论功底扎实、勇于开拓创新的学科带头人。支持高校设立杰出人才工作室,探索首席专家负责制,赋予领衔专家更大的人财物支配权、技术路线决策权。配合有关部门探索完善专业技术一级岗位设置。

(七)大力培养青年英才。完善"长江学者奖励计划"青年学者项目,鼓励高校积极参与创新人才推进计划、青年拔尖人才计划、优秀青年科学基金项目。中央高校基本科研业务费重点支持青年人才提升创新能力。加大国家留学基金资助力度,加强青年人才国际化培养。高校要完善青年人才培养机制,建立健全普惠性支持措施。改革完善青年人才管理体制,创新青年人才培养开发、评价发现、选拔任用、流动配置、激励保障机制,善于发现、重点支持、放手使用青年优秀人才。加强知识产权保护,鼓励青年人才创新创造。

鼓励和支持青年人才参与战略前沿领域研究,着力培养一批青年科技创新领军人才。

(八)加强国际组织人才培养。加强高校国际组织后备人才队伍建设,支持高层次人才到国际组织任职服务。加强培训指导与信息服务,支持青年人才、优秀毕业生到国际组织实习任职。加快相关学科和人才培养基地建设,完善分层分类培养支持举措。大力实施国家留学基金"国际组织实习项目",扩大国家公派出国留学相关专业人员选派规模。

三、加强海外高层次人才引进

(九)突出"高精尖缺"导向。围绕"一流大学和一流学科"建设,重点引进活跃在国际学术前沿、满足国家重大战略需求的一流科学家、学科领军人物和创新团队、高层次青年人才和急需紧缺青年专门人才。对国家急需紧缺的特殊人才,开辟专门渠道,实现精准引进。高校要科学制定引才规划,明确引才目标任务、重点领域和优先次序。

(十)加大海外高层次人才引进力度。更大力度实施海外引才计划、高等学校学科创新引智计划,吸引更多海外高层次人才和优秀青年人才来华从事教学、科研和管理工作。发挥驻外使(领)馆、华人华侨组织、校友组织和专业化人才服务机构作用,多渠道引进优秀人才。支持高校面向全球公开招聘院系负责人、学科带头人,在海外建立办学机构、人才工作站。建立访问学者制度,实施多元化、柔性人才引进机制,吸引海外人才以多种形式到校从事咨询、讲学、科研等活动。积极吸引海外优秀博士从事博士后研究。

(十一)充分发挥海外高层次人才作用。坚持充分尊重、积极支持、放手使用的方针,鼓励海外高层次人才在参与专业决策、领衔重大项目、开展教育教学改革和扩大对外交流等方面发挥更大作用。支持海外高层次人才承担科技计划项目及课题,深度参与科研攻关和技术创新,适度放开外籍高层次人才参与教学科研奖项评选限制。高校要发挥用人主体作用,完善支持配套政策,为海外高层次人才在生活上提供更多便利,在工作上提供更多机会和更大舞台。鼓励高校建立改革试验区,创新海外高层次人才组织和管理模式。

四、优化高层次人才考核评价

(十二)突出品德、能力和业绩导向。坚持德才兼备,以德为先,严把人才选聘考核政治关,引导高层次人才成为有理想信念、有道德情操、有扎实学识、有仁爱之心的教师楷模,成为学生锤炼品德、学习知识、创新思维、奉献祖国的引路人。突出教育教学实绩,把教书育人成效作为高层次人才考核的核心内容。完善科研评价导向,注重研究成果的学术价值和社会效益,建立代表性成果评价机制。坚持发展性评价与奖惩性评价相结合,充分发挥发展性评价对于人才专业发展的引领作用,合理发挥奖惩性评价的激励约束作用。

(十三)完善分类评价体系。根据学科、类型和人才发展阶段,逐步完善体现中国特色、符合国际通行标准的人才分类评价体系。充分发挥基层学术组织作用,完善具有学科特色的评价标准、评价流程。在坚持教科融合和岗位分类管理的基础上,针对教学、科研、社会服务等不同岗位的职责要求和工作特点,完善评价指标体系,各有侧重。对于职业成长期的人才,重点评价其发展潜力和创新能力;对于职业成熟期的人才,重点评价其专业领导力和影响力。

(十四)改进评价方式。科学设置考核评价周期和考核办法,激励高层次人才投身重大原始创新研究。完善同行评议制度,注重发挥“小同行”、国际同行评价作用。注重引入市场评价和社会评价,发挥多元评价主体作用。探索个人成长与团队发展相结合的评价方式,注重参与者在团队发展中的实际贡献。发挥专业化的人才评价机构作用,建立第三方评价机制。建立评审专家评价责任和信誉制度。

五、创新高层次人才激励保障机制

(十五)完善分配激励机制。建立健全有利于提高竞争力的内部分配机制,绩效工资向关键岗位、高层次人才、业务骨干和做出突出贡献的人员倾斜。鼓励高校实行高层次人才协议工资制、项目工资制等绩效工资分配方式,统筹考虑引进高层次人才与现有高层次人才工资待遇,建立符合实际、水平适当、发展均衡、管理规范的薪酬分配体系。教学科研人员依法取得的科技成果转化奖励收入、校外兼职收入不受绩效工资总额限制。

(十六)健全人才荣誉表彰制度。建立以政府奖励为导向、高校和社会力量奖励为主体的分层次多样化高层次人才奖励体系。落实国家荣誉制度,积极推荐高层次人才参评国家勋章和国家荣誉称号。开展教学名师等评选表彰,加强典型宣传,发挥示范引领作用。加强和改进高等学校教学科研优秀成果奖评选工作,积极推动完善哲学社会科学领域国家级奖励体系。高校要统筹完善校级人才荣誉表彰制度,褒扬优秀人才,营造良好氛围。

(十七)推动完善人才社会保障。健全完善社会保障体系,切实解决人才及家庭在签证、住房、医疗、保险、子女教育等方面的实际问题。对于高校急需的高层次人才优先办理引进手续。将高校全职长期聘用的海外人才依法纳入社会保障范围。做好社会保险转移接续工作,推动高校职员制度与社会保险制度相衔接。

六、促进高层次人才顺畅有序流动

（十八）支持高层次人才流动共享。鼓励高校在与科研机构、企业签署人才流动共享协议的基础上,通过协同创新、建立联合实验室、联合开展重大科研攻关等方式,实现人才资源优势互补。教学科研人员在学校同意的前提下,按规范的制度和程序到科研机构、企业兼职。高校可根据实际需要设立一定比例的流动岗位,吸纳企业、科研机构、行业部门和其他组织优秀人才到学校兼职。

（十九）加强高层次人才流动的规范化管理。强化高校与人才的契约关系和法治意识,落实聘用合同管理,明确双方权利、义务和违约责任等。国家人才计划入选者、重大科研项目负责人应重诺守信,模范遵守聘任合同,聘期内或项目执行期内原则上不得变更工作单位。发挥高校人才工作联盟作用,鼓励高校逐步建立行业自律机制和人才流动协商沟通机制,探索建立人才成果合理共享机制,探索人才流动中对前期培养投入的补偿机制,推动高层次人才诚信体系建设。

（二十）鼓励高层次人才向中西部和东北地区高校流动。坚持正确的人才流动导向,在薪酬、职务、职称晋升等方面采取倾斜政策,引导高层次人才向中西部和东北地区高校流动。突出重大人才项目政策导向,通过设立专项计划、适度放宽年龄限制、加大支持力度等方式进行倾斜。支持中西部和东北地区高校发掘特色资源,搭建特色平台,发展特色学科,增强人才集聚优势。不鼓励东部地区高校从中西部、东北地区高校引进人才,支持东部地区高校向中西部、东北地区高校输出人才,帮助中西部和东北地区"输血""造血"。

七、加强人才工作组织领导

（二十一）完善党管人才工作机制。认真落实党管人才原则,全面贯彻落实党的人才工作方针政策。健全党委领导和工作机制,及时研究部署人才工作,谋划大局,把握方向,解决问题,统筹推进高层次人才和其他各类人才发展。切实提高内部治理水平,落实为人才松绑改革要求,努力营造鼓励创新、宽容失败的工作环境,待遇适当、无后顾之忧的生活环境,公开平等、竞争择优的制度环境。

（二十二）实行人才工作目标责任考核。建立高校各级党政领导班子和领导干部人才工作目标责任制,将高层次人才发展列为落实党建工作责任制情况述职的重要内容。考核结果作为领导班子评优、干部评价的重要依据,与年度综合绩效考核挂钩。

（二十三）加强对人才的联系服务。开展高层次人才国情研修等教育实践活动,强化政治引领和政治吸纳。落实领导干部联系服务专家制度,班子成员要带头听取专家意见建议,帮助解决实际问题,密切思想感情联系。充分发挥人才在决策咨询、评审评估、科学普及和知识传播等方面作用,加强高层次人才典型宣传。组织专家体检、休假和疗养,提供良好医疗保健服务,关心高层次人才身心健康。

中共教育部党组

2017 年 7 月 25 日

关于聚力创新深化改革
打造具有国际竞争力人才发展环境的意见

苏发〔2017〕3 号

为全面贯彻党的十八大和十八届三中、四中、五中、六中全会精神,深入学习贯彻习近平总书记系列重要讲话特别是视察江苏重要讲话精神,认真落实中央《关于深化人才发展体制机制改革的意见》,按照省第十三次党代会部署要求,现就我省聚力创新,深化改革,充分发挥用人主体作用,进一步激发市场活力,形成人才脱颖而出、公平竞争的体制机制,提出如下意见。

一、着力完善创新创业导向鲜明的人才培养机制

1. 创新人才教育培养模式。结合高等教育改革和布局调整,加快推进高校"双一流"建设和高水平大学建设,强化大学生创新创业意识和能力培养。探索建立学术休假制度,高校教学科研人员工作每满 6 年,可享受一定期限的带薪学术休假,开展专业进修或研发创新活动。探索推行高校工程技术学科的应用型教学人员晋升高级职称,应有半年以上企业工作或实践经历。积极推进产教融合,支持企业科技人才到高校兼职,推进产业教授在高校开设学分课程、联合指导研究生。实施大学生企业工程师培育计划,加强政策引导,鼓励优秀大学毕业生到企业工作,进行重点培养,加快成长进程。实施弹性学制管理,支持大学生保留学籍休学创业。实施优秀博士后培育计划,着力资助培养符合我省重点学科、产业发展方向的博士后,不断提高培养质量。支持建设企业大学、创客学堂等新型社会教育培训机构,不断壮大众创队伍,营造众创声势,提升全域创新创业浓度。

2. 推进人才培养支持计划改革。高度重视用好本土人才,完善相关政策,更好地发挥本土人才作用。改进"333 工程"等人才培养支持方式,推行以奖代补、跟奖跟补,实现奖励与贡献实绩挂钩。聚焦产业发展,深化实施"产业人才高峰行动计划",加大产业领军人才培养支持力度。加强专业技术人才知识更新培训。设立青年专项,提高对青年人才的资助比例。统筹省内产业、科技和人才等各类工程项目资源,形成集成支持。加强目标管理,强化滚动培养,实施差异化考核,落实退出惩戒制度,切实提高人才培养绩效。

3. 铸造新型企业家队伍。大力弘扬企业家精神,加强文化引领。建立企

业家培训制度,开办"苏商大讲堂",支持优秀企业家赴境外学习交流,促进企业家能力提升。实施百千科技企业家培育工程,通过强化项目支持、建立定向联系、搭建合作平台等途径,进行定制式培育和个性化扶持,培养一批既通科技又懂市场的复合型创新创业人才。实施千名青年企业家接力计划,把握创业企业家代际交接的阶段特征,整合运用领军企业、知名高校和创业成功人士资源,选拔"创二代"后备人才进行专项培养培训,造就一批优秀青年苏商。培育职业经理人队伍,推行国有企业经营管理人才市场化选聘,加快推进国有企业经理层人员任期制和契约化管理。选树一批企业家领军人物,挖掘提升价值内涵,总结推广成功之道,充分发挥"头雁效应"。积极构建"亲""清"新型政商关系,营造有利于企业家创新创业的生态环境。

4. 培养技艺精湛的技能人才。积极发掘和培养各领域能工巧匠、民间艺人等乡土人才,加强乡土人才技能培训和技艺传承,制定支持乡土人才创新创业的系列政策。建立健全技术技能人才培养体系,引导一批普通本科高校和独立学院向应用型高校转型发展,推进中职、高职、应用型本科教育分段培养或联合培养。推行企业新型学徒、"双导师制""双元制"职业教育,完善职业教育学历与职业资格证书双证书制度。拓宽职业发展通道,研究制定技能人才与专业技术人才职业发展贯通办法。不断提高技术技能人才经济待遇和社会地位,企业在聘的高级工、技师、高级技师可参照本单位助理工程师、工程师、高级工程师享受同等工资福利。推行企业首席技师、特级技师制度,享受教授级高级工程师待遇,试行年薪制和股权制、期权制。

二、加快构建整合全球资源的人才引进机制

5. 大力引进金字塔塔尖人才。实施顶尖人才顶级支持计划,对引进世界一流的顶尖人才团队,简化程序、一事一议、特事特办,最高给予1亿元项目资助。深化实施"双创计划",聚焦重点产业、重点企业、重点园区和其他重要领域,大力引进产业发展最前沿、科技创新最核心的领军型人才。实施"凤还巢"计划,更大范围柔性汇聚江苏出生或曾在江苏学习、工作、生活过的海内外各领域标志性人才。加大人才计划支持力度,重点引进江苏高端制造业发展急需紧缺的工匠大师。完善特级专家津贴制度,对在我省工作的发达国家院士、国家最高科学技术奖获得者及"两院"院士等杰出人才,省财政每月给予1万元的特殊人才补贴。

6. 激发企事业单位引才活力。研究制定支持政策,鼓励有条件的企事业单位在境外通过设立研发中心、共建实验室等形式,吸纳用好海外优秀人才。鼓励各类企业和高校、科研院所、公立医院根据发展需要,按照上年度销售额或总支出的一定比例,设立人才发展专项资金。省和各地建立引才奖补制

度,对引进高层次人才的企事业单位,通过跟奖、跟补等方式,在引才投入、租房补贴、项目资助等方面给予支持。企业引进高层次人才,支付的一次性住房补贴、安家费、科研启动经费等费用,可按照规定在计算企业所得税前扣除。国有企业引进高端人才经费视同利润考核,新招录高层次人才薪酬不纳入企业当年和次年薪酬总额。高校、科研院所、公立医院等事业单位通过年薪工资、协议工资、项目工资等形式聘用的高层次人才和创新实践成果突出的优秀科技人才,其人员及实际薪酬发放水平不纳入所在单位绩效工资总量核定范围。

7. 打造开发区产业和人才融合新高地。坚持以产引才、以才促产,推动开发区制定产业与人才融合发展专项规划。引导各类开发区围绕做大做强优势产业,集聚特色产业人才,打造一批"产业＋人才"特色小镇。坚持招才引智与招商引资并举,引进高层次人才和急需紧缺人才,视同招商引资项目进行考核。支持"招院引所",鼓励开发区与高校、科研院所共建研究院所和产业技术创新联盟,共同引才育才,共享科研设备设施。支持建设人才发展缓冲基地,推行人才在高校等事业单位与园区"双落户"制度,畅通人才在不同体制间的流动渠道。

8. 积极引进急需紧缺外国人才。扩大人才对外开放,创新外国人才引进方式和使用机制,深入实施"外国人才智力引进工程",着力引进处于国际产业和科技发展前沿,具有世界眼光和深厚造诣、对华友好的各类优秀外国人才。研究制定国有企事业单位聘用外国人才的方法和认定标准。积极争取优秀外国留学生毕业后直接在苏创业就业试点。推进下放县级公安机关出入境管理机构外国人签证证件审批权,缩短审批期限。试点扩大外国人才 R 字签证（人才签证）范围,对符合条件的外国人才提供办理口岸签证、工作许可和长期居留许可的便利。完善海外高层次人才居住证制度,全面落实各项待遇。

9. 强化人才供需精准对接。建设"江苏人才云"大数据平台,动态掌握人才家底,加强人才需求预测预警。绘制全球高层次人才地图,准确掌握各领域海内外领军人才分布。在高层次人才集聚的国家和地区,建立引才引智联络机构,聘请引才引智大使。推广人才举荐制,强化以才引才、以才荐才。加强与国际学术组织和国家相关行业协会、专业学会联系对接,鼓励社会各方力量参与人才引进,积极培育和引进猎头机构,拓宽寻才引才渠道。引进"一中心、一基地"建设急需、产生重大影响和显著经济社会效益的顶尖人才或团队,由省财政给予引才中介50～100万元奖励。

10. 搭建具有全球影响力的聚才活动平台。定期举办海内外江苏人才交流活动,畅通与全球人才对接联系渠道。依托我省特色优势产业,举办世界物联网大会、世界智能制造大会、世界未来网络大会等具有全球影响力的产业科技活动,以产业集聚人才。吸引国内外高水平学术会议、专业论坛在我省举办或永久性落地。面向海内外积极开展各类创新创业大赛等活动,实现以赛荐才、以赛聚才。探索重大引才活动服务外包,运用市场力量,提高引才质效。

三、积极创新有利于释放活力的人才使用机制

11. 强化人才分类评价。建立多元化人才评价体系,强化品德、能力和业绩导向,克服唯学历、唯职称、唯论文倾向。基础研究和前沿技术研究人才,突出中长期目标导向,适当延长评价考核周期,着重评价研究质量、原创价值和实际贡献。应用研究和技术开发人才,坚持市场发现、市场评价、市场认可,把人才享受的薪酬待遇、创造的市场价值、获得的创业投资等作为人才评价的重要依据。哲学社会科学人才,突出社会评价,以理论创新、决策咨询支撑和社会影响作为评价基本依据。

12. 创新人才激励政策。赋予企事业单位科技成果使用、处置和收益自主权,提高职务发明成果转让收益用于奖励研发团队的比例。开展高校、科研院所等单位与发明人对知识产权分割确权和共同申请制度试点。鼓励企事业单位通过股权、期权、分红等激励方式,调动科研人员创新积极性。非上市公司授予本公司专业技术人才的股权激励等,符合条件的可按规定递延至转让股权时缴纳个人所得税。有条件的设区市、县(市、区)应当对本地产业发展有特殊贡献的科研人员予以奖补,奖补数额可相当于其缴纳的个人所得税。鼓励企事业单位设立首席研究员、首席科学家、首席工程师等专业技术岗位,给予其具有市场竞争力的相应待遇。

13. 支持科研人员投身创业。鼓励高校、科研院所等事业单位科研人员依法依规适度兼职兼薪、创新创业。相关单位要建立和完善科研人员在岗兼职、离岗创业和返岗任职制度,对在岗兼职的兼职时间和取酬方式、离岗创业期间和期满后的权利义务及返岗条件等作出规定。科研人员在履行好岗位职责、完成本职工作的前提下,经所在单位同意,可以到企业和其他科研机构、高校、社会组织等兼职并取得合法报酬,兼职取得的报酬原则上归个人,建立兼职获得股权及红利等收入报告制度。担任领导职务的科技人员的兼职管理,按中央有关规定执行。

14. 积极发展人才金融。推进人才、资本和产业有效对接,鼓励引导企业和社会资本积极参与,完善人才创新创业金融支持体系。推行"拨＋投""拨＋贷",发展投贷联动、投保联动、投债联动,推出"人才投""人才贷""人才保"等金融产品。加大对人才创新创业的信贷支持,省签约金融机构对设区

市以上人才计划入选者提供最高 1 500 万元的信用贷款。鼓励各地设立人才创新创业风险补偿资金池，积极落实投资种子期、初创期科技型企业的税收支持和风险分担政策。积极支持符合条件的人才企业在主板、中小板和创业板发行上市或到"新三板"、江苏股权交易中心挂牌。

15. 畅通人才流动渠道。打破户籍、地域、身份、人事关系等制约，完善机关事业单位与企业之间社会保险关系转移接续办法，促进人才资源有效配置。研究制定优秀人才在党政机关、企事业单位、社会组织之间合理流动的政策措施，探索推进聘用制、先挂后任等做法。完善苏北人才发展计划，鼓励和引导人才向苏北、基层一线和特殊行业流动，对于到农村基层、苏北地区工作的人才实行倾斜政策。建立人才发展苏南、苏中、苏北挂钩合作机制，促进人才在地区之间合理流动和协同创新。

16. 推行支持创新创业容错免责政策。立足鼓励探索，坚持权责一致，研究制定支持人才创新创业决策中的容错免责政策。人才科技成果转化过程中，通过协议定价或市场方式确定价格的，单位领导在勤勉尽职、没有牟取非法利益的前提下，免除其在科技成果定价中因科技成果转化后续价值变化产生的决策责任。对人才创新创业项目进行经费资助或风险投资，符合规定条件、标准和程序，但资助项目未达到预期发展效果，相关领导干部在勤勉尽职、没有牟取非法利益的前提下，免除其决策责任。

四、不断健全人才优先发展的有效保障机制

17. 保障和落实用人主体自主权。转变政府人才管理职能，建立管理服务权力清单和责任清单，消除对用人主体的过度干预。创新事业单位编制管理方式，探索对符合条件的公益二类事业单位逐步实行备案制管理。深化职称制度和职业资格改革，合理界定和下放职称评审权限。完善事业单位预算拨款制度，加大基本支出保障力度，扩大事业单位经费使用和绩效工资分配自主权。构建统一开放的人才市场体系，大力发展人才服务业，积极培育专业性、社会化人才服务组织。

18. 坚持人才发展多元投入。建立政府、企业、社会多元投入机制，发挥政府投入的撬动作用，引导社会资本支持人才创新创业。各级政府建立稳定增长机制，足额安排人才专项资金，纳入财政预算，保证重大人才项目实施。产业类引导资金等安排一定比例用于相关领域人才引进、培养工作，政府投资基金优先支持人才项目。省财政今后 3 年支持"一中心、一基地"建设的 1 000 亿元省级各类资金和基金，用于人才发展的实际支出不低于 30%。建立绩效评价体系，对绩效显著的人才项目持续加大投入力度，提高人才资金使用效益。

19. 完善人才生活服务保障。鼓励通过建设人才周转公寓、购买或租赁商品住房向人才出租、发放购房租房补贴等形式,多渠道解决人才阶段性居住需求。积极推进公共租赁住房建设,政府投资建设的公共租赁住房,可采用划拨方式供地。符合当地城镇居民公租房准入条件的专业技术人员,应纳入公租房保障范围。鼓励人才聚集的大型企事业单位、开发区,在符合土地利用总体规划和城乡总体规划的前提下,利用自有存量土地建设人才公寓(公共租赁房)。建立人才健康档案和补充医疗保险,优先为高层次人才配备家庭医生,适当提高诊疗待遇。入选中央、省级重点人才计划的,享受所在城市高层次人才购房、教育、医疗等方面的同城待遇。鼓励有条件的地方建设外籍人员子女学校,支持中小学接收外籍人才子女入学。

20. 扩大人才国际交流便利。支持教学科研人员参与国际学术交流,对高校、科研院所中直接从事教学或科研任务的人员、担任领导职务的专家学者,出国(境)开展教育教学、科学研究、学术访问、出席重要国际学术会议及执行国际学术组织履职任务等,实行计划报备、区别管理,单位和个人出国(境)批次数、团组人数、在外停留天数,根据任务需要合理安排。

21. 推动人才发展与经济社会发展深度融合。坚持人才发展与实施经济社会发展重大战略同步谋划、同步推进。主动策应"一带一路"、长江经济带、长三角区域发展一体化等国家战略,围绕南京软件与新一代信息技术、苏州纳米材料、无锡物联网、常州石墨烯、泰州生物医药等战略性新兴产业布局,重点部署相关产业人才集聚。结合我省产业发展规划,分别编制重点行业领域人才发展专项规划,实施"一行业领域一人才工程",促进各类人才协同发展,形成产业聚人才、人才兴产业的生动局面。

22. 营造尊才重才的社会环境。大力宣传人才工作重大方针政策,宣传各地各部门人才工作新举措新成效,宣传优秀人才创新创业成果和先进事迹。坚持运用法治思维和法治方式推动人才工作,完善人才工作法规体系,加大知识产权保护力度,建立人才维权快速援助机制,切实维护各类人才和用人主体的合法权益。完善人才奖励制度,加大对有突出贡献人才的褒奖力度。强化人人皆可成才理念,培育鼓励创新、宽容失败的创新创业文化。

五、切实加强党对人才工作的领导

23. 构建党管人才新格局。坚持党管人才原则,发挥党委(党组)领导核心作用。完善党委统一领导,组织部门牵头抓总,人力资源社会保障、教育、科技、财政等部门各司其职、密切配合、具体落实,社会力量发挥重要作用,适应江苏经济社会发展的人才工作新格局。落实党委(党组)书记人才工作第一责任人责任。完善各级人才工作领导小组及其成员单位职责任务和工作规则。强化各级人才工作领导小组办公室统筹协调职能，明确机构设置，配齐配强工作力量。将行业、领域人才队伍建设列入相关职能部门"三定"方案。

24. 充分发挥党组织凝聚人才作用。加强思想引领，健全党政领导干部直接联系人才制度。大力开展各类人才教育培训、国情研修，将高层次人才培训列为各级党校、行政学院、社会主义学院培训的重要任务，增强认同感和向心力。畅通人才参政议政、建言献策渠道，聘请有影响力的专家人才担任决策咨询顾问。加强人才工作与组织、统战工作的联动，推进对专家人才的政治吸纳。

25. 推进人才发展体制机制改革试点。加快苏南人才管理改革试验区建设，推进南京江北新区等人才管理制度创新，形成一批可复制、可推广的改革经验。支持省产业技术研究院开展人才综合改革试点，探索更加开放高效的人才引进、培养、使用、激励机制。鼓励各地因地制宜开展差别化改革探索，支持有条件的企事业单位开展分类改革试点。

26. 建立全面考核体系。建立各级党政领导班子和领导干部人才工作目标责任制，将人才工作履责情况作为落实党建工作责任制述职的重要内容。坚持人才发展绩效纳入设区市、县（市、区）和省级以上开发区的经济社会发展综合考核体系，科学设置考核权重。开展对省级机关相关部门、国有企业、高校、科研院所等人才工作年度考核，考核结果作为领导班子评优、干部评价的重要依据。把人才资源信息统计列入全省社会统计体系，定期发布人才统计报告和人才竞争力报告。

关于加快推进产业科技创新中心
和创新型省份建设的若干政策措施

苏政发〔2016〕107 号

为深入贯彻习近平总书记系列重要讲话精神,全面落实新发展理念,按照全国科技创新大会部署,大力实施创新驱动发展战略,加快推进具有全球影响力的产业科技创新中心和创新型省份建设,充分发挥科技创新在供给侧结构性改革和经济转型升级中的关键作用,着力构筑现代产业发展新高地,制定以下政策措施。

一、完善创新型企业培育机制

1. 加大高新技术企业培育扶持力度。实施高新技术企业培育"小升高"计划,省建立高新技术企业培育库,对纳入培育库的企业,根据其销售、成本、利润等因素,由省、市、县财政给予培育奖励,原则上不超过3年,支持开展新产品、新技术、新工艺、新业态创新。集聚资源、集中力量,加快培育和打造一批占据主导地位、具备先发优势的创新型领军企业。

2. 支持企业增强自主研发能力。深入实施企业研发机构建设"百企示范、千企试点、万企行动"计划,支持企业加快建设高水平研发机构,布局建设省级企业重点实验室,提高技术自给率。支持承担国家重点实验室、国家技术创新中心、国家工程(技术)研究中心、国家企业技术中心、国家工程实验室、国家制造业创新中心、国家企业重点实验室等平台建设任务,可在省级相关专项中给予不超过3 000万元支持。支持骨干企业、民营企业或新型研发机构牵头组建产业技术创新战略联盟,牵头承担各类科技计划和工程建设项目,符合条件的可以登记为独立法人。支持企业大力推进技术创新与商业模式创新、品牌创新的融合,创造更多新产品、新服务、新业态。

3. 强化国有企业的创新导向。落实国有企业技术开发投入视同利润的鼓励政策,将其从管理费中单列,不受管理费总额限制。对建立重点实验室、工程技术(研究)中心、企业技术中心、博士后工作站、并购境外研发中心和营销网络、研究开发费用和引进高端人才费用,考核时视同实现利润。允许国有企业按规定以协议方式转让技术类无形资产。鼓励通过入股或并购方式购买中小企业创新成果并实现产业化。

4. 建立鼓励企业创新的普惠机制。加快建立覆盖企业初创、成长、发展等不同阶段的政策支持体系，提高对企业技术创新的支撑服务能力。落实国家新修订的研发费用加计扣除政策，探索鼓励和促进研究开发、科研成果转化的便利化措施，科技创新奖励支出和学科带头人、核心研发人员、科研协作辅助人员薪酬可在企业研发预算中予以单列。引导激励企业加大研发投入，省财政根据税务部门提供的企业研发投入情况，给予5%～10%的普惠性财政奖励。

5. 鼓励企业开放创新。对国有企事业单位技术和管理人员参与国际创新合作交流活动，根据实际需要，适当放宽因公出境的批次、公示、时限等限制。拓展省产业专项资金使用范围，允许用于支持企业以获取新技术、知识产权、研发机构、高端人才和团队为目标的境外投资并购活动。鼓励企业在海外设立研发机构，支持雇佣外籍专家和研究人员。简化企业研发用途设备和样本样品进出口、研发及管理人员出入境等手续，优化非贸付汇的办理流程。鼓励外资企业在苏建立研发机构或研发中心，探索支持参与承担各类科技计划和平台建设。

二、大力推进简政放权

6. 扩大科研院所、高等院校自主权。推进科研院所、高等院校取消行政级别。科研院所、高等院校所属院系所及内设机构坚持从事科研工作的领导人员，根据工作需要和实际情况，经批准可以科技人员身份参与创新活动，享受相应的政策待遇。探索建立科研院所理事会管理制度，推行绩效拨款试点，建立以绩效为导向的财政支持制度。扩大高等教育办学自主权。推广省属和部属高等院校综合预算管理制度试点，由高等院校自主统筹经费使用和分配。合理扩大科研院所、高等院校基建项目自主权，简化用地、环评、能评等手续，缩短审批周期，将利用自有资金、不申请政府投资的项目由审批改为备案。完善和落实股权激励政策，建立科研财务助理等制度，精简各类检查评审。鼓励科技人员自主选择科研方向、组建科研团队，开展原创性基础研究和面向需求的应用研发。

7. 保障和落实用人主体自主权。有序下放专业技术岗位设置自主权，科研院所、高等院校在核定的岗位总量内自主确定岗位结构比例和岗位标准，自主聘用人员，聘用结果报上级主管部门和人力资源社会保障部门备案。建立政府人才管理服务权力清单和责任清单，清理和规范人才招聘、评价、流动等环节中的行政审批和收费事项。创新事业单位编制管理方式，对符合条件的公益二类事业单位实行备案制管理。改进事业单位岗位管理模式，建立动态调整机制。积极培育各类专业社会组织和人才中介服务机构，有序承接政府转移的人才培养、评价、流动、激励等职能。发挥科研院所、高等院校、企业在博士后研究人员招收培养中的主体作用,有条件的博士后科研工作站可独立招收博士后研究人员。放宽人才服务业准入限制,大力发展专业性、行业性人才市场,鼓励发展高端人才猎头等专业化服务机构。

8. 改革科研项目经费管理机制。减少对创新项目实施的直接干预,赋予创新人才和团队更大人财物支配权、技术路线决策权。简化各级财政科研项目预算编制,在项目总预算不变的情况下,将直接费用中多数科目预算调剂权下放给项目承担单位。间接费用核定比例可以提高到不超过直接费用扣除设备购置费的一定比例:500 万元以下的部分为 20%,500 万元至 1 000 万元的部分为 15%,1 000 万元以上的部分为 13%,且间接费用的绩效支出纳入项目承担单位绩效工资总量管理,不计入项目承担单位绩效工资总额基数。加大对科研人员的激励力度,取消绩效支出比例限制,科研院所、高等院校在内部绩效工资分配时重点向一线科研人员倾斜,突出工作实绩,体现人才价值。对劳务费不设比例限制,参与项目的研究生、博士后、访问学者及聘用的研究人员、科研辅助人员等均可参照当地科学研究和技术服务业从业人员平均工资水平,根据其在项目研究中承担的工作任务确定劳务费,其社会保险补助纳入劳务费科目列支。项目实施期间,年度剩余资金可结转下一年度使用。项目完成任务目标并通过验收后,结余资金按规定留归项目承担单位使用,在 2 年内由项目承担单位统筹安排用于科研活动的直接支出,2 年后未使用完的按规定收回。完善差旅会议管理,科研院所、高等院校可根据工作需要,合理研究制定差旅费管理办法,确定业务性会议规模和开支标准等。简化科研仪器设备采购管理,科研院所、高等院校对集中采购目录内的项目可自行采购和选择评审专家。对进口仪器设备实行备案制。科研院所、高等院校以市场委托方式取得的横向经费,纳入单位财务统一管理,由项目承担单位按照委托方要求或合同约定管理使用。

9. 着力清除创新创业障碍。继续深化行政审批改革,最大限度降低大众创业万众创新市场准入门槛,所有行政审批事项严格按法定时限做到"零超时"。建立职业资格目录清单管理制度,清理减少准入类职业资格并严格管理。持续推进商事制度改革,在全面实施企业"三证合一"基础上,再整合社会保险登记证和统计登记证,实现"五证合一、一照一码",降低创业准入的制度成本。在苏南国家自主创新示范区争取开展"证照分离"改革。建设"双创"综合服务平台和示范基地,探索组建省科技创新服务联盟,大力发展技术转移转化、检验检测、科技咨询、知识产权服务等高技术服务业,提供点对点、全方位服务。按照精简、合并、取消、下放要求,深入推进项目评审、人才评价、机构评估改革。

10. 改进新技术、新产品、新商业模式的准入管理。完善行业归类规则和经营范围的管理方式，调整不适应"互联网＋"等新兴产业特点的市场准入要求。贯彻落实国家药品审评审批制度改革要求，简化和改进药物研究及药品临床试验核查程序，强化申请人、临床试验机构及伦理委员会保护受试者的责任。开展药品上市许可持有人制度改革试点，允许药品研发机构和科研人员取得药品批准文号，并对药品质量承担责任。开展药用辅料、药品包装材料与药品关联审评审批改革。推进仿制药质量与疗效一致性评价，简化研究用药品一次性进口审核。

11. 实行严格的知识产权保护制度。支持高新技术企业贯彻知识产权管理规范。加强知识产权专业审判庭建设，探索建立知识产权法院。完善知识产权审理和审判工作机制。推动知识产权信用监管体系建设，将知识产权侵权案件信息录入公共信用信息系统，并对重大和严重知识产权侵权案件予以公布。健全知识产权维权援助体系，建设苏南国家自主创新示范区知识产权快速维权中心，支持企业开展知识产权维权。建立海外知识产权风险预警和快速应对机制。支持企业申请注册国（境）外知识产权。

三、打通科技成果转移转化通道

12. 下放科研院所和高等院校科技成果的使用权、处置权和收益权。由科研院所、高等院校自主实施科技成果转移转化，主管部门和财政部门不再审批或备案，成果转化收益全部留归单位，不再上缴国库。对科研院所、高等院校由财政资金支持形成的、不涉及国家安全的科技成果，明确转化责任和时限，选择转化主体实施转化，在合理期限内未能转化的，依法强制许可实施。

13. 提高科技人员科技成果转化收益。在利用财政资金设立的科研院所和高等院校中，职务发明成果转让收益用于奖励研发团队的比例提高到不低于50％，计入当年本单位工资总额，但不受当年本单位工资总额限制，不纳入本单位工资总额基数，不计入绩效工资。高等院校、科研院所可与研发团队以合同形式明确各方收益分配比例，并授权研发团队全权处理科技成果转化事宜，具体方式由成果完成人或研发团队按照公开透明的原则自行确定。建立覆盖科技人员的政府购买法律服务机制，对因参与科技成果转化而产生纠纷的科技工作者提供法律服务。

14. 完善股权激励相关制度。允许转制科研院所、高新技术企业、科技服务型企业的管理层和核心骨干持股，且持股比例上限放宽至30％。支持国有企业提高研发团队及重要贡献人员分享科技成果转化或转让收益比例，具体由双方事先协商确定，骨干团队和主要发明人的收益比例不低于成果转化奖励金额的50％。

15. 改革高校院所领导干部科技成果转化收益管理办法。科研院所、高等院校正职和所属单位中担任法人代表的正职领导,是科技成果的主要完成人或者对科技成果转化做出重要贡献的,可以按照促进科技成果转化法的规定获得现金奖励,原则上不得获取股权激励;领导班子其他成员、所属院系所和内设机构领导人员的科技成果转化,可以获得现金奖励或股权激励,但获得股权激励的领导人员不得利用职权为所持股权的企业谋取利益。科研院所、高等院校正职和所属单位中担任法人代表的正职领导,在担任现职前因科技成果转化获得的股权,可在任现职后及时予以转让,转让股权的完成时间原则上不超过 3 个月;股权非特殊原因逾期未转让的,应在任现职期间限制交易;限制股权交易的,不得利用职权为所持股权的企业谋取利益,在本人不担任上述职务 1 年后解除限制。试点开展科研院所、高等院校领导干部科技成果转化尽职免责制度。

16. 完善高校院所科技成果转化个人奖励约定政策。对符合条件科研院所、高等院校等事业单位以科技成果作价入股的企业,依规实施股权和分红激励政策。对以股份或出资比例等股权形式给予个人奖励约定,可进行股权确认。财政、国有资产管理、知识产权、版权、工商等部门对上述约定的股权奖励和确认应当予以承认,根据职责权限落实国有资产确权和变更、知识产权、注册登记等相关事项。鼓励符合条件的转制科研院所、高新技术企业和科技服务机构等按照国有科技型企业股权和分红激励相关规定,采取股权出售、股权奖励、股权期权、项目收益分红和岗位分红等多种方式开展股权和分红激励。

17. 健全促进科技成果转移转化的激励机制。实施股权激励递延纳税试点政策,对高新技术企业和科技型中小企业转化科技成果给予个人的股权奖励,递延至取得股权分红或转让股权时纳税。对注册为独立法人并经省级备案的技术转移机构,自备案之日起,省财政连续 3 年给予开办经费及办公经费补助,每年分类资助 30 万 ~ 50 万元;3 年后纳入省级技术转移机构绩效考评管理序列。

18. 完善科技成果转移转化市场体系。建立科技成果项目库和信息发布系统,及时动态发布符合产业升级方向、投资规模与产业带动作用大的科技成果包。建立网上技术需求及技术创新供给市场服务平台。充分发挥市场配置创新资源的决定性作用,加快建设省技术交易中心,通过集聚技术资源、建立市场化定价机制,打造辐射长三角的技术资源交易平台。加快建设江苏(国际)知识产权交易中心、中国高校知识产权运营交易平台、苏南国家技术转移中心、国家知识产权服务业集聚发展实验区、国家版权贸易基地等一批综合性平台,探索建设网上技术交易平台,促进科技成果规范有序交易流转。

四、造就适应创新发展要求的人才队伍

19. 建立具有国际竞争力的人才引进制度。整合外国专家来华工作许可和外国人入境就业许可,实行外国人人才分类管理,提供不同层次的管理和服务。实行外籍高层次人才绩效激励政策,各级人民政府按照个人贡献程度给予奖励。推进外籍高层次人才永久居留政策与子女入学、社会保障等有效衔接,探索建立国际医疗保险境内使用机制,扩大国际医疗保险定点结算医院范围。积极推动苏南国家自主创新示范区内的县级公安机关出入境管理机构外国人签证证件审批权下放,缩短审批期限;对在苏南国家自主创新示范区开展创新活动、符合条件的外籍高层次人才及其随迁外籍配偶和未满18周岁未婚子女,可直接申请办理《外国人永久居留证》,对尚未获得《外国人永久居留证》、需多次临时出入境的,为其办理 2~5 年有效期的外国人居留许可或多次往返签证;对符合条件的外籍人才提供办理口岸签证、工作许可和长期居留许可的便利。积极争取江苏外国留学生毕业后直接留苏就业试点。支持企业加大高层次人才引进力度,放宽年龄限制,允许符合条件的外籍人士担任国有企业部分高层管理职务。探索外籍科学家参与承担政府科技计划项目。

20. 畅通人才双向流动通道。探索科研院所、高等院校等聘用外籍人才的方法和认定标准,研究制定事业单位招聘外籍人才的认定标准。科研院所、高等院校聘用高层次人才和具有创新实践成果的科研人员,可自主公开招聘,探索建立协议工资、项目工资等符合人才特点和市场规律、有竞争优势的薪酬制度。落实科研人员兼职兼薪管理政策。支持部分高等院校推进"长聘教职制度",实施"非升即走""非升即转"或"任满即走"的用人机制。建立完善岗位流动制度,公益一、二类事业单位科研人员可按规定交流。允许科研院所、高等院校设立一定比例的流动岗位,吸引具有创新实践经验的企业家、科技人才兼职。

21. 完善人才分类评价和支持机制。完善职称评价办法,向具备条件的地区和用人单位下放职称评审权,进一步畅通非公有制经济组织和社会组织人才申报参加职称评审渠道。完善符合高校教师和科研人员岗位特点的分类评价机制,增加技术创新、专利发明、成果转化、技术推广、标准制定等评价指标的权重,将科研成果转化取得的经济效益和社会效益作为职称评审的重要条件。探索实行高层次人才、急需紧缺人才职称直聘办法。按照市场化、社会化的要求,将水平评价类职业资格的具体认定工作转由符合条件的协会、学会等社会组织承接。对科研院所、高等院校从事基础研究和前沿技术研究的科研人员,弱化中短期目标考核,建立持续稳定的财政支持机制。实

施管理、技术"双通道"的国企晋升制度,鼓励设立首席研究员、首席科学家等高级技术岗位,给予其与同级别管理岗位相一致的地位和薪酬待遇。充分发挥企业家在把握创新方向、凝聚创新人才、筹措创新投入、创造新组织等方面的重要作用,依法保护其财产权益和创新收益,进一步激发企业家创新动力。

22. 鼓励专业技术人员离岗创业。科研院所、高等院校专业技术人员经批准可离岗创业,离岗期不超过 3 年。离岗期间,保留人事关系、职称,人事档案由原单位管理,原单位在离岗创业人员离岗期内应停发各项工资福利待遇,按规定参加社会保险。离岗创业人员等同为在岗人员参加专业技术职务评聘和岗位等级晋升,离岗创业期间取得的科技开发和转化成果,作为其职称评聘的重要依据。强化青年人才创业支持,探索建立弹性学制,允许在校学生休学创业。

五、加强科技创新载体平台建设

23. 推动各类开发区特别是高新区创新发展争先进位。推进开发区组织领导机构建设,出台、落实《江苏省省级以上开发区机构编制管理暂行办法》,加强和规范开发区党工委、管委会及其职能机构设置和人员编制、领导职数配备。赋予国家级开发区与设区市同等的经济、社会等行政管理权限,赋予通过主管部门考核的省级开发区与县(市、区)同等的行政管理权限。支持开发区依法依规调整区域范围,优先保障开发区重大创新项目用地需求,加大创新力度,提高创新效率。进一步明确高新区发展定位,鼓励地方政府将各类高端创新资源优先在高新区内布局集聚,省级各类科技计划优先支持高新区创新发展。发挥苏南国家自主创新示范区辐射带动作用,扩大苏南国家自主创新示范区建设专项高新区奖励资金规模。建立高新区创新驱动发展综合评价指标体系和统计制度,实施创新绩效综合评价和奖励,定期通报重要创新指标并加强动态管理。

24. 完善创业载体建设推进机制。扩大省科技型创业企业孵育计划资金规模,探索建立科技企业孵化器绩效奖励制度,强化对中小型科技企业的孵育,对运行成效突出且地方财政给予资金安排的科技企业孵化器,省财政按因素法给予一定比例奖励。省各类政府投资引导基金,允许采取参股方式,引导众创空间、科技企业孵化器、民间投资机构等共同组建孵化投资基金,通过"孵化＋创投"的服务模式,对在孵创业项目进行天使投资,完善双创载体投融资功能。对符合土地利用总体规划和产业规划的孵化器新建及扩建项目,在土地利用计划指标中优先安排建设用地。创业苗圃、孵化器、加速器项目用地按照工业用地供地政策管理。在不改变土地用途和土地有偿使用合同约定投入产出等条件的前提下,科技企业孵化器使用的高标准厂房可以按幢、层等有固定界限的部分为基本单元分割登记、转让。创新孵化机制,推动国有科技企业孵化器股份制改造或委托专业团队管理运行。

25. 加快省产业技术研究院(以下简称产研院)改革发展。进一步创新体制机制,研究制定江苏省产业技术研究院管理暂行办法,建立完善以理事会及其领导下的院长负责制为主要架构的法人治理结构,在经费使用、成果处置、人员聘用、薪酬分配等方面赋予产研院更大的自主权。支持产研院开展跨领域、跨学科的产业重大关键技术集成攻关,鼓励技术成果到产研院进行二次开发、转移转化,省各类科技计划项目、专项资金建立专门渠道给予优先支持。企业用于研发活动而购买的产研院技术成果或委托产研院进行技术研发所发生的支出,纳入企业研发费用加计扣除政策支持范围。支持产研院建立完善首席科学家制度,自主聘任专业技术职务。对产研院引进人才和团队开辟特事特办直通车。

26. 支持新型研发机构发展。新型研发机构在政府项目承担、职称评审、人才引进、建设用地、投融资等方面可享受国有科研机构待遇。省级重点建设和扶持发展的科研项目,缴纳房产税、城镇土地使用税确有困难的,可分别向当地政府、主管地税机关申请给予减税或免税。对符合条件的新型研发机构进口科研用品免征进口关税和进口环节增值税、消费税;从事科技研发的社会服务机构,允许发展国有资本和民间资本共同参与的非营利性新型产业技术研发组织。支持新型研发机构开展研发创新活动,具备独立法人条件的,对其上年度非财政经费支持的研发经费支出额度给予不超过20%的奖励(单个机构奖励不超过1 000万元),已享受其他各级财政研发费用补助的机构不重复奖励。

六、强化对科技型中小企业的金融支持

27. 加大多层次资本市场对科技型中小企业的支持力度。支持科技创新企业通过发行债券融资,支持担保机构为中小科技创新企业发债提供担保,支持地方财政提供贴息。在江苏股权交易中心设立科技创新专门板块,在符合国家规定的前提下,探索创新相关制度,为挂牌企业提供股权融资、股份转让、债券融资等科技创新服务。

28. 创新和完善科技型中小微企业融资服务体系。落实省科技成果转化风险补偿政策,支持各市、县(市、区)、国家级和省级高新区建立科技金融风险补偿资金池,实现市、县(市、区)全覆盖。鼓励银行业金融机构设立科技金融专营机构,支持银行业金融机构在苏南国家自主创新示范区设立分支机构。鼓励银行业金融机构加强差异化信贷管理,适当提高对科技型小微企业不良贷款比率的容忍度。建设区域性科技金融服务中心,完善科技金融"一

站式"公共服务平台。

29. 推进投贷联动试点。按照国家部署和试点要求,积极开展投贷联动试点,鼓励符合条件的银行业金融机构在依法合规、风险可控前提下,与创业投资、股权投资机构等实现投贷联动,大力支持科技创新型企业发展。

30. 完善信用担保机制。鼓励设立信用担保基金,通过融资担保、再担保和股权投资等形式,与现有政府性融资担保机构、商业性融资担保机构合作,为科技型中小企业提供信用增进服务。完善相关考核机制,不进行盈利性指标考核,并设置一定代偿损失容忍度。

31. 加快发展科技保险。鼓励保险业金融机构完善科技保险产品和服务,试点科技保险奖补机制,推动科技型中小微企业利用科技保险融资增信和分担创新风险,加快推进各类知识产权保险。积极争取在苏南国家自主创新示范区开展全国专利保险试点,推动常态化实施专利执行保险、侵犯专利权责任保险,探索知识产权综合责任保险、知识产权海外侵权责任保险和专利代理人执业保险等专利保险新险种。

32. 完善创业投资引导机制。落实省天使投资引导资金政策,对出现投资损失的项目,省及地方财政按照实际发生损失额的一定比例分别给予支持。整合和完善各类创业投资引导基金,健全向社会资本适度让利的基金收益分配机制。对符合条件的创投企业采取股权投资方式投资未上市的中小高新技术企业,按照国家有关规定落实税收优惠政策。

33. 加快创业企业上市步伐。对接国家股票发行制度改革,研究特殊股权结构类创业企业到创业板上市的制度设计,推动符合条件的互联网企业和科技型企业到创业板发行上市。支持科技型中小企业到新三板挂牌。

34. 简化境内外创新投资管理。争取在苏南国家自主创新示范区开展合格境内有限合伙人、"限额内可兑换"外汇改革、境外并购外汇管理等试点。对开展国际研发合作项目所需付汇,探索实行研发单位事先承诺、事后并联监管制度。探索设立境外股权投资企业试点工作,支持省内重点金融机构、资本运营公司、企业直接到境外设立基金,或与境外知名投资机构合作组建国际科技创新基金、并购基金,开展创新投资。

七、加大政府引导和支持力度

35. 实行积极的财税政策。省财政从 2016 年起 3 年内统筹安排省级各类资金和基金超过 1 000 亿元,支持"一中心、一基地"建设。强化战略导向,实施省前瞻性产业技术创新专项和科技成果转化专项。加大绩效评价力度,提高政策和资金的效益。鼓励知名科学家、海外高层次人才创新创业团队、国际著名科研机构和高等院校、国家重点科研院所和高等院校在苏发起设立专业性、公益性、开放性的新型研发机构,最高可给予 1 亿元的财政支持。中央直属企业、国内行业龙头企业、知名跨国公司在苏设立独立法人资格、符合江苏产业发展方向的研发机构和研发总部,引入核心技术并配置核心研发团队的,最高可给予 3 000 万元的财政支持。对基础性、公益性的科技基础条件平台、工程技术研究中心等,省、市财政根据情况给予经费支持。鼓励和引导社会力量通过捐资捐助支持省属高等院校发展。进一步加大生命健康、资源环境、公共安全等社会事业领域科技创新投入力度,优化完善农业科技创新的财税支持方式,启动建设江苏现代农业产业技术创新园区,增加民生科技供给,提高科技惠民水平。

36. 完善基础研究长期稳定支持机制。加大对基础前沿类科学研究持续稳定的财政支持力度,关注影响长远发展和产业变革的重大原创性科学问题,强化对非共识、变革性、颠覆性创新研究的扶持,抢占科学制高点。改革创新基础研究经费使用和管理方式,省自然科学基金继续加大对青年科技人员的支持力度,更多资助处于起步阶段、35 周岁以下未承担过省级课题、在科研院所、高等院校、企业工作的博士,支持其自主选题、自由申报、自由探索,发挥科研"第一桶金"作用。优化完善优秀青年科学基金、杰出青年科学基金评审和管理机制,为重要科技领域实现跨越发展奠定坚实基础。

37. 建立创新产品推广使用机制。改革以单向支持为主的政府专项资金支持方式,建立健全符合国际规则、支持采购创新产品和服务的政策体系,加强对创新产品研制企业和用户方的双向支持,通过实施新技术新产品示范应用工程,促进产业、技术与应用协同发展。通过预留份额、评审优惠和合同分包等方式提高中小企业政府采购比例。探索建立面向全国的新技术新产品(服务)采购平台,深化首台(套)重大技术装备试验和示范项目、推广应用及远期采购合约等采购机制,委托第三方机构向社会发布远期购买需求。探索建立"首购首用"风险补偿机制,对经认定的首台(套)重大技术装备产业化示范应用项目进行奖补,对参与省重大装备保险试点的产品,在生产企业投保"首台套综合保险"时给予奖励。

38. 健全创新政策审查和评议制度。对新制订政策是否制约创新进行审查。及时废止或修改有违创新规律、阻碍新兴产业和新兴业态发展的政策条款。建立省重大经济科技活动知识产权评议制度,对政府重大投资活动、公共财政支持的科研项目开展知识产权评议。

39. 强化创新驱动发展鲜明导向。聚焦具有全球影响力的产业科技创新中心和创新型省份建设,建立创新驱动发展考核指标体系,重点考核创新投入、创新能力、创新产出、创新绩效、创新环境、知识产权保护、高新技术产业投资增速等内容,系统评价创新驱动发展水平,定期公布评价结果,并纳入市、县党政领导干部工作考核范围。在国有企业领导人员任期考核中加大科技创新指标权重,将研发投入、成果产出等指标纳入国有企业业绩考核。对竞争类国有企业,实施以创新体系和重点项目建设为主要内容的任期创新转型专项评价,评价结果与任期激励挂钩。

40. 构建科技创新社会化评价机制。探索发布江苏产业科技创新指数。从科技创新资源、科技创新环境、科技创新投入、前瞻性产业培育、产业国际竞争力等方面,综合评价实施创新驱动发展战略的总体情况,引导各地牢固树立和践行新发展理念,加快培育发展新动能,努力塑造更多依靠创新驱动的引领性发展。

上述政策措施自发布之日起执行,此前与本文件有关规定不一致的,按照本文件执行。各地、各部门和单位要结合实际,制定具体配套措施和实施细则,确保各项政策全面落地落实。

2016 年 8 月 16 日印发

关于实施乡土人才"三带"行动计划的意见

苏办发〔2017〕43 号

　　乡土人才是指扎根和活跃在民间传统工艺、现代实用技术、古建园林技艺等领域,掌握特殊技艺的能工巧匠、善于开拓创新的经营能人、拥有一技之长的生产能手。为进一步重视和加强乡土人才队伍建设,充分发挥乡土人才在带领技艺传承、带强产业发展、带动群众致富等"三带"方面的重要作用,根据《关于聚力创新深化改革打造具有国际竞争力人才发展环境的意见》(苏发〔2017〕3 号)精神,现就实施乡土人才"三带"行动计划提出如下意见。

一、总体要求

（一）指导思想

　　深入学习贯彻习近平总书记系列重要讲话精神和关于人才工作的新思想、新论断、新要求,紧紧围绕我省"两聚一高"目标任务,以继承和弘扬中华优秀传统文化为根本,以增强创新创造创业能力为核心,以健全培养和带动机制为保障,加强对"土专家""田秀才"的关注、培养和使用,造就一批带领技艺传承、带强产业发展、带动群众致富的民间技艺技能人才,为建设"强富美高"新江苏提供更加有力的人才支撑。

（二）基本原则

　　——继承传统文化。尊重历史文化积淀、尊重地域风格特点、尊重民间传统习俗,维护和弘扬传统技艺技能所凝聚的精神追求、蕴含的文化元素,倡导传承经典、守正出奇、推陈出新。

　　——激发创造活力。保护和尊重乡土人才个性发展,培育和弘扬精益求精的工匠精神,激发热情,释放活力,不断提升传统技艺技能的传承和再创造能力。

　　——推动产业发展。坚持创新性发展、创造性转化,引导乡土人才强化产品意识、市场意识、产业意识,大力实施品牌战略、品质战略和品位战略,推动传统技艺与现代生活、现代科技相结合,着力培育一批在国内外有影响力的历史经典产业和其他特色产业。

　　——促进就业富民。发挥乡土人才源自群众、扎根基层的特点,以及传统技艺技能覆盖面广、兼顾农工、适合家庭生产的优势,带动就业创业,促进精准扶贫,增加城乡居民收入。

（三）主要目标

到"十三五"末,选拔培养在全省乃至全国有一定代表性和影响力的江苏"三带"名人500名左右,在市县有一定带动力的江苏"三带"能手1 000名左右,入行时间不长但具有较大发展潜力的江苏"三带"新秀3 000名左右。支持乡土人才立足技艺技能创新创业,建设一批乡土人才工作室、乡土人才企业和"乡土人才+特色产业"小镇（园区）,让乡土人才真正"香"起来、多起来、强起来。

二、主要举措

（一）完善人才举荐方式。深入开展乡土人才寻访推荐活动,动态掌握人才数量、专业、特长等状况,分类建立乡土人才信息库。坚持组织推荐、社会举荐、活动评荐、个人自荐相结合,发现和推介各方面乡土人才。选拔工作每3年开展一次,经专家评审、社会公示、省有关部门联合会审后,予以公布。对入选培养计划的乡土人才,由省委组织部、省发展改革委、经济和信息化委、人力资源社会保障厅、农委、文化厅等联合颁发证书。

（二）建立梯次培养机制。坚持分层梯次培养,针对不同培养对象确定各自培养目标,共性需要的实施集成支持,个性需要的实施定制培育。明确培养周期,3年一轮,建立滚动培养、能进能出机制。期满集中考核,考核合格的,列入下一轮继续培养支持;考核优秀的,可申请进入上一层次培养支持;考核不合格的,撤销称号,不再列入培养支持。支持乡土人才申报国家"万人计划"、国家级工艺美术大师、国家级非遗代表性传承人、享受国务院特殊津贴、省"333高层次人才培养工程"等重点人才项目。

（三）强化职业技能教育。支持具备条件的高校、职业院校、技工学校开设传统技艺技能相关专业和课程,推行特色技艺定向招生,加大职前、职后教育力度。鼓励学校对相关专业的在校学生给予学费减免,提高奖、助学金标准。推动学校在相关企业设立乡土人才教学实践基地、毕业生就业基地,支持企业通过委托、定向等方式定制化培养乡土人才。

（四）畅通职业发展渠道。将乡土人才知识更新培训纳入专业技术人才知识更新培训工程、技能人才提升行动计划,对符合条件的乡土人才按规定给予培训补贴。建立乡土人才职称评审绿色通道,完善评定办法,建立符合乡土人才发展特点的评价制度和评价体系。贯通乡土人才与专业技术人才职业发展渠道,推进更多乡土人才到学校兼职,符合条件的可聘任教授。

（五）支持带领技艺传承。积极推行现代学徒制和企业新型学徒制,搭建"名师带徒"平台,建立大师工作室、传承基地、传习中心,深入开展师徒结对、技艺传承活动。引导返乡下乡在乡人员结合自身优势和特长,投身传统技艺技能学习。发挥乡土人才行业协会等社会组织作用,组织开展国际交流、研修培训、技能大赛、创作研讨等活动。

(六)支持带强产业发展。推进乡土人才创新创造成果与市场对接,用好江苏产品万里行、江苏工艺美术精品博览会等平台。省级每2年举办一次江苏乡土人才"三带"成果展示会,开展传统技艺技能大赛等活动,举办艺术节、作品展、博览会,鼓励大型内外贸企业携手乡土人才开拓产品国内国际市场。实施"乡土人才+互联网"行动,发展电子商务,拓宽产品线上线下销售渠道。引导乡土人才将传统技艺技能与现代科技、工艺装备相结合,创办特色企业。以乡土人才为纽带,培育一批人才集聚、产业集群的特色小镇。

(七)支持带动群众致富。建立乡土人才与相关专业大中专毕业生、爱好者、待业人员顺畅对接机制,支持乡土人才企业吸纳社会剩余劳动力特别是下岗职工、残疾人,带动群众就业创收。支持乡土人才牵头,成立各种形式的专业合作社、联合会,培育相关市场经纪人,加强龙头企业示范引领,带动群众创业增收。各地积极落实财政、税收优惠政策,通过以奖代补等方式,对乡土人才创办的特色企业、合作社等给予重点支持。

(八)加强双创资金扶持。鼓励设立乡土人才发展专项基金,支持乡土人才创新创业。优化产业类引导资金、涉农资金支出结构,对乡土人才技艺技能培训和创新创业发展给予倾斜支持。探索建立传统工艺技艺企业无形资产评估体系,支持符合条件的传统工艺技艺企业融资发展,推动建立政府引导、市场运作、社会参与的多元投融资体系。鼓励金融机构开展适合乡土人才特点的信用、联保等业务,加大对乡土人才的信贷支持。

三、组织保障

(一)加强组织领导。在党委统一领导下,各级人才工作领导小组统筹协调,组织部门牵头抓总,发展改革、经济和信息化、教育、财政、人力资源社会保障、住房城乡建设、农业、商务、文化等部门分工负责,社会力量共同参与。省级层面建立乡土人才"三带"行动计划联席会议制度,定期研究工作,协调解决问题。省有关部门要明确分管领导,落实工作职责,推进各行业领域乡土人才协调发展。

(二)上下联动推进。强化省统筹部署、市县分层落实的工作机制,各市、县(市、区)将乡土人才队伍建设列入议事日程,制定乡土人才队伍建设规划和专项政策,实施相关人才工程项目,扎实有效推进。将各地开展乡土人才"三带"行动计划情况,纳入人才工作考核、党建工作创新评比的重要内容。

(三)强化激励引导。建立党政领导干部分级联系乡土人才制度,畅通乡土人才参政议政、建言献策渠道。加大褒奖力度,对成绩突出的乡土人才按照有关规定给予奖励。对"三带"成效好、贡献大、认可度高的乡土人才,积极推荐为各级党代表、人大代表、政协委员和乡镇(街道)、村(社区)班子人选。

(四)营造良好环境。对做出突出贡献的乡土人才,可享受所在城市高层次人才在购房、教育、医疗等方面的同等待遇。强化乡土人才作品、产品的版权保护,切实维护乡土人才合法权益。积极宣传先进典型、"三带"成果,努力营造全社会尊重、关心和支持乡土人才发展的良好氛围。

关于进一步加快苏南国家自主创新示范区建设的有关人才政策措施

苏人社发〔2016〕473 号

为深入贯彻落实省第十三次党代会精神，充分发挥苏南人才管理改革试验区在集聚创新人才资源、打造人才高地的作用，进一步聚力人才政策创新，先行先试，厚植苏南国家自主创新示范区（以下简称苏南示范区）发展优势，现制定以下人才政策措施。

一、进一步推进简政放权，保障落实用人单位自主权

1. 支持创新事业单位人事管理制度。支持苏南五市分别制定公益二类事业单位备案人员管理办法，建立健全与之相适应的岗位管理、人员聘用、薪酬待遇、养老保险等配套制度。

2. 落实用人单位岗位管理自主权。苏南示范区内各事业单位可按照国家和省行业指导意见等有关规定，自行制定岗位管理办法，在核定的岗位总量内自主设置内设机构及管理、专业技术、工勤技能岗位，较低等级岗位可由单位根据需要统筹使用，岗位设置方案报同级人事综合管理部门核准。苏南示范区省部重点建设高等院校、国家重点学科，承担国家和省重大科研攻关任务的科研院所，专业技术岗位设置比例和最高岗位等级按规定程序核准后，高级岗位可按照不超过 10% 的比例上限作适当提高。对因事业发展需要的领军人才及其他急需紧缺人才的，可按规定设置特设岗位，不受岗位总量、专业技术岗位结构比例限制。专业技术二级岗位没有设置或没有空缺的，可以低岗位高聘或超岗位聘用。

3. 加快行政许可改革试点。全面推行"设立人力资源服务机构许可"和"中外合作职业技能培训机构设立审批"2 项行政许可的"先照后证"改革。苏南五市各选择一家人力资源服务机构或社会组织开展承接政府转移的人才培养、评价、流动、激励等职能试点。进一步放宽引进的国（境）外人力资源服务机构在股权比例和注册资本金上的限制。

二、进一步畅通人才流动配置渠道,构建具有国际竞争力的人才引进制度

4. 放宽急需紧缺外籍人才引进条件。对苏南示范区内企事业单位聘用的急需紧缺外籍人才,取消年龄限制,视外国人才类别,为其办理最高期限的《外国人工作许可证》。

5. 允许外国留学生毕业后直接留苏就业。放宽外国留学生在苏工作限制,允许硕士及以上的优秀毕业生直接在苏南示范区工作。

6. 支持用人单位自主招聘特殊人才。苏南示范区内事业单位聘用高层次人才和具有创新实践成果的科研人员,可按照国家和省有关规定,自主公开招聘,简化引进手续。

三、进一步加强平台载体建设,加快集聚高精尖缺人才

7. 打造品牌人才交流活动。定期在苏南示范区举办中国江苏海内外人才交流大会及"百名博士江苏行"、"台湾人才昆山行"等重大品牌活动。支持举办南京留交会、苏州国际精英创业周、无锡人才智力交流大会、万名硕博常州行、镇江人才创新创业博览会等地方特色品牌活动。围绕苏南特色产业发展需求,支持开展"千名专家进千企"活动。

8. 加大企业博士后工作站建设力度。在无锡国家高新技术产业开发区博士后科研工作站开展独立招收博士后研究人员试点工作,条件成熟后在苏南示范区全面推广。优先资助苏南示范区博士后人员的科研项目。引导金融资本和社会资本在苏州创建首家省博士后创投中心,支持博士后创新创业。"十三五"期间苏南示范区新增省示范博士后工作站20家,新设省博士后创新实践基地80家。

9. 创新产业人才集聚载体建设。围绕南京软件与新一代信息技术、无锡物联网、苏州纳米、常州石墨烯、镇江船舶等主导产业发展,"十三五"期间,重点支持建设1家国家级专业技术人员继续教育基地,10家省级专业技术人员继续教育基地。"十三五"期间在苏南示范区重点建成"江苏省外国专家工作室"150家。

10. 加强技能人才培养载体建设。支持苏南示范区创建国家级、省级技能大师工作室。全面推广建立技能大师产业创新园。新建一批省重点技师学院。开展组建行业性、区域性技工教育集团试点。支持苏州承办国际职业技能大赛、昆山承办海峡两岸职业技能竞赛。

四、进一步深化职称制度改革,完善人才分类评价和支持机制

11. 下放高级职称评审权。下放工程系列建设、机械、电子信息、石油化工等4个专业正高职称评审权,下放卫生、社区卫生、护理副高职称评审权。选择创新能力强、人才密集度高的科研院所、大型骨干企业和新型研发机构开展自主评审、自主发放证书试点。

12. 改革科技人才评价机制。允许苏南五市自主制定不低于省通用标准的科技人才评价标准,增加技术创新、专利发明、成果转化、技术推广、标准制定等评价指标的权重,将科研成果转化取得的经济效益和社会效益作为职称评审的重要条件。

13. 建立技能人才与工程技术人才职业发展贯通机制。开展高技能人才与工程技术人才职业发展贯通试点,高级工、技师、高级技师可对应申报工程系列初级、中级、高级职称评审,助理工程师、工程师、高级工程师可对应申报高级工、技师、高级技师技能等级考核认定。引进国际先进职业标准,在有条件的地区开展国际职业资格认证试点。

五、进一步完善薪酬分配机制,激发人才创新创造活力

14. 进一步加大高校科研院所内部分配自主权。完善高校、科研院所岗位绩效工资制度,适当提高绩效工资总量水平,允许高校、科研院所在核定的绩效工资总量内依据绩效考核评价结果,自主进行绩效工资分配。单位在进行内部分配时,重点向关键岗位、科研一线、成果突出的科技人员倾斜,真正做到多劳多得、优绩优酬。

15. 充分体现人才知识价值。对高校、科研院所聘用的高端人才和具有创新实践成果的优秀科技人才,可自主探索实行年薪工资、协议工资、项目工资等多种薪酬分配制度,其薪酬待遇水平可由单位自主确定。其中,对通过特聘、兼职、课题攻关、合作研究等多种方式引进的海外高层次创新领军人才,其薪酬待遇可由用人单位结合本单位同类人员收入水平,并综合考虑引进人才回国(来华)前的收入水平与其协议确定。

16. 允许科研人员实行兼职兼薪。高校、科研院所科技人员在完成本职工作的同时,经单位同意,可到科技型企业从事技术开发、技术成果转让、技术服务以及信息咨询等兼职工作,并获取合理报酬。科技人员兼职按规定获取的报酬,不纳入所在单位绩效工资总量管理范畴。

17. 推进落实科研成果转化收益分配。对按有关规定在科研成果转化收益中给予科研负责人、骨干技术人员等重要贡献人员和团队支付的奖励,不纳入单位绩效工资总量管理范畴。单位应制定科研成果权益分配相关规定,

明确权益分配方式、比例、时限,细化程序要求,以确保相关政策有效落实到位。

18. 进一步提高技能人才待遇。率先全面推行企业首席技师制度,试行年薪制、股权制、期权制;在有条件的设区市试行建立特级技师制度、在岗技师、高级技师政府津贴制度。鼓励企业开展技能人才自主评价,引导企业按照技能等级合理确定技能人才薪酬水平,进一步完善多劳多得、技高者多得的技能人才收入分配政策。

六、进一步强化服务保障,营造人才促发展、发展兴人才的良好环境

19. 健全人才公共服务体系。加强品牌人才公共服务窗口建设,建立苏南示范区一体化人才服务信息平台,为高层次人才提供引进手续办理、外国人就业许可、人才居住证审核、国外学历认证、子女入学、配偶就业等系列服务。建立人社干部高层次人才联系制度,对重点人才实施重点服务。积极参与人才公寓谋划建设。推行人才服务卡制度和服务专员制度,采用政府购买人才公共服务方式,探索实行重大引才交流活动服务外包。

20. 加快人力资源服务业发展。积极培育骨干人力资源服务企业,鼓励新业态新产品发展,推动省服务业发展引导资金、省人力资源服务业专项资金给予重点支持。加大对中国苏州人力资源服务产业园和省级人力资源服务产业园建设支持力度。"十三五"期间新建6家省级人力资源服务产业园,培育省级骨干企业70家。

21. 推进人才市场一体化进程。大力培育发展专业性、行业性人才市场,"十三五"期间新建4家省级人才市场,并给予专项资金支持。加强人才市场区域合作,开通建立国家苏南示范区人才网,实现区域内市场供求信息互通共享。组织苏南五市组团赴外开展集中招才引智活动,形成引才整体合力。

关于印发镇江"金山英才"计划的通知

镇办发〔2016〕10 号

为深入实施创新驱动发展战略,以高端人才集聚引领创新驱动发展,制定本计划。

一、总体目标

"十三五"期间,围绕镇江"四基地、一中心、两城市"的总体定位,重点引进支持 600 名(个)以上产业发展领域的高层次领军人才(团队),打造独具特色的产业人才高地。

二、基本原则

(一)聚焦产业。围绕产业链、创新链部署人才链,加快集聚走在国内外前沿、支撑和引领产业发展的高层次领军人才,以人才结构优化引领产业结构优化,以人才资源优势增创产业发展优势。

(二)注重质量。发挥政府引导、市场主导、企业主体的作用,重点引进世界一流、国内顶尖的人才、三次产业紧缺的高层次领军人才、掌握绝技绝活的高技能领军人才,提高人才要素对我市发展的贡献度。

(三)整合资源。市、辖市区联动,各有关部门互动,整合扶持政策和服务渠道,对人才进行组团式扶持、项目化服务,形成政策的叠加效应,实现服务的无缝对接。

三、主要任务

(一)顶尖人才专项计划

1. 主要任务。对世界一流、国内顶尖,能够推动我市产业快速抢占制高点、快速增强核心竞争力的顶尖人才(团队),全力招引,重点支持。计划从2016 年开始,用5 年时间,重点引进和支持 15 名(个)左右顶尖人才(团队)。

2. 支持政策。对于领衔创办企业或将科学技术成果产业化取得突出成效的顶尖人才(团队),按照市、辖市区联动、部门资源整合的原则,采取一事一议、特事特办的方式,可给予 1 000 万元左右的资金资助,特别突出的资助金额上不封顶。

(二)"镇江制造2025"领军人才计划

1. 主要任务。对接"中国制造 2025 镇江行动纲要",围绕打造全国重要的高端装备制造和新材料产业基地的目标,紧扣全市战略性新兴产业发展需求,计划从 2016 年开始,用 5 年时间,重点引进和支持 240 名(个)左右带技术、带项目、带资金的制造业领军人才(团队)。

2. 支持政策。分两年给予 200 万元或 100 万元的资金资助;在获资助的人才项目中,符合市经济与信息化委员会相关产业发展扶持资金条件的,给予 30 万元至 100 万元的配套资金扶持;优先推荐申报省级先进制造业创新人才团队项目、重点技术导向计划项目、两新推广项目;项目申报市级科技计划,优先给予支持。

(三)现代服务业领军人才计划

1. 主要任务。对接现代服务业发展规划,围绕建设区域物流基地、技术研发基地、创意生活休闲中心和现代山水花园城市、文化旅游名城的目标,计划从 2016 年开始,用 5 年时间,重点引进和支持 150 名(个)左右现代服务业领军人才(团队)。

2. 支持政策。分两年给予 100 万元或 50 万元的资金资助;在受资助人才所在的团队中,每年评选出 1～2 个服务业创新人才团队项目,再给予 50 万元至 100 万元的市服务业引导资金资助;项目优先推荐申报省、市级服务业专项引导资金;优先推荐申报省级现代服务业创新人才团队项目;项目申报市级科技计划,优先给予支持。

(四)现代农业领军人才计划

1. 主要任务。对接现代农业发展规划,以农业转型升级为重点,计划从 2016 年开始,用 5 年时间,重点引进和支持 60 名(个)左右现代农业领军人才(团队)。

2. 支持政策。分两年给予 100 万元或 50 万元的资金资助;符合市农业项目奖补条件的,给予项目奖补支持;优先推荐申报省级农业创新人才团队项目;在国家、省级相关农业项目申报中,同等条件下优先安排;项目申报市级科技计划,优先给予支持。

(五)高技能领军人才计划

1. 主要任务。围绕全市重点产业领域、产业项目,引进培育掌握绝技绝活,创造性解决企业关键操作技术和生产工艺难题,推动生产水平、产品质量和经济效益显著提升的高技能领军人才(团队)。计划从 2016 年开始,用 5 年时间,重点支持 150 名(个)左右高技能领军人才(团队)。

2. 支持政策。分两年给予 20 万元或 10 万元的资金资助;对获评"镇江市首席技师""镇江市技术能手""镇江市突出贡献技师""镇江市技能育徒名师""市级工匠奖"等称号的,同时给予相应的奖励。

本计划先期推出以上五个子计划,今后可根据经济社会发展需要,增设相关子计划或对目前子计划进一步细分和完善。

四、配套政策

（一）**鼓励柔性引才方式。**按照不求所有、但求所用的原则，放眼国内国外，柔性招引"高精尖缺"人才。鼓励有条件的企业在高层次领军人才集聚地区设立研发机构，与高等院校、科研院所共同建立实验室、研发机构等各类研发平台，用好市外优秀人才。支持市外人才将创新成果在我市产业化，探索性开展高技能领军人才的柔性引进工作。

（二）**加快创新载体建设。**加快现有高新技术开发区、经济开发区、"三集"园区、大学科技园等创新创业载体的转型升级。鼓励各地建设多种类型的留学生创业园、科技企业孵化器、众创空间和众创集聚区，完善孵化功能。积极创建国家级创新创业载体，提升对高层次领军人才的承载能力。

（三）**支持研发平台发展。**加大对企业研发机构的奖励力度，对新认定的国家级重点实验室、工程技术研究中心、工程中心、工程实验室、企业技术中心、博士后科研工作站等，给予每家企业50万元至100万元的奖励；对新认定的省级产业研究院、重点实验室（企业）、院士工作站、科技公共服务平台、工程技术研究中心、工程中心、工程实验室、企业技术中心、博士后创新实践基地等，给予每家企业20万元至50万元的奖励。所有企业研发机构奖励按照"就高不就低"原则，不重复享受。

（四）**强化人才金融支持。**发挥政府引导作用，按照产业基金运作模式，成立市人才创业投资基金，对符合条件的人才项目，可给予500万元以上的创业投资。推行知识产权质押融资、科技保险保费补贴、小额贷款保证保险、科技创业企业融资担保等融资服务方式，用活"人才贷""苏科贷""镇科通""镇科贷""镇农贷""镇文贷""镇保贷"等政策性金融产品。鼓励人才企业挂牌上市，对首发上市、新三板挂牌的给予一定奖励。

（五）**创新人才奖补政策。**对引进人才新创办的符合高新技术产业要求的企业，在我市缴纳企业所得税地方留成部分，按前三年100%，第四年、第五年50%的比例列入产业扶持引导专项资金，经认定后用于定向补助企业。对引进人才团队中核心成员、紧缺型人才在我市缴纳个人所得税地方留成部分，按前三年100%，第四年、第五年50%的比例列入产业扶持引导专项资金，经认定后用于定向补助人才个人。

（六）**优化人才服务环境。**完善领军人才服务机制，提供一站式、定制化、便利化服务。建立党政领导直接联系人才制度，加强思想交流、感情联络和暖心服务。成立领军人才俱乐部，搭建交流合作平台。鼓励首购首用，支持财政性资金优先采购和推广应用人才企业创新产品。推动人才服务业发展，支持人才企业购买科技中介服务，并给予一定的资金支持。落实人才安居政策，鼓励有条件的地区建设人才社区。为"金山英才"计划入选人员发放"金山英才卡"，提供医疗、子女就读、配偶就业等配套服务。完善各类人才表彰奖励制度，加大对优秀人才和人才工作优秀地区、单位、企业、个人的表彰奖励力度。

"十三五"期间，在我市入选的省"双创计划"人才和落户我市的国家"千人计划"人才及人才所在企业同时享受上述配套政策。

五、组织实施

（一）加强组织领导。"金山英才"计划在市委、市政府统一领导下，由市人才工作领导小组统筹组织实施。市人才工作领导小组办公室牵头做好综合协调、政策完善和考核督查等工作，市人才工作领导小组各成员单位按照职责分工，健全工作机制，做好相应工作。各地、各有关部门党委（党组）要将"金山英才"计划作为落实党管人才责任的重要内容，量化目标要求，细化责任分工，确保各项任务落到实处。

（二）精心组织实施。市人才工作领导小组办公室牵头负责顶尖人才专项计划的组织实施；市经济与信息化委员会设立"镇江制造2025"领军人才计划引选平台，市发展与改革委员会设立现代服务业领军人才引选平台，市农业委员会设立现代农业领军人才引选平台，市人力资源和社会保障局设立高技能领军人才引育平台，牵头负责各相关子计划的具体组织实施，并围绕计划实施和政策落实制定实施方案或细则。

（三）强化财政保障。市本级和各辖市区、镇江新区要足额安排"金山英才"计划专项资金，纳入财政预算，按照1∶1的原则共同承担本计划的资助资金，保障本计划的有效实施。探索有效方式，整合各条口、各部门政策和资金，加大扶持力度。市本级和各辖市区、镇江新区两级财政部门应根据本意见，制定专项资金管理和绩效评价办法，并认真组织实施，确保资金及时到位、规范运作、发挥效益。

（四）建立退出机制。各用人单位要加强对"金山英才"计划入选人才的管理。对违法违纪、违反学术道德规范，产生不良社会影响以及因个人原因不能发挥作用的，经相应人才引选、引育平台报市人才工作领导小组批准后，取消其"金山英才"计划入选资格，并依法依规追究相应责任。

本计划自发布之日起实施，由市人才工作领导小组办公室负责解释。

附件：1."金山英才"顶尖人才专项计划

2."金山英才"镇江制造2025领军人才计划

3."金山英才"现代服务业领军人才计划

4."金山英才"现代农业领军人才计划

5."金山英才"高技能领军人才计划

附件1

"金山英才"顶尖人才专项计划

为突出对顶尖人才(团队)的招引和支持,根据镇江"金山英才"计划要求,制定本计划。

一、目标任务

对于世界一流、国内顶尖,能够帮助我市产业快速抢占制高点、快速增强核心竞争力的顶尖人才(团队),全力招引,重点支持。计划从2016年开始,用5年时间,重点引进和支持15名(个)左右顶尖人才(团队)。

二、申报条件

1. 应具备下列条件之一:诺贝尔奖获得者;中国或发达国家科学院院士、工程院院士;获得国家最高科学技术奖或相当层次国际科技奖项的科学家;"千人计划"专家、"万人计划"专家;在我市入选江苏省"双创计划"的领军人才;其他相当层次顶尖人才。对于引领产业发展作用十分突出,对我市经济社会发展做出巨大贡献的人才,标准可适当放宽。

2. 研究成果世界一流、国内顶尖,能够把握和引领重大科学发展或能够推动关键核心技术实现重大突破,并已在我市实现产业化,取得突出成效。

三、支持政策

1. 按照市、辖市区联动、部门资源整合的原则,采取一事一议、特事特办的方式,可给予1 000万元左右的资金资助,特别突出的资助金额上不封顶。

2. 优先推荐国家、省、市各级项目支持。

四、评选程序

1. 人才向各辖市区人才工作领导小组办公室申报。各辖市区人才工作领导小组筛选,报本地区政府常务会、党委常委会研究决定后,向市人才工作领导小组推荐。每个辖市区每年推荐1~2名(个)人才(团队)人选。

2. 市人才工作领导小组办公室会同市人力资源与社会保障局、市科学技术局、市财政局、市发展与改革委员会、市经济与信息化委员会、市农业委员会组织对辖市区推荐人选进行初审、技术评审、综合评审、面试,提出评审意见。

3. 市人才工作领导小组对推荐人选进行研究,根据其引领产业发展的作用、对地方经济发展的贡献,提出资助建议。

4. 市政府常务会、市委常委会先后进行研究,结合评审意见和资助建议,确定拟资助人选和拟资助金额。

5. 通过媒体将拟资助人选和拟资助金额向社会公示。

6. 公示结束后,人才需提供相应证明材料。市人才工作领导小组办公室、人才所在载体或企业与顶尖人才签订资助协议,在协议中明确签约方的权利、义务和相关法律责任。根据协议及资金管理办法拨付资助资金。

7. 人才在申报时应对申报材料的真实性负责,若有欺诈行为,一经查实,即取消其资格,追缴已资助经费,并追究当事人的法律责任。

本计划由市人才工作领导小组办公室负责解释。

附件2

"金山英才"镇江制造2025领军人才计划

为大力实施创新驱动战略，深入对接"中国制造2025镇江行动纲要"，吸引和鼓励先进制造业人才到我市创新创业，根据镇江"金山英才"计划要求，制定本计划。

一、引才重点及目标

（一）重点领域。针对"中国制造2025镇江行动纲要"九大领域、"互联网＋"等关键环节，重点引进和支持引领我市产业发展的带技术、带项目、带资金的创新创业领军人才。

（二）重点方向。重点主攻新材料、智能装备、汽车及轨道交通装备、航空航天装备、新能源与节能环保装备、新一代信息技术、特种船舶与海洋工程装备、机械装备、生物医疗和健康产业等方向先进制造业人才。

（三）目标任务。围绕打造全国重要的高端装备制造和新材料产业基地的目标，紧扣全市战略性新兴产业发展需求，计划从2016年开始，用5年时间，重点引进和支持240名（个）先进制造业领军人才（团队），进一步完善高层次创新创业人才队伍建设体系。

二、申报条件

（一）创业领军人才申报条件

1. 申报人具有硕士以上学位，年龄不超过55周岁，特别优秀者可以适当放宽。在国内外具有创新创业经历，拥有发明专利等自主知识产权，其技术国际先进，能够填补国内空白或引领相关产业发展，或在国际某一学科、技术领域为带头人、拥有高技术含量科研成果、市场开发前景广阔的人才，以及引领我市产业发展的带技术、带项目、带资金的人才。

2. 申报人创办的创业项目符合国家产业政策，主导产品具有自主知识产权，技术水平达到国际先进或国内领先，能够填补国内空白或引领相关产业发展，有较好的市场发展前景和预期经济效益等。

3. 申报人应为所创办企业的主要负责人，在所创办企业的实收资本中货币出资不少于财政资金资助额，占股不少于30%或是自然人第一大股东；企业一般尚未落户或落户时间不超过3年。

4. 申报人所创办企业在上缴税收、带动就业等方面贡献较大或已有社会资本投入的，给予优先支持。

（二）创新领军人才申报条件

1. 申报人应具有博士学位，年龄不超过 55 周岁，特别优秀者可适当放宽。具有在国内外知名企业、高校、科研单位及相关机构关键岗位 5 年以上从事研发或管理工作的经历，并取得突出业绩。拥有发明专利等自主知识产权，其技术国际先进，能够填补国内空白或引领相关产业发展，或在国际某一学科、技术领域为带头人。

2. 申报人一般尚未来镇或来镇时间不超过 3 年；入选后能连续在引进单位工作 3 年以上。

3. 申报人需与我市用人单位签订具有法律效力的劳动合同或工作协议，并受聘担任科技、营运负责人等以上职务，申报单位给予的薪酬月均不低于20 000 元，以申报单位代扣代缴个人所得税完税证明为准。

4. 申报人本人参与用人单位项目投资、有资金投入并占有股份的，给予优先支持。

三、支持政策

（一）对经评定的先进制造业领军人才，按照创新成就、企业或者项目运行质量、经济和社会贡献等，分两年给予 200 万元或 100 万元的创新创业资金资助。其中用于个人补助的不得低于 20%，并不得抵扣工资待遇。

（二）在获资助的人才项目中，符合市经济与信息化委员会相关产业发展专项扶持资金条件的，给予配套资金 30 万元至 100 万元的扶持。产业发展扶持专项资金类别如下：1. 首台套重大装备及关键部件认定、示范应用项目；2. 专精特新优企业培育项目；3. 科技创新能力提升项目；4. 示范性公共服务平台项目；5. 软件业发展专项。

（三）优先推荐申报省级先进制造业创新人才团队项目、重点技术导向计划项目、两新推广项目；项目申报市级科技计划，优先给予支持。

四、评选程序

（一）市人才工作领导小组通过政府网站和新闻媒体发布镇江"金山英才"计划引才公告。

（二）人才登录镇江市人力资源和社会保障（http://hrss.zhenjiang.gov.cn），进入"镇江'金山英才'计划"专题，直接在网上申报，并按要求提供《领军人才创新创业申请书》《项目计划书》等申报材料，相关证明材料需提供原件备审。

（三）坚持公开、公平、公正、择优的原则，由"镇江制造 2025"领军人才引选平台组织人才项目资格认定和项目初审、技术评审、综合评审、面试。综合几轮评审情况确定拟资助人选推荐名单,经市人才工作领导小组审定,确定拟资助人选名单,报镇江市委、市政府批准后,经媒体向社会公示。

(四)"镇江制造2025"领军人才引选平台组织未落户人才与引进人才载体或企业对接洽谈,人才自公示结束后,需在2个月内办理完落户手续。创业型领军人才提供所创办企业的营业执照、验资报告以及在企业担任高管的证明材料等;创新型领军人才提供其与所在企业签订的聘用合同,并附工资单、纳税证明等,报"镇江制造2025"领军人才引选平台审核。

(五)"镇江制造2025"领军人才引选平台、人才所在载体或企业与确定来镇江的领军人才签订资助协议,在协议中明确签约方的权利、义务和相关法律责任,根据协议和资金管理办法拨付资助资金。

(六)人才在申报时应对申报材料的真实性负责,若有欺诈行为,一经查实,即取消其资格,追缴已资助经费,并追究当事人的法律责任。

本计划由市经济与信息化委员会、市人才工作领导小组办公室负责解释。

附件 3

"金山英才"现代服务业领军人才计划

为吸引和鼓励现代服务业人才（团队）在我市创新创业，根据镇江"金山英才"计划要求，制定本计划。

一、引才重点及目标

（一）重点方向。重点支持运用大数据、云计算、物联网等现代技术，按照"互联网＋"思维发展的平台经济，加强服务业技术创新、品牌创新、模式创新，鼓励发展服务业新业态。

（二）重点领域。重点引进现代旅游、现代物流、文化创意、高端商务、现代金融、软件信息、电子商务、健康服务、科技服务、环境服务等领域的现代服务业人才。

（三）目标任务。对接现代服务业发展规划，围绕建设区域物流基地、技术研发基地、创意生活休闲中心和现代山水花园城市、文化旅游名城目标，计划从 2016 年开始，用 5 年时间，重点引进和支持 150 名（个）现代服务业领军人才（团队），并在此范围内评选出 5－10 个创新人才团队项目，进一步完善高层次创新创业人才队伍建设体系。

二、申报条件

（一）创业领军人才申报条件

1. 申报人具有硕士以上学位，年龄不超过 55 周岁，特别优秀者可以适当放宽。拥有与创业领域产品、技术相关的自主知识产权或关键技术，或具有卓越经营管理才能的高级管理人才（团队）。

2. 创业项目符合国家产业政策；主导产品具有自主知识产权，技术水平达到国际先进或国内领先，能够填补国内空白或引领相关产业发展；项目服务业态或经营模式具有较强创新性和引领性，有较好的市场发展前景和预期经济效益等。

3. 申报人应为所创办企业的主要负责人，在所创办企业的实收资本中货币出资不少于财政资金资助额，占股不少于 30% 或是自然人第一大股东；企业一般尚未落户或落户时间不超过 3 年。

4. 对申报人所创办企业的税收、就业、社保等贡献大或已有社会资本投入的优先支持。

（二）创新领军人才申报条件

1. 一般应具有硕士以上学位，年龄不超过55周岁，特别优秀者可以适当放宽。具有现代服务业相关领域理论和实践经验，较强的创新意识和能力，研究开发的服务业商业模式、技术应用、服务产品在国内同行业中处于首创或领先水平。近3年内须在促进服务业相关领域创新发展中做出突出贡献，或担任国内外知名服务业企业高级管理职务，有主持研究开发服务业商业模式、技术应用、服务产品的成功经验。

2. 人才一般尚未来镇或来镇时间不超过3年；入选后能连续在引进单位工作3年以上。

3. 申报人需与我市用人单位签订具有法律效力的劳动合同或工作协议，并受聘担任科技、营运等负责人以上职务，申报单位给予的薪酬月均不低于15 000元，以申报单位代扣代缴个人所得税完税证明为准。

4. 申报人本人参与项目投资、有资金投入并占有股份的企业引进人才优先支持。

（三）创新人才团队申报条件

1. 创新人才团队项目须由至少1名现代服务业领军人才担任创新项目负责人，团队核心成员至少有2名符合市级高层次人才标准。团队成员之间专业结构合理，具有关联性和互补性。入选后能在引进单位连续工作3年以上。

2. 项目应已开工建设，总投资一般不低于800万元，项目建设资金已基本落实，当年度投资占总投资的30%以上，特别优秀者可适当放宽，其中辖市区财政先期已资助或者已获得知名投资机构投资的项目可优先考虑。

3. 创新人才团队创办或者引进企业应属于高成长性现代服务业企业，已完成工商注册登记、参加社会保险等相关手续，注册资本一般不低于500万元，特别优秀者可适当放宽。

三、资金支持

（一）对经评定的现代服务业领军人才（团队），按照创新成就、企业或者项目运行质量、经济和社会贡献等，分两年给予总计100万元或50万元的创新创业资金。其中用于个人补助的不得低于20%，并不得抵扣工资待遇。

（二）对受资助人才所在的团队中，每年评选出1～2个服务业创新人才团队项目，由市级服务业专项引导资金按照项目的总投资、成熟度、建成效益等给予50万元至100万元的创新创业资金资助。其中用于个人补助的不得低于20%，并不得抵扣工资待遇。

（三）项目优先推荐申报省、市级服务业专项引导资金；优先推荐申报省级现代服务业创新人才团队项目;项目申报市级科技计划,优先给予支持。

四、评选程序

(一)市人才工作领导小组通过政府网站和新闻媒体发布镇江"金山英才"计划引才公告。

(二)人才登录镇江市人力资源和社会保障(http://hrss. zhenjiang. gov. cn),进入"镇江'金山英才'计划"专题,直接在网上申报,并按要求提供《领军人才创新创业申请书》《项目计划书》等申报材料,相关证明材料需提供原件备审。

(三)人才所在企业负责材料报送,并对材料真实性负责,将申报材料按照产业分类,报送市行业主管部门进行初审。

(四)行业主管部门将初审通过的申报材料报现代服务业领军人才引选平台,由现代服务业领军人才引选平台组织人才项目资格认定和项目初审、技术评审、综合评审、面试,坚持公开、公平、公正、择优的原则,综合几轮评审情况确定拟资助人选推荐名单,经市人才工作领导小组审定,确定拟资助人选名单,报镇江市委、市政府批准后,经媒体向社会公示。

(五)现代服务业领军人才引选平台组织未落户人才与引进人才载体或企业对接洽谈,人才自公示结束后,需在2个月内办理完落户手续。创业型领军人才提供所创办企业的营业执照、验资报告以及在企业担任高管的证明材料等;创新型领军人才提供其与所在企业签订的聘用合同,并附工资单、纳税证明等,报现代服务业领军人才引选平台审核。

(六)现代服务业领军人才引选平台、人才所在载体或企业与确定来镇江的领军人才签订资助协议,在协议中明确签约方的权利、义务和相关法律责任,根据协议和资金管理办法拨付资助资金。

(七)人才在申报时应对申报材料的真实性负责,若有欺诈行为,一经查实,即取消其资格,追缴已资助经费,并追究当事人的法律责任。

本计划由市发展与改革委员会、市人才工作领导小组办公室负责解释。

附件4

"金山英才"现代农业领军人才计划

为进一步推进"科技兴农"和"人才强农"战略,吸引和鼓励现代农业人才到我市创新创业,根据镇江"金山英才"计划要求,制定本计划。

一、引才重点及目标

(一)重点领域。对接现代农业发展规划,以农业转型升级为重点,突出做强优质粮油、特色园艺、特种养殖、高效林业、休闲农业等五大主导产业。

(二)重点方向。重点引进和支持高效农业发展、生态种养、精品养殖、种苗繁育、农产品精深加工、农业信息化建设、农业机械化建设等方向的创新创业人才。

(三)目标任务。围绕"十三五"期间镇江现代农业发展需求,以率先实现农业基本现代化为引领,计划从2016年开始,用5年时间,重点引进和支持60名(个)现代农业领军人才(团队),进一步完善高层次创新创业人才队伍建设体系。

二、申报条件

(一)创业领军人才申报条件

1. 申报人具有硕士以上学位,年龄一般不超过55周岁,特别优秀者可适当放宽;拥有发明专利等自主知识产权,或其技术国际先进,能够填补国内空白或引领相关产业发展,或拥有高技术含量、市场开发前景广阔科研成果的人才,以及引领我市产业发展的带技术、带项目、带资金的人才。

2. 创业项目符合国家产业政策,主导产品具有自主知识产权,能够填补国内空白或引领相关产业发展,有较好的市场发展前景和预期经济效益等。

3. 申报人应为所创办企业的主要负责人,在所创办企业的实收资本中货币出资不少于财政资金资助额,占股不少于30%或是自然人第一大股东;企业一般尚未落户或落户时间不超过3年。

4. 申报人及其团队应具有一定的创业经验或创业基础,创业的成功率相对较高。

5. 对申报人所创办企业的税收、就业、社保等贡献大或已有社会资本投入的优先支持。

(二)创新领军人才申报条件

1. 一般应有硕士以上学位,年龄不超过55周岁,特别优秀者可适当放宽;具有在国内外知名企业、高校、科研单位及相关机构关键岗位 5 年以上从事研发或管理工作的经历,并取得突出业绩;拥有发明专利等自主知识产权,能够填补国内空白或引领相关产业发展,或在国际某一学科、技术领域为带头人。

2. 人才一般尚未来镇或来镇时间不超过 3 年;入选后能连续在引进单位工作 3 年以上。

3. 申报人需与我市用人单位签订具有法律效力的劳动合同或工作协议,并受聘担任科技、营运负责人等以上职务,申报单位给予的薪酬月均不低于 10 000 元,以申报单位代扣代缴个人所得税完税证明为准。

4. 申报人本人参与项目投资、有资金投入并占有股份的企业引进人才优先支持。

5. 申报人信誉良好,与用人单位合作融洽,作用明显,被用人单位认可。

三、支持政策

(一)对经评定的现代农业领军人才,按照创新成就、企业或者项目运行质量、经济和社会贡献等,分两年给予 100 万元或 50 万元的资金资助。其中用于个人补助的不得低于 20%,并不得抵扣工资待遇。

(二)符合市农业项目奖补条件的,给予项目奖补支持。

(三)优先推荐申报省级农业创新人才团队项目;在国家、省级相关农业项目申报中,同等条件下优先安排;项目申报市级科技计划,优先给予支持。

四、配套措施

(一)引导人才与我市农业主导产业、特色产业开展多方面对接,充分发挥人才的专业知识和技术优势,促进农业转型升级。

(二)给予人才在工作、生活、培训等方面的关心,帮助解决实际问题,营造人才创新创业的良好环境。

五、评选程序

(一)市人才工作领导小组通过政府网站和新闻媒体发布镇江"金山英才"计划引才公告。

(二)人才登录镇江市人力资源和社会保障(http://hrss. zhenjiang. gov. cn),进入"镇江'金山英才'计划"专题,直接在网上申报,并按要求提供《领军人才创新创业申请书》《项目计划书》等申报材料,相关证明材料需提供原件备审。

(三)坚持公开、公平、公正、择优的原则,由市现代农业领军人才引选平台组织人才项目资格认定和项目初审、技术评审、综合评审、面试。综合几轮评审情况确定拟资助人选推荐名单，经市人才工作领导小组审定，确定拟资助人选名单，报镇江市委、市政府批准后，经媒体向社会公示。

（四）现代农业领军人才引选平台组织未落户人才与引进人才载体或企业对接洽谈，人才自公示结束后，需在2个月内办理完落户手续。创业型领军人才提供所创办企业的营业执照、验资报告以及在企业担任高管的证明材料等；创新型领军人才提供其与所在企业签订的聘用合同，并附工资单、纳税证明等，报现代农业领军人才引选平台审核。

（五）现代农业领军人才引选平台、人才所在载体或企业与确定来镇江的领军人才签订资助协议，在协议中明确签约方的权利、义务和相关法律责任，根据协议和资金管理办法拨付资助资金。

（六）人才在申报时应对申报材料的真实性负责，若有欺诈行为，一经查实，即取消其资格，追缴已资助经费，并追究当事人的法律责任。

本计划由市农业委员会、市人才工作领导小组办公室负责解释。

附件**5**

"金山英才"高技能领军人才计划

为加快吸引和激励高技能人才投入我市产业转型升级和现代化建设,根据镇江"金山英才"计划要求,制定本计划。

一、引才重点及目标

(一)重点领域。针对"中国制造 2025 镇江行动纲要"九大领域、"互联网+"等关键环节,重点支持对我市新兴产业突破发展和传统产业转型升级有明显技能支撑的人才。

(二)重点方向。新材料、智能装备、汽车及轨道交通装备、航空航天装备、新能源与节能环保装备、新一代信息技术、特种船舶与海洋工程装备、工程机械和农业机械设备、生物医疗和健康产业等方向高技能人才。

(三)目标任务。围绕"十三五"期间镇江产业发展人才需求,从 2016 年开始,每年有计划、有重点地引进培养 30 名(个)左右有突出贡献的领军型高技能人才(团队),进一步完善高技能人才队伍建设体系。

二、申报条件

(一)引进的高技能领军人才标准

1. 具有国家二级职业资格(技师)以上或同等技能水平,年龄一般不超过 55 周岁,境外引进的高技能人才年龄一般不超过 65 周岁。

2. 具有 5 年以上在企事业单位关键岗位从事技术技能工作或技能人才教育培训工作的经历,并取得突出的成果和业绩。

3. 引进的高技能人才应尚未来镇或来镇时间不超过 3 年(以人才申报的时间为准计算)。

4. 申报人已与我市单位签订具有法律效力的劳动合同或工作协议 3 年以上;境外引进的高技能人才应在引进单位连续工作 3 年以上,且每年不少于 6 个月,并在单位主要技能骨干岗位或担任技能负责人的职务。

5. 申报单位给予的薪酬月均不低于 10 000 元,以申报单位代扣代缴个人所得税完税证明为准。

(二)培育的高技能领军人才标准

1. 具有国家二级职业资格(技师)以上或同等技能水平,年龄一般不超过 55 周岁。

2. 具有 5 年以上在企事业单位关键岗位从事技术技能工作的经历,并取得突出的成果和业绩。

3. 申报人已与现单位签订具有法律效力的劳动合同或工作协议累计 3 年以上，并在单位主要技能骨干岗位或担任技能负责人的职务。

4. 申报单位给予的薪酬月均不低于 6 000 元，以申报单位代扣代缴个人所得税完税证明为准。

（三）柔性引进的高技能领军人才标准

由企业以项目为依托，采取兼职、短期聘用、技术攻关、成果转化等方式引进，具有国家二级职业资格（技师）以上或同等技能水平；来镇时间不超过 3 年（以人才申报的时间为准计算）；年龄不超过 65 周岁；全年来镇为企业服务时间累计一个月以上；为企业解决重大技术难题、创造巨大经济效益和社会效益。

以上三类人才，除满足各类标准外，还须具备以下条件：具有绝招绝技，有发明创造或重大技术革新成果；或创造过先进操作法，提高劳动生产率，对提升企业或行业产品质量有突出贡献；或在编制标准工艺、工作法方面对企业、行业、社会有突出贡献；或企业高度认可，能够带领技能人才团队排除重大关键技术障碍、重大安全隐患，消除质量通病，解决企业生产过程中的实际问题；或进行技术革新和技术改造，利用所掌握的绝技绝活用于实际生产与经营；或开发研制、创作有价值的新产品、新作品、新工艺等，取得显著经济效益和社会效益的，以及引领我市行业、产业发展的有技能、有项目的人才。

三、支持政策

（一）对经认定的第（一）、（二）类高技能人才，按照创新成就、企业或者项目运行质量、经济和社会贡献等，分两年给予 20 万元或 10 万元的资金支持；对于第（三）类高技能人才，按照企业实际给付报酬的 50% 给予配套资金补助，最高不超过 10 万元。

（二）对获评"镇江市首席技师"的高技能人才，一次性奖励每人 2 万元，经考察合格，可作为劳动模范的优先推荐人选。

（三）对通过参加竞赛获得"镇江市技术能手"称号的，给予 1 000 元至 3 000 元的奖励。

（四）对获评"市突出贡献技师（高级技师）"的，享受 300 元/月、500 元/月的政府津贴（连续享受 3 年）。

（五）对获评"市技能育徒名师"的，给予一次性 1 万元的奖励。

（六）优先推荐申报市"169 工程"、省"333 工程"等人才培养工程；优先推荐参与享受国务院政府特殊津贴、国家及省市技能大师工作室、省首席技师等评选。

（七）配套服务

1. 免费入驻镇江创业园、镇江市技能大师产业创新园，并按规定享受创业贷款、创业奖补等优惠政策。

2. 对高技能人才领办或创办的企业，人社部门给予免费进场招聘服务，在人事代理、档案托管、社保缴纳等手续办理方面开通绿色通道。

3. 鼓励和引导各辖市区依托各类园区建立高技能人才俱乐部，积极为高技能人才提供交流技艺、分享技能的平台。

四、评选程序

（一）市人才工作领导小组通过政府网站和新闻媒体发布镇江"金山英才"计划引才公告。

（二）人才登录镇江市人力资源和社会保障（http：//hrss. zhenjiang. gov. cn），进入"镇江'金山英才'计划"专题，直接在网上申报，常年受理，并按要求提供《领军人才创新创业申请书》《项目计划书》等申报材料，相关证明材料需提供原件备审。

（三）坚持公开、公平、公正、择优的原则，由高技能领军人才引选平台组织人才项目资格认定和项目初审、技术评审、综合评审。综合几轮评审情况确定拟资助人选推荐名单，经市人才工作领导小组审定，确定拟资助人选名单，报镇江市委、市政府批准后，经媒体向社会公示。

（四）高技能领军人才引选平台组织高技能领军人才与引进人才载体或企业对接洽谈，人才自公示结束后，外地人才需在2个月内办理完落户手续。人才本人提供其与所在企业签订的劳动合同或工作协议，并附工资单、纳税证明等，报高技能领军人才引选平台审核。

（五）高技能领军人才引选平台、人才所在载体或企业与高技能领军人才签订资助协议，在协议中明确签约方的权利、义务和相关法律责任，根据协议和资金管理办法拨付资助资金。

（六）人才在申报时应对申报材料的真实性负责，若有欺诈行为，一经查实，即取消其资格，追缴已资助经费，并追究当事人的法律责任。

本计划由市人力资源和社会保障局、市人才工作领导小组办公室负责解释。

关于深化科技体制改革的意见

镇发〔2016〕53 号

为深入贯彻落实江苏省第十三次党代会和镇江市第七次党代会、全国和全省科技创新大会精神，根据《国家创新驱动发展战略纲要》（中发〔2016〕4 号）、《深化科技体制改革实施方案》（中办发〔2015〕46 号）和《中共镇江市委关于落实全面深化改革的实施意见》（镇发〔2014〕13 号），结合镇江实际，现就我市深化科技体制改革，提出如下意见。

一、总体要求

落实创新、协调、绿色、开放、共享五大发展理念，深化供给侧结构性改革，聚力创新，让改革创新贯穿全市一切工作，把创新作为引领镇江发展的第一动力，着力形成创新大格局，营造一流的创新生态环境，加快培育创新"高原"和"高峰"。坚持问题导向，面向世界科技前沿、面向镇江经济主战场、面向国家重大需求，将科技创新作为全面创新"核心的核心"。突出科技与经济结合，进一步调动科技人员积极性，努力建设高水平的国家创新型城市，加快镇江市苏南国家自主创新示范区建设，打造人才高地、创新高地、产业高地。

二、理顺科技创新管理体制

（一）强化政府科技部门创新服务职能。坚持创新驱动发展战略，推动政府职能从研发管理向创新服务转变，对镇江市科技局内设机构职能进行调整优化，突出区域创新和科技金融等职能，促进科技和经济结合。对镇江市生产力促进中心职能进行科学定位，进一步发挥其服务小微科技型企业和科技人才的作用。按照"江苏有地位，全国有影响"的标准，坚持有所为、有所不为，聚焦镇江市最有条件、最具优势的创新型产业集群，围绕产业链部署创新链，配套资金链。（责任单位：市编办、市科技局）

三、强化协同创新体系建设

（二）发挥好企业的主体作用、领军人才的关键作用和高校院所的平台作用。大力推动产学研协同创新，通过产业技术创新联盟等形式聚合创新资源，把推动关键领域核心技术的攻关突破作为科技创新的重中之重。加快建立覆盖企业初创、成长、发展等不同阶段的普惠政策支持体系。探索政府支持企业技术创新、管理创新、商业模式创新的新机制。（责任单位：市科技局、市财政局、市国税局、镇江地税局，各辖市、区政府，镇江新区、镇江高新区管委会）

（三）设立镇江市低碳产业技术研究院。创新体制机制，研究制定镇江市低碳产业技术研究院管理暂行办法，采取理事会管理下的院长负责制和"总院＋专业研究所"的运营模式，围绕镇江市的优势特色产业，瞄准新兴产业，突出低碳技术，发展低碳新经济。鼓励园区、孵化器、众创空间、创投公司、高新技术企业等参与共建专业研究所。积极探索"创投＋孵化"的模式，推动科技成果转化。支持国内外高校院所与我市共建低碳产业技术研究院（所）。（责任单位：市科技局、市编办、市财政局，各辖市、区政府，镇江新区、镇江高新区管委会）

（四）设立"宁镇扬在地高校院所产学研合作专项"。推动宁镇扬一体化，鼓励南京、扬州和镇江的高校院所加强与镇江企事业单位的合作，通过设立新型研发机构、联合实验室等形式，搭平台、给项目、出成果、促转化。（责任单位：市科技局、市财政局，各辖市、区政府，镇江新区、镇江高新区管委会）

（五）坚持不求所在、但求所用，鼓励创新型企业到国内外创新资源集聚区建设协同创新基地。深化与中国科学院的合作，促进中国科学院下属院所更多科技成果在我市产业化。（责任单位：市科技局，各辖市、区政府，镇江新区、镇江高新区管委会）

（六）强化科技招商。主动适应当前招商引资新情况，积极开展招院引所、招才引智等活动，大力吸引海内外各类科技人才和各类高水平研发机构落户我市。抢抓国有科技型企业股权和分红激励政策试点机遇，大力招引转制院所企业、高等院校科研院所投资的科技企业等国有科技型企业，设法引进一批研究机构、研发中心、技术中心。（责任单位：市商务局、市科技局，各辖市、区政府，镇江新区、镇江高新区管委会）

四、聚力推动"三区一园"建设

（七）优化全市科技创新载体布局。发挥镇江国家高新区和镇江国家经开区作为我市科技创新主阵地作用，加快镇江高校园区、镇江国家大学科技园建设，加快建设扬中省级高新区、丹阳省级高新区和镇江国家农业科技园区。鼓励辖市区创建国家级、省级高新区和大学科技园。（责任单位：市科技局，各辖市、区政府，镇江新区、镇江高新区管委会）

五、建立技术创新市场导向机制

（八）支持市场导向明确的科技项目由企业牵头、政府引导、联合高校院所实施。建立健全企业技术创新经营业绩评价制度。完善创新型企业培育机制，实施创新型领军企业、高新技术企业、科技小巨人三大培育计划，促进企业成为技术创新决策、研发投入、科研组织和成果转化的主体。（责任单位：市科技局、市发改委、市经信委、市商务局、市财政局，各辖市、区政府，镇江新区、镇江高新区管委会）

（九）全面开展企业研发机构标准化建设。提高大中型工业企业和高新技术企业研发机构有效覆盖率。在高新技术企业开展星级研发机构创建工程和提升工程，鼓励在地高校院所和企业创建国家重点实验室、国家工程（技术）研究中心、国家企业技术中心等国家级科技创新平台。（责任单位：市科技局、市发改委、市经信委，各辖市、区政府，镇江新区、镇江高新区管委会）

（十）建立健全科技和金融结合机制。按照"一产业一引导基金（创投基金）"的模式，通过政府资金引导，吸纳更多社会资本参与设立创投基金。培育壮大一批天使投资人和创业投资机构。采取投贷联动、投保联动、投债联动等方式，创新科技贷款、科技保险等科技金融产品，推动科技与金融的深度融合。（责任单位：市科技局、市财政局、市政府金融办，各辖市、区政府，镇江新区、镇江高新区管委会）

六、实施重大科技项目和工程

（十一）围绕镇江市重点发展的新兴产业，部署一批重大科技项目。重点部署面向 2020 年重大专项，对接国家、江苏省面向 2020 年和 2030 年重大科技专项，形成相互衔接、梯次有序的战略布局。（责任单位：市科技局、市发改委、市经信委，各辖市、区政府，镇江新区、镇江高新区管委会）

（十二）积极争取承载国家、江苏省重大战略，在低碳城市建设、低碳产业发展等方面重点突破。依托镇江市创新平台，争取集聚更多创新资源，创建国家实验室。（责任单位：市科技局、市发改委、市经信委、市财政局，各辖市、区政府，镇江新区、镇江高新区管委会）

七、健全促进科技成果转化的机制

（十三）落实国家有关促进科技成果转化的法律政策。支持在镇高校院所深入推进科技成果使用、处置和收益管理改革，充分考虑人的需求，调动人的积极性，强化对科技成果转化的激励。科技成果完成单位可以规定或者与科技人员约定奖励和报酬的方法、数额及时限，未规定或约定的，按照法定标

准给予奖励和报酬。（责任单位：市人社局、市教育局、市财政局、市国资委、市科技局、市人才办）

（十四）大力推进技术经纪人队伍建设。发挥镇江市技术交易所等技术交易平台作用，规划建设区域性、专业性技术市场，落实国家关于促进技术交易和相关服务业发展的政策措施，加速科技成果产业化。（责任单位：市科技局、市编办、市工商局，各辖市、区政府，镇江新区、镇江高新区管委会）

八、深化财政科研项目和资金管理改革

（十五）建立科技资金使用问责机制和导向机制。加大约束力度，对存在违规行为的进行公开通报，责成项目承担单位限期整改。建立四类科技计划（专项、基金）管理和资金管理制度，更多运用财政后补助、间接投入等方式，支持企业自主决策、先行投入，提高财政资金使用效率。（责任单位：市科技局、市财政局，各辖市、区政府，镇江新区、镇江高新区管委会）

（十六）建立健全财政科技投入稳定增长机制。在优化整合相关资金的基础上，市和各辖市区、镇江新区、镇江高新区进一步加大财政科技创新资金投入。（责任单位：市财政局、市科技局，各辖市、区政府，镇江新区、镇江高新区管委会）

九、推动大众创业、万众创新

（十七）鼓励社会资本和企业建设创新创业载体。支持南京大学等高校院所在我市建设国家创新创业示范基地，支持句容市与国内外高校院所共建"江苏硅谷"。鼓励驻镇高校院所在校内、高校园区或大学科技园设立见习基地和创业苗圃，加快推动"苗圃—孵化器—加速器"科技创业孵化链条试点工作。（责任单位：市科技局、市人社局、市人才办、市教育局、市财政局，各辖市、区政府，镇江新区、镇江高新区管委会）

（十八）依托移动互联网、大数据、云计算等现代信息技术，发展新型创业服务模式。鼓励建立一批低成本、便利化、开放式众创空间，支持建设多种形式的孵化机构。实施科技创新券制度，积极创新政府购买服务模式，引导社会资本参与建设面向小微企业的社会化技术创新公共服务平台，推动小微企业向"专精特新"发展。（责任单位：市科技局、市人社局、市人才办、市工商局、市财政局，各辖市、区政府，镇江新区、镇江高新区管委会）

（十九）培育创新文化，营造一流的创新创业生态环境。在全市形成鼓励创新、追求卓越的创新文化，重视科研试错探索价值，建立鼓励创新、宽容失败的容错纠错机制。加强科研诚信建设。发展众创、众筹、众包和虚拟创新社区等多种形式的创新创业模式。（责任单位：市科技局、市文广新局、市人

社局、市人才办、市经信委、市科协,各辖市、区政府,镇江新区、镇江高新区管委会)

十、深入开展知识产权强市建设

(二十)以创建国家知识产权强市为抓手,加快国家知识产权服务业集聚发展试验区和专利导航产业发展实验区建设。构建知识产权运营服务体系,培育知识产权密集型产业,打造知识产权众创空间,提升知识产权创造、运用和管理能力。(责任单位:市知识产权局,各辖市、区政府,镇江新区、镇江高新区管委会)

(二十一)实行严格的知识产权保护机制。推动知识产权保护法治化,发挥司法保护的主导作用,完善行政执法和司法保护两条途径优势互补、有机衔接的知识产权保护模式。促进企业知识产权保护意识提升,加大知识产权保护和维权等相关知识的普及。建立健全知识产权保护预警防范机制。加快中国镇江丹阳(眼镜)知识产权快速维权中心建设。(责任单位:市知识产权局、市中级法院、市检察院、市公安局、市工商局、市文广新局,各辖市、区政府、镇江新区、镇江高新区管委会)

十一、推动形成深度融合的开放创新局面

(二十二)健全产业技术创新国际合作机制。进一步拓展与创新型国家之间的合作关系,在研发合作、技术标准、知识产权、跨国并购等方面为企业搭建交流平台。支持在地高校院所、行业协会等牵头举办国际性的产业科技论坛,扩大"三江知识产权国际论坛"在国内外的影响力。抢抓"一带一路"战略机遇,推进更多跨国技术转移中心落户镇江。支持我市企业建设海外研发中心,推进企业创新国际化。(责任单位:市科技局、市外办、市商务局,各辖市、区政府,镇江新区、镇江高新区管委会)

十二、构建统筹协调的创新治理机制

(二十三)按照国家创新型城市建设要求,做到科技创新和体制机制创新两个轮子相互协调、持续发展。统筹推进科技、经济和政府治理三个方面体制机制改革,最大限度释放创新活力。加强科技创新政策的落实和督查。全力推动区域创新一体化、科技金融、知识产权等国家级、省级试点示范工作,提高科技人员和企业的政策获得感。(责任单位:市委、市政府各部门,各辖市、区政府,镇江新区、镇江高新区管委会)

(此件发至镇、街道)

中共镇江市委　镇江市人民政府
镇江市"聚力创新"六条政策措施

镇政发〔2016〕52 号

为深入贯彻落实全国、全省科技创新大会精神和《省政府印发关于加快推进产业科技创新中心和创新型省份建设的若干政策措施的通知》要求,加快我市创新型城市建设,经研究,结合我市实际提出六条政策措施。

1. 支持国家级科技创新平台建设。凡经国家发改委、科技部、工信部等国家部委批准在我市设立的国家重点实验室、国家技术创新中心、国家工程(技术)研究中心、国家企业技术中心、国家工程实验室、国家制造业创新中心、国家企业重点实验室等国家级平台,在省财政专项支持的基础上,在镇江市级相关专项资金中再给予每个国家级平台不超过 1 000 万元的后补助(镇江市与辖市区政府、镇江新区和镇江高新区管委会各 50%)。

2. 建设镇江市低碳产业技术研究院。按照企业化管理、市场化运作,采取理事会管理下的院长负责制,围绕镇江市优势特色产业,瞄准新兴产业,突出低碳技术,加快镇江市低碳产业技术研究院建设。"十三五"期间,市政府根据第三方机构的绩效考核,采取后补助形式,每年给予 3 000 万元左右的经费支持。

3. 建设镇江市技术交易市场。依托镇江市技术交易所建设镇江市技术交易市场,集聚更多技术资源,加快科技成果转化步伐,打造专业化的技术资源交易平台。市政府根据技术合同交易额,采取后补助形式,连续三年,每年在镇江市科技创新资金中安排 500 万元支持镇江市技术交易所等技术转移机构建设。

4. 大力发展新型研发机构。推动政产学研协同创新,支持镇江市苏南国家自主创新示范区"一区十四园"、镇江市产业"三集"园区与国内外高校院所围绕园区主导产业,按照"一区一特色产业"原则,建设新型研发机构。经专家评审认定为新型研发机构的,在镇江市科技创新资金中,给予每个 200 万元的后补助。同时实行绩效考核,对于考核优秀的,在"十三五"期间给予连续支持。

5. 聚力招引新兴产业研发总部。"十三五"期间,围绕镇江市的新兴产业,加大招引力度,对知名科学家、海外高层次人才创新创业团队、国际著名科研机构和高等院校、国家重点科研院所和高等院校在镇江发起设立专业性、公益性、开放性的研发机构，在省财政专项支持的基础上，镇江市最高再给予每家5 000万元的财政后补助支持。中央直属企业、国内行业龙头企业、知名跨国公司在镇江设立独立法人资格、符合镇江市产业发展方向的研发机构和研发总部，引入核心技术并配置核心研发团队的，在省财政专项支持的基础上，镇江市最高再给予每家1 500万元的财政后补助支持。

6. 推动科技与金融深度融合。"十三五"期间，在镇江市科技创新资金中每年安排不少于1 000万元用于充实科技金融的风险池基金，推动小微科技型企业享受科技金融比例每年上浮2个百分点，"十三五"末力争达到30%；进一步加强与江苏银行等5家银行的合作，积极创新科技金融新品种，推进"镇科贷""镇知贷""基金宝"等科技贷款工作，"十三五"末科技金融合作银行超10家；鼓励各辖市区、镇江新区、镇江高新区和国有企业设立天使投资引导资金，促进种子期、初创期小微科技型企业发展壮大；吸引更多的金山英才来我市创新创业。

上述政策措施优先支持镇江新区、镇江高新区的项目。该政策措施自发布之日起执行，此前与本文件规定不一致的，按照本文件执行。各辖市区政府、镇江新区和镇江高新区管委会要结合实际，制定具体配套措施，确保此政策和省政府科技创新政策的全面落地落实。

关于进一步优化人才生态
促进人才优先发展的若干意见

镇人才〔2017〕4 号

为加快实施人才强市战略,进一步优化我市人才发展生态环境,更好地发挥人才在经济社会转型中的重要作用,着力增创人才引领发展的新优势,根据中央《关于深化人才发展体制机制改革的意见》和省委《关于聚力创新深化改革打造具有国际竞争力人才发展环境的意见》精神,结合本市实际,提出如下意见。

一、完善以全面覆盖为目标的集聚生态

深入实施"金山英才"计划,聚焦重点产业、重点企业和其他重点领域,大力引进产业发展亟需、科技创新领先的高层次人才。积极引进青年人才、基础人才、乡土人才等,拓宽引才范围,实现人才引进全覆盖。

1. 优化升级高端人才引进政策。在"金山英才"计划的基础上,实施校地合作引才计划,联合在镇高校合作引进培育海内外高层次人才,对合作引进培育院士、长江学者、杰青等高层次人才的给予最高 100 万元奖励。实施柔性引才计划,鼓励企事业单位柔性引进国内外知名院校、科研机构、跨国公司等各类高层次人才,经市人才办评审认定的,给予用人单位支付人才薪酬 30%的补贴。落实"凤还巢"计划,更大范围汇聚镇江出生或曾在镇江学习、工作、生活过的海内外高层次人才。

2. 建立健全基础人才引进政策。积极推进镇江市新兴产业紧缺型基础人才引进培养行动计划,大力引进各类基础人才。加大驻镇高校毕业生留镇计划实施力度,落实高校毕业生租房补贴、见习补贴政策,实现在镇高校毕业生留镇比例三年倍增。加大各类人才计划对青年人才支持力度,提高青年人才入选比例。实施百名新生代企业家领航计划,加快青年企业家的引进和二代企业家的培养,打造优秀企业家后备梯队。

3. 加大乡土人才引进培育力度。贯彻省乡土人才"三带"行动计划,制定乡土人才引进培育计划,调整优化"169 工程"人才结构比例,组织开展各类大赛,着力加强文化艺术、民间艺人、能工巧匠等各领域乡土人才队伍建设,分层分类建立乡土人才库。重点围绕镇江香醋、丹阳眼镜等历史经典产业,组

建大师工作室,开门收徒拜师,加强传统技艺人才培育和保护传承。积极组织申报国家、省级工艺美术大师,组建市工艺美术大师协会。

二、完善以人才平台为载体的创业生态

加快建设人才分布大数据平台、创新创业孵化平台、引才聚才活动平台等,积极为人才创新创业提供广阔舞台。

4. 建设人才分布大数据平台。建设"人才云"大数据平台,同步绘制产业地图和人才地图,准确掌握各领域海内外领军人才分布,精准对接企业人才需求。完善人才信息数据库,加强基础人才预警预测,定期梳理、动态调整,提高人才对接效率。

5. 拓展创新创业孵化平台。鼓励顶尖人才、知名科学家、海外高层次人才团队、国内外著名科研机构和高校院所在我市建设重大科技基础设施、重点实验室、工程(技术)研究中心等,对设立的专业型、开放性、公益性研发机构,在国家和省专项经费支持基础上,可给予最高5 000万元的财政后补助支持。支持市低碳产业技术研究院、市技术交易所建设,鼓励设立科技企业孵化器、众创空间等孵化机构,设立"招院引所"基金、孵化器引导基金,支持推进孵化器持股孵化。积极打造高层次人才创新创业基地,对新建成的院士工作站、国家博士后科研工作站、省博士后创新实践基础,最高给予20万元资助。

6. 丰富引才聚才活动平台。依托我市特色产业,举办国际低碳(镇江)大会、"千人计划"专家镇江行、创新创业人才博览会、青年人才创新创业大赛、"千名大学生看镇江"、"万名驻镇高校毕业生进企业"等活动,着力打造镇江引才聚才活动品牌。支持辖市区、园区、企业、产业联盟、新型研发机构组织发起各类高层次人才活动、高峰论坛、学术会议等,由市财政给予最高10万元资助;对国际化、高水平的学术论坛、活动、会议等永久落户镇江的,一事一议给予最高100万元补贴。注重依托3 + 2 + X产业链,大力开展双招双引活动。

7. 搭建人力资源服务集聚平台。加快推进镇江人力资源服务产业园建设,完善园区公共服务功能,加速市场化、专业化的研究开发、技术转移、检验检测、知识产权、投融资服务等中介服务集聚,进一步强化园区辐射带动作用。积极引进国内外知名人才中介机构,鼓励其向引才、创投、孵化、咨询等环节延伸,支持其承担重要人才研究课题、承办重大人才活动、评选优秀人才等。

三、完善以市场机制为导向的使用生态

8. 强化人才分类评价。建立市场化、社会化的多元化人才评价体系,支持用人单位自行探索人才评价要素和评价标准,强化品德、能力和业绩导向,克服唯学历、唯职称、唯论文倾向。基础研究和前沿技术研究人才,突出中长期目标导向,适当延长评价考核周期,着重评价研究质量、原创价值和实际贡献;应用研究和技术开发人才,坚持市场发现、市场评价、市场认可,把人才享受的薪酬待遇、创造的市场价值、获得的创业投资等作为人才评价的重要依据;哲学社会科学人才,突出社会评价,以理论创新、决策咨询支撑和社会影响作为评价基本依据。加强评审专家数据库建设,探索建立评价责任和信誉制度。

9. 完善引才激励政策。大力推行社会化引才奖补机制,推广以才引才、中介引才,对园区平台、中介机构及个人引进高层次人才的,给予最高20万元奖励。鼓励各类平台、企业在外建立招才引智联络机构,聘请招才引智大使、顾问等,根据协议和绩效给予一定的工作经费和后补助奖励。建立健全与大院名校、国家级组织、产学研战略联盟等的人才资源信息共享机制。

10. 保障和落实用人主体自主权。鼓励高校、科研院所等事业单位科研人员在岗或者离岗创业以及鼓励企业对接、承接创业人员及项目。创新事业单位编制管理方式,对符合条件的公益二类事业单位逐步实行备案制管理。扩大用人单位自主权,学校、科研院所、公立医院等可以按规定设立特设岗位,引进顶尖人才和急需紧缺人才,可不受岗位总量、岗位等级、结构比例限制。建立园区与在镇高校人才共享机制,支持实行"教在高校、创在园区"的人才双落户机制。积极鼓励高校、科研院所、职业(技工)院校等设立一定比例的流动岗位,吸引高层次人才、高技能人才担任兼职教师或创业导师。

11. 深化职称制度改革。改革职称评审条件和标准,取消职称外语、计算机应用能力考试作为职称申报的必备条件。鼓励高校工程技术学科的应用型教学人员参与产教融合,确认其在企业工作实践经历和项目取得业绩成果,作为职称评价的重要依据,在市属高职院校针对工程技术应用类学科,试行讲师、工程师"双师"制度。

12. 推行容错免责政策。研究制定支持人才创新创业决策中的容错免责政策,对人才创新创业项目进行经费资助或风险投资,符合规定条件、标准和程序,但资助项目未达到预期,相关领导干部在勤勉尽职、没有牟取非法利益的前提下,免除其决策责任。

四、完善以贴心服务为保障的服务生态

13. 建立人才金融体系。"投贷保"等金融工具多管齐下，联动支持高层次人才创新创业。研究设立财政出资、金融机构运作的人才金融风险基金池，建立知识产权融资市场化风险补偿和创业投资风险补偿机制，解决创业企业融资难题。鼓励各辖市区、镇江新区、镇江高新区和国有企业设立天使投资引导资金，促进种子期、初创期小微科技型企业发展壮大。鼓励银行设立人才科技支行，实行专门的客户准入标准、信贷审批和专项拨备等机制。鼓励银行探索开展投贷联动试点，以股权＋债权方式支持人才企业发展。

14. 完善人才安居政策。完善人才购房补贴政策，探索制定镇江市人才住房保障实施办法。鼓励有条件的辖市区、园区制定含购房优惠、租房补贴、人才（周转）公寓等多层次多类型的人才安居政策，增强对人才的吸引力。积极准进公共租赁住房建设，符合当地城镇居民公租房准入条件的专业技术人员，应纳入公租房保障范围。鼓励人才集聚的大型企事业单位、开发区，在符合土地利用总体规划和城乡总体规划的前提下，利用自有存量土地建设人才公寓。

15. 强化人才生活保障。引进高层次人才的适龄子女接受学前教育和义务教育的，由教育行政部门在公办学校就近优先安排。为引进的高层次人才提供定制化医疗服务，开展高端健康诊疗咨询，在市定点医疗保健机构就诊可享受VIP门急诊、住院、出诊、专家会诊服务。引进的国家级人才计划入选者及以上层次人才的配偶、子女，由人社和编制部门协调落实工作岗位。拓展"金山英才"卡服务功能，打造集申报评审、数据管理、信息发布、跟踪服务于一体的高层次人才一站式服务专窗。发挥镇江人才创新创业促进会作用，定期举办活动，为人才搭建交流互动平台。

五、加强党对人才工作的领导

16. 构建党管人才新格局。完善党委统一领导，组织部门牵头抓总，各辖市区、有关部门各司其职、密切配合，上下联动、协调高效、整体推进的人才工作运行机制。将行业、领域人才队伍建设列入相关职能部门"三定"方案。各辖市区设立专门人才工作机构，配备专职副主任。人才计划主要执行部门设立人才工作职能处室。其他市级机关部门，根据实际情况增设人才工作职位。

17. 强化绩效考核激励。进一步加大党政领导班子和领导干部科技人才工作目标责任制考核力度，将人才工作纳入党委（党组）书记抓党建述职内容和考核体系。建立健全奖惩激励机制，效能考核部门要将人才工作纳入单位绩效考核重要内容，组织部门要将考核结果作为考核评价领导班子和领导干

部科学发展、创新发展的重要依据,对履职不力的要及时约谈提醒甚至调整处理。招才引智视同招商引资考核。

18. 营造良好社会氛围。建立人才工作市、辖市区联动宣传机制,进一步加大人才政策宣传力度,不断扩大政策的知晓度和影响力。建立人才荣誉制度,表彰奖励各类杰出人才,对在地方作出重大贡献的杰出人才,优先推荐担任人大代表、政协委员等。定期组织开展人才工作先进地区、先进单位、先进个人评选活动。统筹运用各类媒体资源,大力宣传各类人才的创新创业成果、先进事迹和重才爱才的用人单位,努力营造尊重人才、鼓励创新、宽容失败的良好氛围。

镇江市支持园区集聚创新人才八条意见

镇人才〔2017〕3 号

为深入贯彻落实中央《关于深化人才发展体制机制改革的意见》和省委《关于聚力创新深化改革打造具有国际竞争力人才发展环境的意见》文件精神，进一步推动园区聚力创新发展、聚集转型升级、加快人才引育，经研究，决定出台我市支持园区集聚创新人才八条意见。

1. 支持园区载体平台建设。支持各类研发总部、研发机构、孵化机构落户园区，符合《镇江市"聚力创新"六条政策措施》（镇政发〔2016〕52 号）条件的，根据文件规定，在省财政专项支持的基础上，再给予最高 5 000 万元的财政后补助支持。园区内研发总部、研发机构、孵化机构引进并入选省级以上人才引进计划的，每一个给予最高 5 万元的奖励。（责任单位：市科技局、市人才办）

2. 鼓励高校与园区联动引才。建立园区与在镇高校人才共享机制，支持实行"教在高校、创在园区"的人才双落户机制。支持"招院引所"，鼓励园区与高校、科研院所共建科研院所、产业联盟等，共同引才育才，共享科研设备设施。优先选拔高校人才到园区企业担任科技副总，大力支持园区人才到高校兼职担任产业教授，开设学分课程、联合指导研究生。支持高校科研人员兼职兼薪。（责任单位：市人才办、市科技局、市委教育工委）

3. 优先支持园区引进人才。引导和鼓励园区制定产业与人才整合发展专项规划。"金山英才"计划、"169 工程"等市级人才计划向园区创新创业人才适当倾斜，优先支持园区优秀人才申报顶尖人才计划和各类科技计划项目。支持园区建设的市级产业类资金可按不低于 30% 用于支持园区人才创新创业。引导各类人才金融产品向园区人才企业倾斜。（责任单位：市人才办、市金融办、市发改委、市经信委、市农委）

4. 放宽园区外出引才限制。鼓励招才引智与招商引资融合开展，鼓励园区或园区内企业在高层次人才集聚的国家和地区建立引才引智联络机构，聘请引才引智大使。放宽园区人员出国（境）招才引智审批限制，实行计划报备、区别管理。赴台招引人才不受批次限制。（责任单位：市外办、市台办）

5. 鼓励引进专业人才中介。推广人才举荐制，强化以才引才、以才荐才。鼓励社会各方力量参与人才引进，支持园区引进、培育专业化、市场化的猎头机构和人才服务中介。探索设立引才奖补制度,对成功引进两院院士、国家"千人计划"和"万人计划"等顶尖人才落户镇江的,通过奖补、跟补等方式,给予最高20万元的奖励补贴。(责任单位:市人社局、市人才办、市财政局)

6. 支持园区举办人才活动。支持园区依托特色优势产业、行业龙头企业自主举办各类人才活动、高峰论坛、学术会议等,对活动规模大、学术水平高、行业影响广,尤其是在我市永久落地的活动、会议等,由市财政给予园区或园区内企业最高10万元的补贴。(责任单位:市人才办、市财政局)

7. 提供"一站式"服务通道。在有条件的园区设立集政策咨询、创业培训、法律咨询等于一体的"一站式"创业服务通道,向园区人才发放创新创业券。设立人才服务绿色通道,建立重点人才结对联系服务制度,向园区人才提供"店小二"式专员服务。市级优秀人才、市级优秀人才企业、市政府专项津贴等评选向园区优秀人才倾斜。(责任单位:市人才办、市科技局、市人社局、市财政局)

8. 强化园区人才队伍建设。将人才队伍建设纳入园区工作规划,配备专兼职工作人员,其中省级以上开发区须配备专职人才工作队伍。加强考核评价,将人才发展绩效纳入园区经济社会发展综合考核体系,适当提高考核权重,引进高层次人才和急需紧缺人才视同招商引资项目进行考核。(责任单位:市委组织部、市编办、市发改委、市商务局)

本意见适用于全市省级以上开发区、农业产业园、服务业集聚区等。各地各单位要结合实际,制定具体配套措施,确保此意见全面落地落实。

(此件发至乡镇、街道、园区)

镇江市与在镇高校合作引进培育
高层次人才暂行办法

镇人才办〔2017〕12 号

第一条 为加快推动我市人才高地建设和创新型城市建设,着力打通地方与在镇高校协同创新通道,合作引进培育海内外高层次人才,共同推动在镇高校一流学科建设和镇江市经济社会转型升级发展,根据《关于印发镇江"金山英才"计划的通知》(镇办发〔2016〕10 号)文件精神,制定本办法。

第二条 高层次人才一般应同时具备下列条件:

在镇高校两年内引进的高层次人才,全职在镇进行研发和教育等工作,自资金拨付之日起在校连续工作三年以上;学科专业和研究领域须符合镇江产业发展方向;在镇缴纳社保和个人所得税。

第三条 高层次人才范围

中国科学院、工程院院士;教育部"长江学者",国家杰出青年基金获得者、国家"千人计划"、"百千万人才工程"、"万人计划",中科院"百人计划";教育部"青年长江学者",国家优秀青年基金获得者、"青年千人";省"双创人才(团队)"、省"333 工程"第一、二层次入选者;其他相当层次人才。

第四条 奖励标准。

引进培育中国科学院、工程院院士的,给予 100 万元奖励;引进培育教育部"长江学者"、省"333 工程"第一层次入选者的,给予 30 万元奖励;引进培育国家杰出青年基金获得者,国家"千人计划"、"百千万人才工程"、"万人计划",中科院"百人计划"的,给予 20 万元奖励;引进培育教育部"青年长江学者",国家优秀青年基金获得者、"青年千人"的,给予 10 万元奖励。培育省"双创人才(团队)"、省"333 工程"第二层次入选者的,给予 5 万元奖励。其他相当层次人才,可参照以上标准给予奖励;项目就地转化或在本地企业兼职的优先给予奖励。

第五条 申报流程。

在镇高校提供人才个人基本情况,以及学术水平、工作业绩等方面的情况,主要包括:人才基本情况表;人才身份证或护照复印件;学历证明;户籍证明;缴纳劳动社保和个人所得税证明;人才与所在单位签订的劳动合同;相关学术证明材料等。申报材料由所在单位负责审核,并提出推荐意见,之后将申报表、证明材料分别装印成册报送市人才办。申报截止时间为每年 6 月 30 日。

  第六条 评审工作按照公开公正、择优奖励的原则,由市人才办牵头,对申报人选进行资格审核,对申报材料的相关内容进行核实。并会同市各有关部门进行综合评审,最终确定奖励名单。

  第七条 奖励资金经市人才工作领导小组核准,由市人才办按有关规定划拨。获得奖励的人才在资金拨付之日起三年内有违法违纪行为或调往外地的,取消奖励资格,并追回已奖励资金。在资金拨付之日起三年内离职但仍在镇江市就职的,由市人才办征求原单位意见后提出处理意见。

  第八条 奖励资金纳入高校引进培育高层次人才经费统一管理使用。市人才办、市财政局会同相关部门对奖励资金使用情况进行抽检,并按规定进行专项绩效评估。绩效评估情况作为制定完善奖励政策的重要依据。

  第九条 在镇市级以上科研院所可参照执行。纳入本办法奖励的高层次人才,可直接纳入"金山英才"计划管理,享受各项政策服务。人才在本地创新创业并申报"金山英才"计划的,可直接进入评审环节。

  第十条 本办法由市人才办负责解释,自颁布之日起实施。

  附件:镇江市与在镇高校合作引进培育高层次人才基本情况表

附件

镇江市与在镇高校合作引进培育高层次人才基本情况表

填报日期：　　　年　　月　　日

姓名		性别		出生年月			
身份证/护照号码							
全日制教育最终学历				专业			
毕业院校				毕业时间			
参加工作时间				技术职称			
联系电话				Email			
联系地址					邮编		
是否落户镇江		是□　否□		落户时间			
户籍所在地（街道、乡镇）							
是否缴纳个人所得税		是□　否□		缴纳时间	从		至
是否缴纳社会保险		是□　否□		缴纳时间	从		至
个人薪资（年薪）					（单位：万元，并附个税完税证明）		
申请奖励标准		（万元）		（根据《办法》第四条填写）			
现工作单位（地址）							
现工作岗位							
单位联系人				联系电话			

本人学习简历：

本人工作履历及业绩：
 	
本人申明：本人对以上填报内容的真实性负责。
 	
             本人签字：
             年   月   日

单位推荐意见：	市人才办审核意见：
        （公章） 年 月 日	 （公章） 年 月 日

镇江市社会化引才奖补办法（试行）

镇人社发〔2017〕136号

第一条 为深入贯彻落实人才强市战略，充分调动园区、中介机构和个人等社会力量引进高层次人才的积极性，根据《镇江市支持园区集聚创新人才八条意见》（镇人才〔2017〕3号）文件精神，结合我市实际，特制定本办法。

第二条 本办法所称园区，是指全市省级以上开发区、农业园区、服务业集聚区等。园区内研发总部、研发机构、孵化机构等平台须以平台为主体进行引才奖励的申请。

第三条 本办法所称中介机构和个人，是指在介绍、引进高层次人才来镇江市工作或创新创业中起关键作用的人力资源公司、社团组织、海内外引才引智工作站等组织机构和个人。其中，中介机构应具有从事人才事务的合法资质，个人是人才引进单位具体从事人力资源工作以外的人员。

第四条 本办法所称高层次人才，是指由园区平台、中介机构或个人成功引进镇江市工作或创新创业，且来镇后入选省级以上人才计划的人才。

第五条 对介绍引进高层次人才来镇江市工作或创新创业的园区平台、中介机构和个人给予奖励：

（一）园区平台引进并入选国家"千人计划"、省"双创团队"、省"双创人才"的，分别给予最高5万元、5万元、3万元奖励。

（二）中介机构或个人引进院士，全职落户或在我市建立省级以上院士工作站的，给予最高20万元奖励。

（三）中介机构或个人引进并入选国家"千人计划"、省"双创团队"、省"双创人才"的，分别给予最高10万元、5万元、3万元奖励。

（四）引进并入选其他与上述相当层次的各类人才，经市人才办审核认定后，可参照以上标准进行奖励。

第六条 对组织高层次人才项目引进对接活动进行补助。受市人才办委托和事前认定，与市人才办联合开展各类人才活动、高峰论坛、学术会议等，市人才办将按照不高于活动经费的50%给予承办单位后补助，金额最高不超过10万元。

第七条 对园区平台、中介机构和个人引进高层次人才奖励实行提前备案制度。高层次人才来镇工作30个工作日内，园区平台、中介机构或个人需填写《镇江市引进高层次人才备案表》(附件1),报送至市人才办一站式服务专窗备案(镇江市运河路100号苏南人力资源市场一楼53、54号窗口)。

第八条 对园区平台、中介机构和个人引进高层次人才奖励以及人才活动奖励实行年度集中申报认定。每年10月份集中认定上一年度引进人才及人才活动情况。具体认定程序:

(一)人才引进

1. 提出申请:园区平台、中介机构或个人,高层次人才需分别填报《镇江市引进高层次人才奖励资金申请表》(附件2)、《镇江市引进高层次人才信息表》(附件3)。并提供园区平台、中介机构注册证件或个人有效身份证件、引进人才的有效身份证件、人才入选层次、人才劳动合同、人才个人所得税或社保等相关证明材料。中介机构或个人须同时提交电子函件纸质版等能够证明在人才引进过程中起到关键作用的相关证明材料。申请材料报送至市人才办一站式服务专窗。

2. 材料审核:市人社局对引进高层次人才的申报材料进行汇总初审,并报市人才办进行复审。

3. 社会公示:经市人才办复审通过后,在市人社局网站进行公示,公示期为7天。

4. 资金拨付:公示无异议的,市人社局向市人才办出具公示材料,市人才办向市财政局申请资金拨付。市财政局对资金拨付申请审核后,在7个工作日内将奖励资金下发。

(二)人才活动

1. 事前认定:活动承办单位向市人才办提出申请,经认定同意后,与市人才办联合开展活动。

2. 补助申请:活动承办单位填写《镇江市人才活动补助资金申请表》(附件4),并提供活动通知、活动成果、社会影响、活动总经费等相关证明材料。申报材料报送至市人才办一站式服务专窗。

3. 材料审核:市人才办对申报材料进行初审,并确定补助金额。

4. 资金拨付:初审结果经市人才工作领导小组办公会复审同意后,由市人才办向市财政局申请资金拨付,市财政局对资金拨付申请审核后,在7个工作日内将奖励资金下发。

第九条 对提供虚假材料等违法违规行为的,取消申报资格,追回已拨付奖励资金,相关园区平台、中介机构或个人3年内不得再次进行申报,并依法依纪追究有关单位和人员的责任。

第十条 介绍引进的高层次人才入选多个人才计划的,奖励资金只能申领一次,不重复奖励。

第十一条 本办法资金从市级"金山英才"专项资金中列支，各单位应加强对专项资金的监督管理，专款专用。

第十二条 本办法由市人才办、市人社局负责解释，自公布之日起实施，有效期至 2020 年 7 月 1 日。

附件：1. 镇江市引进高层次人才备案表

2. 镇江市引进高层次人才奖励资金申请表

3. 镇江市引进高层次人才信息表

4. 镇江市人才活动补助资金申请表

附件1

镇江市引进高层次人才备案表

引荐单位/个人	单位名称/个人姓名		组织机构代码/身份证件号码	
	联系电话		电子邮箱	
引进人才或团队主要成员情况	姓名		性别	
	出生年月		身份证件号码	
	毕业院校及学位		个人电话/邮箱	
	居住地		人才类型	
	现工作单位		单位电话	
引进人才或团队简介				
引进单位情况	单位名称		办公地址	
	联系人		联系电话	
接洽情况	首次接洽日期	年 月 日	接洽形式	□电话 □面谈(地点: □其他:) □电子邮件
确认情况	引荐单位盖章/引进个人签字: 年 月 日	人才签字: 年 月 日	引进单位盖章: 年 月 日	

附件 2

镇江市引进高层次人才奖励资金申请表

机构名称/个人姓名					申请奖励金额		
组织机构代码/身份证件号码					注册地/居住地		
机构联系人姓名			机构/个人联系电话			电子邮箱	
机构法人姓名			机构法人身份证件号码			机构登记管理单位	

引荐高层次人才团队情况

序号	姓名	性别	年龄	引进国别/地区	学位	引进单位	引进日期	职务	人才类型	奖金额度	备案日期
1											
2											
3											
4											
5											

机构负责人（个人）签字：

单位盖章：

年　　月　　日

所在辖市区意见：

年　　月　　日

附件3

镇江市引进高层次人才信息表

人才或团队主要成员姓名		性别		民族		出生年月	
身份证件号码		国(户)籍			推荐机构或个人		
引进单位			单位地址				
引进形式		□全职引进　　□创业　　□科研合作					

主要教育经历	起止时间		学校、专业、学位		

主要工作经历	起止时间	工作单位	职务及职称

联系方式	办公电话		移动电话		电子邮箱	
	通信地址				邮编	

人才获得荣誉情况	荣誉名称		取得时间	评审单位	申报单位

引进情况声明	＿＿＿＿＿＿＿＿＿＿＿＿＿＿＿＿＿＿＿(园区平台、推荐机构或个人)在推荐本人来镇创新创业过程中发挥了关键作用,本人同意其申报镇江市引才中介奖励资金。 　　　　　　　　　　　　　　　　人才签字: 　　　　　　　　　　　　　　　年　　月　　日

附件 4

镇江市人才活动补助资金申请表

单位名称		申请奖励金额	
组织机构代码		活动名称	
活动时间		活动人数	
活动地点		承办/协办单位	
活动简介（背景介绍、活动方案、活动过程等，不超过 300 字）			
活动成果（活动对接人才、引进人才、突出成效等，不超过 300 字）			
负责人签字：			

单位盖章：

年　　月　　日

2017 年 8 月 15 日印发